GERMANISCH-ROMANISCHE
MONATSSCHRIFT

Begründet von Heinrich Schröder
Fortgeführt von Franz Rolf Schröder

Herausgegeben von
RENATE STAUF
und
CONRAD WIEDEMANN

in Verbindung mit
SEBASTIAN NEUMEISTER
ANSGAR NÜNNING
PETER STROHSCHNEIDER

GRM-Beiheft 36

UTA DEGNER

Bilder im Wechsel der Töne

Hölderlins Elegien und ›Nachtgesänge‹

Universitätsverlag
WINTER
Heidelberg

Bibliografische Information der Deutschen Nationalbibliothek
Die Deutsche Nationalbibliothek verzeichnet diese Publikation in der Deutschen Nationalbibliografie; detaillierte bibliografische Daten sind im Internet über *http://dnb.d-nb.de* abrufbar.

Zugl.: Berlin; FU, Diss., 2007

UMSCHLAGBILD

Friedrich Hölderlin: *Homburger Folioheft*
© Stadt Bad Homburg v. d. Höhe

ISSN 0178-4390
ISBN 978-3-8253-5457-2

Imprimé en Allemagne · Printed in Germany
Druck: Memminger MedienCentrum, 87700 Memmingen

Gedruckt auf umweltfreundlichem, chlorfrei gebleichtem und alterungsbeständigem Papier

Den Verlag erreichen Sie im Internet unter:
www.winter-verlag-hd.de

Meiner Mutter

Inhaltsverzeichnis

1 Einleitung

Um 1800 erlebt die deutsche Literatur eine ihrer innovativsten Perioden. Die Abkehr von überkommenen Regelpoetiken und die Ablösung einer mimetischen durch eine poietische Ästhetik[1] initiieren ästhetische Reflexionen und poetische Experimente, welche für die literarische Moderne wegweisend werden sollten, zu deren ‚Avantgarde' neben Autoren der Frühromantik wie Friedrich Schlegel und Novalis auch Hölderlin zählen darf.

1797 kündigt Hölderlin in einem Brief an seinen Freund Ebel eine „Revolution der [...] Vorstellungsarten"[2] an und formuliert damit ein poetisches Ziel, das seine Texte wenig später literarisch vollziehen. Die vorliegende Arbeit zeichnet die ästhetische Genealogie und die literarische Umsetzung dieser poetischen Revolution genauer nach.

Eine ihrer Thesen ist, daß Hölderlins neue „Vorstellungsarten" in einem neuen Verständnis vom poetischen Text als *Bild* wurzeln. Wenn Hölderlin in einem Entwurfsfragment fragt, „warum sich [die Menschen] [...] ein Bild machen müssen, von [etwas], das sich genau betrachtet weder recht denken ließe noch auch vor den Sinnen liege" (StA 4,1, 275), so konvergiert sein Bildverständnis mit einer epistemologischen Verschiebung, die um 1800 eine Epoche der „nicht mehr abbildenden Bilder"[3] einläutet,[4] wie sie Hölderlins Frage implizit belegt,

[1] Daß Hölderlin diesen Umbruch als einen solchen miterlebt und mitvollzieht, spiegelt sich in seiner zunächst paradox anmutenden Rede von einer „*freien* Kunst*nachahmung*". Zitiert nach: Friedrich Hölderlin: *Sämtliche Werke. Große Stuttgarter Ausgabe.* Hg. v. Friedrich Beißner. Stuttgart 1948-1985. Zitate aus dieser Edition werden im folgenden durch die Sigle StA, gefolgt von Band und Seitenangabe und gegebenenfalls Vers- oder Zeilenzahl nachgewiesen. Hier: StA 4,1, 283; Herv. U. D.

[2] Brief an Ebel vom 10. Januar 1797 (StA 6,1, 229, 45f.).

[3] Vgl. Helmut Pfotenhauer: *Die nicht mehr abbildenden Bilder.* In: *Poetica* 28 (1996), 345-355, hier: 345.

[4] Zum Abschied vom Dispositiv der Repräsentation vgl. Michel Foucault: *Die Ordnung der Dinge. Eine Archäologie der Humanwissenschaften.* Frankfurt am Main 1971; Wolfgang Preisendanz: *Zur Poetik der deutschen Romantik I: Die Abkehr vom Grundsatz der Naturnachahmung.* In: Hans Steffen (Hg.): *Die deutsche Romantik. Poetik, Formen und Motive.* Göttingen 1965, 54-74. Zu bildspezifischen Forschungen vgl. Ulrich Gaier: *Denken als Bildprozeß. Vorstellungsart und Denkbild um 1800.* In: Helmut J. Schneider, Ralf Simon und Thomas Wirtz (Hg.): *Bildersturm und Bilderflut. Zur schwierigen Anschaulichkeit der Moderne.* Bielefeld 2001, 19-51; Helmut Pfotenhauer: *Sprachbilder. Untersuchungen zur Literatur seit dem achtzehnten Jahrhundert.* Würzburg 2000.

indem sie die Bildproduktion als eine Funktion ästhetischer *poiesis* entwirft.[5] Ein dichterisches Bild ist demnach nicht als Sinn- oder Abbild konzipiert, sondern als *Bild* in einem neuen emphatischen Sinn: als Produkt einer originären künstlerischen Darstellung.

> Hölderlins Dichtungslehre kann deshalb keine Theorie der Nachbildung oder auch nur der Mimesis eines Gegebenen, bereits Gesetzten, Positiven sein; sie muß eine Theorie der Dichtung als Generierung eines „Bildes" (StA IV, 275) sein [...] Da sie alle Vorbildungen aus sich heraus neu bildet, ist sie in jeder ihrer Gestalten Bild *ab initio*, unableitbares Novum, absoluter Anfang[.][6]

Im Windschatten der Umbauten am Darstellungsbegriff[7] kommt es laut Ulrich Gaier zu einer folgenschweren Verschiebung des Bildbegriffs:

> Der von Manfred Fuhrmann beklagte Niedergang der Rhetorik im 18. Jhdt. hat nur äußerlich stattgefunden, vielmehr wurde zum rhetorischen Tropus, was bis dahin als selbstverständliche Grundlage rhetorischer Tropik gegolten hatte: das Denken selbst. Die überlieferte Dichotomie zwischen fester *res* und variablem, situationsangemessen einzusetzendem *verbum* war nicht zu halten, als die *res*, der klar und deutlich gesehene und begriffene Sachverhalt, sich plötzlich [...] als Funktion einer individuellen, historischen, kulturspezifischen Perspektive erwies. Hatte der Rhetor bislang die Aufgabe, den Sachverhalt durch sprachliche Verfahren parteilich zu perspektivieren, so gab es nun „den Sachverhalt" nicht mehr, nur noch den immer schon durch eine Perspektive konstituierten Sachverhalt, der mithin bereits ein Bild, eine Art von Sprache geworden ist.[8]

Das heißt aber in Hinblick auf die Literatur, daß das überkommene rhetorische Bild, das als Tropus ein Phänomen *innerhalb* des Textes war, sich nun gleichsam emanzipiert und zum grundlegenden Modell der Textorganisation wird: Der

5 Zum zentralen Stellenwert des Prinzips der *poiesis* für die Poetik Hölderlins vgl. Gerhard Kurz: *Mittelbarkeit und Vereinigung. Zum Verhältnis von Poesie, Reflexion und Revolution bei Hölderlin.* Stuttgart 1975, 78f.

6 Werner Hamacher: *Parusie, Mauern. Mittelbarkeit und Zeitlichkeit, später Hölderlin.* In: HJb 34 (2004/05), 93–142, hier: 97.

7 Zum Darstellungsbegriff allgemein: Christiaan L. Hart Nibbrig (Hg.): *Was heißt „Darstellen"?* Frankfurt am Main 1994; spezifisch zur innovativen Neudeutung von Darstellung Ende des 18. Jahrhunderts vgl. ebd.: Winfried Menninghaus: *„Darstellung". Friedrich Gottlieb Klopstocks Eröffnung eines neuen Paradigmas*, 205-226; Martha B. Helfer: *The retreat of representation. The concept of Darstellung in german critical discourse.* Albany 1996; Inka Mülder-Bach: *Im Zeichen Pygmalions. Das Modell der Statue und die Entdeckung der „Darstellung" im 18. Jahrhundert.* München 1998.

8 Vgl. Gaier: *Denken als Bildprozeß*, a.a.O., 27f.; vgl. auch ebd. 30: „Wie Fichte in der *Bestimmung des Menschen* nur Bilder als Gegenstände der Erkenntnis ansieht, läßt sich rückwirkend auch Kants Erkenntnistheorie als Bildtheorie sehen, sofern wegen der anthropologischen Ausstattung mit Wahrnehmungsformen und Kategorien die Erkenntnis der Gattung Mensch immer nur ein anthropogenes, wenn auch bei Kant nicht individuell perspektiviertes Bild des Erkennens und der Dinge sein kann."

Text selbst wird zum Bild.

In der Tat definiert Hölderlin in seinen poetologischen Überlegungen *Über den Unterschied der Dichtarten* das Gedicht als Metapher:

> Das lyrische, dem Schein nach idealische Gedicht ist in seiner Bedeutung naiv. Es ist eine fortgehende *Metapher* Eines Gefühls.
> Das epische, dem Schein nach naive Gedicht ist in seiner Bedeutung heroisch. Es ist die *Metapher* großer Bestrebungen.
> Das tragische, dem Schein nach heroische Gedicht ist in seiner Bedeutung idealisch. Es ist die *Metapher* einer intellectuellen Anschauung. (StA 4,1, 266; Herv. U.D.)

Hier meint Metapher nicht mehr einen Tropus *in* einem Text, sondern der Text selbst arbeitet metaphorisch, er *bildet* eine Beziehung (hier die zwischen „Schein" und „Bedeutung"). Mit dieser Transformation des Bildverständnisses sind zwei Konsequenzen verbunden:

Erstens betont eine solche Bildauffassung das produktive Moment eines Gedichts. Nicht nur zeigt es sich als ein *gebildetes* Artefakt, als ein „Gebild" (StA 4,1, 265), es *bildet* auch selbst etwas, das Hölderlin den „Geist des Gedichts" (StA 4,1, 267) nennt.

Zum anderen fällt ein besonderer Akzent auf den *perspektivischen* Charakter von Bildern; in einem um 1800 (maßgeblich durch Kants Transzendentalphilosophie eingeleiteten) Bewußtseinsschub wird jede Art von *Bild*ung als perspektivisch moduliert entdeckt:[9] „Die Begriffe der Vorstellungsart, Denkweise, *manière de penser*, *mode of thinking* sind Zeichen einer Geschichte des skeptischen Relativismus, die am Ende des 18. Jahrhunderts in eine Auffassung der Denkart und Vorstellungsweise als eines notgedrungen rhetorischen Ausdruckes mündete."[10]

[9] Johann Adolf Schlegel bemerkte bereits in den 1750er Jahren, daß nicht „der Gegenstand allein die Beschaffenheit einer Dichtungsart bestimmt", sondern zusätzlich zum einen der „Gesichtspunkt, aus welchem es [d.i. das Genie] ihn [den Gegenstand] zeigen will", dann die Art der Darstellung: „die Art, wie es den Gegenstand aus diesem Gesichtspunkte vorstellen will" und drittens „die Beschaffenheit des Auges, das den Gegenstand betrachtete. [...] Denn dadurch können manchmal selbst einerley Gegenstände, aus einerley Gesichtspunkte, auf einerley Art gezeigt [...], so verschieden werden, daß ganz verschiedene Gattungen daraus entspringen". Johann Adolf Schlegel: *Von der Eintheilung der Poesie*. In: Charles Batteux: *Einschränkung der schönen Künste auf einen einzigen Grundsatz*. Aus dem Franz. übers. und mit einem Anhange einiger eignen Abhandlungen versehen [von Johann Adolf Schlegel; [1]1751]. Leipzig [2]1759, 389-430, hier: 392f.; im Orig. gesperrt.

[10] Gaier: *Denken als Bildprozeß*, a.a.O., 22; im Orig. kursiv. Zu denken ist dabei natürlich an Nietzsches Schrift *Ueber Wahrheit und Lüge im aussermoralischen Sinne*. Ein metaphorischer Akt, so Nietzsche, findet immer bereits statt, wenn wir etwas sprachlich fassen, wenn ein Eindruck zu einem Ausdruck wird: „Ein Nervenreiz zuerst übertragen in ein Bild! erste Metapher. Das Bild wieder nachgeformt in einem Laut! Zweite Metapher. Und jedesmal vollständiges Ueberspringen der Sphäre, mitten hinein in eine ganz andere und neue."

Rhetorisch ist dabei auch ein Bildcharakteristikum, das immer wieder dazu führt, daß man den Bildbegriff als keinen der Literaturwissenschaft anerkennt: der Aspekt der Visualität. Die „‚Okularität‘ der europäischen Wissens- und Bewußtseinsgeschichte“, „die Verwurzelung zahlreicher Begriffe der Erkenntnis, der Wahrnehmung und des Wissens im Feld der Verba videndi“[11] verführt dazu, sich bei der Frage nach dem Bild von einem ungeklärten Vorverständnis leiten zu lassen, das Bildlichkeit mit Anschaulichkeit gleichsetzt.

Auf den ersten Blick scheint *Anschaulichkeit* gerade antimetaphorisch gemeint, eine eher mimetische Kraft der Sprache zu sein: Ein literarisches Bild ‚malt‘ einen Gegenstand und stellt ihn bildlich ‚vor Augen‘. Schon Longin allerdings unterscheidet zwischen einer eher imitativen Bebilderung und einer „Bilderzeugung“[12] durch Sprache: „[G]ewöhnlich heißt Vorstellung jeder aufsteigende Gedanke, der einen sprachlichen Ausdruck hervorruft; das Wort hat sich aber auch für Fälle eingebürgert, wo man das Gesagte in Begeisterung und leidenschaftlich erregt zu schauen meint und es den Hörern vor Augen stellt.“[13] *Anschaulich* ist eine Vorstellung also im zweiten Fall, wenn sie ihre Anschaulichkeit sprachlich selbst erzeugt. *Anschaulichkeit* erweist sich damit nicht als eine vorgängige Grundcharakteristik von Bildern, sondern vielmehr *Effekt* eines spezifischen Bildmodus. Die ‚Visualität‘ von Bildern ist eine Metapher für die imaginäre und illusionäre Dimension von Sprache.[14]

Friedrich Nietzsche: *Ueber Wahrheit und Lüge im aussermoralischen Sinne*. In: ders.: *Sämtliche Werke. Kritische Studienausgabe in 15 Einzelbänden*. Hg. v. Giorgio Colli und Mazzino Montinari, Bd. 1, München ^{2}1988, 873-890, hier: 879. Nietzsche bezeichnet den „Trieb zur Metapherbildung“ geradezu als “Fundamentaltrieb des Menschen“ (887). An diese Auffassung schließt die Bild-Anthropologie an; vgl. hierzu Hans Jonas: *Die Freiheit des Bildens: Homo pictor und die differentia des Menschen*. In: ders.: *Zwischen Nichts und Ewigkeit. Zur Lehre vom Menschen*. Göttingen 1987, 26-75; Hans Belting: *Bild-Anthropologie*. München 2001.

11 [div.:] Art. *Sehen*. In: Joachim Ritter (Hg.): *Historisches Wörterbuch der Philosophie*. Bd. 9 (Se-Sp). Darmstadt 1995, 121-161, hier: 121f. „Verbreitung und Grundbeständigkeit legen es nahe, dem S[ehen] den Status einer ‚absoluten Metapher‘ [...] zuzuerkennen [..]“

12 Longinus: *Vom Erhabenen*. Griech./dt. Übers. und hg. v. Otto Schönberger. Stuttgart 1988, 43. Zur Relevanz von Longin für Hölderlin vgl. Martin Vöhler: *Hölderlins Longin-Rezeption*. In: HJb 28 (1992/93), 152–72.

13 Ebd.

14 Gottfried Willems: *Anschaulichkeit. Zu Theorie und Geschichte der Wort-Bild-Beziehungen und des literarischen Darstellungsstils*. Tübingen 1989 (= Studien zur deutschen Literatur Bd. 103), geht in dieser Hinsicht hinter Longin zurück, wenn er zwar betont, „daß das Veranschaulichen die elementare Weise ist, Formensprachlichkeit zu schaffen. Gegenstände nicht nur zu benennen, sondern mit Mitteln der Beschreibung und der bildlichen Rede zu suggerieren, mit einem Wort: sie darzustellen“ (ebd., 7), aber die Formensprache der Literatur zugleich als an der Wirklichkeit orientiert versteht: „Anschaulichkeit herzustellen heißt immer, auf Wirklichkeit Bezug zu nehmen.“ (Ebd., 15)

Ein produktives Anschaulich*machen* durch den „Darstellungsaspekt“[15] des Bildes ist mithin nicht von der Anschaubarkeit der dargestellten Gegenstände oder des Mediums abhängig.[16] Im Unterschied zu natürlichen Dingen, denen man Sichtbarkeit attestieren kann, besitzen – auch und vor allem *literarische* – Bilder eine Anschaulichkeit, die mehr umfaßt als ihre bloße Wahrnehmbarkeit.[17]

Auch Lessing scheint in seinem *Laokoon* eine solche Bild*erzeugung* zu meinen, wenn er schreibt:

> Es gibt malbare und unmalbare Fakta, und der Geschichtsschreiber kann die malbarsten ebenso unmalerisch erzählen, *als der Dichter die unmalbarsten malerisch darzustellen vermögend ist.*/ Man läßt sich bloß von der Zweideutigkeit des Wortes verführen, wenn man die Sache anders nimmt. Ein poetisches Gemälde ist nicht notwendig das, was in ein materielles Gemälde zu verwandeln ist; sondern jeder Zug, jede Verbindung mehrerer Züge, durch die uns der Dichter seinen Gegenstand so sinnlich macht, daß wir uns dieses Gegenstandes deutlicher bewußt werden, als seiner Worte, heißt malerisch, heißt ein Gemälde, weil es uns dem Grade der Illusion näher bringt, dessen das materielle Gemälde besonders fähig ist, der sich von dem materiellen Gemälde am ersten und leichtesten abstrahieren lassen [sic].“[18]

Nimmt man die Differenz von *Anschaulichkeit* und *Sichtbarkeit* ernst, dann wird auch eingängig, inwiefern ein Bild nicht in dem aufgeht, *was* wir sehen. Eine bildliche Repräsentation meint auch in der Malerei nicht einfach die Präsentation eines Gegenstandes, sondern besitzt zusätzliche Qualitäten: „Das Bild birgt das Paradox in sich, daß es etwas ‚ins Bild setzen kann‘, für das es keine außerbildliche Wahrnehmung gibt.“[19] In dieser Potenz des Bildes, etwas veranschaulichen zu können, „das sich genau betrachtet weder recht denken ließe noch auch vor den Sinnen liege“ (StA 4,1, 275), liegt auch Hölderlins Interesse am Bild begründet.

Wenn es aber nicht vornehmlich ‚Gegenstände‘ sind, was Bilder zeigen, was stellen sie dann dar? Mit der Philosophin Sybille Krämer läßt sich die Bilder-

---

15 Vgl. Lambert Wiesing: *Artifizielle Präsenz. Studien zur Philosophie des Bildes*. Frankfurt am Main 2005, 28.

16 Grundlegend hierzu: Jean Paul Sartre: *L'imaginaire. Psychologie phénoménologique de l'imagination*. Paris [11]1948 [1940].

17 Vgl. Martin Seel: *Ästhetik des Erscheinens*. München; Wien 2000, 47: „Die ästhetischen Objekte sind Objekte des Erscheinens. Die Grundunterscheidung, der die Ästhetik ihren Namen verdankt, markiert eine Differenz zwischen *sinnlichem S*osein und *ästhetischem Erscheinen*.“ – Vgl. auch Lessing: *Laokoon*, a.a.O., 111: „Nun kann der Dichter zu diesem Grade der Illusion, wie die Erfahrung zeiget, auch die Vorstellungen anderer, als sichtbarer Gegenstände erheben.“

18 Gotthold Ephraim Lessing: *Laokoon oder Über die Grenzen der Malerei und Poesie*. Stuttgart 1987, 110f.; Herv. U. D.

19 Hans Belting: *Vorwort. Zu einer Anthropologie des Bildes*. In: Hans Belting und Dietmar Kamper: *Der zweite Blick. Bildgeschichte und Bildreflexion*. München 2000, 7-10, hier: 8.

zeugung der Schrift als „Denktechnik“[20] begreifen: Wenn „das, was die Schrift zur Darstellung bringt, *epistemische Objekte*, also ‚Wissensdinge‘ sind [...], dann besteht die Leistungskraft der notationellen Ikonizität gerade darin, das bloß Denkbare und damit Unsichtbare dem Register der Wahrnehmung zugänglich zu machen.“[21]

Eine solche Auffassung entspricht der gedanklichen Aufwertung des Bildes um 1800[22], in deren Verlauf *Bildlichkeit* eine „Erkenntnisdimension“[23] *sui generis* zugesprochen bekommt. Da Hölderlins Dichtung immer wieder als ein in besonderem Maße ‚denkendes Dichten‘ charakterisiert wird, scheint die inhärente „epistemische[...] Kraft“[24] eines solchen Bildbegriffs der näheren Bestimmung seiner Dichtungsverfahren besonders entgegen zu kommen.

„[D]aß Bild und Reflexion zusammengehören, daß das Bild eine der Vollzugsformen geistiger Tätigkeit ist“[25], gründet für Lambert Wiesing in der „phänomenologisch fundierte[n] Verwandtschaft zwischen Denken [...] und Bildwahrnehmung“[26]: „Denken und ‚Bildbewußtsein‘ [behandeln] ihr intentionales Objekt [...] als einen imaginären Gegenstand ohne empirische Eigenschaften, aber mit stets veränderlicher symbolischer Präsenz.“[27] Damit nimmt er eine Intuition auf, die bereits Rudolf Arnheim formulierte:

> Rein sprachliches Denken ist das Musterbild gedankenlosen Denkens, das automatisch auf das schon Abgespeicherte zurückgreift [...] Der Wert der Sprache kann also nicht auf einem Denken in Worten beruhen. Es muß sich vielmehr um Hilfeleistungen handeln, deren sich das Denken bedienen kann, während es in einer geeigneteren Materialsphäre, etwa mit Vorstellungsbildern, arbeitet.[28]

[20] Sybille Krämer: *‚Schriftbildlichkeit‘ oder: Über eine (fast) vergessene Dimension der Schrift*. In: Horst Bredekamp und Sybille Krämer (Hg.): *Bild – Schrift – Zahl*. München 2003, 157-176, hier: 171.

[21] Ebd., 164.

[22] Kurz: *Mittelbarkeit und Vereinigung*, a.a.O., weist darauf hin, daß die ‚denkerische‘ Aufwertung von Dichtung im Rahmen der *poiesis*-Poetik ein Phänomen der Zeit um 1800 war: „Diese [poietische, U. D.] Bedeutung von Poesie erhält im Idealismus eine spekulative Begründung, derzufolge Denken und Dichten ineins gesetzt werden kann. Diese Begründung hat die Aufwertung der ‚produktiven‘ oder ‚dichtenden‘ Einbildungskraft, die Kant der ‚reproduktiven‘ noch beiordnete, zur Bezeichnung der Grundlage und Grundstruktur des Denkens überhaupt zur Voraussetzung.“

[23] Sybille Krämer und Horst Bredekamp: *Einleitung: Kultur, Technik, Kulturtechnik: Wider die Diskursivierung der Kultur*. In: dies. (Hg): *Bild – Schrift – Zahl*, a.a.O., 11-22, hier: 12.

[24] Ebd.

[25] Birgit Recki und Lambert Wiesing: *Einleitung der Herausgeber*. In: dies. (Hg.): *Bild und Reflexion*, a.a.O., 7-13, hier: 7.

[26] Barbara Naumann und Edgar Pankow: *Einleitung*. In: dies. (Hg): *Bilder-Denken*, a.a.O., 7-17, hier: 15.

[27] Ebd.

[28] Rudolf Arnheim: *Anschauliches Denken. Zur Einheit von Bild und Begriff*. Köln 1972, 219.

‚Sich ein Bild von etwas zu machen', ‚etwas als etwas zu sehen', das heißt dann zugleich, etwas (als etwas) zu denken oder zu verstehen. Ein Bild ist als intentionales Artefakt in Verstehensprozesse eingebunden und fungiert als hermeneutisches Instrument. Wie Krämer hervorhebt, besteht zwischen Bild und Sprache keine ontologische Differenz; vielmehr kann sprachliche Bildlichkeit als eine spezifische Form der Sprachverwendung gelten. In ihr „besitzen Bilder [...] eine eigene, nur ihnen zugehörige Logik. [...] Diese Logik ist nicht-prädikativ, das heißt nicht nach dem Muster des Satzes oder anderer Sprachformen gebildet. Sie wird nicht gesprochen, sie wird wahrnehmend realisiert."[29] Im Fall von Literatur ermöglicht freilich eine spezifische Sprachbildung eine solche symbolische Wahrnehmung, indem sie die Sprache aus dem Korsett eines feststehenden referentiellen Bezugs befreit und stattdessen bildliche „Konfigurationen"[30] bildet.

Damit kann das Verhältnis von Bild und Schrift im Hinblick auf Literatur nicht exklusiv gedacht werden,[31] wie insgesamt der *iconic turn*[32] das Bewußtsein dafür schärft, daß der Rekurs auf den Begriff des Bildes dazu beitragen kann, auch die Spezifik und Funktionsweise von Literatur, von Lyrik zumal, genauer zu bestimmen. Anstatt den Begriff des Bildes als ein Oppositum zu Sprache zu profilieren,[33] läßt sich der *iconic turn* in literaturwissenschaftlicher Perspektive

[29] Gottfried Boehm: *Jenseits der Sprache? Anmerkungen zur Logik der Bilder.* In: Christa Maar und Hubert Burda (Hg.): *Iconic turn. Die neue Macht der Bilder.* Köln 2004, 28-43, hier: 28f. und 43: „Die Logik der Bilder basiert auf die eine oder andere Art auf einem Überhang: Das Faktische lässt sich als das, was es ist, *anders* sehen. [...] Es ist ein nicht-prädikativer Sinn, dem kein sprachlicher Logos vorausgeht, an den freilich alle erforderlichen sprachlichen Diskurse, Ikonologien oder Interpretationen anschließen."

[30] Pfotenhauer: *Sprachbilder*, a.a.O., 8; und ders.: *Die nicht mehr abbildenden Bilder*, a.a.O., 346.

[31] Schon Gottfried Boehm betont, daß „es die Befragung der Sprache war, welche der ihr innewohnenden Bildpotenz Nachdruck verschaffte, den linguistic turn in einen iconic turn überleitete." Boehm: *Die Wiederkehr der Bilder*, a.a.O., 14. Nach Sybille Krämer ist es geradezu einer der „Topoi der Geisteswissenschaften: Sprache und Bild sind als disjunkte symbolische Ordnungen zu verstehen." (Krämer: *Schriftbildlichkeit*, a.a.O., 157.) Paradigmatisch für eine solche disjunktive Haltung vgl. Hans-Georg Gadamer: „Die Erfindung der Schrift bedeutet zugleich das Ende aller bildlichen Qualitäten der Sprache." Zitiert nach: Roland Borgards: *Sprache als Bild. Handkes Poetologie und das 18. Jahrhundert.* München 2003, 10. Daß man Gadamer indes auch ganz anders lesen kann, zeigt Ruben Zimmermann (Hg.): *Bildersprache verstehen. Zur Hermeneutik der Metapher und anderer bildlicher Sprachformen.* München 2000, 13: „Hans-Georg Gadamer hat deutlich gemacht, dass der Kunst des Bildens und der dichterischen Kunst die gleichen Entstehens- und Verstehensmuster zugrunde liegen, Bildkunst und Wortkunst also nur unterschiedliche Aspekte desselben Wahrnehmungs- und Sinnprozesses erfassen."

[32] Diese Formel prägte Boehm: *Die Wiederkehr der Bilder.* In: ders. (Hg.): *Was ist ein Bild?*, a.a.O, 11-38, hier: 13. Boehm wollte damit, wie er im Vorwort schreibt, daran erinnern, „daß eine Bildtheorie zum Kernbestand der Hermeneutik rechnet." (Ebd., 8)

[33] Entgegen seiner Rezeption plädiert auch Lessings *Laokoon* für eine Verwandtschaft von Malerei und Poesie, wenn er trotz seiner Differenzierungsarbeit ganz selbstverständlich

als eine Weiterdrehung des *linguistic turn* begreifen. Eine Leistung von Lyrik bestünde dann gerade in ihrer Sprach*bild*ung, welche konventionelle Zeichen zu individuellen Zeichenkonfigurationen komponiert und damit „poëtische Individualität" (StA 4,1, 352, 15) herstellt, wie es bei Hölderlin heißt.

Dieser kurze Exkurs in die gegenwärtige Bildwissenschaft schien nützlich, den interpretatorischen Ansatz dieser Arbeit zu klären. Überblickt man die Menge der Beiträge, die in den letzten beiden Dekaden als Antworten auf die von W. J. T. Mitchell gestellte Frage „Was ist ein Bild?"[34] entstanden sind, so wird zwar schnell sichtbar, daß sie in ihrer Gesamtheit die Elusivität des Bildbegriffs in keiner Weise reduzieren, sondern vielmehr allererst entfalten. Es zeigt sich jedoch auch, warum das so ist: Die schwere Faßbarkeit des Bildes ist zum einen durch einen *historischen* Wandel der Bildverständnisse bedingt, zum anderen durch *synchron* konkurrierende Bild*poetiken*. Ein Bild besitzt so gesehen keine feste Entität, denn es bestimmt sich in historisch divergenten Möglichkeitsräumen und in diesen existierenden Bild*theorien* und Bild*praktiken* jeweils ganz unterschiedlich; dies macht die Frage nach dem Bildbegriff eines Autors interessant. Wenn „[i]n Hölderlins poetischem Lexikon [...] der Ausdruck Bild metaphorisch oder metonymisch auch das Gedicht"[35] bezeichnet, so birgt das damit verbundene Bildverständnis Konsequenzen für seine Auffassung von der Kompositions- und Funktionsweise des lyrischen Textes, die erst noch zu klären sind.

Eine plausible Erklärung für die Genese von Hölderlins Bildmodell ist sicher seine intensive Auseinandersetzung mit Schillers Konzeption sentimentalischer Poesie, an die sein Bildverständnis produktiv anschließt. Das erste Kapitel der

von den „Bildern" der Poesie spricht. Vgl. dazu David E. Wellbery: *Lessing's Laocoon. Semiotics and aesthetics in the age of reason.* Cambridge; New York 1984, 105: „Lessing distinguishes the arts in order to insist on their proper unity. As regards the *telos* of the arts, Lessing still holds to the dictum he is so often said to have rejected: *ut pictura poesis.*" Daß Lessings mediale Differenzierung im *Laokoon* nicht transhistorisch gültig, sondern Indiz einer bestimmten historischen Situation ist, betont Pfotenhauer: *Sprachbilder*, a.a.O., 7. Weitere Literatur zum *Laokoon*: Inge Baxmann, Michael Franz und Wolfgang Schäffner (Hg.): *Das Laokoon-Paradigma. Zeichenregime im 18. Jahrhundert.* Berlin 2000; Inka Mülder-Bach: *Im Zeichen Pygmalions,* a.a.O; Gunter Gebauer (Hg.): *Das Laokoon-Projekt. Pläne einer semiotischen Ästhetik.* Stuttgart 1984; darin insbes.: Tzvetan Todorov: *Ästhetik und Semiotik im 18. Jahrhundert. G. E. Lessing: Laokoon*, 9-22; zur weiteren Geschichte: Thomas Koebner (Hg.): *Laokoon und kein Ende. Der Wettstreit der Künste.* München 1989.

34 So der gleichnamige Aufsatz von W. J. T. Mitchell in: *Bildlichkeit. Internationale Beiträge zur Poetik.* Hg. v. Volker Bohn. Frankfurt am Main 1990, 17-68 und der gleichnamige Sammelband von Gottfried Boehm (Hg.), München 1994.

35 Gerhard Kurz: *Der Bildermann. Bild und Gottesbild bei Hölderlin.* In: Richard Hoppe-Sailer, Claus Volkenandt und Gundolf Winter (Hg.): *Logik der Bilder. Präsenz – Repräsentation – Erkenntnis.* Berlin 2005, 163-181, hier: 170. Für Belege vgl. z.B. *Grund zum Empedokles*, StA 4,1, 149-162, insbes. 150f.

Arbeit widmet sich daher Schillers Konzeption des Bildes in seiner Schrift *Über naive und sentimentalische Dichtung*. Schiller entwickelt dort ein Textmodell, das von einer zweistimmigen Differentialität ausgeht und „Dichtungsarten"[36] nach „Betrachtungsart[en]" unterscheidet.[37]

Diesen Grundgedanken wird Hölderlins Lyrik dichterisch umsetzen. Seine fünf zwischen 1797 und 1802 entstandenen Elegien *Der Wanderer*, *Menons Klagen um Diotima*, *Brod und Wein*, *Stutgard* und *Heimkunft* übernehmen Schillers Neudefinition des Elegischen als Spannungsverhältnis von Darstellungsmodi und dynamisieren sie in einem Wechselspiel von Tönen.

Die Elegien erweisen sich damit als eine wichtige Scharnierstelle für die Poetik des Spätwerks, für das der zweite große Teil der Arbeit beispielhaft den Zyklus der sogenannten *Nachtgesänge* untersucht.[38] Die neun Gedichte erschienen 1804 und waren die letzte lyrische Veröffentlichung, die Hölderlin noch eigenhändig zum Druck gab.

Der Zyklus läßt sich als ein Experimentieren mit unterschiedlich ‚temperierten' Bildformen verstehen, wie sich in Anschluß an Claude Lévi-Strauss zeigen läßt. Die Bezeichnung der Gedichte als „Nachtgesänge" kann dabei poetologisch verstanden werden: als Hinweis auf das stilistische Register der *obscuritas*. Die *heißen* Bilder der *Nachtgesänge* akzentuieren *das Werden im Vergehen*, sie betonen Diskontinuität und lebendige Originalität statt Konventionalität und inszenieren bewusst einen transformativen Prozeß ohne positive Finalität; sie nehmen dabei Kompositionsweisen vorweg, die im 20. Jahrhundert unter dem Stichwort ‚offenes Kunstwerk' firmieren. In ihnen bereitet sich aber auch eine Tendenz vor, die in Hölderlins „allerspätesten"[39] Gedichten in eine Kunst *kalter* Bilder mündet, welche sich vor dem Hintergrund von Hölderlins Poetik als eine Form von *Bildkritik* interpretieren lässt.

[36] Friedrich Schiller: *Über naive und sentimentalische Dichtung*. In: ders: *Werke und Briefe in zwölf Bänden*. Band 8: *Theoretische Schriften*. Hg. v. Rolf-Peter Janz unter Mitarbeit von Hans Brittnacher, Gerd Kleiner und Fabian Störmer. Frankfurt am Main 1992, 706-810, hier: 776.

[37] Ebd., 706.

[38] Da es mein Interesse ist, die genaue kompositorische Verfaßtheit der Gedichte selbst zu untersuchen, muß der Umfang des in den Blick genommenen Textkorpus relativ überschaubar bleiben. Die neun Gedichte erscheinen hierfür besonders gewinnbringend, da sie zum einen bislang von der Forschung kaum als Zyklus wahrgenommen wurden und zum anderen ihre Textgrundlage im Vergleich zum übrigen, oft fragmentarischen Spätwerk, durch den Druck von 1804 verhältnismäßig gesichert ist.

[39] Ute Oelmann: *Fenstergedichte*. In: Gerhard Kurz (Hg.): *Interpretationen. Gedichte von Friedrich Hölderlin*. Stuttgart 1996, 201-212, hier: 202.

2 Die Zweistimmigkeit der sentimentalischen Poesie

2.1 ›Bild‹ in Schillers *Über naive und sentimentalische Dichtung*

Zur Ausgangshypothese dieser Arbeit, daß die Umbauten am poetischen Bildbegriff im Horizont von Entwicklungen stehen, die in verstärkten (Selbst-) Reflexionen der beginnenden literarischen Moderne wurzeln, kann man Friedrich Schillers 1795/96 in drei Folgen in den *Horen* erstveröffentlichten Aufsatz *Über naive und sentimentalische Dichtung*[1] als einen poetologischen Gründungstext heranziehen: Denn in ihm entwirft Schiller eine Art „Transzendentalpoetologie“[2] der Dichtung, in der sich das historisch avancierte ästhetische Bewußtsein der Epoche richtungsweisend formuliert.[3]

Obwohl der epochemachende Charakter von Schillers Schrift allgemein anerkannt wird,[4] hat die Forschung der genauen „Verfahrungsweise“ (StA 4,1, 241) der sentimentalischen Dichtung bislang wenig systematische Beachtung ge-

[1] Die Abhandlung erschien in drei Folgen, zwischen November 1795 und Januar 1796 in Schillers Zeitschrift *Die Horen*. Ende August 1800 publizierte Schiller die Studie zusammenhängend unter dem Titel *Ueber naive und sentimentalische Dichtung*, mit kleineren Korrekturen, im zweiten Band seiner *Kleineren prosaischen Schriften*. Textgrundlage der folgenden Darstellung: Friedrich Schiller: *Über naive und sentimentalische Dichtung*. In: ders.: *Werke und Briefe in zwölf Bänden*. Band 8: *Theoretische Schriften*. Hrsg. v. Rolf-Peter Janz unter Mitarbeit von Hans Brittnacher, Gerd Kleiner und Fabian Störmer. Frankfurt am Main 1992, 706-810. In diesem Kapitel zitiert unter Angabe der Seitenzahl im laufenden Text.

[2] Bernhard Fischer: *Goethes Klassizismus und Schillers Poetologie der Moderne: „Über naive und sentimentalische Dichtung“*. In: *Zeitschrift für deutsche Philologie* 113 (1994), H. 2, 225-245, hier: 226.

[3] Vgl. die Darstellung von Carsten Zelle: *Über naive und sentimentalische Dichtung (1795/96)*. In: Matthias Luserke-Jaqui (Hg.): *Schiller-Handbuch. Leben – Werk – Wirkung*. Stuttgart 2005, 451-479. Dort auch weitere Literatur. Außerdem: Dieter Borchmeyer: *Über eine ästhetische Aporie in Schillers Theorie der modernen Dichtung. Zu seinen ‚sentimentalischen Forderungen‘ an Goethes „Wilhelm Meister“ und „Faust“*. In: *Jahrbuch der deutschen Schillergesellschaft* 22 (1978), 303-354; Oliver Sayce: *Das Problem der Vieldeutigkeit in Schillers ästhetischer Terminologie*. In: *Jahrbuch der deutschen Schillergesellschaft* 6 (1962), 149-177; Peter Szondi: *Das Naive ist das Sentimentalische. Zur Begriffsdialektik in Schillers Abhandlung*. In: ders.: *Schriften* Bd. 2. Frankfurt am Main 1978, 59-105.

[4] Vgl. Zelle: *Über naive und sentimentalische Dichtung (1795/96)*, a.a.O., 471f., der insbesondere die Wirkung des Textes auf die deutsche Frühromantik betont.

schenkt. Dabei läßt sich gerade an den unterschiedlichen Darstellungsverfahren von naiver und sentimentalischer Dichtung der Abschied von einer mimetischen Abbildlichkeit und die konkrete Praxis „moderne[r]“ (738, Anm. 12) Bildgebungsverfahren ablesen. In der Vokabel des Sentimentalischen artikuliert sich nicht weniger als ein neues poetisches *a priori*, wie es für die Dichtungen Hölderlins grundlegend sein wird.

2.1.1 Die sentimentalische Zweistimmigkeit

Schillers Notion von der sentimentalischen Poesie benennt ein Phänomen, das man als Eintritt des ästhetischen Bewußtseins *in* das Ästhetische selbst beschreiben kann: Das Sentimentalische steht für eine interne Reflexionsaktivität des literarischen Textes, wie sie der von Schiller als naiv klassifizierten Dichtung unbekannt ist. In Abhebung von seinem naiven Bruder kennzeichnet es den sentimentalischen Dichter in Schillers Modell, daß er im Medium der Poesie „über den Eindruck, den die Gegenstände auf ihn machen“ „reflektiert“ (739). Nach der Selbstbeschreibung[5] einer sich als „modern[]“ (738, Anm. 12) empfindenden Literatur(theorie) ist nämlich erst mit der sentimentalischen Literatur so etwas wie ein innerliterarisches „ästhetisches Bewußtsein“[6] – in Form von Reflexion – überhaupt möglich.[7] Sind „ästhetische Erfahrungen“ als solche immer schon „vom ästhetischen Bewußtsein umgeben, d. h. von dem Bewußtsein, daß solche Erfahrungen nur ästhetisch sind“[8], so tritt in der sentimentalischen Dichtung ein solches ästhetisches Bewußtsein *in den Text hinein.*

Um nachzuvollziehen, worin die Spezifik einer solchen reflektierenden Dichtung besteht, hilft zunächst ein kontrastierender Blick auf das grundlegend

[5] Mit dem Begriff ‚Selbstbeschreibung‘ soll darauf hingewiesen werden, daß die Frage nach der Richtigkeit von Schillers Unterscheidung von neuen und alten Dichtungsprinzipien hier nicht diskutiert werden soll – ein solcher Versuch der Verifizierung würde den Rahmen dieser Studie sprengen und freilich auch die Fragestellung verfehlen. Denn es soll eher darum gehen, die Fokussierung von solchen Selbstbeschreibungen auf historisch virulente Fragestellungen der Zeit um 1800 zu rekonstruieren. Im Sinne einer Erhöhung der Aufmerksamkeit sind solche Selbstbeschreibungen dann poetisch wirkungsmächtig.

[6] Den Begriff übernehme ich von Heinz Schlaffer: *Poesie und Wissen. Die Entstehung des ästhetischen Bewußtseins und der philologischen Erkenntnis*. Frankfurt am Main 1990.

[7] Vgl. ein ähnliches Epochenbewußtsein bei August Wilhelm Schlegel: *Vorlesungen über schöne Litteratur und Kunst*. Hg. von Jakob Minor. Erster Teil (1801-1802): *Die Kunstlehre*. Heilbronn 1884 (=Deutsche Litteraturdenkmale des 18. und 19. Jahrhunderts, 17), 356-368, hier: 357 „Idee einer Naturgeschichte der Poesie [...] Übergang zur Kunst und dem Bewußtseyn derselben“.

[8] Schlaffer: *Poesie und Wissen*, a.a.O., 152.

andere, nicht-reflektierende Organisationsprinzip der naiven Dichtung. Immer wieder betont Schiller deren ‚einfache' Form:[9]

> Da der naive Dichter bloß der *einfachen* Natur und Empfindung folgt, und sich bloß auf Nachahmung der Wirklichkeit beschränkt, so kann er zu seinem Gegenstand auch nur ein *einziges* Verhältnis haben, und es gibt, in *dieser* [Herv. Schiller] Rücksicht, für ihn keine Wahl der Behandlung. Der verschiedene Eindruck naiver Dichtungen beruht, (vorausgesetzt, daß man alles hinweg denkt, was daran dem Inhalt gehört und jenen Eindruck nur als das reine Werk der poetischen Behandlung betrachtet) beruht sage ich bloß auf dem verschiedenen *Grad* [Herv. Schiller] *einer und derselben* Empfindungsweise; selbst die Verschiedenheit in den äußern Formen kann in der Qualität jenes ästhetischen Eindrucks keine Veränderung machen. Die Form sei lyrisch oder episch, dramatisch oder beschreibend; wir können wohl schwächer und stärker, aber (sobald von dem Stoff abstrahiert wird) nie verschiedenartig gerührt werden. Unser Gefühl ist durchgängig dasselbe, ganz aus *Einem* Element, *so daß wir darin nichts zu unterscheiden vermögen.* Selbst der Unterschied der Sprachen und Zeitalter ändert hier nichts, denn eben diese reine *Einheit* ihres Ursprungs und ihres Effekts ist ein Charakter der naiven Dichtung. (738f.; Herv. U.D.)[10]

Die „Einheit" der internen Verfassung der naiven Dichtung, die dafür verantwortlich ist, „daß wir nichts darin zu unterscheiden vermögen" (739), führt dazu, daß sie „selbst bei sehr pathetischen Gegenständen *immer* fröhlich, *immer* rein, *immer* ruhig" (Anm. 13, 739; Herv. U. D.) wirkt und rührt daher, daß die naive Dichtung nur *ein* poetisches Prinzip kennt: die „absolute Darstellung" (772). Das Adjektiv „absolut[]" drückt aus, daß es für den naiven Dichter nur *einen* Darstellungsmodus gibt, der als solcher nicht in Frage steht und deshalb „absolute" Geltung besitzt: die „Nachahmung der Wirklichkeit" (738). Die unbeschränkte Selbstverständlichkeit der naiven „Schreibart" (721) bringt die Tatsache, daß es sich überhaupt um eine Schreib*art* handelt, zum Verschwinden. Es gibt deshalb in der naiven Dichtung keinen Raum für die Reflexion auf die Darstellung selbst. Die Haltung des naiven Dichters gegenüber seiner Darstellung ist dementsprechend geprägt von einer unerschütterlichen „Nüchternheit":

> Der Dichter einer naiven und geistreichen Jugendwelt [...] ist kalt, gleichgültig, verschlossen, ohne alle Vertraulichkeit. Streng und spröde, wie die jungfräuliche *Diana* in ihren Wäldern, entflieht er dem Herzen, das ihn sucht, dem Verlangen, das ihn umfas-

[9] Daß es ihm allein um die „Form" von naiver und sentimentalischer Dichtung geht, betont Schiller beispielsweise in seiner Anmerkung 5 (714): „Da das Naive bloß auf der *Form* beruht, *wie* etwas getan oder gesagt wird [...]" (Herv. U. D.).

[10] Durch die nähere Kennzeichnung „*äußern* Formen" (Herv. U. D.) grenzt Schiller seinen eigenen ‚inneren' Formbegriff von den traditionellen Gattungsbestimmungen ab. Vgl. 749, Anm. 15: „Schließlich bemerke ich noch, daß die hier versuchte Einteilung [...] in der Einteilung der Gedichte selbst [das wären die „äußern Formen"; U. D.] [...] ganz und gar nichts bestimmen soll; denn da der Dichter, auch in demselben Werke, keineswegs an dieselbe Empfindungsweise gebunden ist, so kann jene Einteilung nicht davon, sondern muß von der [äußern; U. D.] Form der Darstellung hergenommen werden."

> sen will. Nichts erwiedert er, nichts kann ihn schmelzen, oder den strengen Gürtel seiner Nüchternheit lösen. Die trockene Wahrheit, womit er den Gegenstand behandelt, erscheint nicht selten als Unempfindlichkeit. (728)

Die „trockene Wahrheit“, womit der naive Dichter „den Gegenstand behandelt“, ist zugleich Voraussetzung und Ergebnis der Tatsache, daß der naive Dichtungsmodus keine Metadiegese kennt – und per definitionem nicht kennen kann.[11] Die Präsentationshaltung der naiven Dichtung ist daher immer neutral. Der naive *discours* geriert sich selbst bei einer dramatischen *histoire*, „als ob er etwas alltägliches berichtet hätte, als ob er selbst kein Herz in dem Busen trüge“ (731). Das Prinzip ‚absoluter Darstellung‘ affiziert darum auch die Art und Weise, in der die dargestellten Gegenstände in der naiven Dichtung erscheinen: Gleichgültig, *was* dargestellt wird, die Darstellung selbst präsentiert es unweigerlich mit absoluter Geltung. Diese ‚absolute‘ Perspektive macht Schiller zufolge gerade den „Gehalt“ der naiven Poesie aus, wie er am Beispiel der Schäferidylle ausführt:

> [D]er naiven [Schäferidylle] kann es nie an Gehalt fehlen, da er hier *in der Form selbst* schon enthalten ist. Jede Poesie nehmlich muß einen unendlichen Gehalt haben, dadurch allein ist sie Poesie; aber sie kann diese Foderung auf zwei verschiedene Arten erfüllen. Sie kann ein Unendliches sein, der Form nach, wenn sie ihren Gegenstand *mit allen seinen Grenzen* darstellt, wenn sie ihn individualisiert; sie kann ein Unendliches sein der Materie nach, wenn sie von ihrem Gegenstand *alle Grenzen entfernt*, wenn sie ihn idealisiert; also entweder durch eine absolute Darstellung, oder durch Darstellung eines Absoluten. Den ersten Weg geht der naive, den zweiten der sentimentalische Dichter. Jener kann also seinen Gehalt nicht verfehlen, so bald er sich nur treu an die Natur hält, welche immer durchgängig begrenzt, d. h. der Form nach unendlich ist. (772)

Das auf den ersten Blick unverständlich erscheinende Paradox, wie durch die Darstellung eines Gegenstandes „*mit allen seinen Grenzen*“, durch ‚Individualisierung‘ so etwas wie eine „absolute Darstellung“ entstehen kann, erklärt sich nur, wenn man hinzudenkt, daß in der naiven Dichtung die „*Gegenstände* [...] an sich selbst völlig gleichgültig sind“ (773), da es ja allein um die „*Form selbst*“ geht. Die Form der naiven Poesie ist nun laut Schiller dadurch bedingt, daß der naive Dichter sich „treu an die Natur hält, welche immer durchgängig begrenzt, d. h. der Form nach unendlich ist.“ (772) Das mimetische Prinzip ist „der Form nach unendlich“, weil es in seiner Geltung für die naive Dichtung völlig unbeschränkt ist. Die „absolute Bestimmtheit der Darstellung“ (773) läßt keinerlei Relativierungen und damit auch keinen Wechsel der Modulierung zu. Auch wenn auf der Inhaltsebene Grenzen dargestellt werden, ist die Art der Darstellung selbst von grenzenloser Geltung.

[11] Vgl. Schiller, 730f. Vgl. auch Zelle: *Über naive und sentimentalische Dichtung (1795/96)*, a.a.O., 464.

Die sentimentalische Poesie hingegen operiert völlig anders; ihr geht es zunächst gar nicht um die naturgetreue Wiedergabe der Wirklichkeit,

> [i]hr eigentlicher und herrschender Charakter ist es nicht, mit ruhigem, einfältigem und leichtem Sinn zu empfangen und das Empfangene eben so wieder darzustellen. Unwillkürlich drängt sich die Phantasie der Anschauung, die Denkkraft der Empfindung zuvor[.] (752)

War in der naiven Dichtung „Anschauung" das dominierende Prinzip, so ist die sentimentalische Dichtung von „Phantasie" und „Denkkraft" bestimmt. Entscheidend ist nun, wie diese beiden Instanzen sich zueinander verhalten, nämlich distinktiv: „Der sentimentalische Dichter hat es [...] immer mit zwei streitenden Vorstellungen [...] zu tun" (739). Das Zusammenspiel der beiden Instanzen führt nicht zur Verschmelzung in *einer* Vorstellung; vielmehr wird die Dichtung „immer von dieser doppelten Quelle zeugen" (739). Die sentimentalische Dichtung ist daher grundlegend zweistimmig.

2.1.2 ›Darstellen als‹

Um die Zweistimmigkeit der sentimentalischen Dichtung richtig in den Blick zu bekommen, ist es wichtig, die bereits zweipolige Potenz zu verstehen, die durch die Partizipation der „Denkkraft" ins Spiel kommt. Die Integration der Reflexion in die Dichtung bringt ‚Ideen' ins Spiel und bereitet der poetischen Darstellung durch Prädikatspaare wie *Natur/Kunst* und *Ideal/Wirklichkeit* ein differenziertes Terrain, mit dessen Hilfe sich Vorstellungen modalisieren lassen. Die sentimentalische Arbeit an der Präsentation liefert mithin eine bestimmte Lesart, eine Tönung des Dargestellten. Für Schiller zentral ist insbesondere die dadurch mögliche Differenzierung der Vorstellungen nach *wirklich* und *ideal*. Wo die Vorstellungen in der naiven Dichtung allein durch die Art ihrer Darstellung immer den absoluten, uneingeschränkten Anspruch des Wirklichen besitzen, kann eine solche Geltung in der sentimentalischen Dichtung eingeschränkt werden: *ideal* ist nun Prädikat einer Vorstellung, die innerhalb der dichterischen Fiktion als „unerreicht" (748) präsentiert wird.

Die Grundlage dieser Modulationsfähigkeit wird durch die Internalisierung der „Denkkraft" in die Phantasie selbst gelegt: Denn indem deren Unterscheidungen (zwischen Natur und Kultur, Wirklichkeit und Ideal usw.) in die Fiktion eingehen und auch nur auf deren interne Vorstellungen angewendet werden, lösen sie sich von ihrer (quasi-)ontologischen Applikation und modulieren nun Phantasievorstellungen: *wirklich* und *ideal* sind nicht länger Prädikate, die einer Vorstellung in der Abgleichung mit einer außertextuellen Wirklichkeit verliehen würden, sondern werden zu rein fiktionsimmanenten Qualifizierungen. Sie bezeichnen die *interne* Geltung einer Vorstellung. Ein Ideal kann deshalb durchaus *als wirklich* präsentiert werden, wenn es eben in der fiktionalen Welt die Geltung des Wirklichen besitzt. *Imaginär* könnte man demnach eine Fiktion nennen, die noch innerhalb der dichterischen Fiktion als fiktiv gekennzeichnet ist: Während ein Ideal beispielsweise in der idyllischen Darstellung *als wirklich* präsentiert wird, kann es in einer im engeren Sinne elegischen Dichtungsart als imaginär gelten.

Genau diese *interne* Variabilität der Präsentationsweisen in der Beziehung zwischen Reflexion und Vorstellungen kreiert die Spannungsverhältnisse, die der sentimentalischen Dichtung ihre „dichterische Kraft" (739) verleihen.

Zwar sind die ‚Ideen' immer schon dichotomisch orientiert: *wirklich* bedeutet zugleich *nicht ideal*, und umgekehrt, so daß jede Prädikation zugleich durch das Negativ dessen zu verstehen ist, was sie ausschließt. In der Adressierung der Ideen an die Einbildungskraft als „Reflexion" (739) transformieren sich diese jedoch zu *Darstellungsweisen*, was eine tiefgreifende Umänderung ihrer sonstigen Funktion bedeutet.[12] Die sentimentalische Dichtung präsentiert durch die Partizipation einer reflexiven Instanz nicht nur ein Objekt, sondern „das Objekt in dem Subjekt" (729), nicht nur *etwas*, sondern zugleich eine bestimmte Perspektive *auf* dieses etwas. Gegenüber dem nicht-vorhandenen (Selbst-)Wissen der naiven Dichtung versteht die sentimentalische Dichtung ihre Vorstellungen immer schon *als* etwas:

> In der Satyre wird die Wirklichkeit *als* Mangel, dem Ideal *als* der höchsten Realität gegenübergestellt. (741; Herv. U.D.)
> Entweder ist die Natur und das Ideal ein Gegenstand der Trauer, wenn jene *als* verloren, dieses *als* unerreicht dargestellt wird. Oder beide sind ein Gegenstand der Freude, indem sie *als* wirklich vorgestellt werden. (748; Herv. U.D.)

In diesem *Repräsentieren als* hat sich der Darstellungsmodus der Dichtung gegenüber dem naiven Modell komplett verändert. Die Repräsentation folgt keinem mimetischen Prinzip mehr (‚treue Wiedergabe'); indem die Reflexion an der Darstellung partizipiert, tüncht sie die Vorstellungen in Farben ihrer Ideen und modifiziert als *Re*präsentation die Präsentation der Einbildungskraft. Die sentimentalische Dichtung präsentiert nicht nur etwas, sondern *re*präsentiert zugleich *etwas als etwas* – eben darin besteht ihre *Re*flexionsfähigkeit. Das

[12] Schiller spricht zwar statt von Darstellungsweisen vornehmlich von „Empfindungsweise[n]" (739), doch geht er von einer grundlegenden Analogie zwischen diesen und den „Dichtungsweisen" (728), der dichterischen „Manier" (734, Anm. 19), der „Dichtungsart" (776) aus. Schillers Annahme eines unhinterfragten Korrespondenzverhältnisses von Darstellungsart und Empfindungsweise ist wohl damit erklärbar, daß seine Dichtungstheorie Elemente von Moses Mendelssohns Konzeptualisierung der ‘vermischten Empfindung' entlehnt. Vgl. hierzu Jörg Schuster: *Poetologie der Distanz. Die ‚klassische' deutsche Elegie 1750-1800.* Freiburg im Breisgau 2002, 159ff.; Ulrich Gaier: *Hölderlin. Eine Einführung*. Tübingen; Basel 1993, 379.

doppelte *Re* der *re*flektierenden *Re*präsentation steht für eine tiefgreifende Umarbeitung der Präsentation.[13]

Wenn Schiller betont, daß es zum „Wesen“ der sentimentalischen Poesie gehöre, „daß die Natur der Kunst und das Ideal der Wirklichkeit *entgegen gesetzt werde*“ (748f., Anm. 15), dann betrifft dieses Kalkül des „Kontrast[s]“ (706, 713, 721) die *interne* Gestalt der sentimentalischen Poesie als eine Konfrontation zweier Modalverhältnisse.

Diese Modulationsfähigkeit von *ideal* und *wirklich* eröffnet der sentimentalischen Dichtung ganz neue perspektivische Darstellungsmöglichkeiten und komplexiviert nicht zuletzt ihre ‚innere Form‘ als Pluralität wechselnder Spannungsverhältnisse. Welche Modalkategorie einem Gegenstand jeweils beigelegt wird, kann dieser selbst nicht kontrollieren. Wann etwas *als wirklich* oder *als ideal* erscheint, hängt allein von der Art seiner Darstellung ab.

2.1.3 Das sentimentalische ›Bild‹

Die Dichtarten naiv/sentimentalisch unterscheiden sich somit weniger inhaltlich, in der Wahl ihrer Sujets – beiden geht es ja um „Natur“ (728) –, sondern durch ihre gänzlich unterschiedliche interne Operations*form.* Der sentimentalische Dichter gibt die Natur also nicht wie der naive Dichter „aus der ersten Hand“ (729) wieder, sondern gleichsam ‚aus zweiter Hand‘, als „durch den Verstand reflektiertes und durch die Regel zurecht gelegtes Bild“ (729). Nur dieses „reflektierte“ und dadurch „zurecht gelegte[]“ Produkt verdient, so kann man den zuletzt zitierten Satz interpretieren, den Namen „Bild“ im eigentlichen Sinne. Der Begriff *Bild* erscheint hier weniger als Oberbegriff für poetische Tätigkeit im allgemeinen, sondern als Ergebnis der spezifisch „sentimentalische[n] Operation“ (782). Gegenüber dem (scheinbar) neutralen (Wirklichkeits-)Abbild der naiven Dichtung ist das sentimentalische *Bild* ein Ge*bild*e mit eigenen Gesetzen. Zentral für diesen Bild-Begriff ist das Prinzip der *Beziehung*. Denn die Pointe an der „doppelten Quelle“ (739) des sentimentalischen Bildes ist nicht vornehmlich die Entgegensetzung, der Kontrast, sondern eine Form von Beziehungsarbeit, die daraus resultiert:

> Der Gegenstand wird hier auf eine Idee bezogen und nur auf dieser Beziehung beruht seine dichterische Kraft. (739)

[13] Eine solche produktive Konzeption von Repräsentation verbindet Schiller mit der Frühromantik. Grundlegend zu deren reflexivem Repräsentationsverständnis, auch in Hinblick auf Hölderlin: Winfried Menninghaus: *Unendliche Verdopplung. Die frühromantische Grundlegung der Kunsttheorie im Begriff absoluter Selbstreflexion.* Frankfurt am Main 1987.

Es wäre daher verfehlt, in der Relationierung der Vorstellung der Einbildungskraft zur Vernunftidee einfach eine Doppelung am Werk zu sehen. Der sentimentalische Dichter ist nicht nur ein Dichter, der naiv dichtet und ein solches Tun dann reflektierte. In der ‚sentimentalischen Operation' ist das Denken immer schon involviert und modifiziert in entscheidendem Maße schon das Vorstellen selbst. *In* der relationalen Differentialität des sentimentalischen „Bildes" verbirgt sich eine Beziehungsdynamik, in welcher die beiden Elemente Phantasie und Denken unauflöslich miteinander verwoben sind – und zugleich in einem unaufhebbaren Spannungsverhältnis agieren: Im ‚denkenden Dichten' der sentimentalischen Poesie bleibt der Aspekt der Vernunft immer auf die Vorstellung bezogen, *re*agiert auf diese und bleibt damit per se *ästhetisches* Bewußtsein; aber da die Reflexion immer schon mit im Spiel ist, läßt sie ihrerseits die Phantasie nicht unangetastet. Indem sie deren Vorstellungen re-präsentiert, greift sie mehr oder minder modifizierend ein und rückt sie gleichsam in ein von ihr bestimmtes Licht.

Die relativierende Modalisierung der Phantasievorstellungen *als wirklich* oder *als ideal* ist deshalb auch nicht der einzige Aspekt, der in Schillers Abhandlung für die starke Zweistimmigkeit der sentimentalischen Dichtung verantwortlich ist. Denn die Opposition von *wirklich* und *ideal* taucht in der Relation von „Phantasie" (=*wirklich*) und „Denkkraft" (=*ideal*) nun noch einmal verschoben auf. Hier plötzlich kehrt im Element der Phantasie die naive Vorstellung der Einbildungskraft zurück, die per se „lebendige Gegenwart" (739, Anm. 13) besitzt, solange sie nicht durch Reflexion modalisiert ist – und die Ideen der Vernunft haben im Gegenzug dazu gerade aufgrund ihrer zunächst fehlenden Anschaulichkeit idealischen Charakter.

Auch in dieser Konstellierung des Kräfteverhältnisses von Phantasie und Denkkraft wird erkennbar, wie viel an der Art liegt, mit der die Reflexion in das Bild eingreift, ob sie eher für oder gegen die Präsentation der Phantasievorstellung agiert, ob sie deren „lebendige Gegenwart" unterstützt oder perturbiert.

2.1.4 »Darstellbarkeit des Ideals«

Dabei ist das Zusammenspiel von Phantasie und Denken ganz und gar keine Selbstverständlichkeit. In der Tat steht durchaus in Frage – Schiller nennt sie „die wichtigste, die überhaupt in einer Philosophie der Kunst kann aufgeworfen werden" (738, Anm. 12),

> ob und in wie fern in demselben Kunstwerke Individualität [d. i. die „sinnliche[] Anschauung" (737) des Kunstwerks, die durch die Arbeit der Phantasie geleistet werden muß, U. D.] mit Idealität zu vereinigen sei. [...] Soviel ist indessen gewiß, daß in der Poesie dieser Gipfel noch keineswegs erreicht ist; [...] Es sei dies aber nun erreichbar und erreicht oder nicht, so ist es wenigstens die Aufgabe auch in der Dichtkunst, das ideale zu individualisieren und das individuelle zu idealisieren. Der moderne Dichter

> *muß* sich diese Aufgabe machen, wenn er sich überall nur ein höchstes und letztes Ziel seines Strebens gedenken soll. Denn, da er einerseits durch das Ideenvermögen über die Wirklichkeit hinausgetrieben, andrerseits aber durch den Darstellungstrieb beständig wieder zu derselben zurückgenötiget wird, so gerät er in einen Zwiespalt mit sich selbst, der nicht anders als dadurch, daß er eine Darstellbarkeit des Ideals regulativ annimmt, beizulegen ist. (738, Anm. 12)

Nun könnte man meinen, daß gerade das *Darstellen als* diesen Vermittlungsversuch von Idealität und Individualität leistet. Schillers Betonung, daß die „Darstellbarkeit des Ideals" nur „regulativ" angenommen ist, akzentuiert indes noch einmal den „Zwiespalt", welcher der sentimentalischen Dichtung zugrunde liegt und ihre interne Zweistimmigkeit ausmacht; Schiller interessiert sich in seiner Schrift dabei weniger für die ‚einfachen' Fälle homogener Verbindungen von Vorstellungen und Ideen, sondern gerade für die ihr Widerspiel.

Am schlagendsten ist die Leistung der sentimentalischen Poesie in Schillers Definition der Idylle ausgesprochen, welche das „Ideal [...] als wirklich" (748) darstellt. Was nach der dichotomischen Logik der Vernunft als Paradox gelten müßte, ist im sentimentalischen Bild möglich, denn das vernünftige Kontrastdenken mit seiner Unterscheidbarkeit von *ideal* und *wirklich* bildet nur den Boden für die „Beziehung", welche die Reflexion zur „Vorstellung der Einbildungskraft" unterhält, und in der ihre Ideen weniger prädikativ als vielmehr produktiv agieren, nämlich als Darstellungsweisen. Die „dichterische Kraft" (739) und ihr Effekt von „Bewegung" (768, Anm. 23) ist dabei einem internen Bildgeschehen geschuldet, in dem der Gegenstand und die Art seiner Darstellung gerade nicht problemlos zu *einer* Vorstellung verschmelzen, sondern sich im Modus ihrer Darstellung das Bewußtsein erhält, daß ihre Versöhnung immer nur eine *regulative* Idee darstellt.[14]

Das Grundprinzip der sentimentalischen Dichtung ähnelt damit dem, was Kant im § 49 der *Kritik der Urteilskraft* als konstitutiv für die „Darstellung ästhetischer Ideen"[15] beschreibt, nämlich ein besonderes „Verhältnis der

[14] Hier eröffnet sich eine Perspektive auf die Spezifik von *literarischen* Modalisierungen; denn Modalisierungen finden sich natürlich bereits in jeder alltäglichen Sprachverwendung und sind nichts Literaturspezifisches. Eine Potenz von Literatur wäre es demnach, gerade mit einer möglichen Offenheit der Relation von Gegenstand und Modalisierung zu operieren, sie nicht an einer außerliterarischen Wirklichkeit auszurichten.

[15] Immanuel Kant: *Die drei Kritiken*. Bd. 3: *Kritik der Urteilskraft*. Hg. v. Karl Vorländer. Hamburg 1993 (=Philosophische Bibliothek Bd. 39a). Der Wortlaut folgt der dritten Originalausgabe von 1799; Originalpaginierung im folgenden gekennzeichnet mit C, hier: 167, C192; im Orig. gesperrt.

Einbildungskraft zum Verstande".[16] Auch dort nämlich ist ihre Relation, wenigstens nach konventionellen Maßstäben,[17] unversöhnt:

> Wenn nun einem Begriffe eine Vorstellung der Einbildungskraft untergelegt wird, die zu seiner Darstellung gehört, aber für sich allein soviel zu denken veranlaßt, als sich niemals in einem bestimmten Begriff zusammenfassen läßt, mithin den Begriff selbst auf unbegrenzte Art ästhetisch erweitert, so ist die Einbildungskraft hierbei schöpferisch und bringt das Vermögen intellektueller Ideen (die Vernunft) in Bewegung, mehr nämlich bei Veranlassung einer Vorstellung zu denken (was zwar zu dem Begriff des Gegenstandes gehört), als in ihr aufgefaßt und deutlich gemacht werden kann.[18]

Auch bei Kant scheint der ästhetische Mehrwert von Darstellungen in einer internen konstitutiven Zweistimmigkeit zu bestehen, wie sie auch in Schillers sentimentalischer Dichtung zum Tragen kommt, wenn deren Bilder durch eine Art bildende Neuordnung der Dinge *ästhetische Ideen* im Kantischen Sinn produzieren, die „viel zu denken veranla[ssen], ohne daß [ihnen] doch irgendein bestimmter Gedanke, d. i. Begriff, adäquat sein kann".[19]

2.1.5 Die Spannungsverhältnisse der sentimentalischen Dichtung

Im Gegensatz zur naiven Dichtung und ihrem Prinzip *absoluter Darstellung* kultiviert die sentimentalische Dichtung *relative* Darstellungen. Sie kennt allererst eine „Mehrheit der Prinzipien" (739), eine „Wahl" (738) und „Verschiedenheit in der Behandlung" (740), wie sie Schiller als Modi des Satirischen, Elegischen und Idyllischen ausführt. Diese drei Arten unterscheiden sich durch die differierenden Spannungsverhältnisse, die aus der Interaktion von Vernunft- und Phantasieideen und den daraus sich ergebenden unterschiedlichen Darstellungsmodi resultieren:

> Satyrisch ist der Dichter, wenn er die Entfernung von der Natur und den Widerspruch der Wirklichkeit mit dem Ideale [...] zu seinem Gegenstande macht. (740)
> Setzt der Dichter die Natur der Kunst und das Ideal der Wirklichkeit so entgegen, daß die Darstellung des ersten überwiegt, und das Wohlgefallen an demselben herrschende Empfindung wird, so nenne ich ihn elegisch. [...] Entweder ist die Natur und das Ideal ein Gegenstand der Trauer, wenn jene als verloren, dieses als unerreicht dargestellt wird. Oder beide sind ein Gegenstand der Freude, indem sie als wirklich vorgestellt

[16] Ebd. 172, C 199. Schiller erwähnt Kants *Kritik der Urteilskraft* gleich in den ersten beiden Anmerkungen seines Textes. Vgl. 707 u. 711.

[17] Freilich leistet gerade das Genie in Kants Konzeption dann doch wieder eine „Vereinigung" von „Einbildungskraft und Verstand", indem es „eigentlich in dem glücklichen Verhältnisse [... besteht], zu einem gegebenen Begriffe Ideen aufzufinden, und andererseits zu diesen den Ausdruck zu treffen" (Kant: *Kritik der Urteilskraft*, a.a.O., 171, C 198).

[18] Ebd., 169, C 194f.

[19] Ebd., 168, C 192f.; im Orig. gesperrt.

werden. Das erste gibt die *Elegie* in engerer, das andre die *Idylle* in weitester Bedeutung. (748)

Schillers Dichtungstrias[20] – die sich freilich nicht als Gattungsbestimmung versteht, sondern Unterschiede in der „Manier" aufzeigen will – kennt zwei grundlegend unterschiedliche interne Spannungszustände des Bildes: die „*Übereinstimmung*" (768, Anm. 23) von Wirklichkeit und Ideal in der Idylle – „die Natur und das Ideal" werden „als wirklich vorgestellt" (748)[21] – oder den „*Widerspruch*" (768, Anm. 23) zwischen Wirklichkeit und Ideal in der Satire und in der Elegie ‚in engerer Bedeutung'. Letztere differieren nur in der unterschiedlichen Akzentuierung, die sich aus der Frage ergibt, „ob er [der sentimentalische Dichter] mehr bei der Wirklichkeit, [oder] ob er mehr bei dem Ideale verweilen [...] will" (740). Die Satire legt ihr größeres Darstellungsgewicht auf die Seite der Wirklichkeit, die Elegie auf das Ideal.

Am eingängigsten faßt diese möglichen Spannungsmodi eine Anmerkung zu Beginn von Schillers Ausführungen über die Idylle zusammen:

> Die sentimentalische Dichtung nehmlich unterscheidet sich dadurch von der naiven, daß sie den wirklichen Zustand, bei dem die letztere stehen bleibt auf Ideen bezieht, und Ideen auf die Wirklichkeit anwendet. Sie hat es daher immer [...] mit zwei streitenden Objekten, mit dem Ideale nehmlich und mit der Erfahrung, zugleich zu tun, zwischen welchen sich weder mehr noch weniger als gerade die drei folgenden Verhältnisse denken lassen. Entweder ist es der *Widerspruch* des wirklichen Zustandes

[20] Deren Ordnung ist bei Schiller freilich von gravierenden Inkonsistenzen gekennzeichnet. In Schillers Darstellung selbst gibt es nämlich zunächst nur die Dichotomie zwischen einer satirischen und einer elegischen Dichtungsart mit ihren jeweiligen Untergattungen „strafende" und „scherzhafte" Satire (vgl. 740) und „*Elegie* in engerer" und „*Idylle* in weitester Bedeutung" (748). Diese Einteilung ist jedoch nicht wirklich repräsentativ für Schillers Abhandlung; die Differenz zwischen den beiden satirischen Unterarten fällt im Vergleich zu der letztgenannten eindeutig weniger ins Gewicht und zeigt sich schon dadurch, daß beide satirische Formen den Namen *Satire* behalten. So überrascht es nicht, wenn Schiller schon in der an seine elegische Unterteilung unmittelbar anschließende Anmerkung, und dann vor allem im weiteren Fortlauf seiner Argumentation eher eine Trias von „Satyre, Elegie und Idylle" (748, 15) suggeriert. Vgl. hierzu zuletzt Schuster: *Poetologie der Distanz*, a.a.O., 157ff.; dort, 158, Anm. 79, auch weitere Literatur zu diesem Punkt.

[21] Der völlige Zusammenfall von *ideal* und *wirklich* in der *Darstellung* würde deren notwendige sentimentalische Unterscheidbarkeit aufheben und die (freilich aus der Perspektive der sentimentalischen Dichtung wiederum nur als unwirkliches Ideal sichtbar werden könnende) Einheit herstellen, die Kennzeichen der naiven Manier ist. Die *sentimentalische Idylle* ist daher die dichterisch am schwierigsten auszuführende Gattung. Vgl. auch Seite 776: „Aber eben darum, weil aller Widerstand hinwegfällt, so wird es hier ungleich schwüriger, als in den zwei vorigen Dichtungsarten, die *Bewegung* hervorzubringen, ohne welche doch überall keine poetische Wirkung sich denken läßt. Die höchste Einheit muß sein, aber sie darf der Mannigfaltigkeit nichts nehmen; das Gemüt muß befriedigt werden, aber ohne daß das Streben darum aufhöre. Die Auflösung dieser Frage ist es eigentlich, was die Theorie der Idylle zu leisten hat."

> oder es ist die *Übereinstimmung* desselben mit dem Ideal, welche vorzugsweise das Gemüt beschäftigt; oder dieses ist zwischen beiden geteilt. In dem ersten Falle wird es durch die Kraft des innern Streits, *durch die energische Bewegung*, in dem andern wird es durch die Harmonie des innern Lebens, durch die *energische Ruhe* befriedigt; in dem dritten *wechselt* Streit mit Harmonie, wechselt Ruhe mit Bewegung. (768, Anm. 23)

Die Königsgattung der sentimentalischen „Dichtungsarten" (776) ist deshalb nicht zuletzt die Elegie ‚in weiterer Bedeutung', da sie die *relativierende* Verfahrensweise und Pluralisierung der „Betrachtungsart[en]" (706) der sentimentalischen Dichtung im *Wechsel* zwischen den beiden grundsätzlich möglichen Spannungszuständen vor Augen führt. Das ‚Schwanken zwischen zwei verschiedenen Zuständen', das die sentimentalische Poesie als Grundfigur charakterisiert, kulminiert im Modell der Elegie, die ein solches Schwanken durch den Wechsel zwischen idyllischer „*Übereinstimmung*" und (im engeren Sinne) elegischem oder satirischem „*Widerspruch*" (768, Anm. 23) noch einmal auf höherer Ebene wiederholt.

Die auf der Differenzierung von *wirklich* und *ideal* beruhenden Spannungsverhältnisse prägen sich in den verschiedenen Konstellationen *satyrisch*, *idyllisch*, *elegisch* unterschiedlich aus, sind jedoch grundsätzlich dynamisch angelegt. Damit steht die sentimentalische Poetik in Opposition zu dem eher ‚statischen' Charakter der naiven Dichtung. Selbst wenn diese „sehr pathetische[] Gegenstände[]" darstellt, bleibt ihr Darstellungsmodus „immer ruhig" (739, Anm. 13). Im Gegensatz zu dem im doppelten Sinne ‚eintönigen' Eindruck stetiger Ruhe, den die naive Dichtung vermittelt, steht die „*energische*" (768, Anm. 23) Dynamik der sentimentalischen Dichtung, die ihren Leser „immer zwischen zwei verschiedenen Zuständen in Schwanken geraten" (740, Anm. 13) läßt.[22]

Schiller betont die dem sentimentalischen Bild grundsätzlich inhärente Spannung, auch wenn, wie im Fall der Idylle, eigentlich „Übereinstimmung" zwischen idealer Vorstellung und Wirklichkeit herrscht. Denn auch in einer solchen Darstellung bleibt „die Wirklichkeit mit ihren Schranken, die Kultur mit ihrer Künstelei in Erinnerung", welche „jenem Bilde der reinen Natur die Erfahrung der Verderbnis gegenüberstell[t], und so die Empfindungsart, wenn auch der Dichter es nicht darauf angelegt hätte, in uns elegisch mach[t]." (749, Anm. 15) Auch hier ist die Benutzung des Begriffes „Bild" wieder instruktiv: Das (mehr oder weniger latente oder manifeste) Bildbewußtsein, konkret: das Bewußtsein von der rein imaginären Existenz der „reinen Natur", nämlich als Effekt einer bestimmten *künstlerischen* Darstellung, modalisiert die präsentierte Vorstellung

22 Auch in dieser dynamischen Konzeption kann man eine Konsonanz mit § 49 aus Kants *Kritik der Urteilskraft* erkennen, wo Kant über das „belebende Prinzip im Gemüte" (a.a.O., 167, C 192), das „in Schwung versetz[en]", das „in Bewegung" „bring[en]" (ebd., 169, C 194) als spezifische Wirkung der Darstellung ästhetischer Ideen spricht.

dahingehend, daß ihre Geltung als eingeschränkt wahrgenommen wird. Auch wenn ihr Grundton mit dem ‚naiven' Bild zur Deckung zu kommen scheint, erinnert der verborgene Kunstcharakter an die bloße Idealität einer solchen Einheit. Der starke Eindruck von Reinheit ist nicht separierbar von dem gegenteiligen Wissen um die unreinen Zustände jenseits der Vorstellung, ja, gerade eine solche kontrastierende Korrelation macht die Stärke des Eindrucks aus. Ein solches Bildbewußtsein affiziert Schiller zufolge sogar noch nachträglich „die schönsten Werke der naiven Gattung aus alten und neuen Zeiten", „so daß selbst der höchste Genuß [...], den die[se] [...] dem kultivierten Menschen gewähren, nicht lange rein bleibt, sondern früher oder später von einer elegischen Empfindung begleitet sein wird." (749, Anm. 15)

Die Entgegenstellung von *wirklich* und *ideal* muß dabei gar nicht thematisch ausgeführt sein – sie kann auch nur durch die Art der Darstellung suggeriert werden:

> Geschieht dieses [die Entgegensetzung von Natur und Kunst, Ideal und Wirklichkeit; U.D.] auch nicht ausdrücklich von dem Dichter, und stellt er das Gemälde der unverdorbenen Natur oder des erfüllten Ideales rein und selbstständig vor unsere Augen, so ist jener Gegensatz doch in seinem Herzen, und wird sich, auch ohne seinen Willen, in jedem Pinselstrich verraten. Ja wäre dieses nicht, so würde schon die Sprache, deren er sich bedienen muß, weil sie den Geist der Zeit an sich trägt und den Einfluß der Kunst erfahren [hat], uns die Wirklichkeit mit ihren Schranken, die Kultur mit ihrer Künstelei in Erinnerung bringen [...]. (749, Anm. 15)[23]

Die kontrastierende Tönung der Sprache durch den „Einfluß der Kunst" nimmt als eine Art perspektivische Einstellung, die sich im „Pinselstrich" verrät, unwillkürlich Anteil an dem „Gemälde". Eine solche differenzierende Weise der Fokalisierung, bei der gleichsam ein als Negativ fungierender Hintergrund auf die ‚Lesart' der präsentierten Sujets im Vordergrund Einfluß nimmt, durchzieht als Prinzip die ‚doppelte' Darstellungsweise der sentimentalischen Dichtung, die ihren Gegenstand und dessen Repräsentation immer durch eine ‚oppositionelle' Linse darstellt:

> Die Wirklichkeit ist also hier ein notwendiges Objekt der Abneigung, aber worauf hier alles ankömmt, diese Abneigung selbst muß wieder notwendig aus dem entgegenstehenden Ideale entspringen. (741)

Den zitierten Passagen kann man allesamt die Unentrinnbarkeit ablesen, die der ‚doppelte Boden' von *wirklich* und *ideal* für die dichterische Praxis besitzt. Auch wenn in der dichterischen Darstellung eine Vorstellung ‚nur' als wirklich oder als ideal präsentiert wird – durch die Art der Darstellung kommt eine

[23] Vgl. auch die Äußerung am Beispiel der Satire, 741: „Es ist übrigens gar nicht nötig, daß das letztere [d. i. das „Ideal als [...] höchste[] Realität"; U. D.] ausgesprochen werde, wenn der Dichter es nur im Gemüt zu erwecken weiß".

relativierende Geltung ins Spiel, die immer auch den Gegenpart, als Pendant, im Spiel hält. So ist die (literarische) Wirklichkeit der sentimentalischen Dichtung eine ganz andere als sie es für die naive Dichtung war. Für diese war sie von ‚absoluter' Geltung – die sentimentalische Wirklichkeit hingegen ist relativ: Sie situiert sich gegenüber einem idealischen Widerpart, durch den sie beständig kritisch beurteilt und an dem sie gemessen wird.

Eine Begleiterscheinung dieser modalen Ausdifferenzierung ist ein Selbstverständlichkeitsverlust der „poetischen Behandlung" (739). Denn die Erfahrung der Partikularität, der ‚Färbung' der Repräsentation öffnet die Augen für die Rolle, die das *Wie* der Darstellung für die Repräsentation spielt und leistet der Einsicht Vorschub, daß alles auch ganz anders aussehen könnte.

In der Variabilität der Darstellungsmodi liegt auch der Grund, warum Schiller „die Benennungen Satyre – Idylle – Elegie in einem weiteren Sinne [...] als gewöhnlich" (748, Anm.15) verstanden wissen will. Die dadurch geschaffene Möglichkeit eines Wechsels der Darstellungsformen *innerhalb* eines Werkes durch die sentimentalische Modulierungskunst erlaubt eine Dynamisierung, der die bisherigen konventionellen Gattungsbestimmungen nur im Weg stehen würden.[24]

2.1.6 »Darstellung eines Absoluten«

Die sentimentalisch-modalisierende und damit relativierende *Re*präsentation im Medium des sentimentalischen Bildes und die mit ihr einhergehenden Reflexionen führt Schiller an dem Paradesujet der sentimentalischen Dichtung vor: der Naturdarstellung. Schillers Schrift nimmt ja ihren Ausgang von dem zunächst paradox erscheinenden Faktum, daß gerade das Verschwinden der Natur aus dem Leben der modernen Zivilisation ein „nicht selten zum Bedürfnis erhöhte[s] Interesse" (706) an derselben hervorrufen, wie es sich in den typisch sentimentalischen Stimmungen von „erhabene[r] Rührung" (708) und Sehnsucht nach Naivität äußert, was bedingt, daß die modernen Sentimentaliker „der Natur in einem höheren Grade huldigen, mit Innigkeit an ihr hangen" (725).

Das Paradox, daß die künstlerisch-sekundäre Darstellung der Natur gegenüber ihrer unmittelbar-primären Erfahrung zu einem intensivierten Erleben führt, verdankt sich einer „poetischen Behandlung" (750), welche die Natur im Akt der Darstellung erfährt. Denn obgleich Schiller den sentimentalischen Dichter auch einen „*Bewahrer* der Natur" (728) nennt, so macht er doch ganz deutlich, daß es dabei nicht eigentlich um eine Konservierung, sondern viel eher um eine Transformation geht:

[24] Vgl. hierzu 769, Anm. 32.

> Der Inhalt der dichterischen Klage kann also niemals ein äußrer, jederzeit nur ein innerer idealischer Gegenstand sein; selbst wenn sie einen Verlust in der Wirklichkeit betrauert, muß sie ihn erst zu einem idealischen *umschaffen*. In dieser Reduktion des Beschränkten auf ein Unendliches besteht eigentlich die poetische Behandlung. Der äußere Stoff ist daher an sich selbst immer gleichgültig, weil ihn die Dichtkunst niemals so brauchen kann, wie sie ihn findet, sondern nur durch das, was sie selbst daraus macht, ihm die poetische Würde gibt. Der elegische Dichter sucht die Natur, aber als eine Idee und in einer Vollkommenheit, *in der sie nie existiert hat*, wenn er sie gleich als etwas da gewesenes und nun verlorenes beweint. (750; Herv. U.D.)[25]

Es ist ja die bemerkenswerte Pointe von Schillers Schrift, das Naive als *Produkt* einer sentimentalischen *Erfindung* zu analysieren. Denn der sentimentalische Blick auf das Naive findet dieses im strengen Sinne nicht vor – „[e]rst der Blick des Sentimentalischen läßt die Dinge ‚naiv‘ werden.“[26] Der sentimentalische Blick leistet dabei eine transformative Arbeit, welche die Natur einem ‚Reinigungsprozeß‘ von *Natur* zu *Naivem* unterzieht: sie „veredelt“ (750), sie „*idealisier[t]*“ (786).[27] Dieses „[U]mgestalte[n]“ (751) meint keine konkrete Veränderung am Gegenstand, sondern besteht einzig im oben beschriebenen Moduswechsel der idealisierenden Repräsentation *als ideal*.

Aber warum „muß“ die sentimentalische Dichtung ihre Gegenstände überhaupt „zu [...] idealischen umschaffen“ (750)? Der Grund liegt in ihrer Angewiesenheit auf die doppelte Modalisierung, die ihren Spannungscharakter ausmacht. ‚Dank‘ der sentimentalischen Kontrastierung von Natur mit Kunst „*wird* die Natur zum Naiven“ (706; Herv. U.D.) – und erst dieses naive Ideal garantiert der sentimentalischen Dichtung, im „Kontrast“ (706, 713, 721) zum Wirklichen, die Aufrechterhaltung ihrer Spannung. Durchgehend betont Schiller das konstitutive kontrastive Moment:

> Diese Art des Interesses an der Natur findet aber nur unter zwei Bedingungen statt. Fürs erste ist es durchaus nötig, daß der Gegenstand, der uns dasselbe einflößt, Natur sei oder doch von uns dafür gehalten werde; zweitens daß er (in weitester Bedeutung des Wortes) *naiv* sei, d. h. daß die Natur mit der Kunst im Kontraste stehe und sie beschäme. (706)

[25] Schuster folgert daraus: „Anlaß zur Trauer gibt in der Elegie somit weniger die Tatsache, daß die Natur schon verloren oder das Ideal noch nicht erreicht ist, als vielmehr die Einsicht, daß die Natur nie so ideal war wie die Dichtung sie darstellt.“ (Schuster: *Poetologie der Distanz*, a.a.O., 179).

[26] Zelle: *Über naive und sentimentalische Dichtung (1795/96)*, a.a.O., 455. Szondi konnte deshalb etwas elliptisch formulieren: „Das Naive ist das Sentimentalische“. Vgl. Szondi: *Das Naive ist das Sentimentalische*, a.a.O.

[27] Man sieht auch hier, daß die Rolle der Einbildungskraft in sentimentalischer Perspektive nicht verschwindet oder gar reduziert wird – ganz im Gegenteil: In einer bestimmten Hinsicht erlangt sie erst in einer solchen Betrachtungsart ihre Geltung. Sie ist zentral für die Bildung des Naiven.

> Das Gefühl, von dem hier die Rede ist, ist also nicht das, was die Alten hatten; es ist vielmehr einerlei mit demjenigen, welches wir *für die Alten haben.* Sie empfanden natürlich; wir empfinden das natürliche. (727)[28]

Um „für Natur zu begeistern" (752), ihr in einem höheren Grade huldigen" (725) zu können, erfordert es gerade „*Naturwidrigkeit*" (725). Insofern ist die sentimentalische Dichtung nicht so sehr das Phänomen einer Kompensation[29], einer ‚Bewahrung' der Natur, sondern vielmehr die künstliche Produktionsstätte der Bedingungen der Möglichkeit, ‚das Naive' zu vermissen.

> Ist der Mensch in den Stand der Kultur getreten, und hat die Kunst ihre Hand an ihn gelegt, so ist jene *sinnliche* Harmonie in ihm aufgehoben, und er kann nur noch als *moralische* Einheit, d. h. als nach Einheit strebend, sich äußern. Die Übereinstimmung zwischen seinem Empfinden und Denken, die in dem ersten Zustand *wirklich* statt fand, existiert jetzt bloß *idealisch*; sie ist nicht mehr in ihm, sondern außer ihm; als ein Gedanke, der erst realisiert werden soll, nicht mehr als Tatsache seines Lebens. Wendet man nun den Begriff der Poesie, der kein andrer ist, als *der Menschheit ihren möglichst vollständigen Ausdruck zu geben*, auf jene beiden Zustände an, so ergibt sich, daß dort in dem Zustande natürlicher Einfalt, wo der Mensch noch, mit allen seinen Kräften zugleich, als harmonische Einheit wirkt, wo mithin das Ganze seiner Natur sich in der Wirklichkeit vollständig ausdrückt, die möglichst vollständige *Nachahmung des Wirklichen* – daß hingegen hier in dem Zustande der Kultur, wo jenes harmonische Zusammenwirken seiner ganzen Natur bloß eine Idee ist, die Erhebung der Wirklichkeit zum Ideal oder was auf eins hinausläuft, die *Darstellung des Ideals den Dichter machen muß.* (733f.)

Das Frappierende am Phänomen der modernen Begeisterung für das Naive ist, daß sie eigentlich weder von den Gegenständen noch von der sozusagen authentisch naiven „Empfindungsweise" motiviert ist. Ganz im Gegenteil mangelt es der naiven „Handlungsweise", die sich durch „Schlaffheit" (786) auszeichnet, gerade an dem, wodurch das Verlangen nach einer sentimentalischen Empfindungsweise motiviert ist: an dem „Bedürfnis" (706) nach einer gesteigerten *Fühlbarkeit.*[30] Genau besehen interessiert sich der sentimentalische Betrachter auch gar nicht für die Natur,[31] zumindest nicht, solange es nicht um seine eigene Natur geht, denn er ist vor allem „Zuschauer seiner selbst" (753). Der sentimentalische Dichter „reflektiert" ja nicht über die Natur selbst, sondern über den „Eindruck, den die Gegenstände *auf ihn* machen", er präsentiert „nie den Gegen-

[28] Vgl. auch die von Schiller pronominal etablierte Dichotomie von „sie" und „uns" (708).

[29] So die bereits zitierte berühmte These, daß „nach und nach die Natur anfing, aus dem menschlichen Leben als *Erfahrung* [...] zu verschwinden", um „in der Dichterwelt als *Idee* und als *Gegenstand* auf[zu]gehen." (727)

[30] Dies ist zentraler Begriff in Hölderlins poetologischem Fragment *Über die Verfahrungsweise des poëtischen Geistes* (StA 4, 1, 241-265, hier: 243, 15f.).

[31] Vgl. Carsten Zelle: *Die doppelte Ästhetik der Moderne. Revisionen des Schönen von Boileau bis Nietzsche.* Stuttgart; Weimar 1995, 195.

stand, nur was der reflektierende Verstand des Dichters daraus *machte*" (752; Herv. U. D.). Sein Interesse gilt weniger den Gegenständen, als einer Art von Erfahren und Erleben, welches ihm seine Reflexion ermöglicht: „nur auf jene Reflexion ist die Rührung gegründet, in die er selbst versetzt wird." (739)[32]

Das Phänomen einer gesteigerten Hinwendung zur Natur ist also nur scheinbar; Schillers Text geht es gerade darum, die Anfangsintuition zu widerlegen, der moderne Mensch interessiere sich für Natur „bloß weil sie Natur ist". (706) Die Natur, für die sich der sentimentalische Mensch interessiert, ist ‚selbst*gemacht*' und dient nur als Vorwand einer (symbolischen) Selbsterfahrung. Dazu braucht es ein Bild – das die Natur dem sentimentalischen Blick immer schon ist:

> Aber wenn du über das verlorene *Glück* der Natur getröstet bist, so laß ihre *Vollkommenheit* deinem Herzen zum Muster dienen. Trittst du heraus zu ihr aus deinem künstlichen Kreis, steht sie vor dir in ihrer großen Ruhe, in ihrer naiven Schönheit, in ihrer kindlichen Unschuld und Einfalt; dann verweile bei diesem *Bilde* [...]. Sie umgebe dich wie eine liebliche *Idylle*, in der du dich selbst immer wiederfindest, aus den Verirrungen der Kunst [...]. (724; dritte Herv. U.D.)

Hier wird nicht nur die Zirkelerfahrung sichtbar, die den sentimentalischen Menschen kennzeichnet; es zeichnet sich noch eine andere Tendenz ab: Interessiert sich der sentimentalische Betrachter für die Natur ‚bloß weil sie [ihm] Bild ist', weisen Substantivierungen in Wendungen wie „[s]ie empfanden natürlich; wir empfinden *das natürliche* (727; Herv. U.D.) oder die Differenz zwischen einer „absoluten Darstellung" und einer „Darstellung *eines Absoluten*" (772; Herv. U.D.) darauf hin, daß die sentimentalische Dichtung dazu tendiert, ihre Wahrnehmung zu substantialisieren.[33] In einer sentimentalischen Dichtung erlebt solchermaßen das Naive eine eigentümliche (eigentlich nicht: Wieder-) Kehr. Der Schritt von formaler Einheit zu Zweiheit, der sich in dem von der naiven zur sentimentalischen Dichtung vollzieht, besteht nämlich nicht, wie einige Passagen suggerieren,[34] in einer planen Ablösung von einer ‚realen' Erfahrung durch eine ‚fiktionale' Idee, und es wäre deshalb verfehlt, das Verhältnis von naiv und sentimentalisch allein als ein exkludierendes Neben- bzw. Nacheinander zu begreifen. Die sentimentalische Darstellungsart situiert sich vielmehr zur naiven als eine diese inkludierende Position, wie Schiller in einer berühmten Anmerkung erläutert:

[32] Schiller betont, daß das sentimentalische Interesse an der Natur eigentlich „kein ästhetisches, sondern ein moralisches ist; denn es wird durch eine Idee vermittelt, nicht unmittelbar durch Betrachtung erzeugt. [...] Es sind nicht diese Gegenstände, es ist eine durch sie dargestellte *Idee*, was wir in ihnen lieben." (707)

[33] Vgl. hierzu Zelle: *Über naive und sentimentalische Dichtung (1795/96)*, a.a.O., 455.

[34] Vgl. z.B. Anm. 29.

> Für den wissenschaftlich prüfenden Leser bemerke ich, daß beide Empfindungsweisen, in ihrem höchsten Begriff gedacht, sich wie die erste und dritte Kategorie zu einander verhalten, indem die letztere immer dadurch entsteht, daß man die erstere mit ihrem geraden Gegenteil verbindet. Das Gegenteil der naiven Empfindung ist nehmlich der reflektierende Verstand, und die sentimentalische Stimmung ist das Resultat des Bestrebens, *auch unter den Bedingungen der Reflexion* die naive Empfindung, dem Inhalt nach, wieder herzustellen. (777, Anm. 25)[35]

In der sentimentalischen Repräsentation findet demnach ein ‚Umschaffen' der Art und Weise, *wie* die ‚naive' Natur jeweils präsentiert wird, statt: Die sentimentalische Dichtung stellt das Naive „dem Inhalt nach", wie Schiller schreibt, „wiederher[]". Das heißt aber: Was einmal *Form* war, ist nun *Inhalt* geworden. Das ‚Naive' ist selbst in der sentimentalischen Dichtung also alles andere als absent. Ganz im Gegenteil macht der Begriff ‚sentimentalisch' ja nur in Bezug auf dieses Sinn. Das entscheidende Element hierbei ist nur: Das Naive *im* sentimentalischen Bild tritt in einem grundlegend anderen Gewand auf, als es in der naiven Dichtung der Fall ist, es ist immer schon (sentimentalisch) modulierter „Inhalt". Was einmal eine ‚natürliche' Form war (bzw. zu sein schien), erscheint in der sentimentalischen Darstellung als etwas *Gemachtes*, als Artefakt.

Auch wenn sich Schiller bei seiner Rekonstruktion des naiven Darstellungsmodus auffällig bemüht, das Naive nicht durchgehend zu idealisieren, indem er gerade unidealische Attribute wie Nüchternheit oder Schlaffheit an der naiven Dichtung hervorhebt, so ließe sich doch fragen, ob die von ihm durchgehend konstatierte ‚Einheit' der naiven Dichtung wirklich so unmittelbar der „Nachahmung der Wirklichkeit" (738) entspringt oder ob der Eindruck einer ungeteilten Einheit nicht seinerseits schon Ergebnis einer künstlerischen Bearbeitung ist: „denn endlich ist jene schöne Zusammenstimmung zwischen Empfinden und Denken [...] doch nur eine *Idee*, die in der Wirklichkeit nie ganz erreicht wird" (781).[36]

Eine solche Tendenz zur Positivierung wird in der sentimentalischen Dichtung durch die Partizipation der Vernunftideen erzeugt: Gelingt ein ‚Übergriff' der Ideen auf die Vorstellung der Einbildungskraft, kommt es gleichsam zu einem ‚Einrasten' und einer Stillstellung der sentimentalischen Bild-Dynamik. Gerade die sentimentalische „Reduktion des Beschränkten auf ein Unendliches" (750) erlaubt es, das Naive *als Beschränktes* in den Blick zu bekommen, dessen Grenzen nachzuziehen und es somit gleichsam ‚einzurahmen'. Die sentimentali-

[35] Die sentimentalische Dichtung ist somit als eine transgredierende Erweiterung der naiven zu verstehen. Sie setzt sich der naiven „Empfindungs*weise*[]" (Herv. U. D.) nicht einfach entgegen, sondern nimmt diese, als Teil, in sich auf. Die sentimentalische Dichtung positioniert sich demnach nicht *gegen* die Natur der naiven Dichtung.

[36] Das Konzept naiver Einfalt scheint daher auch in Schillers Schrift als eine Idee auf, die, wenn man ihrem Wirklichkeitsgehalt zu nahe kommt, ihre gespenstische „Leerheit" (787) zu offenbaren droht.

sche Darstellungsweise *als ideal* produziert daher ineins ein (inhaltlich bestimmtes) *Ideal.* Und wo die sentimentalische Darstellung ‚künstlich' Naivität simuliert, kann dies nach Schiller nur in Form einer *inhaltlichen* Bearbeitung passieren.

Betroffen ist von dieser Gefahr einer Stillstellung der (potentiell unendlichen) Bewegung insbesondere die sentimentalische Idylle. Denn sie basiert gerade darauf, „daß *aller Gegensatz der Wirklichkeit mit dem Ideale* [...] vollkommen aufgehoben sei [...]. Aber eben darum, weil aller Widerstand hinwegfällt, so wird es hier ungleich schwüriger [...], die *Bewegung* hervorzubringen, ohne welche sich doch überall keine poetische Wirkung denken läßt." (775f.)

2.1.7 Sentimentalische Subreption und Subreptionskritik

Der Transformationsprozeß von Natur in Idealität, welcher das Naive als Produkt einer spezifischen – sentimentalischen – „Betrachtungsart" (706) kenntlich macht, trägt daher in der Tat, wie Carsten Zelle herausgestellt hat, Züge von „Subreption", wie sie Kant in seiner *Kritik der Urteilskraft* am Beispiel des Erhabenen analysiert.[37] Wie die erhabene Natur selbst nicht erhaben ist, sondern dem Betrachter nur (aufgrund seiner ‚Ideen') als eine solche vorkommt, so rührt auch die (sentimentalisch produzierte) naive Darstellung von Natur bei Schiller nur aufgrund einer „durch sie dargestellte[n] *Idee*" (707). Die sentimentalische Dichtung tendiert dazu, Ideen in die Natur zu projizieren und jene dann *als* Natur wahrzunehmen. Es ist dabei dem typisch sentimentalisch gestimmten Spaziergänger nicht bewußt, daß er Opfer seiner „poetisierenden Einbildungskraft" (722) wird, wenn er sich an der Natur erfreut, als sei diese anthropomorph:

> Das Naive der Gesinnung kann zwar, eigentlich genommen, auch nur dem Menschen als einem der Natur nicht schlechterdings unterworfenen Wesen beigelegt werden, obgleich nur insofern als wirklich noch die reine Natur aus ihm handelt; aber durch einen Effekt der poetisierenden Einbildungskraft wird es öfters von dem Vernünftigen auf das Vernunftlose übergetragen. So legen wir öfters einem Tiere, einer Landschaft,

[37] Vgl. Kant: *Kritik der Urteilskraft*, a.a.O., § 27, 102, C 97 und Zelle: *Über naive und sentimentalische Dichtung (1795/96)*, a.a.O., 456. Zur ästhetischen Relevanz der Denkfigur der Subreption allgemein vgl. auch Daniel J. Dwyer: *Subreption in the Critique of Judgment: Kant's Critique of Naive Objectivism in Aesthetics*. In: Volker Gerhardt, Rolf-Peter Horstmann u.a. (Hg.): *Kant und die Berliner Aufklärung. Akten des IX. Internationalen Kant-Kongresses*. Bd III: Sektionen VI-X. Berlin; New York 2001, 504-511. Eine Spur der Kantischen Analytik des Erhabenen kann man vielleicht auch an der Insistenz erkennen, mit der Schiller betont, „daß diese Art des Wohlgefallens an der Natur kein ästhetisches, sondern ein moralisches ist; denn es wird durch eine Idee vermittelt, nicht unmittelbar durch Betrachtung erzeugt." (707) Vgl. Kant: *Kritik der Urteilskraft*, a.a.O., § 27, 102ff, C 96ff.

> einem Gebäude, ja der Natur überhaupt, im Gegensatz gegen die Willkür und die phantastischen Begriffe des Menschen einen naiven Charakter bei. Dies erfodert aber immer, daß wir dem Willenlosen in unsern Gedanken einen Willen leihen [...]. (722)

„,Naiv' ist das Prädikat eines sentimentalisch gestimmten Beobachters für Dinge, die ihm als ,einig mit sich selbst' *erscheinen*."[38] Diese sentimentalische Subreption jedoch ist in Schillers Konzeption selbst wiederum janusköpfig, wie es Zelle durch die Doppeldeutigkeit des Begriffs *Erscheinen* impliziert. Der sentimentalische Betrachter in Schillers Konzeption ist nämlich einerseits der, welcher den Subreptionsfehler begeht, indem ihm die Natur *naiv* erscheint, *und* andererseits die Figur, der dieser Subreptionsfehler *erscheint*, die ihn zu analysieren in der Lage ist. Die Rolle der Reflexion besteht daher sowohl in einem Erkennen wie in einem Verkennen.

Was dem ,naiven' sentimentalischen Dichter in seiner typischen „Reflexion" nämlich entgeht, ist der Projektionscharakter seiner sentimentalischen Perspektive, und damit die Tatsache, daß die Natur, die er beweint, *so* nie existiert hat (vgl. 750). In diesem Nachsatz spricht nicht (mehr nur) der sentimentalische Dichter, der die Natur ja substantialisieren muß, um sie mit Gebühr beweinen zu können, sondern ein Beobachter zweiter Ordnung, der dies als pure Subreption durchschaut. Die sentimentalische „Betrachtungsart" (706) ist somit selbst nochmals in sich gespalten.

Das Paradox des elegischen Dichters, welcher „die Natur [...] in einer Vollkommenheit [sucht], in der sie nie existiert hat, wenn er sie gleich als etwas da gewesenes und nun verlorenes beweint" (750), ist deshalb eine Paradefigur des sentimentalischen unglücklichen und zugleich glücklichen Bewußtseins: Denn das unglückliche Bewußtsein um die Fiktionalität des Ideals ist Garant für dessen Gelingen: Erst das (gleichwohl suspensionsfähige) Wissen um die reale Inexistenz des Naiven verleiht ihm sein spezifisch sentimentalisches Pathos und gibt dem Dichter Anreiz, die „wahre Natur" (780) im Reich der Ideen und in sentimentalischen Texten zu suchen, anstatt sich in der weiten Natur zu verlieren.[39]

2.1.8 Ästhetisches Bewußtsein

Der Modus *als ideal* akquiriert im darstellerischen Kontrast zum Darstellen *als wirklich* viel von dem, was man modern Fiktionalitätsbewußtsein[40] genannt hat.

[38] Zelle: *Die doppelte Ästhetik der Moderne*, a.a.O., 199; Herv. U. D.

[39] Vgl. dazu Schillers Differenzierung zwischen „*wahre*[*r*]" und „*wirkliche[r]*" Natur (780).

[40] Zur Unterscheidung zwischen *fiktiv* und *fiktional* vgl. Schlaffer: *Poesie und Wissen*, a.a.O., 145: „Fiktiv heißen Vorstellungen, denen die kritische Prüfung den Anspruch, wahr zu sein, aberkennen muß; fiktional heißen Vorstellungen, die auf den Anspruch, wahr zu sein, verzichtet haben und mit ihm, ohne täuschen zu wollen, nur spielen. Fiktiv ist ein negatives

Denn die Verkleidung, in der Vorstellungen *als ideal* modalisiert erscheinen, impliziert das Bewußtsein, daß diese „Vorstellungen [...] auf den Anspruch, wahr zu sein, verzichtet haben."[41] Wenn der elegische Dichter deshalb eine naive Naturvorstellung *als ideal* schildert, impliziert dies (unausgesprochenermaßen, aber modal eben doch ausgedrückt), daß die Natur so „nie existiert" (750). Etwas *als ideal* darzustellen, kann damit als eine Reflexionsfigur des ästhetischen Bewußtseins gelten. Fiktional ist freilich in der sentimentalischen Dichtung auch die Darstellungsvariante *als wirklich*. Denn im Gegensatz zur absoluten Geltung des mimetischen Prinzips in der naiven Dichtung ist auch ihre Option ein Produkt einer ‚freien' darstellerischen Entscheidung, die sich an keinem außerliterarischen Bezugsrahmen mehr messen lassen muß. Selbst dort, wo dies nicht eigens thematisch wird, tragen die sentimentalischen Bilder die inhärente Frage nach ihrem darstellerischen Status – *wirklich*? *ideal*? – und das Wissen um dessen fiktionale Relativität mit sich. Der springende Punkt ist, daß die modale Spannung von *wirklich* und *ideal* eine Funktion gerade eines *ästhetischen* Bewußtseins darstellt, welches nicht ‚von außen' an die Literatur herangetragen wird, sondern sich innerliterarisch durch die Kontrastierungsmöglichkeit von *wirklich* und *ideal* herausbildet. Wie Schillers Schwanken zwischen einem Eingedenken und einem Vergessen der Subreption zeigt, läßt sich ästhetisches Bewußtsein darstellerisch sowohl aktivieren als auch suspendieren. Auch diese Beobachtung werden Hölderlins Elegien aufgreifen und poetisch fruchtbar machen.

2.1.9 Jenseits von ‚naiv' und ‚sentimentalisch'?

Nicht zuletzt die Sprache hat an der Subreptionsdynamik Anteil, sie ist das Vehikel, mit dem die sonst rein mentale Sensation, wenn auch als subreptiv kategorisiert, als ‚Ideal' objektivierte Gestalt gewinnt. Wie schon Kants Inkonsequenz im Begriffsgebrauch des Erhabenen vormacht,[42] wechselt auch Schillers

Prädikat, fiktional ein positives. Jenes wird im nachhinein festgestellt, dieses von vorneherein akzeptiert. ‚Fiktiv' ist ein Urteil des Wissens, ‚fiktional' bezeichnet einen Akt des Bewußtseins [...]. Fiktionalität ist also kein ursprünglicher Zustand von Poesie, sondern ein Resultat des Wissens über Poesie."

41 Ebd.

42 Vgl. Kants zunächst feine Unterscheidung: „Also ist die Erhabenheit in keinem Dinge der Natur, sondern nur in unserem Gemüte enthalten, sofern wir der Natur in uns, und dadurch auch der Natur (sofern sie auf uns einfließt) außer uns überlegen zu sein uns bewußt werden können. Alles, was dieses Gefühl in uns erregt, wozu die Macht der Natur gehört, welche unsere Kräfte auffordert, *heißt alsdann (obzwar uneigentlich) erhaben*; und nur unter der Voraussetzung dieser Idee in uns, und in Beziehung auf sie, sind wir fähig, zur Idee der Erhabenheit desjenigen Wesens zu gelangen, welches nicht bloß durch seine Macht, die es in der Natur beweist, innige Achtung in uns wirkt, sondern noch mehr durch das Vermögen, welches in uns gelegt ist, jene ohne Furcht zu beurteilen, und unsere

Darstellung zwischen einem ‚naiven' Objektivismus und einer Darstellung, die diesen auf einer zweiten Ebene analysiert. Sprachlich differenziert Schiller meist nicht die unterschiedlichen Positionen, *von denen aus* er gerade spricht. Schillers „geradezu geniale Inkonsistenz"[43] läßt sich dabei selbst schon als – bewußte oder unbewußte – performative Realisierung dieser variablen Perspektivität des Sentimentalischen verstehen.[44]

Schillers Diskurs über das Naive reproduziert damit die Crux des sentimentalischen Bewußtseins: Daß er, indem er im Namen des Naiven spricht, gerade nicht mehr *als* Naiver spricht – sondern das Naive nur noch *als naiv* darstellen kann. Paradoxerweise kann ja nur der nicht-mehr-naive Dichter vom Naiven sprechen. Das Naive kennt keine ‚Selbstgegenwärtigkeit', hat keine Fähigkeit zur Selbstobjektivierung, aufgrund seiner "Einfalt" (733) entgeht ihm die Möglichkeit einer Selbst-Distanzierung, da der Naive nicht weiß, daß er naiv ist – und wüßte er es, wäre er schon nicht mehr naiv, denn dieses Bewußtsein setzt eine Distanz zu sich selbst voraus, die dem Naiven per definitionem abgehen muß.[45] Das Genie, so Schiller, muß immer naiv sein: „Es ist *bescheiden*, ja blöde, weil das Genie immer sich selbst ein Geheimnis bleibt, aber es ist nicht ängstlich, weil es die Gefahren des Weges nicht kennt, den es wandelt." (719)

Bestimmung als über dieselbe erhaben zu denken." Kant: *Kritik der Urteilskraft*, a.a.O., 110, C 109; Herv. U. D.; im Orig. gesperrt. Vgl. dazu Winfried Menninghaus: *Zwischen Überwältigung und Widerstand. Macht und Gewalt in Longins und Kants Theorien des Erhabenen.* In: *Poetica* 23 (1991), 1-19, hier 13: „Interessant ist nun, daß Kant zwar eine Verwechslung diagnostiziert, aber keinerlei Anstalten unternimmt, seine Terminologie der eigenen Theorie anzupassen und dadurch der ‚Verwechslung' entgegenzuarbeiten. Er spielt das Spiel der rhetorischen ‚Verwechslungen' vielmehr mit. Die Voraussetzung dafür ist in dem obigen Zitat enthalten: Kant unterscheidet die konkurrierenden Begriffsverwendungen, obwohl er sie ausdrücklich in ein entgegengesetztes Verhältnis zu seiner Theorie bringt [...] nicht als wahr oder falsch, sondern allein als ‚uneigentlich' und eigentlich. Diese Überlagerung virtueller Oppositionen depraviert nicht das Uneigentliche zum Falschen, sondern umgekehrt: sie erhebt tendenziell das als ‚falsch' Erkannte in den Rang ‚uneigentlicher' Sprachverwendung und läßt es in dieser Verkleidung als rhetorische Figur weiterhin den Text beherrschen."

43 Schuster: *Poetologie der Distanz*, a.a.O., 188.

44 Vgl. dazu – mit kritischem Seitenblick auf die Forschung – Zelle: *Die doppelte Ästhetik der Moderne*, a.a.O., 192: „Die[] eigentümliche Spannung des Schillerschen Textes, der seine eigene Dekonstruktion gleich mitliefert, macht es schwer, Schillers Aufsatz [...] darzustel-len, ohne sich literaturkritisch immer schon *unter* dem Niveau derjenigen Einsichten zu be-wegen, die er formuliert. Die gegenläufige Spannung, die der Text fixiert, setzt ihn gleich-sam wie im Märchen vom Hasen und dem Igel instand, seinem kritischen Leser immer schon höhnisch entgegenzurufen, daß er seine paradoxe Diskrepanz bereits hinter sich habe, die ihm sein Kritiker gerade vorzurechnen anschickt."

45 Schiller erläutert zwar in Hinblick auf „das Naive der Gesinnung", dieses müsse „mit völligem Bewußtsein" (712) der agierenden Person geschehen, doch muß man dies wohl so verstehen, daß eine gewisse Freiwilligkeit zugrundeliegt.

Entsprechendes gilt auch für den sentimentalischen Dichter, von dem gleichsam zwei Variationen existieren: Der erste Typus ist ein ‚naiver' sentimentalischer Dichter, der das Naive (geschichtsphilosophisch) idealisiert, seine eigene sentimentalisierende Praxis nicht reflektiert; der zweite ist ein Transzendentalästhet, der diese Idealisierung als fiktional entlarvt. Daß beide Varianten in einer Person auftreten, gibt der sentimentalischen Figur ihr schillerndes Aussehen.

Schillers Text führt das Schwanken zwischen den zwei Perspektiven des Sentimentalischen selbst perspektivisch vor. Es gibt Passagen, in denen er aus der Sicht eines ‚typisch' sentimentalischen Betrachters spricht, dem gerade *nicht* bewußt ist, daß das Objekt seiner Leidenschaft eigentlich gar nicht wirklich existiert, sondern nur selbsterzeugt ist. Diese Passagen suggerieren einen geschichtlichen Entwicklungsgang vom Naiven zum Sentimentalischen; und in solchen Passagen wird von einem Naiven gesprochen, als hätte es dieses tatsächlich gegeben, so anhand des beliebten Beispiels der „alten Griechen":

> Sehr viel anders war es mit den alten Griechen. Bei diesen artete die Kultur nicht so weit aus, daß die Natur darüber verlassen wurde. Der ganze Bau ihres gesellschaftlichen Lebens war auf Empfindungen, nicht auf einem Machwerk der Kunst errichtet; ihre Götterlehre selbst war die Eingebung eines naiven Gefühls, die Geburt einer fröhlichen Einbildungskraft, nicht der grübelnden Vernunft, wie der Kirchenglaube der neuern Nationen; da also der Grieche die Natur in der Menschheit nicht verloren hatte, so konnte er, außerhalb dieser, auch nicht von ihr überrascht werden, und kein so dringendes Bedürfnis nach Gegenständen haben, in denen er sie wiederfand. Einig mit sich selbst, und glücklich im Gefühl seiner Menschheit mußte er bei dieser als seinem Maximum stille stehen, und alles andre derselben zu nähern bemüht sein [...]. (726f.)

Dann wiederum wechselt Schiller gleichsam zu einer Beobachtung zweiter Ordnung, wie an der bereits zitierten Stelle, wo er betont: „denn endlich ist jene schöne Zusammenstimmung zwischen Empfinden und Denken" im naiven Dichter „doch nur eine *Idee*, die in der Wirklichkeit nie ganz erreicht wird." (781) In einer solchen Perspektive erweist sich der Wechsel von *naiv* zu *sentimentalisch* eher als ein „sentimentalisch-elegische[r] ‚Schalter' [...], nicht als *temporaler* Übergang von der idealen Vergangenheit (bzw. dem zukünftigen Ideal) in die reale Gegenwart, sondern als *modaler* Unterschied zwischen zwei Modi *der* Vergangenheit, der realen und der idealen."[46] Der „geschichtsphilosophische Zusammenhang erscheint vielmehr gerade als *Resultat* der sentimentalischen Operation"[47] – als „eine schöne, eine erhebende Fiktion" (771).[48] Wäh-

[46] Schuster: *Poetologie der Distanz*, a.a.O., 179.
[47] Ebd.
[48] Es gibt damit in Schillers Text letztlich auch einen Doppelbegriff des Naiven: Was Schiller von einem transzendentalen Standpunkt aus als ‚naive' Darstellungsweise beschreibt, ist ein anderes Naives als das, was der sentimentalische Blick in die naiven Dichtungen rückprojiziert.

rend der geschichtsphilosophisch gestimmte Sentimentaliker über den „Verlust von Unmittelbarkeit"[49] klagt, reflektiert der Transzendentalästhet darüber, daß es nie eine Unmittelbarkeit gab.[50]

Schillers Text veranschaulicht in diesem Schwanken die Dynamik des ästhetischen Bewußtseins selbst: Der *Grad* der Bewußtheit ändert die Perspektive. So sind Schillers Selbstwidersprüche Symptom dafür, daß das ästhetische Bewußtsein selbst immer in Bewegung ist, gradweise suspendiert oder aktiviert. Wenn Schiller also einerseits nur dem naiven Dichter „Genie" zugesteht (718), an anderer Stelle aber vom „sentimentalischen Genie" (786) spricht, dann ist dies nur auf den ersten Blick ein Selbstwiderspruch. Denn auch der sentimentalische Dichter ist in seiner Sentimentalität *naiv*, solange er diese nicht in ihren Möglichkeitsbedingungen reflektiert. Erst eine Beobachtung zweiter Ordnung kann paradoxerweise *naiv* und *sentimentalisch* als zwei „Empfindungsweisen" analysieren. Wie die bereits zitierte Passage vom elegischen Dichter zeigt (750), kondensieren in Schillers Abhandlung (mindestens) zwei unvereinbar scheinende Perspektiven; Schiller selbst spricht mit einer gleichsam doppelten Stimme: mit der des sentimentalisch suchenden und mit der eines gegenüber diesem als Beobachter zweiter Ordnung situierten Analysierenden, der weiß, was dem elegischen Dichter nicht bewußt ist.

Eine an Schillers Schrift meist übersehene Pointe ist, daß sie sich selbst nicht als schlichte Parteigängerin einer sentimentalischen Poesie verstanden wissen will; das ist vielmehr nur die ihr vor dem Hintergrund der Konkurrenz zu Goethe unterstellte Position;[51] Goethe überwinden will Schiller zwar, aber nicht etwa durch eine einfache sentimentalische Opposition gegenüber dem naiven Dichter. Vielmehr erhebt Schiller den Anspruch, aus einer Goethe gegenüber transzendentalen Perspektive zu sprechen, und damit das ‚naive Genie' gleich

[49] Hans-Georg Pott: Art. *Sentimentalisch*. In: Jan-Dirk Müller (Hg.): *Reallexikon der deutschen Literaturwissen-schaft*. Bd. III P-Z. Berlin; New York 2003, 427-429, hier: 427.

[50] Wie erst der sentimentalische Blick ‚das Naive' erzeugt, so könnte man auch hier sagen, daß der sentimentalische Beobachter zweiter Ordnung den erster Ordnung allererst hervorbringt. Vgl. dazu Carsten Zelle am Beispiel des Umgangs mit der Antike: *Über naive und sentimentalische Dichtung (1795/96)*, a.a.O., 463: „Dass die geschichtsphilosophische Sichtweise aus der transzendentalästhetischen Position des Sentimentalischen erzeugt wird, haben die Zeitgenossen selbst erkannt und ein solches Antikenbild als den schönen Schein einer ideologischen Versöhnungsutopie durchschaut. [...] Trotz dieser Einsichten in die ideologische Funktionsweise sentimentalischer Anschauung führt der geschichtsphilosophische gegenüber dem transzendentalästhetischen Ansatz bei Schiller zu einer Substantialisierung der Bestimmungen. [..] Es ist nun der Gegenstand selbst, der ‚naiv' genannt wird."

[51] Vgl. Szondi: *Das Naive ist das Sentimentalische*, a.a.O.; Wilfried Barner: *Anachronistische Klassizität. Zu Schillers Abhandlung „Über naive und sentimentalische Dichtung"*. In: Wilhelm Vosskamp (Hg.): *Klassik im Vergleich. Normativität und Historizität europäischer Klassiken*. Stuttgart; Weimar 1993, 62-80; Fischer: *Goethes Klassizismus und Schillers Poetologie der Moderne*, a.a.O.

zweifach zu übertrumpfen. Nicht so sehr durch die Abrückung in die sentimentalische Perspektive, die das Naive, als Ideal, inkorporiert, und gleichsam zwei Objekte hat: Ideal und Wirklichkeit; Schiller nimmt für sich in Anspruch, noch diese Beobachtung erster Ordnung zu überschreiten und damit in einer gegenüber der (vermeintlichen, weil ja bereits ‚ungleichen') Opposition von naiv und sentimental ‚erhabenen' Position zu stehen, damit gleichsam *jenseits* von naiv und sentimental.[52] Ein Indiz dafür ist das von Schiller wiederholte Faktum, daß die sentimentalischen Denkfiguren nicht eigentlich ästhetisch, sondern moralisch funktionierten.[53] Der Sentimentaliker ‚in Reinform', der Nostalgiker, dem nicht bewußt ist, daß der Gegenstand seiner Sehnsucht Scheincharakter hat, taugt deshalb Schiller zufolge auch nicht wirklich zum Ästheten, sondern erst der Sentimentaliker zweiter Ordnung, der sich über diese Tatsache „getröstet" (724) hat und mit dem erkannten Schein ‚spielt'.

Ob Schiller in seinem Text den perspektivischen Wechsel zwischen Erkennen und Verkennen letztlich mit Bedacht performativ umsetzen *wollte*, oder ob seine hartnäckige Unvermeidbarkeit nicht vielmehr ein zentrales Problem der sentimentalischen ‚Betrachtungsart' sichtbar macht, ist im Kontext dieser Arbeit nicht so entscheidend. Von nicht zu unterschätzender Bedeutung ist jedoch Schillers Modell einer sentimentalischen Zweistimmigkeit für Hölderlins im Anschluß an diese erfolgende Textproduktion: aus ihr werden Hölderlins Elegien ihr poetisches Potential ziehen.

[52] Vgl. hierzu Philippe Lacoue-Labarthe: *Hölderlin and the Greeks*. In: ders.: *Typography. Mimesis, Philosophy, Politics*. Stanford 1998, 236-247, hier 240f.: „If Sentimental is opposed to Naïve (or Modern to Ancient), we must also think that the Sentimental (the Modern) is always beyond itself – containing itself already a step [*le pas en lui*] outside itself; it is the internal transgression that at once cancels and preserves the opposition or the contradiction that gave birth to it. The Sentimental *aufhebt* – sublates – the opposition of the Naïve and the Sentimental, of the Ancient and the Modern."

[53] So Schiller gleich zu Beginn seines Aufsatzes, 707; 713f.

2.2 *Modus* und *tonus* – Hölderlins Ton-Konzept

Das Prinzip des Gedichteten überhaupt ist die Alleinherrschaft der Beziehung.
Walter Benjamin: *Zwei Gedichte von Friedrich Hölderlin*

Hölderlin, dessen „emphatische Rede von den Tönen [...] wohl von 1796 an"[1] zu datieren ist, übernimmt Schillers Konzept der Spannungszustände in sein Modell vom „Wechsel der Töne",[2] das ihn besonders intensiv in den Jahren 1799/1800 beschäftigt – kurz bevor die zweite Fassung seiner Elegie *Der Wanderer* entsteht, mit der Hölderlins produktivste Elegien-Zeit einsetzt.

Die 1799 entstandenen, fragmentarischen Überlegungen *Über die verschiednen Arten, zu dichten* (StA 4,1, 228-232) lassen nicht zu übersehende Analogien zu Schillers Bestimmung der „Dichtungsarten"[3] erkennen. Der Text bricht zwar

[1] Holger Schmid: *Wechsel der Töne.* In: HHB, 118-127, hier: 119.

[2] StA 4,1, 238. Schon Peter Szondi argumentiert dafür, daß die „Affinität" (165) von Hölderlins Ton-Konzeption zum Ton-Konzept bei Friedrich Schlegel durch ihren „gemeinsamen Ursprung" in Schillers *Über naive und sentimentalische Dichtung* erklärbar ist. Vgl. den *Exkurs über Schiller, Schlegel und Hölderlin* im Kapitel *Gattungspoetik und Geschichtsphilosophie.* In: Peter Szondi: *Hölderlin-Studien. Mit einem Traktat über philologische Erkenntnis.* Frankfurt am Main 1967, 162-169, hier: 163. Es soll hier nicht der Versuch gemacht werden, Hölderlins fragmentarisch gebliebene und oft auch kryptische Äußerungen und Schemata zur Töne-‚Lehre' im Einzelnen und in ihrer rätselhaften Systematik zu rekonstruieren. In den folgenden Ausführungen soll es vielmehr darum gehen, die grundlegende Idee des Tönewechsels in ihrer Bedeutung für die Entwicklung und Umsetzung einer ‚Mehrstimmigkeit' des lyrischen Textes nachzuvollziehen. Forschungsliteratur zum *Wechsel der Töne*: Friedrich Beißner: *Hölderlin. Reden und Aufsätze.* Weimar 1961; ders.: *Satzton und Verston.* In: *Der Deutschunterricht* 16 (1964), Heft 5, 33-49; Anke Bennholdt-Thomsen: *Stern und Blume. Untersuchungen zur Sprachauffassung Hölderlins.* Bonn 1967; Wolfgang Binder: *Dichtung und Zeit in Hölderlins Werk.* Tübingen 1955; Meta Corssen: *Der Wechsel der Töne in Hölderlins Lyrik.* In: HJb 5 (1951), 19-49; Ulrich Gaier: *Der gesetzliche Kalkül. Hölderlins Dichtungslehre.* (=Hermaea Germanistische Forschungen Neue Folge; Bd 14) Tübingen 1962; ders.: *Neubegründung der Lyrik auf Heinses Musiktheorie.* In: HJb 31 (1998/99), 129-138; Walter Hof: *Hölderlins Stil als Ausdruck seiner geistigen Welt.* Meisenheim 1954; Annette Hornbacher: *Die Blume des Mundes. Zu Hölderlins poetologisch-poetischem Sprachdenken.* Würzburg 1995; Dieter Jähnig: *Vorstudien zur Erläuterung von Hölderlins Homburger Aufsätzen.* Tübingen 1955; Werner Kirchner: *Hölderlin. Aufsätze zu seiner Homburger Zeit.* Göttingen 1967; Michel Konrad: *Hölderlins Philosophie im Grundriß.* Bonn 1967; Kurz: *Mittelbarkeit und Vereinigung*, a.a.O., 110-117; Lawrence J. Ryan: *Hölderlins Lehre vom Wechsel der Töne.* Stuttgart 1960; Herta Schwarz: *Vom Strom der Sprache. Schreibart und Tonart in Hölderlins Donau-Hymnen.* Stuttgart; Weimar 1994; Szondi: *Hölderlin-Studien*, a.a.O.

[3] Schiller: *Über naive und sentimentalische Dichtung*, a.a.O., 776.

schon nach einigen Ausführungen zum „natürliche[n] Ton“ (StA 4,1, 229) ab, doch wie Hölderlin diesen beschreibt, entspricht Schillers naivem Ton: „nichts schwankt, nichts stört sich“, der Ton ist „[b]estimmt, klar, immer gleich und moderirt“ (StA 4,1, 228) und besitzt „einen festen Standpunct“ (StA 4,1, 230).

In den Überlegungen *Über den Unterschied der Dichtarten* (StA 4,1, 266-271) bestimmt Hölderlin das Gedicht – analog zu Schillers sentimentalisch-zweistimmiger Konzeption – dann als Zweiheit von „Grundton“ und „Kunstkarakter“ (StA 4,1, 266), worin sich „jene grundsätzliche Doppelheit der Metapher“[4] widerspiegelt, die sein Textmodell kennzeichnet. Der „Geist des Gedichts ist,“ „was den Grundton und den Kunstkarakter eines Gedichts vereiniget und vermittelt“ (StA 4,1, 267). Wie die bereits in der Einleitung dieser Arbeit zitierte Passage verdeutlicht, löst Hölderlin wie Schiller die Gattungsschemata aus ihren festen Formen und versteht sie als „Dichtarten“ im Sinne von Schillers „Dichtungsarten“[5]: „lyrisch“, „episch“ und „tragisch“ werden Bezeichnungen, die „den Geist“ einer Dichtung charakterisieren. Hölderlin kann deshalb zum Beispiel von einer „tragische[n] Ode“ (StA 4,1, 150) sprechen.

2.2.1 ›Modus‹ und ›tonus‹

Hölderlins Rede vom Ton umfaßt dabei zwei verschiedene Ebenen: einerseits versteht sie den Ton als *modus*, wie ihn *Grundton* und *Kunstkarakter* je für sich in den Varianten „naiv“, „idealisch“ und „heroisch“ (oder „energisch“) (StA 4,1, 231 u. 270) verkörpern. Durch deren unterschiedliches Spannungsverhältnis *zueinander* aber entsteht, was Gerhard Kurz betont hat,[6] ein *tonus*. Denn Ton bedeutet in seiner ursprünglich lateinischen Bedeutung eben genau ‚Spannungszustand‘, was Hölderlins zweipolige Tonkonzeption als „Beziehung“ (StA 4,1, 268) von *modi* konzeptualisiert.

Hölderlins Interesse an einem *Wechsel der Töne* scheint nun einen Spannungswechsel im Visier zu haben, indem das Gedicht nicht *einen* konstanten *tonus* hat, wie in Schillers „eher statische[n]“[7] Verteilung von *wirklich* und *ideal*, sondern zwischen verschiedenen Spannungsgraden wechselt, „fortschreitet“ (StA 4,1, 269), „weil die Art der Vereinigung in ihm nicht immer dieselbe bleiben dürfe, [...] weil die Theile des Einigen nicht immer in derselben näheren und entfernteren Beziehung bleiben dürfen, damit alles allem begegene“ (StA 4,1, 268).

[4] Ryan: *Hölderlins Lehre vom Wechsel der Töne*, a.a.O, 49.

[5] Schiller: *Über naive und sentimentalische Dichtung*, a.a.O., 776.

[6] Kurz: *Mittelbarkeit und Vereinigung*, a.a.O., 113f. Vgl. auch Gaier: *Neubegründung der Lyrik auf Heinses Musiktheorie*, a.a.O., 137; Schmid: *Wechsel der Töne*, a.a.O. und Hof: *Hölderlins Stil*, a.a.O., 215: „Der Grundton darf mit dem Kunstcharakter nicht völlig übereinstimmen, weil sonst das Gedicht ein-tönig werden würde.“

[7] Gaier: *Hölderlin*, a.a.O., 376.

Gaier verweist in diesem Zusammenhang auf Heinses Musiktheorie, wie denn auch die Forschung zum *Wechsel der Töne* meist auf ein musikalisches Tonkonzept zurückgreift, um Hölderlins Verständnis vom Ton zu erläutern.[8] Als akustische Metapher bezeichnet der tonale Spannungszustand dann ein Verhältnis verschiedener (recht autonomer) Töne zueinander, die auf alle möglichen „Sphären" appliziert werden können: „außer den Gattungen [...] wie erwähnt die Elemente, dann auch menschliche Charaktere oder die Modalkategorien [...], besonders aber die Gemütsvermögen des Menschen".[9]

Doch ein Blick in den zweiten Band von Sulzers *Allgemeine Theorie der Schönen Künste* von 1774 lehrt, daß die Notion vom *Ton* nicht auf das Fach der Musik beschränkt ist: „Ton" taucht dort in drei verschiedenen Artikeln zu den Bereichen „Musik", „Redende Künste" und „Mahlerey" auf.[10] Um die Innovation des Tonwechsels im Bereich der „Redenden Künste", in dem sich Hölderlins Werk ja situiert, zur Geltung zu bringen, muß man deshalb zunächst rekonstruieren, welche Rolle der Ton zur damaligen Zeit im Bereich der Literatur spielte. Laut Sulzer ist der Ton als Element der *Redenden Künste*

> eigentlich der Klang der Stimme in so fern sie für sich, ohne Betrachtung des Bedeutenden der Wörter, etwas sittliches oder leidenschaftliches hat. Man erkennt nämlich, wenn man auch in einer unbekannten Sprache reden hört, den kläglichen, oder muntern, weinerlichen oder freudigen Inhalt der Rede aus dem Ton, womit sie vorgetragen wird. Man kann aber nach dem Beyspiehl der griechischen Kunstrichter den ganzen Charakter der Rede, in so fern dieselbe durch ganz undeutliche Vorstellung die Empfindung des Sittlichen oder Leidenschaftlichen erwekt, den Ton der Rede nennen.
>
> Um dieses genau zu verstehen, müssen wir bedenken, daß jede Gemüthsfassung und jede Leidenschaft, nicht nur eine ihr eigene Stimme, ihren eigenen Vortrag, sondern auch ihre eigene Sprach und eigene Wendung habe. Die Einfalt, die Unschuld, der Schmerz, die Liebe, der Zorn haben jeder eine Stimme, einen Vortrag, eine Wendung, die ihr eigen ist. Alles was dazu gehört, können wir den Ton der Rede nennen. Wenn man von einem Menschen sagt, er habe in einem hohen Ton gesprochen, so versteht man dieses nicht nur von einer lauten festen Stimme, sondern auch von dem Dreisten oder Kühnen, das in Gedanken und in der Wahl der Worte liegt; und ein pöbelhafter Ton, ist nicht blos eine schlechte pöbelhafte Aussprache, sondern alles in der Rede, was uns anschauend die Vorstellung des Niedrigen und Pöbelhaften erwekt. Daher bemerken wir die Art des Tons auch in Reden, die wir blos lesen, ohne sie zu hören.[11]

[8] Vgl. z.B. Kurz: *Mittelbarkeit und Vereinigung*, a.a.O., 112.

[9] Schmid: *Wechsel der Töne*, a.a.O., 120.

[10] Daß Hölderlin das Kunstlexikon kannte und konsultierte, wurde von der Forschung wiederholt bestätigt. Vgl. HHB, 66 u. 255. Vgl. Johann Georg Sulzer: *Allgemeine Theorie der Schönen Künste. In einzeln, nach alphabetischer Ordnung der Kunstwörter auf einander folgenden, Artikeln abgehandelt.* Leipzig. Bd. 1: 1771; Bd. 2: 1774, hier: Bd. 2, 1156-1161.

[11] Ebd., 1158.

Scheint hier der Ton den *Redenden Künsten* zunächst eine neue Dimension zu ihren inhaltlichen Belangen hinzuzufügen, etwas „[E]igene[s]“ zu konstituieren, und zwar gerade „ohne Betrachtung des Bedeutenden der Wörter“, so macht Sulzer doch schnell klar, daß der Ton nicht ablösbar von den semantischen Inhalten ist, die er transportiert: „Man erkennt [...] den Inhalt der Rede aus dem Ton, womit sie vorgetragen wird.“ Der Ton als Stil („Wahl der Worte“) hat nach Sulzer demnach die Aufgabe, die „Vorstellung“ von etwas zu „erwek[en]“ – und zwar genau *die* Vorstellung, welche die Rede auch inhaltlich suggeriert. Wenn der Ton auch „vielleicht mehr würkt, als die klareren Vorstellungen selbst“,[12] und Sulzer ihn „ein höchstwichtiges Stük der vollkommenen Rede“ nennt, folgt zugleich die Einschränkung auf dem Fuß: „wenn er mit dem Inhalt und der Absicht der Vorstellungen übereinkommt.“[13]

Dem Dichter fällt es daher auch dann am leichtesten „den Ton, der in jedem besondern Falle nöthig ist, zu treffen“, wenn er „von seinem Inhalt ganz durchdrungen“ ist.[14]

Es kann daher nach Sulzer in den *Redenden Künsten* auch immer nur *einen* Ton geben:

> Darum ist *der* Ton eine der wichtigsten Eigenschaften eines Werks der redenden Künste. Wir haben in dem Artikel über die Ode Beyspiehle von solchen Oden angeführt, die es gewiß nicht durch ihren Inhalt, sondern blos durch *den* Ton sind; der also würklich ofte wichtiger ist, als der Inhalt selbst. Wer *den* Ton einer rührenden Leidenschaft zu treffen weiß, darf eben nicht sehr besorgt seyn, ob das, was er zu sagen hat, auch würkllich rühren werde; denn *der* bloße Ton wird diese Würkung schon thun.[15]

Die Ein-Tönigkeit des Tonkonzepts, das auf einer Homogenität von Ausdruck und Inhalt basiert, verschwindet in der musikalischen Abteilung des Lemmas. Gleich der Beginn des Eintrags[16] weist den Leser auf die Vieldeutigkeit des Begriffs hin: „Dieses Wort wird selbst in der Musik, wo es seine eigentliche Bedeutung vorzüglich behält, dennoch von ganz verschiedenen Dingen genommen.“[17] Vier Bedeutungsvariationen unterscheidet der Artikel: Zum einen kann Ton den „Klang der Instrumente überhaupt“ bedeuten, „als den besondern Klang einer Flöte, einer Violine u.s.f. Denn man sagt von einem solchen Instrument, es

[12] Ebd.
[13] Ebd.
[14] Ebd., 1160
[15] Ebd., 1160; Herv. U. D.
[16] Die Artikel sind nicht namentlich gekennzeichnet, Sulzer hat wohl die meisten Artikel selbst verfaßt. In seiner Vorrede zum zweiten Band teilt er jedoch mit, „daß in diesem Theile die meisten und vorzüglichsten Artikel, die in die Musik einschlagen, nicht von mir, sondern, wie Kenner es bald merken werden, von einem würklichen Virtuosen herrühren“ (ebd., Bd. 2,1), nämlich von einem „Herrn *Schultze*“ (ebd.); damit ist wohl Johann Abraham Peter Schulz gemeint.
[17] Ebd., 1156.

habe einen schönen, hellen, vollen, oder einen schlechten, dumpfichten, unangenehmen Ton"[18], dann kann der Begriff „auch überhaupt einen Klang von bestimmter, oder abgemessener Höhe" bezeichnen, drittens ein „Intervall" oder gar „die ganze Tonleiter".[19]

> Wenn man sagt, ein Stük sey aus einem gewissen Ton gesezt, oder man spiehle aus einem gewissen Tone, so heißt es so viel, man nehme zur Fortschreitung des Gesanges nur die Töne, die in der Octave desselben Tones nach seiner harten oder weichen Tonart liegen. Und weil in größern Stüken der Gesang durch mehrere Tonleitern vermittelst der Modulation durchgeführt wird, so wird der Ton, in dessen Tonleiter das Stük anfängt und endiget, und die auch durch die ganze Modulation hindurch vorzüglich herrscht, der Hauptton des Stüks genennt.[20]

Die Beschränkung nur auf *einen* Ton fällt also in der Musik weg, was wohl damit zu tun hat, daß sie nicht darstellend verfährt, der Ton hier autonom, an keinen Inhalt gebunden ist.

Hölderlins Tonkonzept verschränkt die beiden verschiedenen Tonkonzepte der Literatur und der Musik. Denn er importiert die Vieldeutigkeit des Ton-Konzepts (als eine Art *In-sich-selbst* – durch Modulation oder Intervall-Bildung – *Unterschiedenes*), ohne jedoch die Bindung an Vorstellungen aufzugeben. Da die Poesie ja – im Gegensatz zur Musik – immer auch Vorstellungen repräsentiert, schafft die Möglichkeit der „Modulation" ein Interaktionsverhältnis von Vorstellung und Ton, bei dem der Ton nicht nur dazu angetan ist, die Vorstellung zu verstärken, sondern auf sie selbst Einfluß nehmen, mit ihr interagieren kann. Im *Wechsel der Töne* modalisiert sich die Vorstellung jeweils anders.

Anläßlich der Lektüre der Ton-Ausführungen in Sulzers *Allgemeiner Theorie der schönen Künste* wird man sich allerdings die Frage stellen, ob Hölderlins Überlegungen zu einer tonalen Dichtung tatsächlich (allein) durch die innovative Umdeutung des musikalischen Tonkonzepts entstand oder nicht vielmehr (zusätzlich) einem anderen Bereich entlehnt ist, nämlich der *Mahlerey*. Dort nämlich präsentiert Sulzer ein Konzept der Vorstellungstönung, dem Hölderlins Idee vom *Wechsel der Töne* frappierend nahe kommt. Als Ton gilt in der *Mahlerey*

> der Charakter, das ist das Sittliche oder Leidenschaftliche des farbichten Lichts, das in einem Gemählde herrscht. Daß in dem Colorit eines Gemähldes solche Charaktere statt haben, fällt auch dem unachtsamesten Menschen in die Augen. Der fürchterliche Himmel, der ein nahes Gewitter verkündiget, und der liebliche Frühlingsmorgen, beweisen dieses allzudeutlich. Jener würkt Ernst, und dieser Fröhlichkeit.[21]

[18] Ebd.
[19] Ebd.
[20] Ebd.
[21] Ebd., 1160.

Wie hier am Beispiel des „Himmel[s]" ausgeführt wird, hat eine Landschaft keinen ‚eigentlichen' „Charakter", sondern bekommt diesen durch das jeweils herrschende „farbichte[] Licht[]". Das „Colorit" ist jedoch nicht ein singulärer Ton, sondern genau besehen Produkt einer Interaktion verschiedener aufeinandertreffender Farben:

> Es ist sehr schweer die Gattungen des Tons, oder die Tonarten des Colorits zu beschreiben; ein fühlendes Aug, das gewohnt ist, ländliche Gegenden zu allen Jahreszeiten und in allen Arten des Wetters aufmerksam zu betrachten, kennt sie; aber noch weit schweerer ist es zu sagen, wie der Mahler jeden Ton erreiche. Ohne Zweifel wird der Ton überhaupt durch den Charakter bestimmt, den die gebrochnen Farben, von der Hauptfarbe, von welcher sie ihre Temperatur bekommen, annehmen. In der Natur sehen wir offenbar, daß der Ton der Landschaft bald von dem blauen Lichte des Himmels, das sich mit den eigenthümlichen Farben der Körper, worauf es fällt, vermischt, bald von dem weißlichten blaßen Lichte desselben, bald von dem rothen Lichte der Morgen- und Abendwolken, herkommt.
>
> Bedenkt man hiebey noch, daß gewisse Farben der Kleider mit dem, was die Physionomie der Personen uns von ihrem Charakter zeiget, übereinkommen, oder dagegen streiten, so wird man geneigt zu glauben, daß der Mahler den Ton in der Herrschaft, oder dem Einfluß einiger Hauptfarben in die Mischung des ganzen Colorits zu studiren habe. [...] Stellt man sich eine Landschaft in der Natur vor, in welcher jeder Gegenstand schon seine eigenthümliche Farbe hat, so begreift man, daß dieselbe von jeder Art Licht, das sie sichtbar macht, ein anderes Colorit bekömmt, wenn man gleich sezt, daß jede Art des Lichts in gleicher Menge und von derselben Seite her auf die Landschaft falle. Jede Art theilt dem Colorit der Landschaft etwas von seiner Art mit. Daher scheint das zu kommen, was man den Ton des Gemähldes nennt.
>
> Demnach muß der Mahler, der verschiedene Tone in seine Gewalt bekommen will, auf die Art des Lichts studiren, das in seinem Colorit herrscht. Dieses kann er dabey anfangen, daß er eine ländliche Gegend in allen möglichen Arten der Beleuchtung, in allen Tages- und Jahreszeiten und bey jeder Art der Witterung auf das genaueste betrachtet. Hernach wird er auch wol thun, wenn er auf die Würkung des wiederscheinenden Lichts Acht hat. Vielleicht könnten folgende Versuche hiezu etwas beytragen.
>
> Man hänge ein gut, aber etwas hartgemahltes Gemählde in einem Zimmer an eine Wand etwas in Schatten. Gegen ihr über, an einer Stelle, worauf eine helle Sonne scheinet, seze man eine mit rothen, oder blauem, oder gelben, oder weißen Taffet überzogene Tafel, auf welche man das Sonnenlicht ganz auffallen, und durch eine gehörige Wendung von da auf das Gemählde abprellen läßt, und bemerke jedesmal die Würkung dieses Lichts auf das Gemählde. Auf diese Art könnte man vielleicht auf eine gute Kenntnis der Tone kommen, und daher auch Anleitung nehmen, dieselbe zu erreichen.[22]

Was die Malerei als „Ton" kennt, ist also das Mischprodukt einer ganzen Farbpalette. Ein „Gemählde" ist somit eine Komposition verschiedener „eigenthümliche[r] Farbe[n]", die allesamt „von jeder Art Licht, das auf sie fällt", modifiziert werden, „ein anderes Colorit bekömm[en]". Zwar endet der Artikel auch hier wieder mit der nach seinen vorigen Ausführungen etwas unterkomplex wir-

[22] Ebd., 1161.

kenden Beteuerung, der Ton solle die „Vorstellung" untermalen,[23] doch in seiner anschaulichen Beschreibung setzt er einen ganz anderen Akzent: Die Vorstellung selbst ist schon eine Komposition verschiedener Töne und wird selbst noch einmal entscheidend von dem Licht moduliert, das auf sie fällt.

Die Analogien zu Hölderlins Tonkonzept fallen unmittelbar ins Auge. Die Töne, als *modi*,[24] als „Beleuchtungsart[en] der Dinge",[25] kreieren in ihrer gegenseitigen Bezogenheit innerhalb einer Komposition einen *tonus*, ein Spannungsverhältnis, das nicht mehr (nur) die Homogenität zu einem dargestellten Gegenstand sucht, sondern einen Wechsel verschiedener Lichtverhältnisse inszeniert. „Nicht das Ding gibt den Ton; jedes Ding, jedes gedankliche Faktum kann in jeder der drei Beleuchtungsarten erscheinen und erhält dadurch andere Farbe, anderen Ton, anderen Sinn."[26]

Bereits in einem selbstkritisch-reflektierenden Brief an Neuffer (vom 12. Nov. 1798)[27] verwendet Hölderlin die Metaphorik von Licht und Schatten für poetologische Überlegungen:

> Es fehlt mir weniger an Kraft, als an Leichtigkeit, weniger an Ideen, als an Nüancen, weniger an einem Hauptton, als an mannigfaltig geordneten Tönen, weniger an Licht, wie an Schatten[.] (StA 6,1, 289)

Zum poetischen Umgang mit dem „Gemeine[n]" und „Gewöhnliche[n]" des „wirklichen Leben[s]" (ebd.) setzt er hinzu:

> Ich muß sie [d. s. „die Dinge, die auf mich zerstörend wirken"] wo ich sie finde, schon zum voraus als unentbehrlichen Stoff nehmen, ohne den mein Innigstes sich niemals völlig darstellen wird. Ich muß sie in mich aufnehmen, um sie gelegenheitlich (als Künstler, wenn ich einmal Künstler seyn will und seyn soll) als Schatten zu meinem Lichte aufzustellen, um sie als untergeordnete Töne wiederzugeben, unter denen der Ton meiner Seele um so lebendiger hervorspringt. Das Reine kan sich nur darstellen im Unreinen und versuchst Du, das Edle zu geben ohne Gemeines, so wird es als das Allerunnatürlichste, Ungereimteste dastehn, und zwar darum, weil das Edle selber, so wie es zur Äußerung kömmt, die Farbe des Schiksaals trägt, unter dem es entstand, weil das Schöne, so wie es sich in der Wirklichkeit darstellt, von den Umständen unter denen es hervorgeht, nothwendig eine Form annimmt, die ihm nicht natürlich ist, und die nur dadurch zur natürlichen Form wird, daß man eben die Umstände, die ihm notwendig diese Form gaben, hinzunimmt. (StA 6,1, 290)

[23] „Das Leichteste in dieser Sache ist die Bemerkung der Regel, daß es zur Vollkommenheit eines Gemähldes nothwendig ist, ihm den Ton zu geben, den der Charakter des Gemähldes fodert. Eine traurige Vorstellung erfodert einen Ton, der den Eindruk des Inhalts unterstüzt, und eine reizende Vorstellung macht auch die Lieblichkeit in dem Ton nothwendig." (Ebd.)

[24] Holger Schmid: *Wechsel der Töne*, a.a.O., 118.

[25] Gaier: *Der gesetzliche Kalkül*, a.a.O., 183.

[26] Ebd.

[27] Zu dem Brief vgl. auch Szondi: *Hölderlin-Studien*, a.a.O., 126ff.

Die Metaphorik von Licht, Schatten und Farbe[28] betont hier die kompositorische Wechselwirkung von miteinander agierenden Farben in einem Bild. Wie bei Sulzer erscheint die "Mischung des ganzen Colorits" mittels der Kontrastierungskraft gegeneinander gestellter, variierender Töne, der Beziehung von „eigenthümliche[n] Farbe[n]" und sichtbar machendem Licht als eine Dynamik, in welcher auch der einzelne Ton sich nur im Verbund mit anderen Tönen artikulieren kann und mehr noch: die einzelnen Töne modifizierend aufeinander einwirken: „jenes an Inhalt gewinne, diese an Innigkeit, jenes an Leben, diese an Lebhaftigkeit, jenes im Fortgange mehr sich fühle, diese im Fortgang sich mehr erfüllen" (StA 4,1, 268).

Auch in einer poetischen Colorierung herrscht nach Hölderlins Auffassung ein plurales Tonverhältnis und die Interaktion der Töne untereinander ist es gerade, welche die „Spannung und Bewegkraft" (StA 4,1, 270) des Tonwechsels ausmacht. Indem diese simultane Pluralität von Farben im Medium der Dichtung noch einen sukzessiven Wechsel erfahren kann, beginnt sie, wie in Sulzers Beispiel des Gemäldes unter verschiedener Beleuchtung, zu irisieren.

2.2.2 Modaltöne

Die von Hölderlin als Töne konzipierten Spannungsverhältnisse lassen sich im Rückblick auf Schiller als grundsätzlich zweistimmig organisiert verstehen.[29] Für das sentimentalische Bild bedeutet dies, daß es immer schon über eine mobile Perspektivität verfügt: Das Bild ist nicht mehr nur ein Gegenstand, auf den man einen Blick werfen kann, sondern es stellt selbst schon Blicke dar – und zwar mehrere, die sich gegenseitig kommentieren und reflektieren. Schillers modale Darstellungsweisen *wirklich* und *ideal* sind solche kombinierbaren Perspektiven auf Vorstellungen, die in der Darstellung des Bildes eine komplexe Beziehung eingehen. „Wechsel" ist dabei nicht (nur) im Sinne einer zeitlichen Sukzession zu verstehen sondern vielmehr als eine im Bild angelegte Polyperspektivik: „Die Kombinatorik der drei Töne ist das, was H[ölderlin] [...] ‚Wechsel der Töne' nennt. Mit diesem ‚Wechsel' ist nicht nur eine ‚Abwechslung', eine ‚Succession', eine Reihenfolge gemeint, sondern auch eine Art von Wechselwirkung oder Wechselspiel."[30] Hölderlins Poetik situiert sich damit in einem Feld der „Kulturpoetik um 1800, die ihre Repräsentationsmechanismen

[28] Die Metaphorik der „Farbe" (StA 4,1, 231) benutzt Hölderlin wiederholt, so auch in *Über die Verfahrungsweise des poetischen Geistes*: „Liegt nicht eben hierin der veste Punct, wodurch der Folge der Zeichnung, ihre Verhältnißart, und den Lokalfarben wie der Beleuchtung ihr Karakter und Grad bestimmt wird?" (StA 4,1, 261)

[29] Vgl. auch Gaier: *Der gesetzliche Kalkül*, a.a.O., 184f. – gegen Ryan: „In allen Gattungen und Stilarten sind Geist und Stoff, Grundton und Kunstkarakter nebeneinander anwesend."

[30] Michael Franz: *Theoretische Schriften*. In: HHB, 224-246, hier: 241.

darstellerisch nicht stillgestellt, sondern in Bewegung sehen will. Die Lust an der modulativen Erfahrung bestimmt die Modi der ‚Selbstbeobachtung' wie den ‚Umgang mit allen Abstufungen'".[31]

Durch einen internen perspektivischen Wechsel, der ein und dieselbe Vorstellung in unterschiedlichem Licht zeigt, verändern die Modaltöne die präsentierten Vorstellungen;[32] zugleich werden sie in der Darstellung als Repräsentation von Sichtweisen beobachtbar. Stephan Wackwitz betont, daß die Modalkategorien für Hölderlin (wie für Kant) letztlich „Bewußtseinszustände"[33] markierten. Die Töne wären in diesem Sinne Möglichkeitsbedingungen von Denkprozessen, die sich im Bild als interne Reflexion äußern; die modalen Sehweisen wären Denkweisen.

Hölderlins Tonlehre verläßt damit die Pfade einer Homogenitätstheorie von Ausdruck und Inhalt: Anstatt eine tonunabhängige Vorstellung nur zu untermalen, bestimmen die Töne in entscheidender Weise das Erscheinungsbild der Vorstellung selbst. Man kann daher in dem Konzept vom *Wechsel der Töne* durchaus einen poetisch-revolutionären Impuls erkennen. Denn die Idee, durch Tonmodulierung eine neue Art der *Bild*ung zu erschaffen, Töne als ein Mittel zu begreifen, neue Perspektiven auf etwas zu werfen, eben etwas in ein anderes Licht zu stellen, hat, wie der Blick auf Sulzers Artikel gezeigt hat, durchaus ein anti-konventionelles Potential.

Übertragen auf das Tonmodell der *Redenden Künste* á la Sulzer wäre der *Grundton* vielleicht als ein konventionalisierter Ton zu verstehen, der sich einer Vorstellung anschmiegt, ohne eigentlich aufzufallen. Der *Kunstkarakter* hingegen wäre die aktive Um-Modulierung, die einen neuen Blick auf die Vorstellung wirft, ihre konventionelle ‚Farbe' übermalt.

[31] Erich Kleinschmidt: *Die Entdeckung der Intensität. Geschichte einer Denkfigur im 18. Jahrhundert.* Göttingen 2004, 128.

[32] Zu Hölderlins Verwendung der Modalkategorien vgl. Franz: *Theoretische Schriften*, a.a.O. und Stephan Wackwitz: *Zum Begriff des Ideals bei Friedrich Hölderlin.* In: *Poetische Autonomie? Zur Wechselwirkung von Dichtung und Philosophie in der Epoche Goethes und Hölderlins.* Hg. v. Helmut Bachmaier und Thomas Rentsch. Stuttgart 1987, 101-134. Franz betont, daß Hölderlin wie Kant „davon ausgeht, daß die Modalitäten Wirklichkeit und Möglichkeit [...] allein das Verhältnis eines schon vollständig bestimmten Objekts zum Erkenntnisvermögen ausdrücken [...], durch die modale Bestimmung eines Urteils über einen Gegenstand würden keine Bestimmungen mehr im Objekte selbst gedacht [...] Bei Hölderlin ist [...] die Modalität der Wirklichkeit konstituiert durch den Bewußtseinszustand, in dem ein bestimmtes Objekt erscheint, durch das ‚Bewußtseyn, kraft dessen er (der wirkliche Gegenstand) wirklich ist.' [...] Möglichkeit und Wirklichkeit sind Bewußtseinszustände, die einem vor aller modalen Bestimmung vollständig erfaßten Gegenstand seine Modalität zuweisen." (128f.)

[33] Ebd., 128. Vgl. auch Fichtes Definition von Bewußtsein als „Hinschauen [...] ein Herausschauen meiner selbst aus mir selbst". Zitiert nach: Joachim Ritter: *Historisches Wörterbuch der Philosophie*, a.a.O., 158.

Wenn Hölderlin in seinem Fragment *Über die Verfahrungsweise des poëtischen Geistes* erwähnt, es sei „vorzüglich wichtig, daß er [d.i. der Dichter] [...] nichts als gegeben annehme, von nichts positivem ausgehe" (StA 4,1, 262), bringt er damit genau das innovatorische Potential seines Wechsels der Töne auf den Punkt. Denn wenn der Ton das Bild (mit-)macht, dann wird vor allem diejenige Kunst gelingen, die nicht einfach nur ‚abmalt', sondern die Modulierungskunst der Töne bewußt einsetzt.[34]

Die Poetik vom Wechsel der Töne bedingt eine „Vielstimmigkeit des Gedichts", eine Umpolung von einer „Linearität" zu einer „Pluralität und Parallelität der Töne im Gedichtverlauf":

> Die Poetik des „Wechsels der Töne" hält bewußt, daß im Gedicht die Vielfalt der Erfahrungsdimensionalität aufgezeichnet wird; dies geschieht mindestens im Plural der Zwiefältigkeit, das heißt der Duplizität bis zur Paradoxalität als Ausdruck der inneren Verschiedenartigkeit *einer* Erscheinung. Das Bewußtsein, etwas poetisch neu zu buchstabieren, und es neu kritisch prüfend aufzunehmen, mahnt an die wache, unverbildete Erwartung des Gegentons, des Gegenstrebigen, des Anderen; eine solche Haltung eröffnet die Erfahrungskomplexität und die daraus resultierende Bereitschaft, in der Auseinandersetzung mit literarisch-poetischen Darstellungsweisen von Wirklichkeit Mehrstimmigkeit vorauszusetzen, herauszuarbeiten und auszuhalten.[35]

Daß Hölderlin ein Bewußtsein davon hatte, welch ‚neue Töne' seine Dichtung praktiziert, belegt seine Vorrede zur *Friedensfeier*, in der er möglichen Einwänden, seine „Sprache [sei] zu wenig konventionell", mit Lutherischem Pathos „gesteh[t]: ich kann nicht anders."[36]

[34] In eine ähnliche Richtung geht schon Ulrich Gaier: *Der gesetzliche Kalkül*, a.a.O., der im Wechsel der Töne einen „Denkrhythmus" (2) am Werk sieht, „als ein Form und Inhalt des Gedachten, Vorgestellten, Dargestellten entscheidend bestimmendes Prinzip" (ebd., 5).

[35] Maria Behre: *Mitte des Dichtens. Hölderlins Gedicht „Hälfte des Lebens" als Ort intellektueller und historischer Probleme der Epochenschwelle 1800.* In: *Interpretationen zur neueren deutschen Literaturgeschichte.* Hg. v. Thomas Althaus und Stefan Matuschek. Münster; Hamburg 1994 (=Münsteraner Einführungen – Germanistik 3), 101-128, hier: 109. (Herv. im Orig.) Die Einschränkung auf „Darstellungsweisen von Wirklichkeit" ist jedoch etwas problematisch. Zudem koppelt Behre die Töne an Themen: zu „naivem (das Natürlich-Einfache), heroischem (das Zeitlich-dynamische) und idealischem (das im Paradox gestaltete)" (ebd.).

[36] StA 3, 532. Die *Friedensfeier* akzentuiert gleich in ihrem 2. Vers eine Pluralität von „Töne[n]" (ebd., 533). Vgl. auch Hölderlins Selbstaussage in einem Brief an den Halbbruder Karl Gok (2. Nov. 1797): „Ich bin mit dem gegenwärtig herrschenden Geschmak so ziemlich in Opposition, aber ich lasse auch künftig wenig von meinem Eigensinne nach, und hoffe mich durchzukämpfen." (StA 6,1, 254f.)

3 Changierende Modi in Hölderlins Elegien

Im Zustande zwischen Seyn und Nichtseyn wird aber überall das Mögliche real, und das wirkliche ideal, und diß ist in der freien Kunstnachahmung ein furchtbarer aber göttlicher Traum.
Friedrich Hölderlin: *Das Werden im Vergehen*

3.1 Das ›Ich‹ als *persona*

Schillers *Über naive und sentimentalische Dichtung* zeigt das Reflexionsniveau an, von dem Hölderlins Elegien ihren Ausgang nehmen. Alle erläuterten Momente sentimentalischer Reflexion sind ja *dichtungsinterne* Reflexionen, sie geschehen im Medium der poetischen Darstellung, mittels einer internen Bild-Perspektivierung. Das Prinzip einer sentimentalischen *Relativitätspoesie* wird von Hölderlins Elegien auf einzigartige Weise dichterisch umgesetzt. Gerade die in Schillers Abhandlung inaugurierte zweistimmige Konzeption der Dichtung und die von ihr ermöglichten relativierenden Spannungswechsel werden in Hölderlins Elegien voll zum Zug kommen. Diese sind als Dichtungen, so die These, für die im folgenden argumentiert werden soll, nur angemessen zu verstehen, wenn man die internen Modulierungen berücksichtigt, welche die Gedichte jeweils praktizieren.

Hölderlins Elegienproduktion beginnt 1797, also genau ein Jahr nach Schillers Neudefinition der elegischen *Schreibart* in *Über naive und sentimentalische Dichtung*. Hölderlin nahm wohl, wie Cyrus Hamlin vermutet, spätestens 1797 Schillers Abhandlung zur Kenntnis und studierte sie ausführlich.[1] Eine erste Fassung von Hölderlins erster Elegie *Der Wanderer* erscheint noch im selben Jahr in Schillers *Horen*, der Zeitschrift also, in der in den beiden Jahren zuvor dessen Abhandlung publiziert worden war.[2] Die Elegien, an denen Hölderlin bis

1 Vgl. Cyrus Hamlin: *The Philosophy of Poetic Form: Hölderlin's Theory of Poetry and the Classical German Elegy*. In: Aris Fioretos (Ed.): *The Solid Letter. Readings of Friedrich Hölderlin*. Stanford 1999, 291-320, hier: 297: „There can be no doubt that Hölderlin studies this text closely during his initial weeks in the house of Gontard in Frankfurt."

2 1795 erschien in den *Horen* bereits Schillers *Elegie* [später umbenannt in *Der Spaziergang*]. Vgl. Hölderlins Brief an seinen Freund und Schriftstellerkollegen Neuffer, Okt. 1795: „Hast Du Schillers Gedicht in den Horen gelesen?" (StA 6,1, 182) Von „Schillers neue[m] Journal die Horen" (StA 6,1, 152) berichtet Hölderlin Neuffer bereits am 19. Januar 1795 aus Jena, wo er mit dem von ihm bewunderten, bereits arrivierten Schiller in persönlichem Kontakt steht. Von einem eigenen Elegienprojekt spricht Hölderlin dann Anfang Dezember desselben Jahres in einem Brief an den Freund. (StA 6,1, 187) Zu Schillers Bedeutung für Hölderlin in dieser Zeit vgl. den Brief, mit dem er seine erste Elegie *Der*

ins Jahr 1803 arbeiten wird, sind das Experimentierfeld für eine Poetik der Spannungsverhältnisse, wie sie Schillers Konzeption einer sentimentalischen Dichtung eröffnet hat. Perspektivität und Modalität ist in ihnen Thema und Darstellungsprinzip zugleich. In ihrer Entwicklung zeigt Hölderlins *Spannungspoetik* allerdings auch, wie sich Hölderlin zunehmend von Schillers Vorgaben löst, indem er die Spannungsverhältnisse dynamisiert und auf eigene Reflexionsbelange zuschneidet.[3]

Dem in Schillers Schrift zentralen Moment einer ‚Sentimentalisierung' durch ein Darstellen ‚aus zweiter Hand' entspricht in Hölderlins Elegien die Zentralstellung, die einem sich selbst thematisierenden Ich zukommt.[4] Damit ist von Anfang an eine Entscheidung für eine perspektivisch vermittelte Repräsentation gefällt, welche eine Lektüre der Elegien berücksichtigen muß. Alles was dem Leser dargeboten wird, ist bereits durch eine bestimmte individuelle Perspektive „zurecht gelegt[]"[5]. Diese Perspektivierung durch ein Ich bedeutet aber nicht automatisch eine als Affirmation zu verstehende Absolutsetzung von dessen Perspektive;[6] denn die Darstellung selbst agiert als eine Art ‚dritte Hand',

Wanderer am 20. Juni 1797 zum Druck in Schillers Zeitschrift *Die Horen* an Schiller schicken wird: „von Ihnen dependir' ich unüberwindlich" (StA 6,1, 241). Vgl. auch Götz-Lothar Darsow: *„...aber von Ihnen dependier' ich unüberwindlich..." Friedrich Hölderlins ferne Leidenschaft.* Stuttgart 1995, der jedoch eher biographistisch argumentiert. Literatur zu Hölderlins Elegien allgemein: Gaier: *Hölderlin*, a.a.O., 374-402; Schuster: *Poetologie der Distanz*, a.a.O.; Wackwitz: *Trauer und Utopie*, a.a.O.; Klaus Weissenberger: *Formen der Elegie von Goethe bis Celan.* Bern; München 1969, 38-46; Theodore Ziolkowski: *The Classical German Elegy 1795-1950.* Princeton 1980, 110-25.

3 Die Relevanz von Schillers Abhandlung für Hölderlins Elegien wird zwar allgemein anerkannt; so betont z.B. Nägele: *Text, Geschichte und Subjektivität*, a.a.O., 76: „Zwar decken Hölderlins poetische Kategorien sich nicht ohne weiteres mit denen Schillers, doch haben sie im Rahmen dieses Denkens sich entwickelt. Die Kategorie des Sentimentalischen als Bewußtsein der Diskrepanz ist Hölderlins Dichtung umso angemessener, als in ihr wie selten sonst die Erfahrung dieser Diskrepanz poetisches Prinzip wird." Die Forschung beschränkt sich jedoch darauf, aus Schillers Aufsatz bei Bedarf einzelne isolierte Zitate beizubringen; die grundlegende Bedeutung des Moduswechsels als darstellerische Perspektivierung ist dabei bislang nicht beachtet. Ryan versucht eine allerdings ganz andere Anwendung des Tonwechsels auf die Elegien; vgl. Ryan: *Hölderlins Lehre vom Wechsel der Töne*, a.a.O., 229-243; Ziolkowski: *The Classical German Elegy,* a.a.O., 124 und Szondi: *Das Naive ist das Sentimentalische*, a.a.O.

4 Prägnant gleich im ersten Vers der Elegien *Der Wanderer*: „Einsam stand *ich* [...]" (StA 2,1, 80) und *Menons Klagen um Diotima*: „ Täglich geh' *ich* [...]" (StA 2,1, 75; Herv. U. D.).

5 Schiller: *Über naive und sentimentalische Dichtung*, a.a.O., 729.

6 Beispielhaft für diesen Fehlschluß: Oliver Schütze: *Natur und Geschichte im Blick des Wanderers. Zur lyrischen Situation bei Bobrowski und Hölderlin.* Würzburg 1990 (=Epistemata; Reihe Literaturwissenschaft Bd. 47), 31: „Die Ichbezogenheit der Gedichte, der Verzicht auf Mitteilung, die Radikalität, mit der dem Leser die Wahrnehmung des lyrischen Ich in ihrer Totalität und Dunkelheit zugemutet wird, legen nahe, daß sich das

welche diese personale Perspektive selbst wiederum zu perspektivieren in der Lage ist.[7]

In den folgenden *close readings* der Elegien wird sich zeigen, daß gerade die lyrische Funktion des Ich ein zentrales elegisches Spannungsfeld ist, über das und von dem aus sich die von den Elegien inszenierten dynamischen Wechsel von *wirklich* und *ideal* dynamisieren. Das Ich der Elegien ist daher nicht einfach mit dem (und sei es impliziten) Autor-Ich gleichzusetzen, die Reflexionen des Ich sind nicht unumwunden mit der Poetik Hölderlins zu identifizieren.[8] Eine solche Verkürzung verkennt die Komplexität von Hölderlins Elegien, in denen das Ich als eine Kunstfigur agiert, die einen Wechsel von perspektivischen Positionen erlaubt. Mehr als eine Person ist das Ich der Elegien das, was im lateinischen *persona* genannt wurde: im Unterschied zum natürlichen Gesicht (*facies* oder *vultus*) bezeichnet *persona* die dramatische Maske des Schauspielers, „der mit seiner Sprache wirkt."[9]

Ich als Repräsentant eines Überindividuellen versteht. Der in die Struktur des Gedichtes eingehende Anspruch auf Exemplarität des Erlebens deutet auf eine prophetische Haltung." Wie die Passagenüberschrift „Der Dichter als Prophet" (ebd.) verrät, findet so schnell eine (meist nicht thematisierte) undifferenzierte Gleichsetzung von Ich-Figur und Autor statt. Auch wenn es einen „überindividuelle[n] und repräsentative[n] Anspruch des lyrischen Ich als Dichter" (ebd., 69) gibt, ist es relevant, wie der Gedichttext (und sein ‚impliziter Autor') in der Art seiner Darstellung diesen „Anspruch" präsentiert.

7 Daß auch die Epoche der ‚Erlebnislyrik' bewußt mit solchen (kritischen) Relativierungen ihres lyrischen Ich operierte, hat zum Beispiel Ulrich Gaier anhand von Goethes *Prometheus* gezeigt. Vgl. Ulrich Gaier: *Vom Mythos zum Simulakrum. Goethes "Prometheus"-Ode.* In: *Lenz-Jahrbuch. Sturm-und-Drang-Studien* 1 (1991), 147-167.

8 Schlagendstes Argument gegen eine solche Gleichsetzung sind sich schon in der Titelgebung als offensichtliche Rollengedichte zu erkennen gebende Texte wie zum Beispiel die Elegie *Menons Klagen um Diotima.* Es war im 18. Jahrhundert zudem gängige Praxis, Gedichte in Anthologien und Zeitschriften nicht unbedingt namentlich zu zeichnen – so z.B. in Schillers *Horen*, wo die Verfasser erst am Ende eines Jahrgangs namentlich genannt wurden. Die Nichtunterscheidung von Ich und Autor im Gedicht folgt hier allerdings einer langen Tradition, welche Lyrik gerade in einem solchen Zusammenfall von Sprecherstimme und Autor identifiziert. Vgl. Harald Fricke und Peter Stocker: Art. *Lyrisches Ich.* In: *Reallexikon der deutschen Literaturwissenschaft.* Bd. 2: H-O. Hrsg. v. Harald Fricke. Berlin; New York 2000, 509-511, hier: 509f.: „Platons erste, noch ganz naive Version des gattungstheoretischen *Redekriteriums* [...] setzt Autor und lyrischen Sprecher ausdrücklich gleich: Lyrische Dichtung bestehen ‚ganz aus persönlicher Kundgabe des Dichters selbst' (Politeia 394b-c). Diese Nichtunterscheidung bleibt bestimmend noch für Hegels Kennzeichnung der *Lyrik* als der rein subjektiven Gattung, in deren Zentrum das ‚poetisch konkrete Subjekt', der Dichter stehe."

9 Vgl. hierzu Hans Belting: *Das echte Bild. Bildfragen als Glaubensfragen.* München 2005, 74ff., hier: 75.

> Ob sie nun vorwiegend bekenntnishaft oder vorwiegend dramatisch ist, die erste Person in der Lyrik dient dazu, eine Haltung sichtbar zu machen, nicht Identität mit dem Autor zu markieren oder biologische Fakten zur Geltung zu bringen.[10]

Wie Heinz Schlaffer zu bedenken gegeben hat, ist es vielleicht ganz generell eine falsche Intuition, das poetische Ich der Lyrik mit dem (sei es empirischen oder impliziten) Autor in Analogie zu setzen. Schlaffers „These, die poetische Struktur des Gedichts sei nicht durch seinen Autor, den Dichter, geprägt, sondern durch seinen Leser, den Nachsprecher, dessen Ich also vom ‚Ich' des Gedichts gemeint sei",[11] läßt sich dahingehend an überkommene Ansichten von Wesen und Funktion des ‚lyrischen Ich'[12] annähern, daß man das Ich in der Tat als eine *persona* versteht, als eine Maske, die sich der Leser – aber auch der Autor, denn auch er ist ja Leser seines Textes – ‚aufsetzen' kann, um damit die durch die Ich-Funktion vermittelten Erfahrungen zu ‚wiederholen': „der Leser leiht seine [Stimme] dem Gedicht, wodurch er notwendigerweise den Gestus des sprechenden ‚ich' nachahmt."[13]

Wenn man bei der Analogie der Maske bleibt, hat der Leser freilich auch die Möglichkeit, diese Maske abzunehmen und sie ihrerseits – mit seinen eigenen Augen – anzuschauen. Die Leistung einer solchen *persona*-Lyrik bestünde dann nicht zuletzt darin, Wahrnehmungen, mentale Prozesse usw. beobachtbar zu machen. Die in der Selbstthematisierung eines Ich sprachlich immer schon implizierte Möglichkeit einer Ich-Spaltung[14] wäre im Fall von *persona*-Gedich-

[10] Michael Hamburger: *Wahrheit und Poesie. Spannungen in der modernen Lyrik von Baudelaire bis zur Gegenwart.* Frankfurt am Main u.a. 1985 (deutsch zuerst 1972 unter dem Titel *Die Dialektik der modernen Lyrik.* Übersetzt von Hermann Fischer), 112. Vgl. auch ebd. das Kapitel *Vervielfachte Persönlichkeit*, 151-199.

[11] Heinz Schlaffer: *Die Aneignung von Gedichten. Grammatisches, rhetorisches und pragmatisches Ich in der Lyrik.* In: *Poetica* 27 (1995), 38-57, hier: 38. Schlaffer stützt sich auf Emile Benvenistes grammatische Analyse des *Ich* als „Leerzeichen" (signe vide), „das erst durch den Gebrauch im jeweiligen Diskurs eines Sprechers aufgefüllt werde." (Ebd., 40)

[12] Die Differenzierung von Autor und (Gedichttext-)Sprecher mag ursprünglich einer der Beweggründe für die Einführung des Begriffs des ‚lyrischen Ichs' gewesen sein. Da diese Bezeichnung sich jedoch im Laufe ihrer Wirkungsgeschichte mit ganz bestimmten Konnotationen aufgeladen hat, die gerade gegen diese Differenzierung arbeiten, wird im Kontext dieser Arbeit auf den Begriff verzichtet. Zur Geschichte des lyrischen Ich und der ausufernden Diskussion um seine Spezifik vgl. die instruktive Übersicht von Jörg Schönert: *Empirischer Autor, Impliziter Autor und Lyrisches Ich (mit einem Nachtrag).* Eine erste Fassung, ohne den Nachtrag, erschien in: Fotis Janidis u.a. (Hg.): *Rückkehr des Autors. Zur Erneuerung eines umstrittenen Begriffs.* Tübingen 1999, 289-294. Die hier benutzte erweiterte Variante ist lediglich online erschienen und findet sich auf der Webseite http://www.icn.uni-hamburg.de, unter *Schoenert 2004* (Stand: April 2008).

[13] Schlaffer: *Die Aneignung von Gedichten*, a.a.O., 43.

[14] „In den beiden ersten Personen gibt es sowohl eine Person, die impliziert ist, und eine Aussage über diese Person. ‚Ich' bezeichnet den, der spricht und impliziert zugleich eine Aussage von ‚mir': wenn ich ‚ich' sage, kann ich nicht umhin, von mir zu sprechen." (Emile Benveniste: *Probleme der allgemeinen Sprachwissenschaft.* München 1974, 254. Ganz

ten ein Potential, um eine solche doppelte Perspektivik darstellerisch umzusetzen. Wie im folgenden gezeigt werden soll, wird das jeweilige *persona*-Ich der Elegien mitunter selbst noch einmal durch die ‚dritte Hand' der Komposition perspektiviert. In seinem poetologischen Fragment *Über die Verfahrungsweise des poëtischen Geistes* spricht Hölderlin mithin von der „dreifache[n] Natur des poëtischen Ich".[15]

Ein neuerer Versuch, narratologische Diversifizierungen auch für die Interpretation von Lyrik fruchtbar zu machen, unterscheidet grundsätzlich drei unterschiedliche Perspektivierungsmöglichkeiten:

> 1.) die Stimme des Sprechers oder Erzählers, des Äußerungssubjektes, also die Instanz, der (im Kontext der imaginierten Welt) die Äußerung zuzuschreiben ist und die deren deiktische Orientierung (pronominal, temporal, lokal, modal) bestimmt; 2.) die Fokalisierung, also die perzeptionelle, psychische, kognitive und ideologische Perspektive, aus der die Geschehenselemente und Gegebenheiten dargeboten werden. Stimme und Fokalisierung sind prinzipiell zu unterscheiden, können aber im konkreten Fall auch auf dieselbe Figur bezogen sein. Zudem ist zu unterscheiden 3.) der abstrakte Autor, das Kompositions- oder Textsubjekt, d. h. diejenige Perspektive, die für Auswahl, Arrangement und Gestaltung des Sprachmaterials und der bedeutungstragenden Elemente

ähnlich liest sich dies auch bei Hölderlin selbst: „Wenn ich sage: Ich bin Ich, so ist das Subject (Ich) und das Object (Ich) nicht so vereiniget, daß gar keine Trennung vorgenommen werden kann, ohne, das Wesen desjenigen, was getrennt werden soll, zu verlezen; im Gegenteil das Ich ist nur durch diese Trennung des Ichs vom Ich möglich. Wie kann ich sagen: Ich! ohne Selbstbewußtseyn? Wie ist aber Selbstbewußtseyn möglich? Dadurch daß ich mich mir selbst entgegenseze, mich von mir selbst trenne, aber ungeachtet dieser Trennung mich im entgegengesezten als dasselbe erkenne." (*Urtheil und Seyn*, StA 4,1, 216f.)

15 StA 4,1, 253. Wenn Silvio Vietta recht hat, daß „[m]oderne Literatur sich spätestens seit der Romantik als eine experimentelle Suchbewegung dessen, was Subjektivität heißt [realisiert]" (Silvio Vietta: *Ästhetik der Moderne. Literatur und Bild.* München 2001, 182), dann ließe sich vermuten, daß eine solche ‚persona'-Komplexitätssteigerung nicht wenig zu dem Aufwind beiträgt, den die Lyrik um 1800 bekommt und der nicht zuletzt dazu führt, daß sie sich als eine Gattung der Subjektivität allererst formiert. Vgl. auch August Wilhelm Schlegel: „Das Epische ist das rein objective. [...] Das Lyrische das rein subjective." In: *A.W. Schlegels Vorlesungen über schöne Litteratur und Kunst.* Hg. v. Jakob Minor. Erster Theil (1801-1801): *Die Kunstlehre.* Heilbronn 1884 (=Deutsche Litteraturdenkmale des 18. und 19. Jahrhunderts, 17), 356-358, hier: 357. Vgl. auch Friedrich Wilhelm Joseph Schelling: *Construktion der einzelnen Dichtarten.* In: ders.: *Sämmtliche Werke.* Erste Abtheilung. Fünfter Bd.: *Philosophie der Kunst.* Stuttgart und Augsburg 1859, 639-645, 340: „Da die lyrische Poesie die subjectivste Dichtart ist [...]". *Subjektiv* hieße in der Schillerschen Perspektive damit gerade nicht einstimmig, sondern stünde für eine sentimentalische Pluralisierung von Perspektiven. Zur modernen (Wieder-)Entstehung der Gattung Lyrik vgl. Anna Cullhed: *The language of Passion. The Order of Poetics and the Construction of a Lyric Genre 1746-1806.* Frankfurt am Main u.a. 2002 (=European university studies; Ser. 18, Comparative Literature; Vol. 104); Steffen Martus: *Zwischen Dichtung und Wahrheit. Zur Werkfunktion von Lyrik im 19. Jahrhundert.* In: ders., Stefan Scherer, Claudia Stockinger (Hg.): *Lyrik im 19. Jahrhundert. Gattungspoetik als Reflexionsmedium der Kultur.* Bern 2005 (=Publikationen zur Zeitschrift für Germanistik N. F. Bd. 11), 61-92.

> sozusagen hinter dem Rücken von Sprecher und Fokalisator angenommen wird und über die (unterstellten) Absichten des Äußerungssubjekts hinaus weitere sinnhafte Implikationen hinsichtlich der dargebotenen Geschichte vermittelt (wobei gerade die Dimension der Sprachmaterialität bei Lyrik in besonderem Maße genutzt werden kann).[16]

Im Fall von Ich-Lyrik fallen Stimme und Fokalisierung tendenziell ineinander; doch schon bei einer temporalen Differenz von lyrischer ‚Erzählzeit' und ‚erzählter Zeit' kann es zu einer (mehr oder weniger merkbaren) doppelten Fokalisierung kommen. Die Nichtbeachtung der relativierenden Tendenz im Umgang mit dem Ich hat dazu geführt, daß man (zumindest in Falle von) Hölderlins Elegien ihr poetisches Ich mit der Autorstimme gleichgesetzt und damit Aussagen ihres Ich als Credi ihres Autors (miß)verstanden hat. Man hat darin affirmiert, was die Texte gerade zur Disposition gestellt haben. Gegenüber einer solchen „gläubige[n] Rezeption", für die anscheinend „[b]esonders Hölderlin-Deutungen [...] anfällig"[17] sind, ist eine interpretative Vorsicht geboten, die David Constantine bereits 1978 angemahnt hat:

> The problems of an interpretative method which does not seek to explain the ideas in poetry but only their poetic function arise chiefly with poems such as *Germanien*, *Brod und Wein* und *Patmos*, those out of which Hölderlin's 'mythology' has been abstracted. [...] What most characterizes the 'thinking' in Hölderlin's poetry is tentativeness. [...] He almost never states: he tries out possibilities. Just as the affirmation arrived at in the elegies is a precarious, qualified thing, so too the thought in the hymns, the religious and cultural ideas, the pronouncements, prophecies and visions are always conditional and provisional. Even at its most definite, in the well-loved gnomes in Pindar's manner, the thought can be seen, if the context is considered, to be only one element in the poem's whole substance [...].[18]

16 Peter Hühn und Jörg Schönert: *Zur narratologischen Analyse von Lyrik.* In: *Poetica* 34 (2002), 287-305, hier: 295f.

17 Schlaffer: *Poesie und Wissen*, a.a.O., 234.

18 David Constantine: *The Meaning of a Hölderlin Poem.* In: *Oxford German Studies* 9 (1978), 45-67, hier: 54f. Vgl. auch Sabine Doerings Befund einer „Intensivierung des Fragens in der [...] Elegiendichtung gegenüber Hölderlins Jugendgedichten". Sabine Doering: *Aber was ist diß? Formen und Funktionen der Frage in Hölderlins dichterischem Werk.* Göttingen 1992 (=Palestra Bd. 294), 341.

3.2 Reise in die Fiktionalität: *Der Wanderer*

Der Einstieg in das Thema der changierenden Spannungsverhältnisse von *wirklich* und *ideal* geschieht in Hölderlins erster Elegie *Der Wanderer*[1] zunächst über die (Erlebnisse der) Figur, welche die darstellerische Spannung zwischen einem Darstellen *als wirklich* und einem Darstellen *als ideal* ,in persona' ausagiert.

Deutlicher als in den späteren Elegien sind die Modalspannungen von *wirklich* und *ideal* in Hölderlins erster Elegie an die auf der *histoire*-Ebene angesiedelten Erfahrungen ihrer Ich-Figur gebunden und zugleich durch die autodiegetische Darstellung stark an die Ebene des *récit* geknüpft. Gerade die daraus entstehende Ebenenüberblendung bringt die Wechsel-Dynamik in Schwung, aus der die Elegie ihre „dichterische Kraft"[2] gewinnt.

3.2.1 Realitätsprüfung

Hölderlins Wanderer scheint dabei zunächst als ein Wiedergänger des Spaziergängers aus Schillers Elegie *Der Spaziergang* konzipiert zu sein.[3] Beide sind dadurch als sentimentalische Figuren gekennzeichnet, daß sie in der Natur vor

1 Textgrundlage der folgenden Ausführungen ist die zweite, 1801 in der Zeitschrift *Flora* publizierte und gegenüber der Erstfassung grundlegend überarbeitete Version. Im folgenden zitiert nach StA 2,1, 80-83 unter Angabe der Verszahl. Zitate aus der ersten Fassung werden durch eine hochgestellte 1 markiert und zitiert nach StA 1,1, 206-208. Literatur: Maria Behre: *Der Wanderer.* In: Gerhard Kurz (Hg.): *Interpretationen. Gedichte von Friedrich Hölderlin.* Stuttgart 1996, 109-123; Paul Böckmann: *Hölderlin und seine Götter.* München 1935, 155-60; Darsow: *„...aber von Ihnen dependier' ich unüberwindlich..."*, a.a.O.; Isabelle Kalinowski: *Voyageurs dans un paysage. Deux versions du poème „Der Wanderer" de Hölderlin (1797 et 1800).* In: *Revue germanique internationale* 7 (1997), 231-46; Hans Joachim Kreutzer: *Kolonie und Vaterland in Hölderlins später Lyrik.* In: HJb 22 (1980/81), 18-46; Emil Lehmann: *Hölderlins Lyrik.* Stuttgart 1922, 93-112; Momme Mommsen: *Traditionsbezüge als Geheimschicht in Hölderlins Lyrik.* In: *Neophilologus* 51 (1966), 32-42 und 156-158; Andreas Müller: *Die beiden Fassungen von Hölderlins Elegie „Der Wanderer".* In: HJb 3 (1948/49), 103-131; Erich Ruprecht: *Wanderung und Heimkunft. Hölderlins Elegie „Der Wanderer".* Stuttgart 1947; Schütze: *Natur und Geschichte im Blick des Wanderers*, a.a.O.; Schuster: *Poetologie der Distanz*, a.a.O., 302-306.

2 Schiller: *Über naive und sentimentalische Dichtung*, a.a.O., 739.

3 Schillers Elegie trug diesen Titel erst in ihrer für die Buchausgabe von 1800 überarbeiteten Fassung. Vielleicht bildete diese zweite Fassung für Hölderlin, der durch die Titeländerung an seinen *Wanderer* gemahnt worden sein mag, seinerseits den Anlaß, die Elegie zu überarbeiten; dies muß jedoch Spekulation bleiben.

allem ‚Ideen' suchen. Hölderlins Wanderer jedoch erlebt gleich zu Beginn der Elegie in der Extremwelt der „Afrikanischen dürren/ Ebnen" (v.1f.) eine Realitätsprüfung:

> Einsam stand ich und sah in die Afrikanischen dürren
> Ebnen hinaus; vom Olymp reegnete Feuer herab,
> Reißendes! milder kaum, wie damals, da das Gebirg hier
> Spaltend mit Stralen der Gott Höhen und Tiefen gebaut.
> Aber auf denen springt *kein* frischaufgrünender Wald *nicht*
> In die tönende Luft üppig und herrlich empor.
> *Un*bekränzt ist die Stirne des Bergs und beredtsame Bäche
> Kennet er *kaum*, es erreicht *selten* die Quelle das Thal.
> *Keiner* Heerde vergeht am plätschernden Brunnen der Mittag,
> Freundlich aus Bäumen hervor blikte *kein* gastliches Dach.
> Unter dem Strauche saß ein ernster Vogel gesang*los*,
> Aber die Wanderer flohn eilend, die Störche, vorbei.
> Da bat ich um Wasser dich *nicht*, Natur! in der Wüste,
> Wasser bewahrte mir treulich das fromme Kameel.
> Um der Haine Gesang, ach! um die Gärten des Vaters
> Bat ich vom wandernden Vogel der Heimath gemahnt. (Herv. U.D.)

Die von Goethe kritisierte „weder durch sinnliches noch durch inneres Anschauen gemahlt[e]", sondern nur „durch Negationen dargestellt[e]"[4] Landschaft sieht das Ich noch in seiner ‚erzählenden' Rückschau nur durch die Linse seiner Erwartungen– und damit gerade *nicht*. Die fehlende Anschaulichkeit der Schilderungen kann dabei von der Textkomposition her durchaus als inhaltlich motiviert verstanden werden: Vor der Erwartungsfolie seiner Vorstellungen ist der Blick des Ich auf die Landschaft verstellt, sichtbar wird allein ihr von ihm konstatierter Mangel.[5] Die Erfahrung der „Afrikanischen dürren/ Ebnen" versucht das Ich in den ersten Versen zwar ‚heroisch' zu konnotieren („Reißendes!", v.3) und sie – vermittelt über die Rede von „Gott" (v.4) – in seine Vorstellungswelt zu integrieren. Doch zeigt die Kette von Verneinungen nach den ersten drei

4 Johann Wolfgang von Goethe: Brief an Schiller vom 28. Juni 1797. Zitiert nach: StA 7,2, 96.

5 Eine interessante Deutung zum Stil gibt Momme Mommsen: *Traditionsbezüge*, a.a.O. 40: „Es ist zu verwundern, daß Goethe hier nicht bemerkte, was es mit diesen Negationen auf sich hatte. Gerade mit ihnen lehnt Hölderlin sich an die antike Tradition an. In der römischen Dichtung sind derartige Negationen nichts Seltenes." – Mommsen identifiziert dann auch ein ganz spezifisches Vorbild, den „Panegyricus Messallae", „das große Gedicht, das in der Sammlung der Elegien Tibulls steht (IV 1), obwohl es nach heutiger Ansicht das Werk eines anderen, unbekannten Verfassers ist. [...] In den von Goethe bemängelten Negationen liegt also ein beabsichtigtes Antikisieren." (Ebd., 40f.) Mommsen weist darauf hin, daß eine Übersetzung von Voß als „Tibull an Messalla" im zweiten Band der Gedichte von Johann Heinrich Voß 1795 erschienen war. Auch im Stil seines Sprechens kommt demnach die ‚antikisierende' Tendenz des Ich zum Ausdruck.

Versen, daß dies eben nur durch eine die ‚realen' Tatsachen negierende Überblendung gelingen kann.

Die in Negationen präsenten Erwartungsvorstellungen des Ich entstammen dabei nicht (nur) der heimatlichen Landschaft, sondern sind, wie bereits die Schlüsselbezeichnung „Olymp" (v.2; nochmals wiederholt in v.23) suggeriert, und wie eine spätere Äußerung des Wanderers zur Motivation seiner Reise darlegt, *literarisch* vermittelt:

> Wo ich lag, und den Muth erfreut' am Ruhme der Männer
> Ahnender Schiffer; und das konnten die Sagen von euch,
> Daß in die Meer' ich fort, in die Wüsten mußt', ihr Gewalt'gen![6]

So scheint die Enttäuschung des Ich in der Konfrontation mit der ‚realen' Landschaft auch weniger aufgrund konkret fehlender ‚Objekte' einzutreten, als durch eine generelle ‚Weigerung' der Landschaft, sich als anthropomorph zu zeigen. Was das Ich erwartet und nicht bekommt, sind nicht einfach „Bäche" (v.7), sondern „*beredtsame* Bäche" (v.7, Herv. U.D.), nicht nur ein „Dach", sondern ein „gastliches", das „blikt[]" (v.10), nicht einfach „Haine", sondern: „der Haine *Gesang*", (v.15; Herv. U.D.), nicht schlicht „Gärten", sondern „die Gärten *des Vaters*" (v.15; Herv. U.D.); es sieht nicht einfach einen „Berg[]", sondern betrachtet dessen „Stirne" (v.7).

Daß dann doch die Natur zu ihm spricht, kommt nach der vorhergehenden Kontrastierung etwas überraschend und scheint zunächst eine Kehrtwendung einzuleiten, die negative Erfahrung von Realität als ihrerseits scheinhaft zu enttäuschen: „Aber du sprachst zu mir: auch hier sind Götter und walten,/ Groß ist ihr Maas, doch es mißt gern mit der Spanne der Mensch." (v.17f.) Die Aussage der Natur ist jedoch nur halb tröstlich. Auch wenn sie eine Gegenwart der „Götter" (v.17) verheißt, so betont sie doch zugleich die Inkommensurabilität von göttlicher und menschlicher Perspektive, rhythmisch kontrastiert durch die langen Dehnungen in „Groß" und „Maas" und die Kürzen von „mißt", „Spanne" und „Mensch" (v.17).

Indes versteht das Ich das Sprechen der Natur als Versprechen: „Und es trieb die Rede mich an, noch Andres zu suchen." (v.19) In „Andres" drückt sich die Hoffung aus, woanders eine andere, erfüllendere Natur vorzufinden. Die lange Reise von Afrika „[f]ern" (v.20) zum „nördlichen Pol", die das Ich auf sich nimmt, überschreitet in ihrer enormen Distanz die menschliche „Spanne" und

[6] Daß es sich hierbei um eine Lektüreszene handelt, macht die Variante in der ersten Version noch deutlicher: „Wo ich einst im kühlen Gebüsch, in der Stille des Mittags/ Von Otahitis Gestad oder von Tinian *las*" (StA 1,2, 76b; 24-29; Herv. U. D.) In Schillers Horendruck fehlt ausgerechnet dieses Distichon. Zu den möglichen Gründen für diesen vermutlich von Schiller vorgenommenen redaktionellen Eingriff vgl. Wolfram Groddeck: *Elegien*. In: HHB, 320-335, 322.

kann als Versuch verstanden werden, sich dem „[g]roß[en] [...] Maas“ der Götter anzupassen.

> Fern zum nördlichen Pol kam ich in Schiffen herauf.
> Still in der Hülse von Schnee schlief da das gefesselte Leben,
> Und der eiserne Schlaf harrte seit Jahren des Tags.
> Denn zu lang *nicht* schlang um die Erde den Arm der Olymp hier,
> Wie Pygmalions Arm um die Geliebte sich schlang.
> Hier bewegt’ er ihr *nicht* mit dem Sonnenblike den Busen,
> Und in Reegen und Thau sprach er *nicht* freundlich zu ihr; (Herv. U.D.)

Am Nordpol verspricht die Landschaft zunächst einen Hauch von „Leben“ (v.21): doch auch dieses Leben ist den anthropomorphisierenden Erwartungen des Ich entsprungen, es gibt kein äußeres Zeichen hiervon, wie die Relativierung „gefesselt[]“ (v.21) betont. Die neuerlichen Anleihen aus der antiken Sagenwelt („Olymp“, v.23; „Pygmalion“, v.25) zeigen wieder unmißverständlich den Erwartungshorizont des Ich an: Die *naive* Perspektive, mit der es die Landschaft betrachtet, ist die antik-anthropomorphisierte, pygmalionische[7] Welt. Die mythische Vorstellungswelt erscheint in seinem Blick gänzlich ‚naturalisiert‘, die ganz und gar unmythische Landschaft des Nordpols kann das Ich daher nur mit der Lektüreanweisung des Mythos lesen. Auch hier zeigen die Negationen mit dem dreifachen „nicht“ (v.23, 25 und 26), daß die Belebungsversuche des Ich ins Leere laufen; das Resultat ist gänzliche Negativität. Bezeichnenderweise ist es nun nicht mehr nur das Abstraktum „Natur“ (v.13), das sprechen soll, sondern „Pygmalion[]“ (v.24), bzw. „der Olymp“ (v.23) selbst; dieser allerdings „sprach [...] nicht“ (v.26). Hier, bei seiner zweiten Reisestation, hat sich die Kommunikationssituation des Wanderers bereits umgekehrt: Sprach in der ersten Strophe noch die Natur (vgl. v.17), so spricht nun nur noch er selbst:

> Und mich wunderte deß und thörig sprach ich: o Mutter 27
> Erde, verlierst du denn immer, als Witwe, die Zeit?

Obwohl der Wanderer nun explizit eine Frage an die Natur richtet (was in der ersten Strophe nicht der Fall war), bleibt diese stumm.[8]

Auffallend ist hier gegenüber der ersten Strophe ein Tempuswechsel, der seine Signifikanz erst später offenbaren wird. Die erste Strophe begann zwar im Präteritum, und kennzeichnete damit das ‚Referat‘ des Ich als gegenüber dem Erleben nachträglich, wechselte aber im dritten Distichon für drei Distichen ins

[7] Zu Pygmalion als Reflexionsfigur der Ästhetik des 18. Jahrhunderts: Inka Mülder-Bach: *Im Zeichen Pygmalions. Das Modell der Statue und die Entdeckung der ‚Darstellung‘ im 18. Jahrhundert.* München 1998.

[8] In einer früheren Variante heißt es dazu gar: „Aber die Erde schwieg zur Freude, so ich verheißen,/ Und vergebens gesagt was das belebende Wort“ (StA 1,2, 518, 26f.)

Präsens, was eine Homologie von erzählender und erzählter Perspektivierung nahelegte. Nun in der zweiten Strophe sind die Tempora anders verteilt: Die Schilderung des damaligen Erlebens erfolgt durchgehend im Präteritum – was eine diskrete Distanzierung gegenüber der einstigen Landschafts-Lektüre andeuten könnte.[9] In der Tat, die folgende Wiedergabe seiner damaligen Rede an die Natur leitet das Ich mit dem Adverb „thörig" (v.27) ein. Nach Adelungs *Grammatisch-kritischem Wörterbuch* bezeichnet die *Thorheit*, von der *thöricht* abgeleitet ist,

> den Zustand [...], da man entweder ohne Endzwecke handelt, oder Endzwecke ohne Mittel oder durch untaugliche Mittel erreichen will, oder auch die Fertigkeit zur unrichten Bestimmung des Guten und Bösen und Stufen derselben, im Gegensatze der Klugheit und Weisheit.[10]

Wenn das Ich die eigene Rede als „thörig" charakterisiert, distanziert es sich von ihr und bewertet die in ihr zum Ausdruck kommende Sichtweise als eine „jetz" (v.37), im Augenblick des *récit*, überwundene – freilich ohne sich näher über die hinter dieser Beurteilung stehenden Beweggründe auszulassen. Gleichwohl präsentiert es seine damalige Rede in wörtlicher Wiederholung, im Präsens. Mit dieser Geste eröffnet sich eine (der Ich-zentrierten Darstellung im Imperfekt immer schon inhärente) Dissoziation zwischen einem damaligen und einem jetzigen Ich.[11] Perspektivisch eigentümlich ist diese Situation am Ende der zweiten Strophe: Das ‚damalige' Ich übernimmt die darstellerisch präsentische, gleich-

[9] Signifikant sind vor diesem Hintergrund die Unterschiede zwischen der ersten und zweiten Fassung. Denn in der ersten Fassung steht die ganze erste Strophe im Imperfekt, Hölderlin hat das Tempus also nachträglich zur Kontrastierung modifiziert.

[10] Johann Christoph Adelung: *Grammatisch-kritisches Wörterbuch der Hochdeutschen Mundart.* 4 Bd. Leipzig Bd.1: 1793; Bd. 2: 1796; Bd. 3: 1798; Bd. 4: 1801, hier: Bd. 4, Art. *Die Thorheit*, 583. Vgl. auch die Einträge zu *Der Thor* (ebd., 582f.): „Im engern und gewöhnlichsten Verstande ist ein Thor derjenige, welcher entweder ohne Absicht handelt, oder Absichten ohne Mittel oder durch untaugliche Mittel zu erreichen sucht; im Gegensatze sowohl des Klugen, als des Weisen. Es ist in dieser Bedeutung sowohl ein edlerer, als auch glimpflicherer Ausdruck für das härtere und niedrigere Narr. Ich müßte wohl ein Thor seyn, wenn ich das thäte" und zu *Thöricht* (ebd., 584). Das Wörterbuch erinnert noch an die „jetzt im Hochdeutschen veraltet[e], allein, ehedem sehr gangbar[e] Bedeutung von unsinnig, wahnsinnig seyn, rasend, toll" (ebd., 583). Wenn Schmidt – in Bezug auf *Brod und Wein* – meint, *thörig* habe „nicht die moderne Bedeutung von ‚thöricht', sondern die durchaus positive Nuance einer vom dionysischen Rausch der ‚schaffenden und verschwendenden' Menschen mitbestimmten Handlungsweise" (SW 734) vereindeutigt er gerade die ambivalente Bedeutung des Wortes um 1800.

[11] Eine solche Dissoziation ist das kompositorische Grundprinzip in Hölderlins Briefroman *Hyperion*, das dort „Hyperions elegischen Karakter" (StA 3, 5) bestimmt. In Analogie zur Schillerschen Übertragbarkeit von Empfindungs- und Darstellungsweisen ist mit „Hyperions elegische[m] Karakter" sowohl die emotionale Empfindungsweise seines Protagonisten Hyperion bestimmt, als auch die formale Darstellungsweise des gleichnamigen Romans.

wohl nur zitierte und als „thörig“ abgewertete Stimme, hinter der das ‚aktuelle‘ Ich gänzlich zurücktritt.

Vor dem Hintergrund der Naturerfahrung geht es in dieser Rede zunächst um eine mentale Verarbeitung des Erlebten. Das Ich kann sich (noch) keinen rechten Reim auf das Erfahrene machen („mich wunderte deß“, v.27), und nimmt eine erste negative Beurteilung vor:

> Nichts zu erzeugen ist ja und nichts zu pflegen in Liebe,
> Alternd im Kinde sich nicht wieder zu sehn, wie der Tod.

Wieder springen Negationen ins Auge, das zweimalige „nichts“ (v.29) und das „nicht“ in Vers 30. Das Hyperbaton des vorgezogenen „ist ja“ spricht für eine gewisse emotionale Erregtheit; stand in Vers 21 noch das „Leben“ im Fokus, so ist es nun, in der zitierten Rede, der „Tod“ (v.30). Zwar überdeckt das Ich seine Verunsicherung in einer das „gefesselte Leben“ (v.21) „zersprengende[nden]“ (v.35) Phantasie, die versucht, die der Natur unterstellte „Kraft“ (v.35) durch eine ebenso kraftvolle Sprache zu plausibilisieren, wobei es das zuvor in Afrika erlebte „[r]eißende[]“ (v.3) „Feuer“ (v.2) auf die Polarlandschaft projiziert, sie „glühen[d]“ „aufflamm[en]“ läßt:

> Daß, wie ein Saamkorn, du die eherne Schaale zersprengest,
> Los sich reißt und das Licht grüßt die entbundene Welt,
> All' die gesammelte Kraft aufflammt in üppigem Frühling,
> Rosen glühen und Wein sprudelt im kärglichen Nord.

Das Ich relativiert die Erfüllungsaussicht dieser Phantasie jedoch schon innerhalb seiner Rede im Vorhinein durch die Modalpartikel „vieleicht“ (v.31) und durch die Versetzung in eine unbestimmte Zeit („dereinst“, v.31) als unsicher. Seine Realitätserfahrung in Afrika und am Nordpol steht bis zu diesem Punkt seinen aus der Lektüre geborenen Erwartungen und Wünschen („das konnten die Sagen von euch“, v.80) diametral gegenüber.

Was das Gedicht in seinen ersten beiden Strophen ‚erzählt‘, ist damit das Schillersche Thema einer elegischen Differenz von *Ideal* und *Wirklichkeit*, als Geschichte einer Erfahrung (als „erfahrner“ bezeichnet sich das Ich selbst in Vers 102), die von der Annahme einer Nichtdifferenz zwischen beidem zu deren unterscheidender Aufklärung führt.

Damit macht Hölderlins Wanderer eine – in der Inversion – analoge Erfahrung zu der des Ich in Schillers 1795 (unter dem Titel *Elegie*) erstveröffentlichtem *Spaziergang*.[12] Bewegt sich das Schillersche Ich zu Beginn des Gedichts

[12] Daß auch Schiller diese Analogie der Problemstellung empfunden hat, legt der Brief nahe, den er als Erstherausgeber des *Wanderers* am 30. Juni 1797 an Goethe schreibt: „Aufrichtig, ich fand in diesen Gedichten [das ist neben dem *Wanderer* noch *An den Aether*, U. D.] viel von meiner eigenen sonstigen Gestalt, und es ist nicht das erstemal, daß mich der

noch in einer „komponierten Kunstlandschaft"[13], die sich im Verlauf des Spaziergangs immer ostentativer als Aneinanderreihung von „Toposallusionen"[14] einer konventionalisierten ästhetischen Landschaftserfahrung kenntlich macht, so strandet es am Schluß in einer gänzlich „schauerlich öd[en]"[15] Natur.[16] Es ist in beiden Elegien also nicht einmal der Effekt einer besonders originellen „poetisierenden Einbildungskraft"[17], der hier zum Zug kommt; es handelt sich schlicht um eine Konfrontation zwischen ästhetisch verfestigten ‚Topoi', die sich gleichsam naturalisiert haben, und einer diese liquidierenden Naturerfahrung. Kantisch gesprochen wird sowohl in Schillers *Spaziergang* als auch in Hölderlins *Wanderer* ein subreptiver Blick enttäuscht.[18]

3.2.2 Derealisierung

Wie sich schon in der transgredierenden Titelgebung andeutet, geht Hölderlin mit seinem *Wanderer* allerdings weiter: Seine Inversion des Problems knüpft dort an, wo Schillers Elegie endet: Schon die ersten beiden Strophen des *Wanderers* widmen sich ganz der Diskrepanz zwischen Ideal- und ‚öder' Reallandschaft, die sich bei Schiller erst am Schluß als solche zeigt und die dort durch einen „sentimentalische[n] Münchhausen-Trick"[19] aufgehoben wird, durch eine gleichsam trotzige, neuerliche Verklärung der Natur, welche „allzu willkürlich"[20] erscheint.

Verfasser an mich mahnte. Er hat eine heftige Subjectivität, und verbindet damit einen gewissen philosophischen Geist und Tiefsinn." Friedrich Schiller: *Werke und Briefe in zwölf Bänden*. Bd. 12: *Briefe 1795-1805*. Hg. v. Norbert Oellers. Frankfurt am Main 2002, 289.

13 Wolfgang Riedel: *Der Spaziergang. Ästhetik der Landschaft und Geschichtsphilosophie der Natur bei Friedrich Schiller*. Würzburg 1989, 35.

14 Ebd., 36.

15 Friedrich Schiller: *Der Spaziergang*. In: ders.: *Werke und Briefe in zwölf Bänden*. Band 1: *Gedichte*. Hg. v. Georg Kurscheidt. Frankfurt am Main 1992, 34-42, hier: 41, v.181.

16 Zu einer solchen Lesart von Schillers Elegie vgl. Schuster: *Poetologie der Distanz*, a.a.O., 245-290, bes. 249-257.

17 Schiller: *Über naive und sentimentalische Dichtung*, a.a.O., 722.

18 Ob Hölderlin die Denkfigur der *Subreption* in ihrer impliziten Präsenz in Schillers *Über naive und sentimentalische Dichtung*, in dessen *Elegie* wahrnahm oder womöglich aus Kants *Kritik der Urteilskraft* kannte, muß dahingestellt bleiben. Wie sehr Hölderlin Kant schätzte, beweist seine Äußerung im Brief an den Bruder Karl vom 1. Januar 1799: „Kant ist der Moses unserer Nation, der sie aus der ägyptischen Erschlaffung in die freie einsame Wüste seiner Speculation führt, und der das energische Gesez vom heiligen Berge bringt." (StA 6, 1, 304)

19 Schuster: *Poetologie der Distanz*, a.a.O., 279.

20 Ebd., 281. Zu dieser Lesart vgl. auch 276ff.

Wie das Ich auf der Erzählebene die Unvereinbarkeit von Ideal und Wirklichkeit einschätzt, bleibt zunächst im Dunkeln; der einzige explizite Hinweis, der sich freilich nicht einmal auf das Erlebte direkt bezieht, sondern auf das Sprechen des Ich, nämlich die Attribuierung „thörig“, bleibt mehr als vage: „thörig“ kann sich sowohl auf den ersten, negativ interpretierenden Teil der Rede beziehen, als auch auf die Phantasie der (Wieder-)Belebung.

Die aus der enttäuschenden Realitätserfahrung resultierenden Konsequenzen stehen im Zentrum der in den folgenden Strophen geschilderten Heimkehr, die zunächst ganz im Zeichen einer inversiven Umkehr zu stehen scheint:

> Also sagt' ich und jezt kehr' ich an den Rhein, in die Heimath,
> Zärtlich, wie vormals, weh'n Lüfte der Jugend mich an;
> Und das strebende Herz besänftigen mir die vertrauten
> Offnen Bäume, die einst mich in den Armen gewiegt.

Nach der de-idealisierenden Realitätserfahrung führt die Heimkehr das Ich nun in eine vielfach idyllisch codierte Heimat:

> Seeliges Thal des Rheins! kein Hügel ist ohne den Weinstok,
> Und mit der Traube Laub Mauer und Garten bekränzt,
> Und des heiligen Tranks sind voll im Strome die Schiffe,
> Städt' und Inseln sie sind trunken von Weinen und Obst.
> Aber lächelnd und ernst ruht droben der Alte, der Taunus,
> Und mit Eichen bekränzt neiget der Freie das Haupt.

Unübersehbar ist der direkte Gegensatz zum Anfang, die Natur ist nun in der Tat belebt, ja anthropomorph („der Alte, der Taunus“, v.53), wie der Wandel von „Unbekränzt“ (v.7) zu „bekränzt“ (v.50) verdeutlicht. Eine Fülle von Details, die sich über die ganze vierte Strophe bis zur exakten Mitte der fünften erstrecken, scheinen das Ideal einer idyllischen Landschaft zu *realisieren*. Indes mischen sich einige Inkohärenzen unter die Rede des Ich, so zuerst in Vers 41ff., wo das Ich auf sich selbst zu sprechen kommt:

> Und das heilige Grün, der Zeuge des seeligen, tiefen
> Lebens der Welt, es erfrischt, wandelt zum *Jüngling* mich um. 42
> *Alt* bin ich geworden indeß, mich blaichte der Eispol,
> Und im Feuer des Süds fielen die Loken mir aus. (Herv. U.D.)

Der schroffe Wechsel, der nach der Umwandlung zum „Jüngling“ das Ich schon im ersten Takt des nächsten Verses wieder „[a]lt“ aussehen läßt, läßt einen ersten Zweifel zu, ob die idyllische Rückkehr *wirklich* möglich ist. Etwas irritierend wirkt vor diesem Hintergrund auch der plötzliche Wechsel in den Konjunktiv fast unmittelbar im Anschluß:

Aber wenn einer auch am lezten der sterblichen Tage,
  Fernher kommend und müd bis in die Seele noch jezt
Wiedersähe diß Land, noch Einmal *müßte* die Wang' ihm
  Blüh'n, und erloschen fast *glänzte* sein Auge noch auf. (Herv. U.D.)

Doch sind diese kleinen Irritationen gegenüber der großen Dichte an idyllischen Schilderungen und Details im Indikativ weit in der Minderzahl und der Konjunktiv läßt sich zunächst damit rechtfertigen, daß das Ich nicht von sich, sondern von „eine[m]" spricht, es selbst sich noch nicht am „lezten der sterblichen Tage" angekommen wähnt. Erst die allerletzten Verse der Elegie bringen den vermeintlichen Realitätsgehalt der Heimkehr wirklich ins Wanken, wenn das Ich unter anderem dem „Angedenken" (v.105) „der Schiffer" (v.106) trinken will, damit es „schnell unter den Heimischen sei" (v.108) Diese im Optativ formulierte Hoffnung läßt sich nur dadurch erklären, daß die gesamten letzten Strophen die Rückkehr nicht *wirklich* vollzogen haben, sondern nur imaginierten. In der Tat: wenn man den Geltungsbereich einzelner Einschübe wie „ich ahn' es schon" (v.89) oder auch das explizite Futurtempus „Kommen werd ich [...] Aber stille werden sie sein" (v.93 u. 95) ebenso wie die bereits zitierten Konjunktive nicht nur auf einzelne Momente, sondern auf die Gesamtsituation der Heimkunft bezieht, werden die letzten drei Strophen als *imaginierte* Vorstellungen kenntlich. Das indikativische Präsenz verbürgt nicht die *wirkliche* Situation, sondern war Ausdruck eines „strebende[n] Herzens" (v.39), eine imaginierende Sehnsucht dessen, was sich bei einer Rückkehr in die Heimat ereignen *könnte*.[21] Wie die Verse 47 und 48 wäre der Indikativ mit der Geltung eines Konjunktivs zu lesen. Die vielen anschaulichen Details aus Flora und Fauna wie beispielsweise „Weinstock" (v. 49), „Eichen" (v. 54) oder „Kirschbaum" (v.75), „Hirsch" (v.55) „Falke" (v.56) und „Stier" (v. 62) produzierten einen ‚effet de réel'[22], welcher allein der Veranschaulichung einer Imagination diente.

Dem entsprechen auf der Ebene des Erzählten wiederum kleine Indizien. Denn die wiederholten Signale der Rückkehr in eine „einst" (v.40, 68) so *wirklich* erlebte Landschaft – „wie vormals" (v.38), „wie einst" (v.72), „wie sonst" (v.77) – scheinen nicht ganz wahrheitsgetreu. Das Ich nennt sich selbst einen „Flüchtling[]" (v.71) und spart seine eigenen damaligen Empfindungen gegenüber diesem idyllischen Leben gänzlich aus. Erst aus der Erinnerung heraus und vor der kontrastierenden Erfahrung gänzlich unidyllischer Landschaften *sieht* es,

[21] Lehmann: *Hölderlins Lyrik*, a.a.O., betont 1922: „Natürlich ist das alles ein reines Phantasiebild, wie es die letzte Strophe ausdrücklich bezeugt. Es ist weder des Dichters wirkliche Heimat noch sein Elternhaus. [...] Es ist ein Zukunftsbild, wenn er sich vorstellt, er werde in die Heimat zurückkommen [...]." (Ebd., 181f.) Diese Beobachtung (die freilich nicht zwischen Ich und Autor differenziert) wurde von der nachfolgenden Forschung nicht berücksichtigt; Maria Behre betont, daß die „Ankunft [des Ich] [...] sich ganz in der Erinnerung" vollzieht. Maria Behre : *Der Wanderer*, a.a.O., 119.

[22] Vgl. Roland Barthes: *L'effet de réel*. In: ders.: *Le bruissement de la langue*. Essais critiques IV. Paris 1984, 179-184.

so scheint es, den idyllischen Charakter seiner Heimat. Hätte es die „zärtlich[en]“ (v.38), „seelige[n]“ (v.41, 49), „freundlich[en]“ (v.72) und „herrlich[en]“ (v.74) Elemente seiner Heimat schon vorher so intensiv erlebt, wäre es wohl kaum geflüchtet, gar ohne noch von den Eltern Abschied zu nehmen („Ach! indeß mich umsonst Vater und Mutter gesucht“, v.82). Die idealisierenden „[Ver]gold[ung]en“ (v.66) der Landschaft scheinen so – ganz im Sinne Schillers – Resultat des elegischen Wissens um ihre ‚Unerreichtheit‘ zu sein.

Damit erweist sich der idyllische Charakter der Landschaft als Effekt einer typisch sentimentalischen Operation: Der sentimentalische Charakter der Idylle ist Ausdruck dafür, daß die Natur, die der imaginativ in die Zukunft projizierten, re-aktualisierten Erinnerung zugrundeliegt, nicht mehr der *wirklichen* Natur entspricht, sondern „zu eine[r] idealischen um[ge]schaffen“ wurde.[23] Imaginiert wird hier, mit Schiller gesprochen, die idealisch-„wahre“ Natur, „als eine Idee und in einer Vollkommenheit, in der sie nicht existiert hat, wenn [der Wanderer] sie gleich als etwas Dagewesenes und nun Verlorenes“ imaginiert.[24] Gerade dieser darstellerische Effekt, die Heimkehr – über weite Strecken – als wirklich zu präsentieren, verleiht der Landschaft dabei erst ihr idyllisches Kolorit.

Das bedeutet aber zugleich, daß das imaginierende Ich keine Möglichkeit hat, in *diese* Landschaft *wirklich* zurückzukehren. Denn hier kontrastieren nicht mehr regional differente Landschaften, sondern die ontischen Differenzen von *real* und *imaginär*.

Was die Elegie bis zu diesem Punkt anhand ihrer Figur zu schildern scheint, wäre eine Zirkelfigur: die Konfrontation einer (durch Imagination: die „Sagen“, v.80) idealisierten Erwartungshaltung mit der Wirklichkeit, welche dadurch als Mangel erlebt wird, führte zum Rückzug in eine idyllische Imagination. Der zweite Teil der Elegie wäre dann in der Tat als Regression zu verstehen.[25]

[23] Schiller: *Über naive und sentimentalische Dichtung*, a.a.O., 750.

[24] Ebd.

[25] Schuster: *Poetologie der Distanz*, a.a.O., 304f., Anm. 167, der allerdings den rein imaginären Charakter der Heimkehr des *Wanderers* nicht berücksichtigt: „Die Wanderungen in Schillers und Hölderlins Elegie verlaufen somit beide aporetisch, allerdings auf unterschiedliche Weise. Denn bei Schiller ist die Heimkehr des lyrischen Ich ausgespart, obwohl sie eher der zirkulären Struktur eines Spaziergangs, der einen festen Ausgangs- und Zielpunkt hat, als dem – prozessualen – Charakter einer Wanderung entspräche. Somit ist bei Hölderlin die Aporie in gewisser Weise radikalisiert, da nicht nur die Wanderung in die landschaftlichen Extreme [...], sondern auch die schließliche Rückkehr in die heimatliche Natur-Idylle (deren Beschreibung bei Schiller den Anfang des Gedichts bildete) vom Erlebnis der Einsamkeit geprägt ist. Daher ist die Apostrophe an die Natur am Schluß des Gedichts bei Hölderlin von noch deutlicher regressivem Charakter als in Schillers ‚Elegie‘.“

3.2.3 Die Realisierung der Idealisierung

Die Elegie erzählt in ihrem Verlauf jedoch nicht nur von dieser Idealisierung, sie läßt das Ich auch – im Medium seiner Imagination – selbst den Bewußtseinsprozeß erzählen, der zur Einsicht in den imaginären Charakter der Idylle führt. Im Medium seiner idealisierenden Imagination generiert der Wanderer nämlich eine gänzlich unidyllische Ahnung (v.89) von Wirklichkeit, die zu einer erneuten, diesmal auch der Figur des Ich bewußt werdenden Dissoziation von Ideal und Wirklichkeit führt. Mit dem Beginn der fünften Strophe schleichen sich einschränkende Tendenzen in die Idylle ein, das Ich scheint langsam aus seinem idyllischen Traum zu erwachen:

> *Noch* gedeihn die Pfirsiche mir, *mich wundern* die Blüthen,
> Fast, wie die Bäume, steht herrlich mit Rosen der Strauch. (Herv. U.D.)

„[W]underte" (v.27) sich das Ich in der zweiten Strophe noch über die unidyllische Natur des Nordpols, so „wunder[t]" (v.73) es sich nun gerade über den idyllischen Naturcharakter. Der durch das dazugesetzte „Fast" (v.74) sprechend bezeichnete Übergang zwischen idyllischer und nicht-mehr-idyllischer Phantasie wird interessanterweise durch die bereits erwähnte Lektüre-Erinnerung vermittelt, die die Wanderung initiiert hatte:

> Wo ich lag und den Muth erfreut' am Ruhme der Männer
> Ahnender Schiffer; und das konnten die Sagen von euch,
> Daß in die Meer' ich fort, in die Wüsten mußt', ihr Gewalt'gen!
> Ach! indeß mich umsonst Vater und Mutter gesucht.

Diese beiden Distichen leiten die Phantasie in einen gänzlich unidyllischen Tonfall über, auf den das ‚fort *müssen*' (v.81) den ersten Hinweis gibt. Der Vers „Ach! indeß mich umsonst Vater und Mutter gesucht" (v.82) ist dabei temporal doppelt lesbar: zum einen als Zeitpunkt der Lektüre, in dem das Ich „noch" (v.73) am „Bach" (v.78) lag – oder aber als ein der Erinnerung zeitlich nachgeordneter Moment, als es schon „fort, in die Wüsten" (v.81) aufgebrochen war. Der Vers trägt damit eine zeitliche Irritation in die Erzählung des Ich, die das „Noch" in v.73 schon vorbereitet hatte. Die Erinnerung an die Lektüre führt zur Blickwendung zurück in die „Wüsten", mit denen die Elegie begann. Die dort erfahrene „Einsam[keit]" (v.1) überträgt sich nun auf die momentane Imagination des Ich und macht dem Wanderer das Fehlen von Gesellschaft, konkret: der Eltern, schlagartig bewußt: „Aber wo sind sie? du schweigst? du zögerst, Hüter des Hauses!" (v.83)

Wer ist der „Hüter des Hauses"? Auffallend ist die anaphorische, syntaktische und metrische Parallelisierung zu „Himmel der Heimath" (v.72) aus dem letzten Vers der vorhergehenden Strophe, wo der Himmel Ansprechpartner („du", v.72) war. Daß nun er – so muß man diesen Parallelismus wohl verstehen

– aufgefordert wird, „hinein“ zu „geh[en]“ und „den Fremden, den Sohn“ zu „melden“ (v.86), verleiht der Szene einen etwas gespenstischen Anstrich, der zusätzlich verstärkt wird durch das Oxymoron „den Fremden, den Sohn“. Das Komma weist darauf hin, daß mit „den Fremden“ nicht die Eltern gemeint sind, sondern der Sohn, das sprechende Ich, das sich selbst so ‚doppelt‘ charakterisiert, in der Ahnung, den Eltern durch die lange Abwesenheit fremd geworden zu sein. Dies wiederholt sich unmittelbar darauf als radikalisierte Ahnung („ich ahn’ es schon“, v.89), daß die Eltern ihrerseits „in heilige Fremde dahin sind/ [...] und nie kehret ihr Lieben zurük.“ (v.89)

Mehr und mehr manifestiert sich das Bewußtsein einer Differenz der ‚tatsächlichen‘ gegenüber einer typisch idyllischen Situation, das sich im Durchgang durch die Idylle selbst konstituiert. Wie der Wanderer selbst ein Anderer geworden ist, so haben auch die „Freunde“ (v.91) „Andres gewonnen“ (v.92):

> Kommen werd’ ich, wie sonst, und die alten, die Nahmen der Liebe
>   Nennen, beschwören das Herz, ob es noch schlage, wie sonst,
> Aber stille werden sie seyn. So bindet und scheidet
>   Manches die Zeit. Ich dünk’ ihnen gestorben, sie mir.
> Und so bin ich allein. [...]

Der Wanderer *realisiert* nun den irrealen Charakter der vorgestellten Heimkehr: er wechselt ins Futur („Kommen werd’ ich“, v.93) und stellt fest: „Und so bin ich allein.“ (v.97)[26]

Die idyllische Phantasie hat sich hier *in der Phantasie selbst* zur Erkenntnis der Unmöglichkeit ihrer ‚Realisierung‘ umgekehrt. In ihr generiert sich zudem ein Selbstwissen des Ich: das Bewußtsein, selbst „[a]lt [...] geworden“ (v.43) zu sein, das in seiner Konsequenz den Tod der Eltern impliziert, und von dem her die idyllische Szenerie eine Spaltung erfährt, die sich bis in die ‚gespaltene‘ Persönlichkeit des Rückkehrers hineinzieht, der „Fremde[r]“ und „Sohn“ (v.86) zugleich ist. Das gänzlich lakonische „Und so bin ich allein“, das die Imagination des Ich beschließt, kehrt wieder an den Anfang zurück: „Einsam“ (v.1). So läßt sich in der Rückschau bereits das erste Wort der Elegie als eine implizite Reflexion auf das Erlebte lesen: „Einsam“, das kann nach dem bislang Gesagten nur ein nachträglicher Kommentar zu dem Erlebten sein, denn in der damaligen Situation des Erlebens fühlte das Ich sich (noch) nicht einsam, sondern in Gesellschaft der Natur. „Einsam[keit]“ ist damit nicht Ausgangspunkt, sondern Resultat der Erfahrung des Ich.

[26] Auch dies ist als Respons auf Schillers *Spaziergang* zu lesen, wurde dort doch gefragt: „Bin ich wirklich allein?“ Friedrich Schiller: *Werke und Briefe in zwölf Bänden*. Bd. 1: *Gedichte*. Hg. v. Georg Kurscheidt. Frankfurt am Main 1992, 34-42, hier: 41, v.185. Vgl. auch Schuster: *Poetologie der Distanz*, a.a.O., 304.

3.2.4 »So bindet und scheidet/ Manches die Zeit«

Dem Befund eines Bewußtseinsprozesses hin zur ‚Realisierung' des rein idealen Charakters seiner Heimkunft, den der Wanderer mental durchläuft, widerspricht nun scheinbar der Schluß der Elegie:

> [...] Du aber, über den Wolken,
> Vater des Vaterlands! mächtiger Aether! und du
> Erd' und Licht! ihr einigen drei, die walten und lieben,
> Ewige Götter! mit euch brechen die Bande mir nie.
> Ausgegangen von euch, mit euch auch bin ich gewandert,
> Euch, ihr Freudigen, euch bring' ich erfahrner zurük.
> Darum reiche mir nun, bis oben an von des Rheines
> Warmen Bergen mit Wein reiche den Becher gefüllt!
> Daß ich den Göttern zuerst und das Angedenken der Helden
> Trinke, der Schiffer, und dann, eures, ihr Trautesten! Auch
> Eltern und Freund'! und der Müh und aller Leiden vergesse
> Heut und morgen und schnell unter den Heimischen sei.

Wie ist dieser Schluß nach dem zuvor Gesagten zu verstehen? Um ihn in den Kontext der Wanderung einzuordnen, müßte man klären, wo sich das Ich befindet, das hier spricht, wo also seine idyllische Phantasie begann: auf einem Schiff, wie dies der Trinkspruch auf die „Schiffer" (v.106) suggeriert? Oder sind mit den Schiffern nicht vielmehr die literarischen „Helden" (v.105) intendiert, die auf die „Ahndende[n] Schiffer" (v.80) der „Sagen" zurück verweisen? Oder sind damit die Mannschaften jener „Schiffe[]" (v.20) gemeint, die das Ich zum Nordpol transportierten? Wer sind die „Trautesten" (v.106)? Der ausdrückliche Wunsch, „schnell unter den Heimischen" (v.108) zu sein, läßt vermuten, daß das Ich in Wirklichkeit noch weit von ihnen entfernt ist; das „bring' ich erfahrner zurük" (v.102) wäre dann futurisch zu lesen. Und wer soll ihm den Becher „reichen" (v.104)? Der Angesprochene ist scheinbar immer noch der „Aether" (v.98), seine Apostrophe als „Vater des Vaterlands" variiert noch einmal die vorherigen Benennungen „Himmel der Heimath" (v.72) und „Hüter des Hauses" (v.83) – doch es scheint dem eben geschilderten Erfahrungsprozeß völlig zu widersprechen, daß dieser Aether immer noch als anthropomorph gekennzeichnete Figur auftritt, denn das Ich hat ja inzwischen die Stummheit der Natur erfahren. Zudem weist das nicht näher bestimmte, zweimalige Verb „reiche" (v.103f.) eine kontextuelle Inkonsistenz auf, denn in den Versen zuvor war der Himmel nicht mehr alleiniger Ansprechpartner, „euch" hieß es dreimal (v.100ff.), denn zugleich waren die in einer Einheit als „du" zusammengefaßten Elemente „Erd' und Licht" (v.99) mitapostrophiert. Die Gemeinschaft von Himmel, „Erd' und Licht" weist auf die wörtliche Rede der zweiten Strophe zurück (v.27-36): „Erde" (v.28), Himmel[]" (v.31), „Licht" (v.34) waren dort die ‚belebenden‘ Elemente der Phantasie. Die Ansprache an die Erde: „und du/ Erd’“ (v.98) nimmt die dortige Apostrophe „o Mutter Erde“ (v.27) wieder auf.

In der Rückschau auf diese zitierte Rede stellt sich der Verdacht ein, daß die oben bemerkte auffällige Dissoziierung von zwei sprechenden Ichs – eines, das die ‚zitierte‘ wörtliche Rede einst sprach und eines, das diese Rede zitiert – am Ende der zweiten Strophe vielleicht nicht in dem „Also sagt’ ich und jezt kehr’ ich“ (v. 37) im ersten Vers der dritten Strophe wieder zusammengeführt wurde, sondern der Modus der Zitation weiterhin Geltung behielt. Der Einschub „Also sagt’ ich“ (v.37) hätte dann nicht den Abschluß der wörtlichen Rede markiert, sondern wäre, nach dem unterbrechenden Strophensprung, gerade als fortführende Wiederaufnahme derselben zu verstehen.[27] Das „jezt“ (v.37) wäre dann nicht mehr homolog mit der Erzählzeit des *récit*, sondern mit der direkten Rede *im récit*, mit dem *récit* des *récit*. Das „Also sagt’ ich“ führte die am Ende der zweiten Strophe stehende Phantasie, im Akt der Rede, fort.[28] Nicht nur die letzte, unbeantwortet bleibende Frage - „du schweigst?“ (v.83) wäre an den Wind gerichtet, der ihn am Nordpol „zärtlich“ anweht (v.38) – der allergrößte Teil der Elegie wäre somit – wie im späteren Gedicht *Andenken*[29] – ‚in den Wind gesprochen‘. Dies würde bedeuten, daß das Ich sich immer noch am „nördlichen Pol“ (v.20) befindet,[30] es schon allein die Einschiffung in die Heimat imaginierte. Ein Indiz könnte man in dem Distichon sehen, mit dem es seine Reise beschreibt:

Ausgegangen von euch, mit euch auch bin ich gewandert, 101
Euch ihr Freudigen, euch bring ich erfahrner zurück.

[27] In der ersten Fassung fehlt der Einschub „Also sagt‘ ich“ (v.37), es heißt dort einfach übergangslos: „Aber jezt kehr‘ ich zurück an den Rhein [...]“ ([1]v.37). Auch der de-idealisierende Teil der Rückkehr ist in der zweiten Fassung neu, genauso wie es in der ersten Fassung noch kein „thörig“ (v.27) gibt. Auffällig ist an dem „Also sagt‘ ich“ (v.37) der zweiten Fassung das Fehlen von Zeichensetzung, wohingegen das Ich den Beginn seiner Rede in der zweiten Strophe noch durch einen Doppelpunkt eingeleitet hatte. Zur Zeichensetzung als von Hölderlin bewußt eingesetztes Mittel der Ambiguisierung (am Beispiel von *Der Winkel von Hahrdt*) vgl. Karl Maurer: *Textkritik und vergleichende Literaturwissenschaft. Zu einer Konstruktion απο κοινου in Hölderlins „Nachtgesängen“*. In: *Poetica* 31 (1999), H.1/2, 201-235.

[28] In der Tat deutet nicht nur das Wiederauftauchen der bereits genannten Elemente Erde, Himmel, Licht auf eine solche Kontinuität hin, auch andere Details aus der wörtlichen Rede tauchen in der heimatlichen Imagination wieder auf: „Rosen“ (v.36, v.74), „Wein“ (v.36, als Plural „Weinen“ in v.52), „Licht“ (v.34)/ „Tagslicht“ (v.55).

[29] Vgl. *Andenken*, StA 2,1, 188. Eine Verbindung der beiden Gedichte besteht zudem in dem Bechermotiv; so heißt es in *Der Wanderer*, v.103f.: „Darum reiche mir nun, bis oben an von des Rheines/ Warmen Bergen mit Wein den Becher gefüllt!“ und in *Andenken*, v. 25ff.: „Es reiche aber,/ Des dunkeln Lichtes voll,/ Mir einer den duftenden Becher“.

[30] Die auffällig betonte Temperatur der „*Warmen* Berge[]“ (v.104; Herv. U. D.) wäre Ausdruck seiner von der Kälte des „kärglichen Nord“ (v.36) her perspektivierten Wunschvorstellung.

Das perspektivische Umkehrmoment scheint zwischen Hexameter und Pentameter zu liegen, das Ich sich gerade an diesem äußersten Punkt der Wanderung zu befinden, von dem aus Rück- und Vorschau noch ‚gleich lang' sind. Wohingegen seine Reise zum Nordpol immerhin durch einen Vers („Fern zum nördlichen Pol kam ich in Schiffen herauf", v.20) erwähnt war, wäre die ‚Rückkehr' seltsam übergangslos von statten gegangen:

> Also sagt' ich und jezt kehr' ich an den Rhein, in die Heimath,
> Zärtlich wie vormals weh'n Lüfte der Jugend mich an; 38

In dieser Lesart wären die gesamten folgenden Strophen dann direkte Rede des damals „thörig" sprechenden Ich: Das Prädikat „thörig" bezöge sich nicht nur auf die direkte Situation der Naturkonfrontation, es verwiese von Anfang an (nachträglich) die Vision einer möglichen Heimkehr an den Rhein ins Reich des Phantastischen, ja noch den Schluß mit der scheinbar versöhnlichen Aussicht auf eine – wenn auch nur optative – Heimkehr. Wenn dies zutrifft, dann gibt es keinen eindeutigen Punkt mehr, von dem aus sich entscheiden ließe, wo oder ob diese wörtliche Rede aufhört. Endet sie mit dem Gedicht? Oder irgendwann vorher, wenn die idyllische Phantasie in eine unidyllische umkippt?

Damit kommt man allerdings zu dem Ich zurück, dessen Stimme da spricht, ‚hinter dem Rücken' seiner einstigen wörtlichen Rede, indem es diese *wieder*gibt. Denn diese Stimme scheint doch dann und wann in die (zitierte wörtliche) Rede hinein zu sprechen, wie die oben als ‚Inkohärenzen' markierten Elemente verstanden werden könnten – und wohl müssen.

Das von Schiller für den sentimentalischen Dichter propagierte Erzählen ‚aus zweiter Hand' ist damit auf der ‚Erzählebene' kongenial umgesetzt: Das gleichsam hinter dem Rücken des imaginierenden Ich sprechende Ich ‚sentimentalisiert' dessen Imagination, indem es die naive Idyllisierung elegisch bricht. Auch in die scheinbar wörtlich wiedergegebene Rede fließt die Erfahrung ein – aber nicht affirmierend, sondern versteckt kommentierend. Dies erklärte dann auch die doppelte Perspektivik dieser Imagination: einerseits idyllische Intensivierung und zugleich der nüchterne Blick auf die einsame Wirklichkeit.[31]

Rückblickend erweist sich das „jezt kehr' ich" (v.37) im ersten Vers der dritten Strophe als das zentrale Scharnier, an dem sich in einer rückkehrenden Lektüre die Lesart um*kehr*t. Abhängig von dem Zeitcharakter, dem man dem „jetz" verleiht, bindet oder scheidet es die beiden Ichs des Wanderers und die ‚Geschichte' der Elegie mit ihren wiederholten Wechselinszenierungen von *wirklich* und *ideal*.

[31] Was das Ich zuvor der Natur als mögliche Negativität unterstellte, betrifft es selbst: „Nichts zu erzeugen und nichts zu pflegen in Liebe,/ Alternd im Kinde sich nicht wieder zu sehen, ist der Tod." (v.26f.) – Negativ zeigt sich die Natur damit doch als ‚Seelenlandschaft'.

Das Raffinement der Elegie erweist sich in der darstellerischen Umsetzung der elegischen Spannung durch die ‚erzähltechnisch' differenzierende Verschränkung der Stimmen der Ich-Figur und ihrer verdeckten ‚Zweistimmigkeit'.

Damit operiert die Elegie auf drei perspektivischen Ebenen, die in ihrem Verlauf nach und nach entfaltet werden: eine erste präsentiert die idyllische Landschaft und die Heimkehr in der – zunächst *als* Imagination unaufgedeckten – Imagination als real aktualisiert; eine zweite zeigt diese Idylle zwar (im Raum der Fiktion des Gedichts) als ‚unerreicht', aber prinzipiell erreichbar; auf einer dritten Stufe jedoch erweist sich diese Erreichbarkeit noch als Fiktion und macht die Idylle damit als dem Reich der Phantasie zugehörig, als *real* generell unerreichbar kenntlich.

Die den Realitätseffekt dieser Imagination diskret unterwandernden kleinen Irritationen entspringen einer der zitierten Rede nachträglichen Reflexion (die dennoch aus gerade dieser Imagination resultiert), und dienen der Spannungserhaltung, welche die Idylle als sentimentalische notwendig braucht, um sich nicht gänzlich zu ‚realisieren' und damit in ‚Naivität' zurückzufallen. Die als Phantasie gekennzeichnete Heimkehr ist damit mehr als eine Phantasie, nämlich ein Bild im Schillerschen Sinn: Produkt einer Darstellung, die aus der Kombination von Phantasie und Reflexion entspringt. Das in der Elegie statthabende „Schwanken" „zwischen zwei verschiedenen Zuständen"[32] potenziert sich durch die von Schillers *Spaziergang* inspirierte ‚Rahmenerzählung' des Anfangs, ihre innere Bewegung ist endlos, denn der Leser findet keinen festen Punkt mehr, an dem sich die Stimmen des Textes fest situieren ließen. Der damit verbundene Wechsel von idyllischem und elegischem Ton ist unarretierbar. Was in der Erfahrungswelt des *Wanderers wirklich* wirklich und was ‚nur' ideal ist, bleibt damit zur Disposition gestellt, die changierende Doppeloptik kehrt sich je nach Blickwinkel erneut um, die unterschiedlichen Perspektiven sind im Gedicht virtuell kopräsent.

Wie auch immer man den Geltungsbereich des „thörig" als Leser zu definieren versucht, letztlich nimmt einem das Gedicht das Gefühl nicht ab, selbst etwas ‚thörig' zu sein, "[f]ertig[] zur unrichten Bestimmung", bzw. ‚unfertig zur richtigen Bestimmung'. Der nach Adelungs Wörterbuch darin zum Vorschein kommende „Zustand [...] ohne Endzwecke" erinnert an Kants Bestimmung der ästhetischen Erfahrung als ‚Zweckmäßigkeit ohne Zweck'. Nach dieser Devise hätten beide Stimmen im *Wanderer* allen Grund, weiterzusprechen, um ihren Lesern eine solche ästhetische Erfahrung zu ermöglichen. Schon die von Goethe kritisierte Anfangspassage arbeitet dabei mit einer solchen perspektivischen Überblendung von zwei Perspektiven und realisiert damit eine Potenz, welche laut Lessing nur der Dichtung zukommt: „der Dichter allein besitzet das Kunststück, mit negativen Zügen zu schildern, und durch Vermischung dieser negati-

[32] Schiller: *Über naive und sentimentalische Dichtung*, a.a.O., 740.

ven mit positiven Zügen, zwei Erscheinungen in eine zu bringen."[33] Eine solche Technik, zwei Tonalitäten in ein Bild zu bringen, organisiert die perspektivische Wechseldynamik des *Wanderers*. Sein Titel kann in dieser Hinsicht poetologisch verstanden werden: Er charakterisiert dann nicht nur seinen Protagonisten, sondern das Textverfahren wandernder Standpunktwechsel.

[33] Lessing: *Laokoon*, a.a.O., 78.

3.3 Gesänge von Jenseits des Grabes: *Menons Klagen um Diotima*

Hölderlins zweite, vermutlich im Jahr 1800 entstandene, zunächst unter dem programmatischen Titel *Elegie* firmierende zweite Elegie *Menons Klagen um Diotima* ist vielleicht diejenige seiner Elegien, welche den poetischen Steigerungszusammenhang von sich gegenseitig relativierenden Tönen am offensichtlichsten vorführt.[1] Auch sie praktiziert eine Dynamisierung der darstellerischen Modi von *wirklich* und *ideal*, bindet diese aber enger als *Der Wanderer* an eine poetologische Reflexion. In der Erfahrung der Figur Menon artikuliert sich, deutlicher noch als im *Wanderer*, der Wechsel von einer naiven zu einer sentimentalischen Dichtungsauffassung. Der besondere Reiz der Elegie besteht darin, die Kluft zwischen der Perspektive ihrer Figur und einer in der Komposition angelegten zweiten Perspektive *auf* diese Figur poetologisch produktiv zu machen.

3.3.1 Jenseits des Grabes?

Die Art und Weise, wie die Elegie die poetische Reflexion inszeniert, spricht sich dabei schon im Titel aus: Menon *klagt*. Dieser Titel ist insofern bemerkenswert, als er von vornherein Deutungen relativiert, welche Menon – nicht zuletzt

[1] Textgrundlage ist die zweite Fassung, die in zwei Teilen in Bernhard Vermehrens Musen-ALMANACH für das Jahr 1802 und 1803 erschien. Zitiert nach: StA 2,1, 75-79 unter der Angabe der Verszahl. Aus der ersten Fassung unter dem Titel *Elegie* wird zitiert nach StA 2,1, 71-74 unter Versangabe mit vorangestellter 1. Literatur: Wolfgang Binder: *Abschied und Wiederfinden. Hölderlins dichterische Gestaltung des Abschieds von Diotima.* In: ders.: *Hölderlin-Aufsätze.* Frankfurt am Main 1970, 263-293; Paul Böckmann: *Hölderlin und seine Götter*, a.a.O., 333-343; Hamlin: *The Philosophy of Poetic Form*, a.a.O.; Joachim Müller: *Hölderlins Liebeselegie. Eine Interpretation.* In: ders.: *Wirklichkeit und Klassik. Beiträge zur deutschen Literaturgeschichte von Lessing bis Heine.* Berlin 1955, 366-397; Günter Niggl: *Gattungstradition gegen Originalität in Hölderlins lyrischem Spätwerk.* In: Walter Haug, Wilfried Barner (Hg.): *Ethische contra ästhetische Legitimation von Literatur. Traditionalismus und Modernismus: Kontroversen um den Avantgardismus.* Tübingen 1986 (=Akten des 7. Internationalen Germanisten-Kongresses Göttingen 1985: Kontroversen, alte und neue. Hg. v. Albrecht Schöne. Bd. 8), 216-227; Schuster: *Poetologie der Distanz*, a.a.O., 306-318; Jürgen Söring: *„Sie haben mein Auge mir genommen". Vom Beweggrund des Dichtens in Hölderlins lyrischem Schaffen.* In: *Bad Homburger Hölderlin-Vorträge 1990*, Bad Homburg von der Höhe 1991, 33-50; Karl Viëtor: *Hölderlins Liebeselegie.* In: Jochen Schmidt (Hg.): *Über Hölderlin.* Frankfurt am Main 1970, 127-158.

irregeführt durch dessen Selbstdarstellung – von der „Unfähigkeit zu reden“[2] geprägt sehen. Nach dem Titel zu urteilen *klagt* Menon – auch dort, wo er sich für „stumm“ (v.61) erklärt. Dieser performative Selbstwiderspruch[3] hat sein Zentrum in der zentralen fünften Strophe:

> Feiern möcht' ich; aber wofür? und singen mit Andern,
> Aber so einsam fehlt jegliches Göttliche mir.
> Diß ist's, diß mein Gebrechen, ich weiß, es lähmet ein Fluch mir
> Darum die Sehnen, und wirft, wo ich beginne, mich hin,
> Daß ich *fühllos* size den Tag, und *stumm* wie die Kinder,
> Nur vom Auge mir kalt öfters die Thräne noch schleicht,
> Und die Pflanze des Felds, und der Vögel Singen mich trüb macht,
> Weil mit Freuden auch sie Boten des Himmlischen sind,
> Aber mir in schaudernder Brust die beseelende Sonne,
> Kühl und fruchtlos mir dämmert, wie Stralen der Nacht.
> Ach! und nichtig und leer, wie Gefängnißwände, der Himmel
> Eine beugende Last über dem Haupte mir hängt! (Herv. U. D.)

Menons beredte Stummheit sollte mit Vorsicht genossen werden, denn auch die angebliche „[F]ühllos[igkeit]“ (v.61), welche er sich selbst diagnostiziert, ist aufgrund der „kalte[n] [...] Thräne[n]“ (v.62) in sich widersprüchlich: Wer wirklich „fühllos“ ist, dem sind wohl auch die Tränen schon versiegt. „[S]chaudernd[]“ nennt er auch seine „Brust“ (v.65).[4] Der behaupteten Lähmung („es lähmet ein Fluch mir/ [...] die Sehnen“, v.59f.) widersprechen Bewegungsprozesse vielfältiger Art: „wirft [...] mich hin“ (v.60), „schleicht“ (v.62); „trüb *macht*“ (v.63; Herv. U. D.). Was Menon hier beklagt, ist nicht ein genereller „Zustand[] der Sprachlosigkeit“[5], sondern nur die Unfähigkeit zu „[f]eiern“ (v.57). Allerdings müßte man hier stutzig werden und Menons Frage wiederholen: „aber wofür?“ (v.57) Wäre eine „Festzeit“ (v.25) angesichts von Menons

2 Schuster: *Poetologie der Distanz*, a.a.O., 318.

3 So konstatiert auch Schuster „*implizit* [einen] [...] *performativen Widerspruch*, zugleich die eigene Einsamkeit zu beklagen *und* das Ausbleiben der Klage zu befürchten“, doch sieht er im Verlauf der Elegie eine idealistische Vermittlung am Werk: „so werden diese Widersprüche im weiteren Verlauf der Elegie *explizit* gelöst. [...] Im Verlauf der Elegie wird der Wunsch nach Rede und Erinnerung explizit erfüllt, der durch den Vollzug von Klage und Erinnerung im Gedicht implizit immer schon verwirklicht ist – die Elegie ist auf diese Weise vor allem als eine virtuose Inszenierung eines Zustands der Sprachlosigkeit und seiner Überwindung anzusehen.“ (Ebd., 314; im Orig. kursiv) Meine Interpretation soll hingegen zeigen, inwiefern die Elegie in ästhetischer Hinsicht gerade von einer Steigerung der Menonschen Widersprüchlichkeit zehrt.

4 Nach Adelung ist schaudern „das Intensivum“ von „schauern“, welches schon an sich „eine schnelle rauschende Bewegung bedeutet.“ Adelung: *Grammatisch-kritisches Wörterbuch der Hochdeutschen Mundart*, a.a.O., Bd. 3, Art. *Schaudern*, 1380 und 1383.

5 Schuster: *Poetologie der Distanz*, a.a.O., 314.

Situation nicht fehl am Platz, da er doch, wie auch von der Forschung einhellig behauptet, um seine verlorene Geliebte trauert?

Dem Befund der Stummheit widerspricht Menon bereits in der ersten Strophe des Gedichts, wo er wortgewaltig seine Situation beklagt:

> Täglich geh' ich heraus, und such' ein Anderes immer,
> Habe längst sie befragt alle die Pfade des Lands;
> Droben die kühlenden Höhn, die Schatten alle besuch' ich,
> Und die Quellen; hinauf irret der Geist und hinab,
> Ruh' erbittend; *so flieht das getroffene Wild in die Wälder,*
> *Wo es um Mittag sonst sicher im Dunkel geruht;*
> *Aber nimmer erquikt sein grünes Lager das Herz ihm,*
> *Jammernd und schlummerlos treibt es der Stachel umher.*
> *Nicht die Wärme des Lichts, und nicht die Kühle der Nacht hilft,*
> *Und in Woogen des Stroms taucht es die Wunden umsonst.*
> *Und wie ihm vergebens die Erd' ihr fröhliches Heilkraut*
> *Reicht, und das gährende Blut keiner der Zephyre stillt,*
> So, ihr Lieben! auch mir, so will es scheinen, und niemand
> Kann von der Stirne mir nehmen den traurigen Traum? (Herv. U. D.)

Der Vergils *Aeneis* entnommene Vergleich des verwundeten Wildes, der, wie Jochen Schmidt ausführt, gegenüber seiner epischen Quelle gar noch ausgebaut ist,[6] so daß er mehr als die Hälfte der ersten Strophe einnimmt (s. Kursivierung), zeigt Menons Talent zu imposanten rhetorischen und klanglichen Konstruktionen ebenso wie eine Vielzahl von Anaphern („nicht [...] nicht", v.9) und Alliterationen, deren längste, die W-Alliteration, sich über dreizehn Verse erstreckt,[7] Binnenkonsonanzen (Ni*mm*er, Ja*mm*ernd, schlu*mm*erlos, v.7f.), Hyperbata, parataktischen Konstruktionen und originelle Wortverbindungen wie „fröhliches Heilkraut" (v.11). Den rhetorischen Gestus der Strophe, welcher fast den Charakter einer dichterischen Darbietung vor Publikum suggeriert, unterstreicht nicht zuletzt das die Strophe abschließende Distichon, das den ausgedehnten Vergleich in eine Frage münden läßt: „So, ihr Lieben! auch mir, so will es scheinen, und niemand/ Kann von der Stirne mir nehmen den traurigen Traum?" (v.13f.)

[6] Vgl. den Kommentar von Schmidt: „Noch mehr als Vergil in seinem Epos folgt Hölderlin durch den breiten und bis zur Verselbständigung reichenden Ausbau des Gleichnisses dem Vorbild der Homerischen Epen, für die dieser Typus von Gleichnissen charakteristisch ist. Daß Hölderlin ihn in so ausgeprägter Form in seine Elegie übernimmt, verrät die Reflexion auf den ursprünglichen epischen Charakter der Elegien-Gattung, deren Versmaß selbst schon episch ist." (SW 705) Da im Gedicht jedoch die Kunstfigur Menon und nicht Hölderlin selbst spricht, scheint die Begründung für dieses übertrumpfende Zitat primär anders motiviert werden zu müssen.

[7] Siehe Unterstreichungen im obigen Zitat.

Der pathetisch gesteigerte Charakter dieses Sprechens suggeriert indes mehr, als daß er wirklich erzählt; Menons Lage bleibt in dieser Strophe höchst undefiniert, was durch den doppeldeutigen Einschub „so will es scheinen" (v.13) und die Relativierung durch den anaphorisch suggestiven, aber in seinem Inhalt vagen „*trau*rige[n] *Trau*m" (v.14; Herv. U. D.) am Ende der Strophe noch intensiviert wird: Welchen referentiellen Einzugsbereich haben dieses „es" und dieser „Traum"? Bezieht sich der Traum auf eine Phantasie, den Vergleich mit dem Wild, oder meint Menon nicht vielmehr seine Wirklichkeit, die für ihn nur Traumcharakter hat?[8]

Noch seltsamer als diese Ambivalenz ist allerdings die Anrede „ihr Lieben" (v.13). Wer sind diese „Lieben"? Wird Menon nicht später beteuern, er sei „allein" (v.26) und „einsam" (v.58)? Freilich beginnt die zweite Strophe mit einer Hinwendung zu den „Todesgötter[n]" (v.15). Können sie mit den „Lieben" gemeint sein?

Es ist ein bemerkenswertes Faktum, daß die Forschung die Frage einer konkreten Bestimmung der Situation Menons und nach den Hintergründen der „Trennung"[9] von Diotima meist umgeht. Menon selbst kommt auf den Moment der Trennung nur einmal äußerst vage zu Beginn der 7. Strophe zu sprechen: „Aber o du, die schon am Scheidewege mir damals,/ Da ich versank vor dir, tröstend ein Schöneres wies" (v.83f.).

Gemeinhin versteht man Menons Rede vom „traurigen Traum" (v.14) durch die vielen Anspielungen auf ein Totenreich („Todesgötter", v.15; „schaurige Nacht", v.17;)[10] als Indizien für das Ableben Diotimas, um die Menon daher klage.[11] Doch wird ihr Tod nirgendwo explizit; ja, die zweite Strophe spricht im Gegenteil davon, daß ein „Mann" (v.16) von den „Todesgötter[n]" (v.15) „bezwungen[]" (v.16) worden sei. Da Menon Diotima wohl nicht als „Mann" bezeichnen würde, liegt der Verdacht nahe, dass hier von Menon selbst die Rede ist, er sich in der dritten Person thematisiert:

> Ja! es frommet auch nicht, ihr Todesgötter! wenn einmal
> Ihr ihn haltet, und fest habt den bezwungenen Mann,
> Wenn ihr Bösen hinab in die schaurige Nacht ihn genommen,
> Dann zu suchen, zu flehn, oder zu zürnen mit euch,
> Oder geduldig auch wohl im furchtsamen Banne zu wohnen,
> Und mit Lächeln von euch hören das nüchterne Lied.

[8] Beide Elemente sind gegenüber der ersten Fassung neu; in der zweiten Fassung läßt sich generell eine Tendenz zur Ambiguisierung wahrnehmen; verstärkt ist auch die Präsenz eines poetologisch konnotierten Vokabulars wie „Traum" und „scheinen".

[9] Schuster: *Poetologie der Distanz*, a.a.O., 311.

[10] Diese Anspielungen sind in der ersten Fassung noch stärker: „Todten", ([1]v.23, [1]v.29), „Orkus ([1]v.94, [1]v.105), „wo bei trügrischem Schein irres Gewimmel sich treibt" ([1]v.70).

[11] So Wackwitz: *Trauer und Utopie*, a.a.O., 47: „Diotima, das ‚Ideal' der Elegie *Menons Klagen um Diotima*, ist tot, hält sich in der Unterwelt auf." So auch Reitani: *Kommentar*, a.a.O., 1424 und Ziolkowski: *The Classical German Elegy*, a.a.O., 111f.

Soll es seyn, so vergiß dein Heil, und schlummere klanglos!
  Aber doch quillt ein Laut hoffend im Busen dir auf,
Immer kannst du noch nicht, o meine Seele! noch kannst du's
  Nicht gewohnen, und träumst mitten im eisernen Schlaf! 24

Doch welche Geltung hätte dann wiederum diese Unterwelttopographie? Hat sie eine dem Vergleich mit dem „getroffene[n] Wild" (v.5) der ersten Strophe analoge, bloß metaphorische Funktion für den dunklen Seelenzustand, in dem sich Menon seit dem Abschied von Diotima befindet?[12] Oder hält sich Menon nicht vielmehr *wirklich* im „Orkus" (^{1}v.94) auf, als „Tote[r]" (v.29)? Was hieße das dann für den Wirklichkeitsgehalt der ersten Strophe: Geht Menon wirklich „täglich [...] heraus" (v.1), in der Unterweltlandschaft? Oder ist nicht die ganze erste Strophe, trotz ihrer indikativischen Präsentation, der „traurige Traum" (v.14), mit dessen Erwähnung die erste Strophe endet? Hätte dieser „Traum" also nicht (nur) das Fehlen Diotimas zum Inhalt, sondern mehr noch Menons Rückkehr in die Oberwelt und die dortige vergebliche Suche nach jener? Wie Menon selbst betont, scheint es nur sein „Geist" (v.4) gewesen zu sein, der dort „hinauf [...] und hinab" (v.4) ‚geirrt' ist – wie der Vergleich mit dem „Wild" (v.5), hätte so auch Menons ‚Irren' bloße metaphorische Funktion.

Wenn Menon tatsächlich ein Unterweltsbewohner ist, wäre dies auch eine Erklärung für die fast oxymoronische Fügung vom „traurigen Traum": Denn in dieser Formel ist nicht nur das Moment der Traurigkeit enthalten, sondern auch das diesem widerstrebende einer erträumten Vorstellung, was die rückbezügliche Wiederaufnahme des Traummotivs mit ihrer zweifelsfrei positiven Konnotation von „Traum" wenig später bestätigt: „o meine Seele!, noch kannst du's/ Nicht gewohnen und träumst mitten im eisernen Schlaf!" (v.23f.) Auch diese Stelle vom Traum „mitten im eisernen Schlaf" argumentiert dafür, daß es sich bei dem „bezwungenen Mann" (v.16) um Menon selbst handelt, der eben davon träumt, „[d]roben die kühlenden Höhn" (v.3) besuchen zu können.[13] Das Verb „versank" (v.84), das Menon als die ihn bestimmende Bewegung „am Scheide-

[12] So bereits Lehmann: *Hölderlins Lyrik*, a.a.O., 178f.: „Seine gegenwärtige Lage erscheint dem Dichter zunächst wie das Leben im Schattenreiche. Bis dahin ist er vorgedrungen, um die Geliebte zu finden. Aber die Todesgötter halten ihn fest und er soll nun ihr nüchternes, furchtbares Lied hören. Wenn ihm aber seine Phantasie ein strahlendes Idealbild der Geliebten erscheinen läßt, so ließe sich dies wie der Inhalt eines Gesanges fassen, den er den Unterirdischen entgegensingt." Ähnlich auch Schuster: *Poetologie der Distanz*, a.a.O., 310f.

[13] Die einzige Stelle, die darauf schließen lassen würde, daß die Unterweltszenerie nur metaphorischen Charakter hat, findet sich in der vierten Strophe: „und wohl, wie die Schatten, so muß ich leben" (v.55). Dies könnte man allerdings auch als Distanzierungsgeste Menons gegenüber seiner Schatten-Umgebung, mit der er ja doch leben „muß", verstehen. Vgl. v.23f.: „Immer kannst du noch nicht, o meine Seele! noch kannst du's/ Nicht gewohnen".

wege" (v.83) nennt, wäre dann ganz konkret als Ausdruck seines Übergangs in die – tiefer gelegene – Unterwelt zu verstehen.

Es ist bezeichnend, daß bislang keine Interpretation diese Alternative auch nur vorgeschlagen hat. Zu sehr zeigt sich auch hier die Macht der Modalisierung: Das Gedicht, das im Indikativ Präsens beginnt, setzt damit all die Zeichen einer ,Wirklichkeit', die der Leser für gewöhnlich unhinterfragt annehmen kann. Festzuhalten bleibt indes, daß die offenen Bezüge der doppelten Rede vom „Traum" und die Verunklärung durch das „so will es scheinen" (v.13) für eine Doppeldeutigkeit sorgen, die nicht leicht zu klären ist. Was Menon träumt und was ,wirklich' ist, ist vor dem Hintergrund der ersten Strophe nicht leicht zu entscheiden. Wie schon im *Wanderer* nutzt Hölderlin die von Schillers *Über naive und sentimentalische Dichtung* übernommene Darstellungsdifferenzierung zwischen textinterner Wirklichkeit und Fiktionalität, um die dichterische Bildkomposition in ein Schwanken zu versetzen, das den Leser zwingt, ebenso hermeneutisch hin und her zu irren wie Menon in seinem „traurigen Traum" (v.14).

Wenn die Deutungshypothese richtig ist, nach der Menon selbst der von den Todesgöttern „bezwungene[] Mann" (v.16) ist, dann scheint dies allerdings, zumindest verbal, ein ziemlich lebendiger Toter zu sein, wie schon seine Fähigkeit beweist, den „Traum" in der ersten Strophe als ,wirklich' zu präsentieren. Daß es diesem Sprechen weniger um eine tatsachengetreue Darstellung von Fakten geht, als mehr um ein noch genauer zu bestimmendes „Anderes" (v.1), zeigt sich nicht zuletzt in der Zusammenballung vieler ,unlogischer' Details: So haben sich die „Lieben" (v.13) vom Ende der ersten Strophe schon vier Verse später in die „Bösen" (v.17) transformiert; man solle, so heißt es kurz darauf, den Todesgöttern nicht „zürnen" (v.18), aber Menon belegt sie dennoch mit der wenig schmeichelhaften Anrede „ihr Bösen" (v.17). Menons Selbstaussagen sind durchgehend widersprüchlich. So kommt er bei der Rekapitulation seiner Situation in der zweiten Strophe zu der Meinung, „es frommet auch nicht [...] zu suchen" (v.15 u. 18) – und beginnt doch seine Rede mit einer Erzählung davon, wie er „[t]äglich [...] such[t]" (v.1). Er kommt zu dem Schluß: „Soll es seyn, so vergiß dein Heil, und schlummere klanglos!" – und berichtet gleich im folgenden Vers: „Aber doch quillt ein Laut hoffend im Busen dir auf." (v.22) – Fast könnte man meinen, Menon spreche nur um des Widerspruchs willen: „Festzeit hab' ich nicht, doch möcht' ich die Loke bekränzen" (v.25).

Menons sich bereits hier artikulierender, entschiedener Wille zu „[F]eiern" (v.57) scheint seiner im Titel suggerierten Klage um Diotima zu widersprechen. Doch wohlgemerkt: In den ersten beiden Strophen ist von Diotima, auch metonymisch oder metaphorisch, nicht im mindesten die Rede. Die einzigen Äußerungen, die man mit ihr in Verbindung bringen könnte, sind von auffallender Neutralität: um ein „Anderes" (v.1) und „ein Freundliches" (v.26) geht es Menon, was durch die Neutrumform nahelegt, daß hier nicht Diotima gemeint ist. Menon erzählt nur von *seiner* Situation (zweite Strophe) und *seinem* „traurigen

Traum" (erste Strophe), was er beides als „schaurig[]" (v.17) zu erleben scheint. Das Ende der zweiten Strophe ist dann auch einigermaßen überraschend:

> [...] und lächeln muß ich und staunen, 27
> Wie so seelig doch auch mitten im Leide mir ist.

Noch in Vers 20 hat Menon das „Lächeln" verworfen – nun zeigt er sich doch „staunen[d]" (v.27) dazu bereit – allerdings wohl weniger aufgrund des „nüchterne[n] Lied[s]" (v.20) der „Todesgötter", sondern eher durch eine Art selbstmotivierender Dynamik, die ihren Ursprung in dem ununterdrückbaren Wunsch zu feiern findet. Welche Spezifik mit diesem Wollen verknüpft ist, hat sich im Verlauf der ersten beiden Strophen angedeutet: Daß in Menon eine orphische Dichter-„Seele" (v.23) wohnt, hat sich nicht nur in seiner souveränen Sprachgewalt ausgesprochen. Angedeutet hat sich dies auch in seinem Wunsch, die „Loke [zu] bekränzen" (v.25) und mehr noch in einer kleinen Abweichung: In seiner Selbstansprache im bereits zitierten zentralen vierten Distichon der zweiten Strophe hieß es nicht, wie zu erwarten gewesen wäre, ‚schlummere klaglos', sondern „klanglos" (v.21) – und unwillkürlich ‚entquoll' unmittelbar darauf doch „ein Laut hoffend im Busen [ihm] auf" (v.22).

3.3.2 Bildideale

Menon selbst konzipiert die Motivation dieser „Laut[e]" als ein gegenüber seiner momentanen Wirklichkeit grundlegend „Anderes" (v.1): „ein Freundliches" (v.26), das ihm „Fernher nahe" (v.27) sei. In der folgenden Strophe entfaltet er eine kleine Poetik der Entstehung dieser „Laute", welche ihn scheinbar dem „furchtsamen Banne" (v.19) zu entreißen vermögen und ihm ein „seelig[es]" (v.28) Gefühl verursachen. Darin folgt er der Platonischen Anamnesis-Lehre, wie sie Platon in dem gleichfalls *Menon* benannten Dialog Sokrates in den Mund legt:[14]

> Sokrates: Es waren also wohl diese Vorstellungen schon in ihm? Oder nicht?

[14] Auf Platons Text weisen diverse Kommentare hin, freilich geht keiner den Implikationen nach, den dieser Intertext für eine Lektüre von Hölderlins Elegie haben könnte. In seinem Aufsatz zur Namenssymbolik folgert Wolfgang Binder, daß Hölderlin Menon als den „Bleibenden" konzipiert habe: „Indem er [d.i. Menon] sich nämlich in der Nacht des Todes des Sinns jener Liebe vergewissert, entsteht in ihm ein neues Bleiben". Wolfgang Binder: *Hölderlins Namenssymbolik.* In: ders.: *Hölderlin-Aufsätze*, a.a.O., 134-260, hier: 141. Die Bedeutung Platons für Hölderlin wurde bislang vor allem in Bezug auf Hyperion genauer analysiert; vgl. Michael Franz: *Hölderlins Platonismus. Das Weltbild der „exzentrischen Bahn" in den „Hyperion"-Vorreden.* In: *Allgemeine Zeitschrift für Philosophie* 22 (1997), H. 2, 167-187; ders.: *„Platons frommer Garten". Hölderlins Platonlektüre von Tübingen bis Jena.* In: HJb 28 (1992/93), 111-127 und Stephan Lampenscherf: *„Heiliger Plato, vergieb..." Hölderlins „Hyperion" oder Die neue Platonische Mythologie.* In: HJb 28 (1992/93), 128-151.

Menon: Ja.
Sokrates: Also auch in dem, welcher nicht weiß, sind doch richtige Vorstellungen von dem, was er nicht weiß?
Menon: Augenscheinlich.
Sokrates: Und jetzt sind ihm wohl diese Vorstellungen wie ein Traum wieder aufgeregt worden. Und wenn ihn jemand öfters und in verschiedener Weise über dasselbe befragen würde, so glaubst du gewiß, daß er zuletzt diese Dinge nicht minder genau erkennen werde als irgend jemand.
Menon: Ohne Zweifel.
Sokrates: Und nicht wahr, er wird sie erkennen, wenn ihn auch niemand lehrt, sondern nur fragt, indem er die Erkenntnis ganz aus sich selbst wieder gewinnt?[15]

In Platons Dialog geht es zwar nicht um dichterische Vorstellungen. Doch was Menon in der dritten Strophe unternimmt, hat dennoch einige Ähnlichkeit zu der von Sokrates beschriebenen Anamnesis zeitloser Bilder. Ein solcher Versuch, „Vorstellungen wie ein[en] Traum wieder auf[zu]regen", nur indem man „fragt",[16] unternimmt auch Menon: „Bilder aus hellerer Zeit leuchtet ihr mir in die Nacht?" (v.31)

Licht der Liebe! scheinest du denn auch Todten, du goldnes!
  Bilder aus hellerer Zeit leuchtet ihr mir in die Nacht?
Liebliche Gärten seid, ihr abendröthlichen Berge,
  Seid willkommen und ihr, schweigende Pfade des Hains,
Zeugen himmlischen Glüks, und ihr, hochschauende Sterne,
  Die mir damals so oft seegnende Blike gegönnt!
Euch, ihr Liebenden auch, ihr schönen Kinder des Maitags,
  Stille Rosen und euch, Lilien, nenn' ich noch oft!
Wohl gehn Frühlinge fort, ein Jahr verdränget das andre,
  Wechselnd und streitend, so tost droben vorüber die Zeit
Über sterblichem Haupt, doch nicht vor seeligen Augen,
  Und den Liebenden ist anderes Leben geschenkt.
Denn sie alle die Tag' und Jahre der Sterne, sie waren
  Diotima! um uns innig und ewig vereint;

Die ,Wiedererinnerung' an die Zeit „droben" (v.38) funktioniert mithilfe einer Willkommensgeste an all die Bild-Elemente, die „aus hellerer Zeit [...] in die Nacht" leuchten. Dabei bleibt es offen, wo der aktivische Pol dieses „Scheine[ns]" (v.29) zu situieren ist: Denn einerseits scheinen die Bilder sich unwillkürlich einzustellen; andererseits geschieht dies erst, nachdem Menon fragend nach ihnen verlangte, ja sie quasi als „Zeugen" (v.33) aufruft. Für eine Bildaktivität von Seiten Menons spricht nicht zuletzt die Tatsache, daß er sie „[be]-nenn[t]" (v.36). Die „Bilder aus hellerer Zeit" sind also nicht nur imaginiert, sondern werden genannt: „Euch [...] nenn ich noch oft" (v.36). Das ,Seh-Prinzip' der „seeligen Augen" (v.39) funktioniert durch dieses Nennen, durch

[15] Plato: *Menon*. In: ders.: *Sämtliche Werke*, Bd. 1, Berlin 1940, 411-457, hier: 436.
[16] Ebd.

das die Bilder tatsächlich zu einem „Scheine[n]" (v.29) zu werden vermögen, das „in die Nacht" (v.30) des „Todten" (v.29) leuchtet. Im zweiten und dritten Distichon der Strophe wird die Landschaft als „Zeuge[]" (v.33) gleichsam verbal herabbeschworen. Die Suggestion von konkreter Anschaulichkeit mittels Nennung wird unterstützt durch die Häufung von Adjektivattributen: „[L]iebliche Gärten", „abendröthliche[] Berge" (v.31), „schweigende Pfade" (v.32), „himmlischen Glüks" und „hochschauende Sterne" (v.33); bei genauerem Hinsehen wird indes deutlich, daß die Bilder denkbar vage bleiben und es mehr um ihren emotiven Wert als um ihre konkrete Identifizierbarkeit zu gehen scheint. Denkbar unbestimmt bleibt die – semantisch gesehen letztlich triviale – Nennung von „Gärten" (v.31), „Berge[n]" (v.31), „Pfade[n]" (v.32) und „Sterne[n]" (v.33), „Rosen und Lilien" (v36): Die durchgehenden Pluralformen indizieren keinen konkreten Anschauungsinhalt und versanden ebenso in semantischer Beliebigkeit wie die Adjektive.

Menon scheint es nicht um eine konkrete Erinnerung zu gehen, sondern um die (Re?-)Evozierung eines emotionalen Zustands, wie der Auftakt der Strophe ihn namhaft macht: „Licht der Liebe" (v.29). Vor allem die Adjektive sind Träger solcher emotionaler Valenzen: „lieblich[]" (v.31), „himmlisch[]" (v.33), „seegnend[]" (v.34). Die „Liebe" (v.29) taucht in dieser dritten Strophe noch zwei weitere Male in expliziter Erwähnung auf, und zwar in gleichsam personalisierter und pluralisierter Form in Gestalt von „Liebenden" (v.35 und v.40); das erste Mal bezieht sich diese Anrede auf die „schönen Kinder des Maitags" (v.35), womit wohl wiederum die „Rosen" (v.36) im nächsten Vers gemeint sind; das zweite Mal kann sich das Dativobjekt „den Liebenden" (v.40) sowohl auf eben diese zuvor mit „ihr Liebenden" apostrophierten „Rosen" zurückbeziehen – als auch auf die unmittelbar vor „den Liebenden" (v.40) genannten „seeligen Augen" (v.39). Da die Augen selbst schon im Plural stehen, wäre mit „den Liebenden" im letzteren Fall auch nicht unbedingt eine menschliche Zweier-Gemeinschaft (ein Liebespaar) impliziert, wie sie in der folgenden Strophe entworfen wird, sondern es kann auch nur *ein* liebender Blick gemeint sein, der eben mit zwei „[l]iebenden" (v.40) Augen sieht. Wenn sich die „Liebenden" von Vers 40 allerdings auf die „ihr Liebenden" in Vers 35 zurückbezöge, also auf die als *pars pro toto* für die „Bilder" (v.30) stehenden „Rosen", dann wäre die „Liebe" (v.29) tatsächlich eine Qualität des „Licht[es]" selbst. Vom Kontext der Strophe her bleibt offen, ob die emotionale Valenz vom betrachtenden Subjekt auf die Bilder projiziert wird und diese dadurch eine Qualität zugesprochen bekommen, die letztlich nichts mit ihnen zu tun hat – oder ob nicht die Bilder in ihrer Eigenschaft *als* Bilder die Fähigkeit zur „Liebe[s]"-Erzeugung besitzen. Diese doppelte Lesbarkeit scheint ein Indiz mit poetischer Valenz zu sein: Menons Schilderung konzipiert die Beziehung zwischen Nennen und Benanntem als eine Art gegenseitige Liebesbeziehung, die „ver*eint*" (v.42; Herv. U. D.). „[S]chön[]" ist deshalb das Adjektiv, das genau in der Mitte dieser Strophe steht: Es bringt Menons im Schillerschem Sinne naiv-klassizistische Dichtungsauffassung auf den Punkt.

Von ihrer Introduktion her sind die „Bilder“ (v.30) mit der Geltung *wirklich* erlebter Erinnerungen belegt: Sie kommen „aus hellerer Zeit“ (v.30). Andererseits werden sie gerade in Kontrast zu Menons einstiger Wirklichkeit gesetzt, was sich nicht zuletzt in ihrem gänzlich differenten Zeitmodus niederschlägt. Der Kontrast von „seelig[]“ (v.39) scheinenden Bildern und Wirklichkeit spricht sich nicht zuletzt in Menons Fazit aus: „Wechselnd und streitend, so tost droben vorüber die Zeit/ Über sterblichem Haupt, doch nicht vor seeligen Augen,/ Und den Liebenden ist anderes Leben geschenkt.“ (v.38ff.). Das „andere Leben“ wird in diesen Versen gerade dadurch bestimmt, nicht der Zeit unterworfen zu sein, die Bilder scheinen förmlich aus der Zeit ausgetreten zu sein. Diese eigentümliche Fassung von Zeitlichkeit drückt sich treffend im letzten Distichon der Strophe aus:

> Denn sie alle die Tag' und Jahre der Sterne, sie waren 41
> Diotima! um uns innig und ewig vereint;

Auffällig ist bereits die paradoxe temporale Wendung: „sie *waren* [...] *ewig*“ (Herv. U. D.) Das zeitenthobene „ewig“ wiederum wird seinerseits durch ein der Zeitmessung entlehntes Vokabular charakterisiert: „Tag' und Jahre“. Die Konjunktion des „ewig“ mit temporalen Bestimmungen qualifiziert die Zeitenthobenheit mithin als nur einen – ihrerseits zeitunterworfenen – Erlebnis*modus*. Die Imagination von etwas *als ewig* heißt allein noch nicht, daß dies tatsächlich ewig ist. Die Abgrenzung eines „andere[n] Lebens“ (v.40) in „Bilder[n]“ (v.30) gegenüber einer „wechselnd[en] und streitend[en] [...] Zeit“ (v.38), wie sie Menon verficht, funktioniert deshalb nicht. Ganz im Gegenteil zeigt der Verlauf der Elegie, welchen „Wechseln“ die in Menon personifizierten „seeligen Augen“ unterworfen sind – und Endlichkeit wird ein Modus sein, der noch der Schlußapotheose inhärent ist.[17]

Wie man hier sieht, wird die Bildauffassung Menons von der Sprache der Elegie diskret sanktioniert, da sie die Widersprüchlichkeit und zeitliche Aporetik, welche Menons Perspektive inhärent sind, kritisch perspektiviert. Auch die nächste Strophe, für die das Semikolon, mit dem die dritte Strophe endet, ein Zeichen ihrer unmittelbaren Zusammengehörigkeit setzt, veranschaulicht, wie überaus labil Menons zeitüberwindendes Bildkonzept ist. Nachdem Menon im letzten Vers der dritten Strophe mit der Anrufung „Diotima!“ (v.42) die neben ihm zweite Hauptperson der oben entworfenen Landschaftsszenerie eingeführt

[17] Als ein Indiz dafür, daß sich Menon durchaus dieser Diskrepanz bewußt ist, könnte das Genitivattribut „der Sterne“ verstanden werden: Denn die Sequenz „Tag' und Jahre der Sterne“ suggeriert eine Differenz von Sternen- und Menschenzeit. Die den Menschen inkommensurable Zeit der Sterne bildet daher einen nicht wirklich schlüssigen Vergleich, ebenso wie die widersprüchliche Konjunktion von außen und innen in „um uns innig“.

hat, führt er nun in der vierten Strophe sein Bildlichkeitsideal aus, wiederum durch einen Vergleich mit der Tierwelt, der sich inhaltlich antithetisch zu dem der ersten Strophe entfaltet:

> Aber wir, zufrieden gesellt, wie die liebenden Schwäne,
> Wenn sie ruhen am See, oder, auf Wellen gewiegt,
> Niedersehn in die Wasser, wo silberne Wolken sich spiegeln,
> Und ätherisches Blau unter den Schiffenden wallt,
> So auf Erden wandelten wir. Und drohte der Nord auch,
> Er, der Liebenden Feind, klagenbereitend, und fiel
> Von den Ästen das Laub, und flog im Winde der Reegen,
> Ruhig lächelten wir, fühlten den eigenen Gott
> Unter trautem Gespräch; in Einem Seelengesange,
> Ganz in Frieden mit uns kindlich und freudig allein.

Dieses äußerst plastische Bild, für das man noch kein literarisches Vorbild eruieren konnte – Menon scheint sich als Dichter, zumindest was die Wahl seiner Motive betrifft, emanzipiert zu haben – ist mit seiner idyllischen Szenerie als eine Art *mise en abîme* der von Menon repräsentierten klassizistischen Ästhetik lesbar. Gar nicht einmal sehr versteckt zeigt es deren Implikationen, konkret: daß das, was die „[L]iebenden“ (v.43) lebten, keine *wirkliche* Wirklichkeit war, sondern schon der Effekt eines bestimmten Ausblendungsvorgangs und eines ihm entsprechenden Blicks: ‚niedersehn‘ (v.45) heißt eben, sich nicht in der Welt umschauen. Ausgeblendet wird damit die Beschaffenheit der Wirklichkeit, in der es einen „Nord“ (v.47) und „Reegen“ (v.49) (weiterhin) gibt.[18] Die Liebenden praktizierten also, wie das Schwanenbild veranschaulicht – das in *Hälfte des Lebens* nochmals im signifikanten Kontext einer Idylle auftauchen wird –, in ihrer *Wirklichkeit* schon eine *Idealisierung* derselben. Der ausgesprochen(e) idyllische Charakter dieses Bildes beruht gerade auf dieser rigorosen Ausblendung nicht-idyllischer Elemente, welche laut Renate Böschenstein-Schäfer schon immer zum Charakter des Genres *Idylle* gehört: Eine idyllische Idealisierung funktioniert nur mithilfe einer Grenzziehung: „fundamentales Strukturmerkmal ist die Vorstellung eines abgegrenzten Raums, der vor Aggression schützt, wobei aber die Existenz von Aggression in der umgebenden Welt [...] mitevoziert wird.“[19] Ebenso grenzen hier die Liebenden all das aus, was sich

[18] Jochen Schmidt (SW 705) weist auf einen möglichen Intertext hin: „‚Der Nord‘ ist ‚der Liebenden Feind‘ bei Ovid, *Hero und Leander* [...], wo der aus Norden blasende Boreas das Gewässer stürmisch aufwühlt, das Leander von Hero trennt.“ Das Ignorieren des Windes wäre also ein fatales Verkennen von dessen Bedrohlichkeit für den idyllischen Zustand, der letztlich zum Tod führt. 1799 übersetzt Hölderlin einen Teil des Ovidschen Textes. Vgl. StA 5, 327-330.

[19] Renate Böschenstein-Schäfer: Art. *Idyllisch/Idylle*. In: Karlheinz Barck, Martin Fontius u.a. (Hg.): *Ästhetische Grundbegriffe. Historisches Wörterbuch in sieben Bänden*. Bd. 3: *Harmonie - Material*. Stuttgart; Weimar 2001, 119-138, hier: 121.

nicht ‚idyllisieren‘ läßt. Sie sind deshalb an eine Existenzform gebunden, die letztlich einen introvertierten Charakter hat: „kindlich“ und „allein“ (v.52).

Menons Schilderung thematisiert diese Beschränkungsbedingung nun in doppeltem Sinne: zum einen auf der Ebene seines damaligen Erlebens, sodann aber auch, indem er die erinnernde Hingabe an die (selbstproduzierten) „Bilder aus hellerer Zeit“ (v.30) in den letzten beiden Distichen der vierten Strophe harsch unterbricht:

> Aber das Haus ist öde mir nun, und sie haben mein Auge 53
> Mir genommen, auch mich hab' ich verloren mit ihr.

Diese ‚Beschränkung‘ des idyllischen Bildes hat einen doppelten Effekt: einerseits benennt sie auf einer zweiten, nachträglichen Stufe die Konstitutionsbedingungen des idyllischen Bildes als ein nichtwirkliches „Wunschbild“[20]; gerade dadurch aber erfährt das idyllische Bild andererseits eine Intensivierung, da die Idylle ja *dank* ihrer Beschränkung aufleuchtet. Die intensivierende ‚Erhöhung‘ der damaligen Existenz *zur* Idylle wird damit nicht zuletzt (auch) als ein nachträglicher Effekt sichtbar: Sie konstituiert sich aus dem hintergründigen Wissen um die Separierung von Wirklichkeit und Ideal in der momentanen Existenz Menons. Gerade *als* Bild bleibt die Idylle eingebunden in einen unidyllischen Kontext. Menons Dementi der zeitenthobenen „seeligen Augen“ (v.39) – „sie haben mein Auge/ Mir genommen“ (v.53f.) – durch ein temporal als Jetztzeit markiertes „nun“ (v.53) konkretisiert noch einmal exakt den oben sichtbar gewordenen Bedingungszusammenhang von einem als ewig entworfenen Erlebnismodus und seiner wiederum zeitlich, nun aber auch modal begrenzten Existenzweise.

Die sich hier langsam artikulierende Einsicht, daß die „Bilder aus hellerer Zeit“ (v.30) vielleicht nicht einfach Platonische ‚Wiedererinnerungen‘ sind, die man „ewig“ (v.42) in und vor sich hat, sondern einen gänzlich anderen Charakter haben, bleibt vorerst noch sehr implizit.[21] Menons kontrastierender Abbruch des idyllischen Bildes entspricht vorbildlich den Schillerschen Vorgaben zur elegischen Kompositionsweise, der Abbruch ist unter einer solchen formalen

[20] Böschenstein-Schäfer katalogisiert die Idylle „[a]ls eine spezifische Form der Kategorie ‚Wunschbild‘“ (ebd., 119).

[21] Bezeichnenderweise tilgt Hölderlin in der zweiten Fassung alle Passagen, die noch in der ersten Fassung eine Minderung der bildlichen Präsenzkraft gegenüber einem *wirklichen* Erleben andeuteten, so z.B. den Vers: „Einst wahrhaftiger, einst heller und schöner gesehn!“ (^{1}v.32) – Die zweite Fassung gewichtet demgegenüber anders: Nun sind die „Bilder“ keine Platonischen Bilder mehr (auch wenn sie sich zunächst so inszenieren), als mattere Versionen der „einst wahrhaftiger, einst heller und schöner gesehn[en]“ Dinge – sondern umgekehrt erfahren die Bilder gerade in der Kontrastierung zur Nacht und durch das Wissen ihrer Irrealität eine aufhellende Intensivierung, sie werden gleichsam „hell*erer*“ (v.30; Herv. U. D.). Hölderlin streicht dementsprechend in der Überarbeitung auch: „fröhlicher, ernster“ (^{1}v.39).

Perspektive geradezu die Erfüllungsbedingung für das Gelingen der Idylle. Wenn Menon nun in der fünften Strophe mit seiner schon anfänglich zitierten Klage – „Feiern möcht' ich [...]" (v.57) – einsetzt, zieht gerade die Klage darüber, „fühllos" (v.61) zu sein, aus solch einer widersprüchlichen Kontrastierung eine „eigenthümliche Nuance von Kraft",[22] die bereits einem zeitgenössischen Rezensenten auffiel.

Den Stilvorgaben einer nüchternen ‚Fühllosigkeit' entspricht Menons Ausdruck jedenfalls nicht. Der zum Auftakt der fünften Strophe neuerlich beteuerte Wunsch, zu ‚feiern' fungiert zusammen mit dem *als* Ideal decouvrierten Schwanenbild der vierten Strophe als notwendige Kontrastfolie, um die jetzige Situation Menons, die von ihren äußeren Bedingungen her (leben „wie die Schatten", v.55) tatsächlich von der Gefahr einer Fühllosigkeit bedroht ist, gerade nicht fühllos werden zu lassen. Einige Momente dieser ‚intensiven' Fühllosigkeit wurden eingangs schon genannt; insbesondere die Tatsache, daß Menon alle benannten Details emphatisch auf sich selbst bezieht, zeugt wenig von unbeteiligter „Kühl[e]" (v.66). So heißt es: „wirft *mich* hin" (v.60), „*mir* [...] schleicht" (v.62), „*mich* trüb macht" (v.63), „Aber *mir* [...] dämmert" (v.68), „*mir* hängt" (v.68). Auch die vorgebliche Bewegungslosigkeit Menons ist nur ein transitorisches Moment seines ständigen ‚Irrens' (v.4 und v.55). Die zuvor aufgestellten Kontrastfolien werden noch in diesen vorgeblich „[ge]lähmt[en]" (v.59) Zustand eingeführt; noch der Ausdruck simpler Trübheit erfordert offensichtlich seinen Kontrapart, um zur Geltung zu kommen:

> Und die Pflanze des Felds, und der Vögel Singen mich *trüb* macht, 63
> Weil mit *Freuden* auch sie Boten des Himmlischen sind. (Herv. U. D.)

„Die Pflanze des Felds, und der Vögel Singen" (v.63) importieren in die etwas matte Trübheit ein Moment von „Freuden" (v.64), welches sich dann in den folgenden Versen in einem starken negativen Bild niederschlägt. Nicht zufällig prägt Menon gerade in dieser mittleren Strophe einige seiner kraftvollsten rhetorischen Bilder, wie das von den „Stralen der Nacht" (v.66):

> Aber mir in schaudernder Brust die beseelende Sonne, 65
> Kühl und fruchtlos mir dämmert, wie Stralen der Nacht,

Dieser paradoxe Glanz konnotiert gerade keinen Zustand eines nur halbwachen „[D]ämmer[ns]", sondern ein pathetisches Moment äußerster Gespanntheit. Auch die gegenstandslose Leerheit des Himmels wird dieser übersteigerten Rezeptivität zu einem körperlich als „Last" (v.68) empfundenen, massiven Raum:

> Ach! und nichtig und leer, wie Gefängnißwände, der Himmel 67
> Eine beugende Last über dem Haupte mir hängt!

[22] StA 7,4, 17.

Es wäre überhaupt zu fragen, welchen Wirklichkeitsstatus die ‚Wahrnehmungen' von Pflanzen, Vögeln, Sonne und Himmel in Menons Unterwelt überhaupt haben und ob sie nicht Produkte blühender Phantasie sind. Dann wäre die Strategie der kontrastierenden Spannungserzeugung nämlich bereits ihrerseits Erzeugnis einer Schillerschen elegischen Spannung von wirklichem Mangel und idealer Vorstellung. Wie dem auch sei – in keiner anderen Strophe der Elegie klagt Menon so intensiv wie in dieser zentralen fünften Strophe.

Damit hat er *stimmlich* schon vorweggenommen, worum es der Elegie geht, nämlich gerade um solch ein spannungsvolles In-Beziehung-Setzen von sich eigentlich ausschließenden Widerparten. Indem die Elegie eine Figur auftreten läßt, die sich als Dichter versteht und die eine Poetik vertritt, gegenüber der – wie sich zeigen wird – sie selbst zumindest Vorbehalte hat, verdichtet sie ihr eigenes poetisches Kontrast-Programm auf einer poetologischen Ebene und erhält dadurch zugleich darstellungstechnisch *ihren* Widerpart, den sie ja ihrer eigenen Poetik zufolge zur Spannungserzeugung braucht.

Menon selbst freilich charakterisiert sich als „stumm" (v.61). Nach Vorgabe seiner platonistisch-klassizistischen Ästhetik des „[S]chönen" (v.35) muß er auch verstummen:

> Soll es werden auch mir, wie den Götterlosen, die vormals
> Glänzenden Auges doch auch saßen an seeligem Tisch',
> Aber übersättiget bald, die schwärmenden Gäste,
> Nun verstummet, und nun, unter der Lüfte Gesang,
> Unter blühender Erd' entschlafen sind [...]

Menon zitiert hier offensichtlich eine (quasi-)mythische Erzählung[23], wie sie ähnlich auch in *Brod und Wein* wiederkehren wird:[24] die Sage von einer nicht genutzten Götterpräsenz, vom Umschlag eines „[S]chwärmens" (v.73) in „[Ü]bersättig[ung]" (v.73), sobald man gewohnt ist, „an seeligem Tisch'" (v.72) zu sitzen. Im Kontext von Menons Identität als Sänger hat dieses Gleichnis („wie", v.71) eine poetologische Botschaft: es steht für die Erkenntnis, die Gabe eines göttergleichen Zustandes („seeligen Tisch" weist zurück auf die „seeligen Augen", v.39 und den „Seelengesang", v.51) nicht dichterisch fruchtbar gemacht zu haben, sondern bald „verstummet" (v.74) zu sein. Menon erkennt in dieser Erzählung offenbar Parallelen zu seiner eigenen Geschichte, das Ende, „nun unter der Lüfte Gesang,/ Unter blühender Erd' entschlafen" (v.74f.) zu sein, läßt sich sowohl auf ihn als auch auf die „Götterlosen" (v.71)[25] beziehen.

[23] Schmidt vermutet eine „[u]mdeutende Anspielung der Tantalus-Sage" (SW 706).

[24] Vgl. S. 120 ff. der vorliegenden Arbeit.

[25] „Götterlosen" muß, wie die vom Plural ‚Götter' abgeleitete Bildung andeutet, hier nicht heißen, daß die Menschen der Erzählung gegen die Götter eingestellt gewesen wären, son-

„[U]nter der Lüfte Gesang" (v.74) weist auf den Vogelgesang aus Vers 63 zurück, welcher dort offensichtlich Menons „[T]rüb[sal]" intensivierte, weil die Vögel „mit Freuden" „[s]ingen", während Menon ein solches Singen wohl schon zu Lebzeiten gerade versäumt hat. Einen Hinweis darauf, daß der vorgebliche „Seelengesang" (v.51) mit Diotima eben kein ‚echter' akustischer Gesang, sondern ein rein mentaler *Seelen*gesang war, gab in der fünften Strophe schon die Wendung „stumm wie die Kinder" (v.61) zu erahnen, denn „kindlich" (v.52) war auch ein Prädikat für Menons Existenz mit Diotima. Im Fortgang der Elegie wird es noch weitere Bestätigungen dieser Stummheit geben: „Schweigend" (v.86), „stillebegeisternd" (v.86), „[S]tillherwandelnd" (v.102).[26] Menons Stummheit in der Unterwelt ist also in dieser Perspektive nichts Neues; ganz im Gegenteil scheint sie ihm erst hier ‚fühlbar' zu werden. Erst aus der Nachträglichkeit ihres realen Verlusts hat er begonnen, seine einst *gelebte* Idylle zu verbalisieren. Angesichts dieser im Leben vertanen Chance auf eine Existenz als womöglich berühmter Sänger[27] scheint Menon nun all seine Hoffnungen auf ein „Wunder" (v.76) zu setzen:

> [...] bis dereinst sie
> Eines Wunders Gewalt sie, die Versunkenen, zwingt,
> Wiederzukehren, und neu auf grünendem Boden zu wandeln. –
> Heiliger Othem durchströmt göttlich die lichte Gestalt,
> Wenn das Fest sich beseelt, und Fluthen der Liebe sich regen,
> Und vom Himmel getränkt, rauscht der lebendige Strom,
> Wenn es drunten ertönt, und ihre Schäze die Nacht zollt,
> Und aus Bächen herauf glänzt das begrabene Gold. –

Auffällig sind die Gedankenstriche, durch welche diese dionysisch beseelte ‚Wiedererweckungsszene' eingerahmt ist. Möglich, daß Menon hier (nicht sehr wortgetreu) *zitiert*, indem er sich an sein Gespräch mit Sokrates wiedererinnert:

dern bezieht sich auf die Perspektive der Erzählung, die sich nämlich in einer nachträglichen Zeit situiert, nachdem die Götter, die „vormals" (v.71) da waren, wieder abgezogen sind – und die Menschen daher zwangsläufig ‚götterlos' sind. Daher sind die Implikationen einer hybrischen Deutung von Schmidt m.E. nicht motiviert. Vgl. SW 706.

26 Es gibt zwar auch Passagen, in denn Diotima ‚spricht', doch stehen diese immer im Kontext von Diotimas Schweigen und scheinen nur als Metapher eines *wortlosen* Verstehens intendiert zu sein: „Schweigend [...]/ *Redest* wieder, wie einst, höhere Dinge mir zu?" (v.87f.); „So [nämlich „stillherwandelnd"; U. D.] bezeugest du mir's, und *sagst* mir's" (v.105) (Herv. U. D.)

27 Ähnlich ist dies auch bei Pindar zu lesen: „Und wenn ein Mann, der Schönes getan hat, ohne Gesang,/ Hagesidamos, in des Hades Behausung/ kommt, so hat er um Eitles gestrebt und erreichte mit Mühsal eine kurze Freude." Pindar: *10. Olympische Ode*. In: Pindar: *Dichtungen*. Übertragen und erläutert von Franz Dornseiff. Hg. v. Wilhelm Haupt. Leipzig [2]1965, 55.

Sokrates: [...] Pindar sagt es und viele andere von den Dichtern, so viele deren göttliche sind. Was sie aber sagen, ist folgendes... Sieh nun zu, ob dir das, was sie sagen, wahr zu sein scheint: Sie sagen nämlich, die Seele des Menschen sei unsterblich, und bald gehe sie von hinnen, was man Sterben nenne, bald aber komme sie wieder, zugrunde aber gehe sie niemals. Man müsse deshalb sein Leben so fromm als nur möglich verleben. Denn

– von welchen zur Sühnung alten Leids Persephona
Buße empfängt, nach der Jahre neun gibt deren Seele sie wieder zurück
Zu der obern Sonne Licht.
Als herrliche Fürsten, an Weisheit größte, Kraft
durchdrungene Männer erstehn sie,
Und in Zukunftszeiten nennt als heil'ge Heroen die Nachwelt noch einstens ihre Namen.

Da nun die Seele unsterblich und öfters geboren worden ist und die Dinge hienieden und im Hades und überhaupt alle geschaut hat, so gibt es auch nichts, wovon sie nicht eine Kenntnis erlangt hätte, so daß es gar kein Wunder ist, wenn sie auch hinsichtlich der Tugend und anderer Gegenstände an das sich zu erinnern imstande ist, was sie früher davon gewußt hat.[28]

Der von Platon hier zitierte Pindar entwirft also die Möglichkeit einer Rettung auch für Figuren wie Menon, dem ja nach einer „[f]eier[liche]n" (v.57) Existenz als „herrliche[r] [Dichter-]Fürst[]" dürstet – und der doch im einstigen Leben verpaßt hat, dies zu erreichen. Gerade die Zeit „im Hades" ist in Sokrates' Modell der Anamnesis nach der Wiederkehr der Seele „[z]u der obern Sonne Licht" ein Potential, „eine Kenntnis [zu] erlang[en]". Indem Menon sich nun offensichtlich an dieses Pindarzitat erinnert, vollzieht er eine – freilich Platons Modell umkehrende – Anamnese[29], welche die folgende Strophe zu ihrem Thema macht. In ihr ‚erinnert sich' Menon an seine damals nicht ‚realisierte' ‚Erwekkung' zum Dichter und tut „Buße"[30] für die bisherige Verkennung:

Aber o du, die schon am Scheidewege mir damals,
Da ich versank vor dir, tröstend ein Schöneres wies,

[28] Plato: *Menon*, a.a.O., 428-429. In Platons Dialog gibt es eine Passage, in welcher Sokrates eine Elegie zitiert, an die Menon bei seiner Erzählung vom „seelige[n] Tisch" (v.72) gedacht haben könnte. Bei Platon ist der Zusammenhang jedoch ein ganz anderer: „Sokrates: Weißt du aber auch, daß es nicht nur dir und anderen Staatsmännern so scheint, bald, die Tugend sei lehrbar, bald nicht, sondern auch von Theognis, dem Dichter, weißt du doch, daß er ganz dasselbe sagt?/ Menon: In welchen Versen?/ Sokrates: In seinen Elegien, wo er sagt:
Denen geselle zum Trunk und zum Schmaus dich, sitze bei denen,
Zeige gefällig dich nur denen, die mächtig im Staat!
Nur von den Besten erlernst du das Beste; doch geht dir verloren,
Wenn du dich Schlechten gesellst, leicht die Vernunft, die du hast."
(Plato: *Menon*, a.a.O., 450; im Orig. kursiv).

[29] Bei Platon erinnert sich die wiedergeborene Seele, nicht die in der Unterwelt.

[30] Plato: *Menon*, a.a.O., 429.

Du, die Großes zu sehn, und froher die Götter zu singen,
Schweigend, wie sie, mich einst stille begeisternd gelehrt;
Götterkind! erscheinest du mir, und grüßest, wie einst, mich,
Redest wieder, wie einst, höhere Dinge mir zu?
Siehe! weinen vor dir, und klagen muß ich, wenn schon noch,
Denkend edlerer Zeit, dessen die Seele sich schämt.
Denn so lange, so lang auf matten Pfaden der Erde
Hab' ich, deiner gewohnt, dich in der Irre gesucht,
Freudiger Schuzgeist! aber umsonst, und Jahre zerrannen,
Seit wir ahnend um uns glänzen die Abende sahn.

Diotima erscheint in dieser Strophe in einem völlig anderen Licht als in der vierten Strophe. Der Fokus liegt nun gerade nicht mehr in der Heraufbeschwörung einer selbstgenügsamen, idyllischen, nur von „Liebe" (v.29) erfüllten Existenz, sondern in ihrer Funktion, Menon „Schöneres" (v.84) gewiesen zu haben, ihn gelehrt zu haben, „Großes zu sehn" (v.85). Markant sind die vielen Komparative wie „ein Schöneres" (v.84), „froher die Götter zu singen" (v.85), „höhere Dinge" (v.88), „edlerer Zeit" (v.90), die sich alle auf Menons neue Dichterexistenz beziehen und die darauf ausgerichtet sind, die in den Strophen drei und vier als Idealzustand eingeführte Existenz zu transgredieren. Menon klagt hier nicht um den realen Verlust Diotimas, sondern um seine eigene Verkennung ihrer Potenz, ihm dichterische Muse zu sein. Er „schämt" (v.90) sich deshalb „[d]enkend edlerer Zeit" (v.90), weil er „einst" das mit ihr verbundene „edlere[]" (v.90) Potential nicht erkannt hat, das er erst jetzt – im doppelten Wortsinn – realisiert.

Die letzten beiden Distichen der Strophe lassen sich zweifach lesen: Entweder resümieren sie Menons Einsicht in sein verfehltes Leben: Obwohl Diotima ‚wirklich' um ihn war, hat er sie nicht als die erkannt, die sie war, nämlich als „Götterkind" (v.87), als „freudiger Schutzgeist" (v.93) – so daß die „Jahre zerrannen" (v.93), ohne daß Menon aus ihrer Nähe dichterisches Kapital geschlagen hätte. Oder aber die Verse beziehen sich schon auf Menons Zeit in der Unterwelt und bezeichnen dann eine ähnliche Erkenntnis: „deiner gewohnt" (v.92) würde dann heißen, daß Menons ‚Irren' (v.4) darauf ausgerichtet war, den ehemaligen Zustand von ‚Realpräsenz' wieder herzustellen – was nicht funktionierte; erst indem er Diotimas Funktion als *idealer* „[G]eist" (v.93) zu schätzen lernt, der ihm nun (nur) als ein solcher wieder „erscheint" (v.87), bzw. erscheinen soll – Menon fragt ja nur danach –, kann er sich nun, wie zuvor die „Bilder aus hellerer Nacht" (v.30), nun die inspirative Kompetenz Diotimas wünschen. Darum entfaltet die achte Strophe das neue Modell eines „Fernher nahe" (v.27): Es scheint gerade nicht mehr darauf angelegt, Diotima ‚wirklich' nahe zu sein – sie bleibt in einem ‚anderen Leben': nämlich in jenem einer (selbst)bewußten Fiktion. Hier nun dichtet ihr Menon einiges an:

Dich nur, dich erhält dein Licht, o Heldinn! im Lichte,
Und dein Dulden erhält liebend, o Gütige, dich;

Und nicht einmal bist du allein; Gespielen genug sind,
  Wo du blühest und ruhst unter den Rosen des Jahrs;
Und der Vater, er selbst, durch sanftumathmende Musen
  Sendet die zärtlichen Wiegengesänge dir zu.

Dies sind keine „Bilder aus hellerer Zeit“ (v.30) mehr, sondern ganz neue Klänge. Die Passage beweist mit einem fast an den Exzeß grenzenden Einsatz klanglicher Mittel die sprachschöpferische Kraft Menons, der die „zärtlichen Wiegengesänge“ (v.100) selbst lautlich vorsingt, so durch den Wechsel der Konsonanten R und S („Wo du blühe*s*t und *r*uh*s*t unter den *R*o*s*en des Jah*rs*;/ Und de*r* Vate*r*, e*r* *s*elb*s*t, du*r*ch *s*anftumathmende Mu*s*en/ *S*endet die zä*r*tlichen Wiegenge*s*änge di*r* zu.“; Herv. U. D.) und die S-Alliteration („von heiter*s*innender *S*tirne/ *S*eegnend und *s*icher dein *S*tral unter die *S*terblichen fällt;/ *S*o bezeugest du mir’s, und *s*agst mir’s [...]“, v.103-105; Herv. U. D.). Insbesondere das erste Distichon dieser Passage mit seinen doppelten Wiederholungen von „Dich“ und „Licht[]“, dem Wechselklang von D- und L-Konsonanten („*D*ich nur, *d*ich erhä*l*t *d*ein *L*icht, o He*ld*in! im *L*ichte,/ Un*d* *d*ein *D*ul*d*en erhä*l*t *l*iebe*nd*, o Gütige, *d*ich“; v.95f.) und von I- und U-Vokalen („D*i*ch n*u*r, d*i*ch erhält de*i*n L*i*cht, o Held*i*n! *i*m L*i*chte,/ *U*nd de*i*n D*u*lden erhält l*ie*bend, o G*ü*t*i*ge, d*i*ch“; v.95f.) zeigt nicht nur klanglich Menons Sprechkunst, sondern belegt mit dem darin vielfach verborgenen ‚ich‘ auch dessen gewachsenes dichterisches Selbstvertrauen: „D*ich* nur, d*ich* erhält dein L*ich*t, o Heldin! im L*ich*te“ (v.95), denn letztlich ist Menon bewußt, daß dieses „Dich“ und dieses „Licht“ Produkte *seiner* Sprachschöpfung sind.

Menons Begeisterung – „Ja!“ (v.101); „Und wie [...]!“ (v.105) – gilt nicht Diotima als Liebespartnerin, sondern ihrer inspiratorischen Kraft.[31] Er wiederholt noch einmal ihre Qualität als „freundlicher Geist“ (v.103). Wenn er betont, „noch ist sie es ganz“ (v.101), sie sei „wie sonst“ (v.102), dann gilt dies ihrer jetzt erst von ihm erkannten, aber ihr auch ‚sonst‘ schon innewohnenden Kraft. Er spricht in seiner Preisung Diotima zwar all die schöpferischen Fähigkeiten zu und stilisiert sich selbst nur zu einem, der „[w]iedersag[t]“ (v.104); der bisherige

[31] Es steht daher grundsätzlich in Frage, inwiefern die Elegie tatsächlich eine „Liebeselegie“ (Karl Viëtor: *Hölderlins Liebeselegie*, a.a.O.) im traditionellen Sinne ist – oder ob Diotima nicht nur als Medium für eine „literarische Selbstreflexion“ figuriert. Vgl. Thomas Klinkert: *Literarische Selbstreflexion im Medium der Liebe. Untersuchungen zur Liebessemantik bei Rousseau und in der europäischen Romantik.* Freiburg 2002, der auf die Diotima-Gestalt im *Hyperion* eingeht. Vgl. zu dieser Thematik auch Marlies Janz: *Hölderlins Flamme – Zur Bildwerdung der Frau im ‚Hyperion‘*, in: HJb 22 (1980/81), 122-142. Janz liest Diotima als Produkt einer „Projektion“ (125) Hyperions, die vom Roman selbst kritisch sanktioniert werde: „Es gehört zu den erstaunlichsten Phänomenen des Romans, daß Hölderlin hier den projektiven Charakter der Diotima-Gestalt selbst thematisch macht“ (129); „daß dies thematisch wird, macht geradezu das Skandalon wie das selbstkritische Potential des Romans aus“ (140).

3.3.3 »Leben will ich denn auch!«

Menon vollzieht hier eine idealistische Konversion: Er erkennt nun die Diskrepanz von Wirklichkeit und Idealität an und entscheidet sich bejahend für den Entwurf eines Ideals *als* Ideal. Die daraus resultierende Botschaft lautet: „Daß unsterblicher doch, denn Sorg' und Zürnen, die Freude/ Und ein goldener Tag täglich am Ende noch ist." (v.107f.) Der absolute Komparativ „unsterblicher" steigert noch Schillers korrespondierende Maxime: „Was unsterblich im Gesang soll leben [...]".[32] Die sprachliche Verschränkung von Zeitlosigkeit („unsterblicher") mit dem ganz auf Vergänglichkeit zulaufenden Strophenende („täglich am Ende noch ist") weist auf die bereits in der dritten Strophe entworfene paradoxe Zeitlichkeit zurück. Menon scheint nicht wirklich weiter gekommen zu sein. So hat sein „[Ge]tröste[tsein]" (v.84), seine endgültige Anerkennung des Verlusts[33] etwas fast schon *zu* Ideales:

> So will ich, ihr Himmlischen! denn auch danken, und endlich
>   Athmet aus leichter Brust wieder des Sängers Gebet.
> Und wie, wenn ich mit ihr, auf sonniger Höhe mit ihr stand,
>   Spricht belebend ein Gott innen vom Tempel mich an.
> Leben will ich denn auch! schon grünt's! wie von heiliger Leier
>   Ruft es von silbernen Bergen Apollons voran!
> Komm! es war wie ein Traum! Die blutenden Fittige sind ja
>   Schon genesen, verjüngt leben die Hoffnungen all.
> Großes zu finden, ist viel, ist viel noch übrig, und wer so
>   Liebte, gehet, er muß, gehet zu Göttern die Bahn.
> Und geleitet ihr uns, ihr Weihestunden! ihr ernsten,
>   Jugendlichen! o bleibt, heilige Ahnungen, ihr
> Fromme Bitten! und ihr Begeisterungen und all ihr
>   Guten Genien, die gerne bei Liebenden sind;
> Bleibt so lange mit uns, bis wir auf gemeinsamem Boden
>   Dort, wo die Seeligen all niederzukehren bereit,
> Dort, wo die Adler sind, die Gestirne, die Boten des Vaters,
>   Dort, wo die Musen, woher Helden und Liebende sind.
> Dort uns, oder auch hier, auf thauender Insel begegnen,
>   Wo die Unsrigen erst, blühend in Gärten gesellt,
> Wo die Gesänge wahr, und länger die Frühlinge schön sind,
>   Und von neuem ein Jahr unserer Seele beginnt.

Man hat bemerkt, daß diese Schlußapotheose förmlich durchtränkt ist von traditionellen Topoi des *poeta vates*[34]: „Spricht belebend ein Gott [...] mich an"

[32] Friedrich Schiller: *Die Götter Griechenlandes*. Zweite Fassung. In: ders.: *Werke und Briefe in zwölf Bänden*. Band 1: Gedichte, a.a.O., 162-165, hier: 165, v.128.

[33] Vgl. dazu Binder: *Abschied und Wiederfinden*, a.a.O., 275.

[34] Vgl. dazu symptomatisch den Kommentar von Jochen Schmidt, der eine „Wendung zum Dichtertum: zum ‚Sehen' – im Sinne des Seher-Dichters, des poeta vates – und ‚Singen'" konstatiert (SW 707).

(v.112), „wie von heiliger Leier/ Ruft es von silbernen Bergen Apollons voran!" (v.113f.); „heilige Ahnungen" (v.120), „[f]romme Bitten" (v.121), „Begeisterungen" (v.121), „[g]ute[] Genien" (v.122), „Weihestunden" (v.119). Das Ziel ist klar: „gehet, er muß, gehet zu Göttern die Bahn" (v.118). Doch mischen sich in diese scheinbar idealistische Vision eines „dezidiert poetische[n] Elysium[s]"[35] auch andere Töne: „Leben will ich denn auch! Schon grünt's!" (v.113) – Hat Menon in diesem persönlichen Lebenswunsch vergessen, daß doch, was in „Gesängen" (v.129) leben soll, „im Leben untergehn"[36] muß? Sein „Schon grünt's!" (v.113) zitiert die Auferstehungsmythe der sechsten Strophe: „Wiederzukehren, und neu auf grünendem Boden zu wandeln. –" (v.77); und der dort als „Heiliger Othem" (v.78) eingeführte Erweckungsgeist „[s]pricht [nun] belebend [als] ein Gott [ihn] an" (v.112).[37] Hier wird transparent, wodurch sich dieser idealistische Aufschwung der Schlußapotheose motiviert: „Komm! es war wie ein Traum! [...] verjüngt leben die Hoffnungen all" (v.115f.) – dahinter verbirgt sich keine Idealisierung, sondern eine *reale* Auferstehungshoffnung Menons. „*[N]ach der Jahre neun gibt deren Seele sie wieder zurück/ Zu der obern Sonne Licht*"[38], so hat Menon von Pindar durch Sokrates gehört; Menon ist analog dazu in der *neunten* Strophe der Elegie angekommen. Diese letzte, neunte Strophe ist mit elf Distichen ungleich länger als ihre Vorgänger, die sechs oder sieben Distichen zählten. Und nach *neun* Distichen, in denen sich Menon nach allen Regeln der Kunst immer mehr in Ekstase gesprochen hat,[39] unterläuft ihm im zehnten Distichon ein unschöner ‚Patzer'. Nach dem dreimal wiederholten Versanfang „Dort, wo" (v.124ff.) und nachdem er im Pentameter des neunten Distichon bei „Helden und Liebende[n]", also bei sich selbst, angekommen war, „[d]ort" gerade scheint Menon plötzlich nicht weiter zu wissen:

> Dort *uns, oder auch hier*, auf thauender Insel begegnen,
> Wo die Unsrigen erst, blühend in Gärten gesellt, (Herv. U. D.) 128

Der nach dem idealistischen Aufschwung ziemlich abrupte Einschub „oder auch hier" – spricht Bände für die Irritation, die Menon offensichtlich durch das Ausbleiben der Wiedererweckung ereilt. Auch das Hyperbaton, das nach dem dreimaligen „Dort, wo" (v.124-126) dessen Einheit plötzlich auseinanderreißt und

[35] Schuster: *Poetologie der Distanz*, a.a.O., 317.

[36] Schiller: *Die Götter Griechenlandes*, a.a.O., 165, v.128.

[37] Vgl. Schuster: *Poetologie der Distanz*, a.a.O., 316: „Was explizit als mythologischer Vergleich für die Situation der Einsamkeit des lyrischen Ich begann [...], endet, in exakter Umkehrung dazu, mit einer Auferstehungshoffnung im Zeichen des Festes und der Gemeinschaft der Liebe. Im mythologischen Bild ist damit der Ausgang der Elegie selbst antiziipiert." – Nur: Welchen Ausgang hat die Elegie?

[38] Plato: *Menon*, a.a.O., 428-429; im Orig. kursiv.

[39] Vgl. Ludwig Strauss: *Zur Struktur des deutschen Distichons*. In: *Trivium* 6 (1948), 52-83, hier: 79: „Große Gruppen von Distichen treten in den Zusammenhang einer einzigen Periode von starker Strömung".

auf zwei Versanfänge verteilt, ist dafür Zeuge. Der nachfolgende Pentameter macht weder syntaktisch noch semantisch Sinn. Hier wird allzu deutlich, daß Menon zuletzt aus einer idealistischen *Pose* gesprochen hat, die sich aus der (platonisch-pindarisch begründeten) Hoffnung auf erneutes Realleben speiste. Das letzte Distichon der Elegie ist in dieser Hinsicht sehr vielsagend:

> Wo die Gesänge wahr, und länger die Frühlinge schön sind,
> Und von neuem ein Jahr unserer Seele beginnt.

„Wo die Gesänge wahr [sind]“, das scheint als direkter Respons zu Sokrates' Aufforderung gemeint zu sein: „Sieh nun zu, ob dir das, was sie sagen, wahr zu sein scheint“[40] – Menon selbst wollte es wohl, bis zum zehnten Distichon, so scheinen, *daß* die Gesänge wahr sind; die explizite Konjunktion von Wahrheit und Gesang im letzten Distichon kann daher als Indiz dafür gelten, daß sie *hier* jedenfalls nicht wahr sind. Menons „auch mir, so will es scheinen“ (v.13) aus der ersten Strophe erscheint nun ebenso zwielichtig, wie der (scheiternde) Versuch, seine Schattenexistenz als „Traum“ (v.115) zu dequalifizieren. Bereits am Anfang der Elegie hatte es den Anschein, als spreche Menon vor ‚Publikum‘ („ihr Lieben!“, v.13),[41] und es stellt sich die Frage, ob sein Sprechen nicht in der Tat ein von Anfang an inszeniertes Schauspiel war, als eine vom Platonischen Pindar suggerierte „Buße“[42], mit der Menon als eine Art umgekehrter und selbsternannter Orpheus seine Errettung aus dem Orkus erzwingen wollte („er muß“, v.118) – was dann allerdings gerade dazu führte, daß Menons Gesang selbst nicht „wahr“ war.

Der Titel der Elegie hätte damit auch eine Art Korrektivfunktion in Bezug auf das Ende, eine Art letztes Wort zu dem, was es zu bedeuten hat, wenn Menon am Schluß sagt, daß „von neuem ein Jahr unserer Seele beginnt“ (v.130): Die zyklisch angelegte Wiederholungsfigur führt die Elegie zu ihrem Anfang, welcher bereits eine repetitive Handlung signalisierte: “*Täglich* geh' ich heraus“ (v.1; Herv. U. D.). Die der Klage inhärente Spannung wird im Verlauf der Elegie nicht aufgelöst, sondern aufgebaut. Nun kann der „Verwandlungsprozeß eines Bewußtseins von melancholischer Regression zu utopischer Dynamik“[43] erneut beginnen.

[40] Plato: *Menon*, a.a.O., 428.

[41] Cyrus Hamlin erklärt diese „otherwise enigmatic phrase of direct adress [...] to the hypothetical audience of the poet, including ourselves as readers, who might in truth provide the relief, which the poet seeks, from his mournful dream.“ Hamlin: *The Philosophy of Poetic Form*, a.a.O., 307.

[42] Plato: *Menon*, a.a.O., 429.

[43] Rainer Nägele: *Literatur und Utopie. Versuche zu Hölderlin*. Heidelberg 1978, 135.

3.4 »Das Wissen von enthusiastischen Zuständen«: Poetische Transsubstantiation in *Brod und Wein*

Ist er der Vater Bacchus, oder trägt er blos den Thyrsusstab, um es zu seyn?
Johann Gottfried Herder: *Pindar und der Dithyrambensänger*

Wie dem Schluß der Elegie *Menons Klagen um Diotima* abzulesen war, scheint mit der Durchsetzung einer ‚sentimentalischen' Darstellung und damit eines Darstellens „aus zweiter Hand" (Schiller) und eines mit ihr einhergehenden ästhetischen Bewußtseins für den modernen Dichter eine Möglichkeit ausgeschaltet: die Rolle des *poeta vates*. „Nicht länger eröffnet der Enthusiasmus eine Aussicht auf verborgenes Wissen. Vielmehr ist er selbst zweifach durch Wissen begrenzt: durch das Wissen von der Beschaffenheit der Welt und durch das Wissen von enthusiastischen Zuständen".[1] Doch schon Sokrates führt im Platonischen *Phaidros* aus, wie schlecht sich dichterischer Enthusiasmus und Besonnenheit vertragen:

> Die dritte Art von Begeisterung und Wahnsinn ist die von den Musen, die, wenn sie eine zarte und unentweihte Seele ergreift und zu Festgesängen und anderer Dichtung aufregt und entzückt, tausend Taten der Alten verherrlichend, die Nachkommen bildet. Wenn aber einer ohne diesen Musenwahnsinn zu den Pforten der Dichtkunst kommt, in der Überzeugung, er könne auch wohl durch Kunst ein guter Dichter werden, der wird teils selber als ein Ungeweihter erachtet, teils wird seine Dichtung als die des Besonnenen von der der Wahnsinnigen verdunkelt.[2]

Platons wirkungsmächtige Zuschreibung des „Musenwahnsinn[s]" an den Dichter muß aus ‚sentimentalischer' Perspektive, welche ein ästhetisches Wissen *innerhalb* des poetischen Textes situiert, als Zumutung verstanden werden; doch scheint gerade aus solch einer reflektierten Position heraus die Faszinationskraft eines ekstatischen Sprechens als Verheißung einer Ausschaltung der Reflexion

[1] Schlaffer: *Poesie und Wissen*, a.a.O., 43. Schlaffer zufolge führt gerade diese Eingrenzung zur Etablierung einer separaten ästhetischen Sphäre: „In der respektvollen, aber unnachgiebigen Begrenzung des enthusiastischen Zustands bereitet sich der Sonderstatus des Ästhetischen vor: Ihm wird eine Ausnahmestellung innerhalb der sonst geltenden Gesetze der Welt zugebilligt, die von ihm zeitweise überschritten, aber nicht dauerhaft aufgehoben werden können." (Ebd., 41).

[2] Plato: *Phaidros*. In: ders.: *Sämtliche Werke*. Berlin 1940, Bd. 2, 409-481, 434. Auf die Bedeutung des Dialogs für Hölderlin hat die Forschung wiederholt hingewiesen. Vgl. HHB, 109, 122, 152; Hölderlin schreit Neuffer in einem Brief vom 10. Oktober 1794, er plane einen „Aufsaz über die ästhetischen Ideen [...] als ein Kommentar über den Phädrus des Plato" (StA 6,1, 137; im Orig. gesperrt).

zu entspringen. Das enthusiastische Sprechen ist daher eine besondere Herausforderung für das Spannungsverhältnis, welches Phantasie und Wissen im Zuge eines ,modernen' Dichtungs-Verständnisses eingehen. Da Hölderlin selbst nicht selten eine ,sehende' Dichter-Rolle unterstellt wird, nicht zuletzt auch in der „Prophetie"[3] von *Brod und Wein*,[4] scheint eine Klärung der Position, die ein solches enthusiastisches Sprechen im Kontext seiner Poetik besitzt, gerade auch anhand dieser wohl „frühstens Mitte 1801"[5] entstandenen Elegie notwendig, welche als Höhepunkt von Hölderlins Elegienproduktion gilt, laut Hellingrath gar als „beste Grundlage [...] zum Eindringen in Hölderlins Gedankenwelt".[6]

3 Vgl. Stephan Wackwitz: *Friedrich Hölderlin.* Stuttgart 1985, 129; vgl. auch ebd., 130: „Die ,prophetische' Funktion der Dichtung, die in den Hymnen sich erfüllt, wird in den Elegien vorbereitet."

4 Im folgenden zitiert nach: StA 2,1, 90-95 unter Angabe der Verszahl. Literatur: Timothy Howe Bahti: *The appearance of 'dialectic' in Hölderlins „Brod und Wein"*. In: ders.: *Dialectic and negativity: readings in the rhetoric of romanticism.* Michigan 1984, 184-263; John Jay Baker: *The Problem of Poetic Naming in Hölderlins Elegy "Brod und Wein"*. In: *Modern Language Notes* 101 (1986), 465-92; Friedrich Beißner: *Geschichte der deutschen Elegie.* Berlin ^{2}1961, 172-180; Paul Böckmann: *Friedrich Hölderlin. „Brod und Wein. An Heinze"*. In: Benno von Wiese (Hg.): *Die deutsche Lyrik. Form und Geschichte.* Interpretationen 1, Düsseldorf 1956, 394-413; ders.: *Das Bild der Nacht in Hölderlins „Brod und Wein"*. In: ders.: *Formensprache. Studien zur Literarästhetik und Dichtungsinterpretation.* Hamburg 1966, 330-340 u. 536-538; Andreas Böhn: *Vollendende Mimesis. Wirklichkeitsdarstellung und Selbstbezüglichkeit in Theorie und literarischer Praxis.* Berlin 1992, 58-66; Manfred Frank: *Der kommende Gott. Vorlesungen über die Neue Mythologie.* Frankfurt am Main 1982; Mommsen: *Traditionsbezüge als Geheimschicht in Hölderlins Lyrik*, a.a.O.; Carl Müller-Rastatt: *Friedlich Hölderlin. Sein Leben und sein Dichten. Mit einem Anhange ungedruckter Gedichte Hölderlins.* Bremen 1894; Rainer Nägele: *Text, Geschichte und Subjektivität*, a.a.O.; Günter Niggl: *Gattungstraditon gegen Originalität in Hölderlins lyrischem Spätwerk*, a.a.O., 216-227; Emil Petzold: *Hölderlins „Brod und Wein". Ein exegetischer Versuch* [1896]. Neudruck: durchgesehen von Friedrich Beißner. Darmstadt 1967; Jochen Schmidt: *Hölderlins Elegie „Brod und Wein". Die Entwicklung des hymnischen Stils in der elegischen Dichtung.* Berlin 1968; Schuster: *Poetologie der Distanz*, a.a.O., 335-380; Wackwitz: *Trauer und Utopie*, a.a.O., 79-113; Gottfried Willems: *Der dichterische Enthusiasmus und die Macht der Negativität. Über Hölderlins Elegie „Brod und Wein"*. In: *Jahrbuch der deutschen Schillergesellschaft* 32 (1988), 116-147.

5 FHA 6, 203.

6 „Hier [...] ist die grosse Versöhnung mit allen ihren Wurzeln dargelegt: der Dichter, dem so gut wie Heinse der ,Tag' – ihm gehört ja Hellas zu – lieber war, versöhnt sich mit der Nacht als der Mutter des Tages; im einfachen Wortsinn [...] ist sie die Zeit der Begeisterung und Entrückung, im weltgeschichtlichen Sinne die Zeit, wo uns die Götter schonen, uns durch ihr Fernsein die Ruhe gönnen, die wir brauchen [...], um den neuen Tag, die Einkehr der Götter [...] tragen zu können" (HSW 318). Groddeck resümiert 2002: „Kaum eine größere Arbeit der H[ölderlin]-Sekundärliteratur kommt ohne Bezugnahmen auf dieses Gedicht aus, da hier anscheinend ,Hölderlins Gedanken in seltener Vollzähligkeit vereinigt sind'". Groddeck beurteilt die Erträge der Forschung allerdings recht kritisch: „So wurde und wird die Elegie als eine Art Summe von H[ölderlin]s Gedankenlyrik gewertet und vor allem als weltanschauliches Lehrgedicht aufgefaßt". Groddeck: *Elegien*, a.a.O., 327.

Gegen diese solide Einschätzung als feste Referenz für Hölderlins Poetik steht die Schwierigkeit der Textgrundlage. Die Elegie wurde mit Ausnahme der ersten Strophe zu Lebzeiten Hölderlins nicht publiziert. Erhalten sind zwei Handschriften unterschiedlicher Überarbeitungsstufen, die jedoch jeweils interlineare Einfügungen aufweisen. Eine Reinschrift also, an der die Arbeit am Text zu einem – wenn auch nur vorläufigen – Ende gekommen ist, gibt es nicht.[7] Gleichwohl weist zumindest die ‚erste Schicht' der Handschrift im Homburger Folioheft isoliert betrachtet eine vollkommen durchkomponierte Form auf; sie wurde daher der gängige Referenztext und soll auch die Grundlage der folgenden Interpretation sein.[8]

Inhaltlich betrachtet erweist sich die äußere Doppelcodierung jedoch bereits für die erste Fassung als symptomatisch. Denn bei genauerem Hinsehen zeigt sich, daß es alles andere als einfach ist, eine lineare „thematische Gliederung"[9] zu finden – ganz zu schweigen von einer, die sich "mit dem formalen Aufbau vollkommen deckt."[10] Der komplexe Darstellungsstil der Elegie ist perspektivisch und stilistisch so reich an Ton-Wechseln und inneren Spannungen, daß man gar meinte, es ergebe „sich eine unendliche Vielfalt semantischer Kombinationen."[11] Zwischen den Alternativen einer strengen Einstimmigkeit und einer unendlichen Vielstimmigkeit wollen die folgenden Ausführungen zeigen, daß sich die zentrale Spannung der Elegie in einer Zweistimmigkeit artikuliert, mittels derer die poetologischen Reflexionsprozesse über das Verhältnis von

7 Eine erste, schon damals dem Freund Wilhelm Heinse gewidmete Fassung entstand unter dem Titel *Der Weingott*, welcher allerdings in dem enthaltenen Manuskript schon mit *Brod und Wein* überschrieben ist. Die Reinschrift aus dem Homburger Folioheft trägt dann den endgültigen und alleinigen Titel *Brod und Wein*. Wie das Verhältnis von Reinschrift und interlinearem Zusatz zu bewerten ist, ist in der Forschung umstritten. Sattler bewertet die Geltung der Reinschriften durch die Interlineareinträge tendenziell als überwunden: „Denkbar ist, daß die Elegien eigens für die Umgestaltung ins Reine geschrieben wurden." (FHA 6, 203) Gegen die Versuchung, aus den Interlineareinträgen einen neuen Text zu konstituieren (so in der FHA), gibt Reitani indes zu bedenken, daß diese auch als eine Art Kommentar ohne eigene Autonomie verstanden werden könnten. (Vgl. TL 1777) Speziell zu den späten Überarbeitungen vgl. Werner Almhofer: *„Wildniß" und Vergnügen. Hölderlins mythologische Bildersprache in den späten Korrekturen von ‚Brod und Wein'*. In: HJb 26 (1988/89), 162-174; Bernhard Böschenstein: *„Brod und Wein": von der ‚klassischen' Reinschrift zur späten Überarbeitung*. In: Valérie Lawitschka (Hg.): *Hölderlin: Christentum und Antike. Turm-Vorträge 1989/90/91*. Tübingen 1991, 173-200; Wolfram Groddeck: *Die Nacht. Überlegungen zur Lektüre der späten Gestalt von „Brod und Wein"*. In: HJb 21 (1978/79), 206-224; Alice A. Kuzniar: *The Revisions: „Patmos" and „Brod und Wein"*. In: dies.: *Delayed Endings. Nonclosure in Novalis und Hölderlin*. Athens 1987, 170-186.

8 Wo es relevant ist, werden die Interlinearzusätze natürlich berücksichtigt. Knaupp (MA I, 372ff.) bietet eine Parallelsynopse – im Fall von Zitaten aus dieser späteren Stufe zitiert nach ebd. mit dem Zusatz a.

9 Schmidt: *Hölderlins Elegie „Brod und Wein"*, a.a.O., 9.

10 Ebd.

11 Groddeck: *Elegien*, a.a.O., 330.

Enthusiasmus und ästhetischem Wissen ausgetragen werden. Um deren Entfaltung soll es im folgenden gehen.

3.4.1 Im Zwielicht

Rings um ruhet die Stadt; still wird die erleuchtete Gasse,
Und, mit Fakeln geschmükt, rauschen die Wagen hinweg.
Satt gehn heim von Freuden des Tags zu ruhen die Menschen,
Und Gewinn und Verlust wäget ein sinniges Haupt
Wohlzufrieden zu Haus; leer steht von Trauben und Blumen,
Und von Werken der Hand ruht der geschäfftige Markt.
Aber das Saitenspiel tönt fern aus Gärten; vieleicht, daß
Dort ein Liebendes spielt oder ein einsamer Mann
Ferner Freunde gedenkt und der Jugendzeit; und die Brunnen,
Immerquillend und frisch rauschen an duftendem Beet.
Still in dämmriger Luft ertönen geläutete Gloken,
Und der Stunden gedenk rufet ein Wächter die Zahl.
Jezt auch kommet ein Wehn und regt die Gipfel des Hains auf,
Sieh! und das Schattenbild unserer Erde, der Mond
Kommet geheim nun auch; die Schwärmerische, die Nacht kommt,
Voll mit Sternen und wohl wenig bekümmert um uns,
Glänzt die Erstaunende dort, die Fremdlingin unter den Menschen
Über Gebirgeshöhn traurig und prächtig herauf.

Zu Hölderlins Lebzeiten erschien von *Brod und Wein* nur die erste Strophe, die schon in der ersten Reinschrift von *Der Weingott* weitgehend in jener Gestalt ausgearbeitet war, die sie bis zuletzt behalten sollte[12], unter dem Titel *Die Nacht* in Leo von Seckendorfs *Musenalmanach für das Jahr 1807*.[13] Clemens Brentano sagte von ihr: „Es ist diese eine von den wenigen Dichtungen, an welchen mir das Wesen eines Kunstwerkes durchaus klar geworden.“[14] In der Tat scheint die erste Strophe eine Art abgehobenes Vorspiel zu dem Rest der Elegie darzustellen, „ein kunstvolles Arrangement, das paradoxerweise völlig für sich steht [...], andererseits aber – im Hinblick auf die folgenden Strophen – über sich hinausweist“.[15] Ein gewisses „Befremden“[16] hat sich immer wieder eingestellt:

[12] Vgl. FHA 6, 210.

[13] *Die Nacht* erschien zusammen mit den Gedichten *Die Herbstfeier* und der um die letzte Strophe gekürzten *Die Wanderung*. Gegenüber der hier zugrunde gelegten Fassung weicht der Druck vor allem durch die Ersetzung von „Schattenbild“ durch „Ebenbild“ ab (v.14), was aus einer späteren Überarbeitung resultiert. Abdruck in: FHA 6, 120. Zu der erstaunlichen Editionsgeschichte des Textes insgesamt vgl. Groddeck: *Elegien*, a.a.O., 327f.

[14] Zitiert nach StA 7,2, 434.

[15] Schuster: *Poetologie der Distanz*, a.a.O., 336. Vgl. auch Hölderlins Bemerkung, daß „überhaupt in einem guten Gedichte eine Redeperiode das ganze Werk repräsentiren kann“ (StA 4,1, 229).

[16] Schuster: *Poetologie der Distanz*, a.a.O., 339.

> Bereits am Anfang von ,Brot und Wein' wird die stillschweigend vorausgesetzte epische Gegenständlichkeit von den sprachlichen Konfigurationen so tingiert, als wäre sie weit weg, bloßes Gedächtnis wie das Saitenspiel des Einsamen, der ferner Freuden gedenkt und der Jugendzeit. Die Sprache bekundet Abgeschiedenheit, die Trennung von Subjekt und Objekt für den Staunenden. [...] Vor dem Allbekannten reiben Hölderlins Verse sich gleichsam die Augen, als wäre es ein erstes Mal; Bekanntes wird durch den Vortrag unbekannt, sein Bekanntsein zum Schein [...].[17]

Adorno, der hier sehr sensibel wahrnahm, erkannte in der ersten Strophe der Elegie „Form [...] als sedimentierter Inhalt".[18] Doch welcher Inhalt sedimentiert sich hier zur Form? Und durch welche „Form" kommt der Eindruck, „daß die Sprache fernrückt",[19] zustande?

Schuster versuchte, die befremdende Wirkung des Anfangs folgendermaßen zu erklären:

> Bei den ersten drei Distichen handelt es sich um ein *reines* – und zunehmend statisches – *Bild.* Es fehlt ein explizit auftretendes Subjekt, ein lyrisches Ich, das die momentane Situation durch Reflexion oder Imagination temporal transzendieren könnte. Die Irritation der ersten Verse rührt genau von diesem Fehlen des ,ich' her: Die transzendentale Apperzeption [...] als temporale Verknüpfungsleistung, die das Subjekt zu leisten hätte, ist gleichsam an den Text delegiert [...].[20]

Wenn Groddeck gerade diesen ersten drei Distichen einen „naiven" Ton zuweist,[21] dann müßte dies laut Schuster als ,naiv' im Sinne von Schillers naiver Darstellungsart verstanden werden, in der sich das sprechende Subjekt ja gerade selbst zum Verschwinden bringt. Daß ein „explizit auftretendes Subjekt" fehlt, heißt allerdings noch nicht, daß kein wahrnehmendes oder imaginierendes Ich implizit vorhanden ist, auch wenn es sich nicht ausdrücklich thematisiert – und in Vers 14 ist es dann in dem Imperativ „Sieh! und in dem Pronomen „unserer

[17] Theodor W. Adorno: *Parataxis.* In: ders.: *Noten zur Literatur.* Hrsg. v. Rolf Tiedemann. Frankfurt am Main ^{7}1998, 447-491, hier: 469.

[18] Ebd.

[19] Ebd.

[20] Schuster: *Poetologie der Distanz*, a.a.O., 339.

[21] Groddeck schlägt vor, die gesamte Elegie mit Hölderlins ,Lehre vom Wechsel der Töne' zu lesen: „In der ersten Strophe von *Brod und Wein* erscheint der Tönewechsel [...] besonders evident: Im ersten Drittel der Strophe wird ein ,naives' Bild gezeichnet, indem der Feierabend in der Stadt beschrieben wird. (v.1-6); der Mittelteil (v.7-12), der von Gesang und Saitenspiel spricht, kann als ,idealisch' empfunden werden, und der letzte Teil (v.13-18), der das Heraufkommen der Nacht, der ,Fremdlingin unter den Menschen' schildert, ist als ,heroisch' qualifizierbar [...] Dieses Prinzip der Abfolge von naivem, idealischem und heroischem Ton kann auch in der Anordnung der ersten drei Strophen entdeckt werden, wo nun die erste Strophe als ganze ,naiv' wäre, die zweite, welche sich der ,Gunst' (v.19) der Nacht überläßt, ,idealisch' erschiene und die dritte, die zum Aufbruch ruft – ,so komm, daß wir das Offene schauen' (v.41) – sich als ,heroisch' darstellte." Groddeck: *Elegien*, a.a.O., 329.

Erde" tatsächlich personal präsent. In der Tat hat das Ich in Hölderlins späteren Elegien auf der reinen Textoberfläche längst nicht mehr den alles beherrschenden Stellenwert wie noch in *Der Wanderer* oder *Menons Klagen um Diotima*. Da es jedoch durchaus denkbar ist, daß auch dort eine personale Perspektive vorherrscht, wo sich kein Ich explizit nennt, kann man den besonderen Effekt der ersten Strophe nicht nur mit dem Fehlen eines expliziten Ichs erklären. Die ersten drei Distichen verzichten auch nicht vollkommen auf eine Perspektivierung von Wahrnehmung und erbringen durchaus eine Art von „Verknüpfungsleistung": Visuelle und auditive Wahrnehmungen werden geschildert, und was nicht direkt sichtbar ist, scheint als Erinnerung an den vergangenen Tag, Mutmaßung (in dem „vieleicht" in Vers 7 und dem „wohl" in Vers 16 gar explizit als solche thematisiert) oder Gedankenassoziation doch dem Sichtbaren verbunden. Von einer „absoluten Lyrik"[22] kann daher kaum die Rede sein.

Wie Schuster in seiner akribischen Lektüre zeigt,[23] sind die einzelnen Elemente dieser Wahrnehmung der ersten Strophe, nicht nur der ersten drei Distichen, schwer auf *einen* kohärenten Nenner zu bringen: oxymorontisch verschränken sich Bewegung und Ruhe, Stille und Geräusch, so besonders prägnant in dem Vers „*Still* [...] *ertönen* geläutete Gloken" (v.11; Herv. U. D.). Dem Insistieren auf Ruhe („ruhet", v.1; „zu ruhen" v.3; „ruht" v.6) und Stille („still", v.1; v.11) widersprechen die gehäuften Verben der Bewegung: „wird" (v.1); „hinweg [...] rauschen"; (v.2); „gehn" (v.3), später das dreimal variierte „Kommen" (v.13, 15, 16) –, auf auditiver Ebene das zweifache Rauschen (v.2, v.10), die Durchbrechung der Stille durch das „Saitenspiel" (v.7), welches „tönt" (v.7), das „[E]rtönen der geläuteten Gloken" (v.11) und das „Rufen" (v.12) des Wächters.[24] Diese kontrastive Zusammendrängung entgegenstehender Wahrnehmungen ist Ausdruck der spezifischen Perspektivik der ersten Strophe. Denn nicht das völlige Fehlen einer personalen Perspektive erregt den Eindruck des Unbekannt*werdens* („Bekanntes *wird* [...] unbekannt", Adorno, s.o.; Herv. U. D.) – sondern die Überblendung einer angespielten personalen Sicht durch eine sich zu dieser ex-zentrisch positionierenden. Und erst diese Konfrontation zweier unterschiedlicher Perspektiven und Wahrnehmungen erzeugt den Eindruck,

22 Vgl. Jürgen H. Petersen: *Absolute Lyrik. Die Entwicklung poetischer Sprachautonomie im deutschen Gedicht vom 18. Jahrhundert bis zur Gegenwart*. Berlin 2006. Petersen betont in Bezug auf Hölderlin: „Hölderlins Gedichte [...] signalisieren [...] einen Sprachwandel. Entschiedener als alle Vorgänger löst Hölderlin Wörter aus ihren referentiellen Bezügen und benutzt sie als eigenständige, nicht sachgebundene Signale für die angestrebte Sinnkonstitution [...], [die] nicht der Sachklärung und Ortsbestimmung dien[t], sondern der Konstitution einer festlichen, metaphysisch gesteigerten Atmosphäre." (Ebd., 59)

23 Schuster weist Stilmittel wie Hysteron-Proteron, Chiasmus und Oxymoron nach. Ich verweise auf seine ausführliche Analyse: *Poetologie der Distanz*, a.a.O., 337-343.

24 Jochen Schmidt konstatiert einen regelmäßigen Wechsel „zwischen Lautkonturen von feiner Unbestimmtheit und deutlicher Bestimmtheit, zwischen schwebenden Tönen aus der Ferne und Geräuschen aus der Nähe." Schmidt: *Hölderlins Elegie „Brod und Wein"*, a.a.O., 36.

daß es sich einerseits um etwas Bekanntes und Vertrautes handelt – das jedoch zugleich eine seltsame Verfremdung erfährt.

Besonders hölderlintypisch zeigt sich diese Überblendung in der meist als transitiv gebraucht verstandenen Apposition „die Erstaunende“ in Vers 15. Knaupp kommentiert hierzu:

> Transitiv gebraucht im Sinne von „die Staunen machende“. [...] Diese Deutung erfährt allerdings eine Einschränkung dadurch, daß bei Hölderlin besonders nach 1800 häufig Formulierungen auftreten, in denen eine Vertauschung von grammatischem Subjekt und Objekt möglich ist, bzw. nicht eindeutig zu klären ist, welches Wort das Subjekt des Satzes ist. Dieser schwebende Zustand [...] ist von Hölderlin vermutlich intendiert.“[25]

Die doppelte Lesbarkeit – einerseits als Attribut der Nacht; andererseits transitiv applizierbar auf einen menschlichen Beobachter – setzt sich in der Attributskombination „traurig und prächtig“ (v.18) fort, von der auch offen bleibt, auf wen sie sich bezieht: ist es die Nacht, die „traurig und prächtig“ auf die Welt herab blickt, oder ist es der menschliche Beobachter, der so gestimmt hinauf schaut? Es ist also nicht, wie Adorno vermutete, die „Trennung von Subjekt und Objekt“[26], die hier für Erstaunen sorgt, sondern die Unentscheidbarkeit, wer Subjekt und wer Objekt ist.

Freilich kann man eine einzige Sprecherinstanz unterstellen: ein menschliches Ich, das unter dem Eindruck der Heraufkunft der Nacht diese anthropomorphisiert und dann imaginativ ihre Perspektive einnimmt. Der Punkt ist nur, daß diese imaginierte Außenperspektive in dem Maße, in dem sie selbst eine „Fremdlingin“ bleibt – „wohl wenig bekümmert um uns“ (v.16) –, auf das Sprechen des Ich einen Verfremdungseffekt ausübt: So implantiert sie zum Beispiel in die eigentlich abgeschlossene Garten-Topographie den Eindruck von Ferne („fern“, v.7; „Ferner“, v.9; intensiviert in der Weitung durch die Pluralform „Gärten“, v.7). Die Perspektive der Nacht entfremdet so rückwirkend die menschliche Perspektive des Ich: „unter den Menschen“ (v.17) sagt es, so als sei es dieser Gattung nicht zugehörig – was sich im nächsten Vers als Irrtum herausstellt, wenn es dann wieder das Personalpronomen „uns“ benutzt.

Diese sich aus zwei unterschiedlichen perspektivischen Tönen zusammensetzende abendliche Szenerie beleuchtet eine diskrete Lichtregie, welche die erste Strophe einrahmt:

> Rings um ruhet die Stadt; still wird die *erleuchtete* Gasse,
> Und, mit *Fakeln* geschmückt, rauschen die Wagen hinweg. 2
> [...]
> Sieh! und das Schattenbild unserer Erde, der *Mond*
> Kommet geheim nun auch; die Schwärmerische, die Nacht kommt, 15

[25] MA III, 214.
[26] Adorno: *Parataxis*, a.a.O.

Voll mit Sternen und wohl wenig bekümmert um uns,
Glänzt die Erstaunende dort, die Fremdlingin unter den Menschen
Über Gebirgeshöhn traurig und prächtig herauf. (Herv. U. D.)

Die beiden unterschiedlichen Lichtquellen - das menschliche Licht aus der durch „Fakeln“ (v.2) „erleuchtete[n] Gasse“ (v.1) von unten und das gleichsam extraterrestrische „Glänz[en]“ (v.17) von „Mond“ (v.14) und „Sternen“ (v.16) ‚von oben‘ – erhellen die beiden unterschiedlichen Fokussierungen des Textes. Das daraus entstehende „dämmrige[]“ (v.11) Zwielicht setzt die stilistische Verschränkung von sich eigentlich ausschließenden Wahrnehmungen kongenial um.[27]

3.4.2 Gestörte Ekstase – Doppeltes Sprechen

Diese verdichtete Überblendung zweier Perspektiven divergiert im Verlauf der zweiten und dritten Strophe zu einem doppelten Sprechen, das sich schließlich gar in einer separierten Zweistimmigkeit manifestiert.

Wunderbar ist die Gunst der Hocherhabnen und niemand
Weiß von wannen und was einem geschiehet von ihr.
So bewegt sie die Welt und die hoffende Seele der Menschen,
Selbst kein Weiser versteht, was sie bereitet, denn so
Will es der oberste Gott, der sehr dich liebet, und darum
Ist noch lieber, wie sie, dir der besonnene Tag.

Nicht nur spricht hier jemand mit der Autorität eines Wissenden („Wunderbar ist [...]“, v.19; „so will es der oberste Gott, der sehr dich liebet“, v.23) vom Nichtwissen („niemand/ Weiß von wannen und was einem geschiehet“, v.19f., „Selbst kein Weiser versteht“, v.22); auch das „Wunderbar“ erscheint in einem doppelten Licht: einerseits als preisende Huldigung gegenüber „der Hocherhabnen“ (v.19) – andererseits als eine das Erstaunen der ersten Strophe fortsetzende Reserve gegenüber dem „[s]chwärmerische[n]“ (v.15) Element der Nacht, das Ver*wunder*ung auslöst und als Wunderbares aus dem Alltag ausgegrenzt wird.

[27] In einer von der Sekundärliteratur zu *Brod und Wein* kaum je beachteten metrischen Analyse der ersten Strophe hat Ludwig Strauss gezeigt, wie sich in Hölderlins eigenwilliger Handhabung des elegischen Distichons, das schon per se eine zweigliedrige Beziehung bildet, auch formal eine „Zweistimmigkeit“ kenntlich macht: „Die Melodie der dreiaktigen Kurzverse mit männlichem Schluss geht als fast ununterbrochene Säule durch die ganze Elegie, überschneidet alle Hexameterfiguren bis auf eine und lässt die zweiten Hexameterhälften eine eigene, deutlich abgehobene Stimme singen; auch wo die Hälften syntaktisch eng zusammengehören, lässt sich die Zweistimmigkeit vernehmen, nachdem das Ohr einmal in sie eingehört ist“. Ludwig Strauss: *Zur Struktur des deutschen Distichons*. In: Trivium 6 (1948), 52-83, hier: 73. Beißner attestiert der ersten Strophe eine „gleichzeitige Geschlossenheit und Offenheit“. Beißner: *Geschichte der deutschen Elegie*, a.a.O., 187.

Es korrespondiert dieser Ambivalenz der Nacht gegenüber, daß sie einerseits „Hocherhabne[]" (v.19) genannt wird (schon in der ersten Strophe war die Nacht ja bereits „[ü]ber Gebirgshöhn" [v.18] situiert), um ein paar Verse später durch die Erwähnung des „oberste[n] Gott[es]" (v.23) in der Hierarchie auf eine bloß mediale Position degradiert zu werden.

Einer paradoxen Wendung folgt auch der Verlauf der Verse 22-24, der unvermittelt in die Nobilitierung des „besonnene[n] Tag[s]" (v.24) mündet („noch lieber wie sie", v.24), nachdem zuvor der Fokus ganz auf die Nacht ausgerichtet war. Versucht man, das *Warum* des „[D]arum" in Vers 23 zu rekonstruieren, kann man als Grund der größeren Liebe zum Tag nur das Nichtverstehen annehmen, nicht die – eigentlich näher liegende – Liebe des obersten Gottes, die freilich wiederum, als dessen Wille, doch an das Nichtverstehen gekoppelt ist. Für Irritation sorgt auch, daß man das „noch lieber" aufgrund der *figura etymologica* zunächst intuitiv auf das „sehr [...] liebet" (v.23) aus dem direkt vorangegangenen Vers zurück bezieht, also auf die Liebe Gottes – was jedoch in die Irre führt, da ja von der Nacht die Rede ist. Genau besehen ist das grammatikalische Subjekt zumindest bis Vers 24 jedoch „die Gunst" (v.19)[28] – die dann ihrerseits wieder auf den Gott zurückzubeziehen wäre. Die verunklarende Tendenz dieser Verse scheint mit der Erwähnung des „besonnene[n] Tag[s]" (v.24) in kontrastiver Verbindung zu stehen, der auf die erste Strophe zurückverweist, auf die „Freuden des Tags" (v.3) und das „sinnige[] Haupt" (v.4). Die Tagesfreuden wurden dort vor allem mit einem ökonomischen Kalkül von „Gewinn und Verlust" (v.4) identifiziert.[29] ‚Besonnen' heißt der Tag in diesem Kontext nicht nur aufgrund der möglicherweise scheinenden Sonne, sondern vielmehr wegen seiner metaphorischen Klarheit (vgl. auch die dies wiederaufnehmende Formulierung im folgenden Vers: „klares Auge"), die sich ganz bewußt in Kontrast setzt zur ‚zwielichtigen' Situation, welche die Nacht schafft.

Rückblickend zeigt sich damit in der ersten Strophe nicht nur eine Spaltung zwischen einer menschlichen und einer ‚extraterrestrischen' Perspektive; eine solche Teilung redupliziert sich schon innerhalb der menschlichen Gemeinschaft zwischen dem vernünftigen, tagzugewandten „Gewinn und Verlust wäge[nden] sinnige[n] Haupt" (v.4) und dem verträumten, nachtzugewandten „Saitenspiel" eines „Liebende[n]" oder eines „einsame[n] Mann[es]" (v.7). Und von einer

[28] Es ist auffällig, daß die Nacht als das eigentliche Subjekt in der gesamten zweiten Strophe nur durch die Pronomen „ihr" (v.20, 28) und „sie" (v.21, 22, 24, 29 und 31) vertreten wird; wo anders von ihr die Rede ist, da ist es in Form eines Genitivattributs („der Hocherhabnen", v.19) und in den propositionalen Wendungen „in die Nacht hin" (v.27) und „bei Nacht" (v.36).

[29] Vgl. Wackwitz: *Trauer und Utopie*, a.a.O., 85: „Das Argument der ersten Distichentrias der zweiten Strophe läuft auf die Aufforderung hinaus, die in Strophe 1 geschilderte Praxis tätig zu bewältigen, anstatt sich in der abstrakten Bemühung um die Gunst der Götter zu verzehren. Die Belange des ‚besonnenen Tags' sind das primäre Erfordernis [...] Der calvinistische Unterton dieses Arguments ist unüberhörbar – es wird die religiöse Gesinnung einer Geschäftswelt gezeigt."

solchen irritierenden Gespaltenheit scheint auch das sprechende Subjekt selbst durchzogen, was seinem Sprechen einen nur schwer bestimmbaren Unterton verleiht. So kann man als Leser z.B. nicht ganz sicher sein, welche Geltung dem „ist" in dem vorgeblich argumentierenden ‚Darum'-Einschub in Vers 24 zukommt: handelt es sich wirklich nur um ein neutrales, den Tatsachen entsprechendes, beschreibendes „ist" oder nicht vielmehr um ein mit verstecktem Zwang geäußertes, vorschreibendes „ist", welches das sich anbahnende Schwärmen für die Nacht zu unterbinden sucht?

Hauptindiz für die Aufspaltung zweier Perspektiven ist nun das wichtigste Phänomen der zweiten Strophe: die plötzliche Anrede eines Du: „dich" (v.23) „dir" (v.24). Zwar war bereits in der ersten Strophe die dominierende Darstellung in der 3. Person durch den Imperativ „Sieh!" (v.14) und das zweimalige Pronomen „uns" (v.14 u. 16) von einer Ich-Du-Kommunikation grundiert und damit – nach Benveniste – schon rein grammatikalisch als Stimme eines anwesenden Ich markiert.[30] Da die Elegie als Untertitel die Widmung „An Heinze" trägt, hat sich die Forschung über dieses Du bislang keine weitergehenden Gedanken gemacht: Hölderlins Freund Heinse sei der Angesprochene[31]. Das *Du* im Singular muß allerdings an dieser Stelle dennoch überraschen, war in der ersten Strophe doch immer von einem gemeinschaftlichen „uns" die Rede (v.14: „unserer Erde"), besonders in dem Einschub: „wohl wenig bekümmert um *uns*" (v.16; Herv. U.D.). Gerade als Respons auf diese Mutmaßung von der Indifferenz der Nacht gegenüber den Menschen – sei es als Gattung oder der anwesenden Zwei[32] – scheint nun der Einschub über den lenkenden Gott, „der sehr dich liebet" (v.23) gemünzt, in welchem das „sehr" auf das „wohl wenig" (v.16) adversativ reagiert, als ein Widersprechen der Gleichgültigkeit der Nacht. Wenn die Nacht selbst vom „oberste[n] Gott" (v.23) und dessen Liebe zu dem Du gelenkt ist, kann sie dem Du gegenüber nicht gleichgültig sein. Die Betonung des „dich" (v.23) wäre dann als ein besonderes Eingehen des sprechenden Ichs auf sein zweifelndes Gegenüber zu verstehen, das die Aussage speziell auf dessen Zweifel hin formuliert. Diese adversative Antwort und der durch sie motivierte

[30] Vgl. Benveniste: *Probleme der allgemeinen Sprachwissenschaft*, a.a.O., 254: „In der zweiten Person wird ‚du' notwendigerweise durch ‚ich' bezeichnet und kann nicht außerhalb einer Situation vorgestellt werden, die ausgehend von ‚ich' geschaffen wird."

[31] Diese Vermutung scheint zunächst auch gerechtfertigt, da in diversen Gedichten Freunde Hölderlins namentlich genannt werden. Nägele (*Text, Geschichte und Subjektivität*, a.a.O., 63), Reitani (TL 1739f.) und Schuster meinen zudem, die Apostrophe sei auch „generell an den Leser" gerichtet (Schuster: *Poetologie der Distanz*, a.a.O., 350), jedoch ohne auszuführen, welche intentionalen Implikationen eine solche Leseransprache hätte. Gerade anläßlich der in Frage stehenden Kommunikationssituation wäre eine solche Leseransprache bemerkenswert: Warum sollte das sprechende Ich darauf insistieren (und woher sollte es wissen), daß Gott den Leser liebt?

[32] Daß es sich wohl um Zwei handelt, kann man aus der Singularform des Imperativs „Sieh!" (v.14) erschließen.

Wechsel vom „uns" zum „du" macht aber deutlich, daß im Übergang von der ersten zur zweiten Strophe eine Art Sprecherwechsel stattgefunden haben muß.

Tatsächlich gibt es im weiteren Verlauf der Elegie eine Stelle, in der eine solche dialogische Situation ausdrücklich wird,[33] und zwar nicht zufällig an einem ihrer Kulminationspunkte, in den letzten beiden Distichen der 7. Strophe:

> [...] Indessen dünket *mir* öfters
> Besser zu schlafen, wie so ohne Genossen zu seyn,
> So zu harren und was zu thun indeß und zu sagen,
> Weiß *ich* nicht und wozu Dichter in dürftiger Zeit?
> Aber sie sind, *sagst du*, wie des Weingotts heilige Priester,
> Welche von Lande zu Land zogen in heiliger Nacht. (Herv. U.D.)

Dies ist die einzige Passage der Elegie, in der ein Ich im Singular sich ausdrücklich thematisiert. Auch hier wird sichtbar, was sich schon viel früher andeutete: Die in dem *Uns* der ersten Strophe (v.14 und 16) implizierte Gemeinschaft ist prekär: Die Unterstellung des Ich „so ohne Genossen zu seyn" (v.120) kann ja durch die Aufgabe des sonst gebrauchten „wir", bzw. „uns" (zuvor noch in v.109, 112) gerade an dieser Stelle von dem Du durchaus als Vorwurf verstanden werden, dem Ich *kein* Genosse zu sein. Der Sprecherwechsel ist hier durch ein „Aber" eingeleitet, was eine widersprechende Haltung impliziert – und in der Tat wird man sehen, daß hier zwei unterschiedliche Dichtungsauffassungen artikuliert werden.

Das eingeschobene „sagst du" (v.123), das ist nun die These, macht hier explizit, was schon an früherer Stelle stattfindet: nämlich ein Sprecherwechsel. Auch in der zweiten Strophe gibt es, unmittelbar nach dem Abheben auf den „besonnene[n] Tag" (v.24) einen solchen, mit „Aber" eingeleiteten Einspruch:[34]

> Aber zuweilen liebt auch klares Auge den Schatten
> Und versuchet zu Lust, eh' es die Noth ist, den Schlaf,
> Oder es blikt auch gern ein treuer Mann in die Nacht hin,
> Ja, es ziemet sich ihr Kränze zu weihn und Gesang,
> Weil den Irrenden sie geheiliget ist und den Todten,
> Selber aber besteht, ewig, in freiestem Geist.

[33] Ein „dialogisches Prinzip" in Bezug auf die Elegie hat bereits Ulrich Gaier (*Hölderlin*, a.a.O., 402) geltend gemacht: „Das Lob Heinses, der ja in der achten Strophe den entscheidenden Trost ausspricht – die neunte spricht entweder er allein, oder das sprechende Ich stimmt mit „Ja!" (v.143) und der folgenden Ausführung zu [...]" – jedoch ohne das „Gespräch" (ebd.) in Hinblick auf die gesamte Elegie zu verfolgen.

[34] Bereits in der ersten Strophe leitet ein „Aber" (v.7), bezeichnenderweise ebenfalls nach drei Distichen, die Gedankenassoziationen weg vom „geschäfftigen Markt" hin zu musischeren Gegenständen.

Der „calvinistische Unterton“[35], der dem Anfang der zweiten Strophe beigemischt ist und schließlich von der Nacht zum „besonnene[n] Tag“ (v.24) zurückführen will, reizt hier zu einem Widerspruch, der all jene Momente umakzentuiert, auf welche die vorhergehende Rede der ersten drei Distichen abhob. Der im Verb wiederaufgenommene Liebesdiskurs pocht auf den Eigenwert des Gefühls („gern“; „treu[]“, v.27) und dessen situativer („zuweilen“, v.25) Autonomie gegenüber feststehenden Grundsätzen. Akzentuierten die ersten drei Distichen die Passivität des Individuums, sein Verharren im Nichtwissen, so pocht das nun sprechende Ich auf das „Lust[prinzip]“ (v.26) gegenüber schlichter „Noth-[durft]“ (v.26). Das Plädoyer, die Nacht aktiv zu feiern („ihr Kränze zu weihn und Gesang“, v.28), opponiert gegen das passive Ausharren und findet seine Begründung gerade in der Liebe zu denjenigen Elementen, die dem vernünftig-philiströsen „sinnigen Haupt“ (v.4) diametral gegenüberstehen: „den Irrenden [...] und den Todten“ (v.29). Das Plädoyer für die Nacht gewinnt schließlich seinen Impetus aus der Betonung ihrer Unabhängigkeit („Selber aber besteht, ewig, in *freiestem* Geist“, v.30; Herv. U.D.), die in ihrem Superlativ noch den Willen des „oberste[n] Gott[es]“ (v.23) überbieten zu wollen scheint. Gerade in dieser Ungebundenheit der Nacht scheint das sprechende Ich seine Wahlverwandtschaft zu dieser zu begründen.

Das *Uns* wird bezeichnenderweise erst im Fortgang der Rede wieder aufgenommen, dann aber gleich emphatisch in dreimaliger Wiederholung (v.31, 32, 33):

> Aber sie muß *uns* auch, daß in der zaudernden Weile,
> Daß im Finstern für *uns* einiges Haltbare sei,
> *Uns* die Vergessenheit und das Heiligtrunkene gönnen,
> Gönnen das strömende Wort, das, wie die Liebenden, sei,
> Schlummerlos und vollern Pokal und kühneres Leben,
> Heilig Gedächtniß auch, wachend zu bleiben bei Nacht. (Herv. U.D.)

In der auffälligen Betonung der Gemeinschaft scheint ein Vermittlungsversuch zu bestehen, das Gegenüber von der „Lust“ (v.26) an der Nacht zu überzeugen. Das Zugeständnis, daß – aus menschlicher Perspektive – die Nacht mit „Finstern[is]“ (v.32) und „zaudernde[r] Weile“ (v.31) verbunden sei, scheint eher rhetorischer Art. Denn gerade in der Nacht verbirgt sich, so das Ich, „einiges Haltbare“ (v.32). Das durch Anadiplose amplifizierte „Gönnen“ (v.33 u.34) betont die Großzügigkeit der Nacht, ihren verausgabenden Charakter (wieder in Kontrast zu dem eher ökonomisch denkenden „Haupt“ aus Vers 4). Was die Nacht dem gerade sprechenden Ich nach verheißt: „Vergessenheit“, „das Heiligtrunkene“, „das strömende Wort [...] schlummerlos“, „vollern Pokal“ und kühneres Leben,/ Heilig Gedächtniß“ (v.33-36) – sind Attribute, die ihre Abkunft aus

[35] Wackwitz: *Trauer und Utopie*, a.a.O., 85.

einer bestimmten poetologischen Tradition offenlegen: dem orphischen, dionysisch inspirierten Sprechen.[36]

Die Tatsache, daß die Nacht „Vergessenheit“ (v.33) und zugleich „heilig Gedächtniß“ (v.36) verheißt, weist auf ihren Haupteffekt hin: den der ekstatischen ‚De-Plazierung‘ des Ich. Im Zustand des „Heiligtrunkene[n]“ (v.33), des „strömende[n] Wort[es] (v.34) *vergißt* das Ich seine eigene personal bestimmte Situation und ist statt dessen vom „Heilig[en] Gedächtniß“ erfüllt, also von einem überpersonalen, göttlichen Wissen.[37] Dieses „Heilig Gedächniß“ (v.36) als Möglichkeit einer überzeitlichen Orientierung, das als „Haltbare[s]“ (v.32) in Kontrast zum sonstigen menschlichen Modus der zeitverhafteten „zaudernden Weile“ (v.31) steht, wird damit nicht als spezielles Attribut der Nacht, sondern einer allgemeinen, im Wechsel von Tag und Nacht veranschaulichten *conditio humana* kenntlich. Das scheinbar paradoxe *gönnen müssen* der Nacht ist aus menschlicher Perspektive gesprochen: das enthusiastisch-inspirierte Sprechen steht letztlich nicht in menschlicher Verfügungsgewalt, sondern „muß“ gegönnt werden.[38]

Im Übergang zur dritten Strophe scheint sich das nun sprechende Ich mehr und mehr in einen Zustand der Selbstberauschung zu versetzen; umso irritierender wirkt auch hier wieder das ‚Hineinsprechen‘ einer zweiten Stimme:

> Auch verbergen umsonst das Herz im Busen, umsonst nur
> Halten den Muth noch wir, Meister und Knaben, denn wer
> Möcht’ es hindern und wer möcht’ uns die Freude verbieten?
> Göttliches Feuer auch treibet, bei Tag und bei Nacht,
> Aufzubrechen. So komm! daß wir das Offene schauen,

[36] *Der Weingott* hieß das Gedicht in seiner ersten Fassung und trug Dionysos also im Titel. In den letzten Distichen der siebten und achten Strophe ist er im Gedichttext auch noch präsent. Zum Dionysosbezug vgl. den Kommentar von Schmidt, SW 726ff.; Max L. Baeumer: *Dionysos und das Dionysische bei Hölderlin*. In: HJb 18 (1973/74), 97-118; Maria Behre: *„Des dunkeln Lichtes voll“. Hölderlins Mythokonzept Dionysos*. München 1987; Bernhard Böschenstein: *„Frucht des Gewitters“. Hölderlins Gott Dionysos als Gott der Revolution*. Frankfurt am Main 1989; Frank: *Der kommende Gott*, a.a.O., 265-360; Gert Hofmann: *Dionysos Archemythos. Hölderlins transzendentale Poiesis*. Tübingen; Basel 1996; Momme Mommsen: *Dionysos in der Dichtung Hölderlins. Mit besonderer Berücksichtigung der „Friedensfeier“*. In: GRM. N. F. XIII (1963), 345-379.

[37] In *Über naive und sentimentalische Dichtung* definiert Schiller „heilig“ als etwas, das „durch die Größe seiner Idee jede Größe der Erfahrung vernichtet“. (A.a.O., 710) Vgl. Heinz Schlaffer: „Der obligatorische Anruf der Musen ist ein Indiz dafür, daß die Dichtung im Grunde nicht als das Werk eines Subjekts zu gelten hat. Was sie mitteilt, ist vielmehr ein göttliches und darum objektiviertes Wissen, das eine Kultur zu ihrer Orientierung braucht und das die Kenntnisse ihrer einzelnen Mitglieder übersteigt. Was die Sirenen dem Odysseus versprechen und was ihn so unwiderstehlich reizt, ist [...] ‚größeres Wissen‘, ein Wissen also, das die menschliche Empirie übersteigt.“ Schlaffer: *Poesie und Wissen*, a.a.O., 27.

[38] Vgl. Nägele: *Text, Geschichte und Subjektivität*, a.a.O., 63.

Daß ein Eignes wir suchen, so weit es auch ist.
Fest bleibt Eins; es sei um Mittag oder es gehe
Bis in die Mitternacht, immer bestehet ein Maas,
Allen gemein, doch jeglichem auch ist eignes beschieden,
Dahin gehet und kommt jeder, wohin er es kann. (Herv. U.D.)

Das schon in seinem zäsurierten Sprechgestus der „frohlokkende[n]“ (v.47) Aufbruchstimmung des „So komm! daß wir das Offene schauen [...]“ (v.41) gänzlich entgegengesetzte, feststehenden Redensarten gleichende Beharren auf einem „Fest bleib[en] (v.43), dem „Maas[vollen]“ (v.44) und dem Bescheiden im persönlich beschiedenen Vermögen (“wohin er es *kann*“, v.46) zeigt allzu deutlich, daß hier ein Konflikt zwischen zwei verschiedenen Positionen ausgetragen wird: zwischen einem Ich, das bereit ist, zu ‚schwärmen‘, sich vom „frohlokkende[n] Wahnsinn“ (v.47) ergreifen zu lassen – und einem anderen Ich, das auf der Position besonnenen Bleibens beharrt. Kontrastiert wird dies insbesondere im Übergang vom 42. zum 43. Vers: dem emphatisch nachgesetzten „so weit es auch ist“, das zum Aufbruch in grenzen-lose „[W]eite“ (v.42) auffordert, steht das „Fest bleibt eins“ entgegen, das rhythmisch eigentlich eine Dreifachhebung erfordern würde: „Fést bleíbt Eíns“. Wieder versucht das enthusiastische Ich daraufhin seinen Enthusiasmus auch auf den „Spott“ (v.47) seines Gegenübers zu übertragen: „Drum! und spotten des Spotts mag gern frohlokkender Wahnsinn/ Wenn er in heiliger Nacht plözlich die Sänger ergreift.“ (v.47ff.)[39]

Den Text des Gedichts scheinen diese zwei sich abwechselnden Stimmen zu sprechen. Da Heinses Roman *Ardinghello* das „bacchantische Leben“[40] verficht, kann Heinse wohl kaum die Stimme sein, die auf Besonnenheit und Beharrung pocht.[41] Vielmehr scheint Hölderlin über die Ich-Du-Beziehung ein eigenes poetisches Problem zu diskutieren – das während der gemeinsam verbrachten Zeit vielleicht auch Heinse beschäftigt hatte: das der Vereinbarkeit von Enthusiasmus und Reflexion. Es wäre zu holzschnittartig, wollte man jedem Vers der Elegie eindeutig eine dieser Stimmen zuweisen; wie sich zeigen wird, sind die Positionen dieser Stimmen komplex, sie sprechen auch nicht immer in eigenem Namen. Festzuhalten ist allerdings: Die Ausgangsposition, welche die Elegie mit der Ausdifferenzierung von zwei Stimmen über die ersten drei Strophen hinweg erreicht hat, tangiert in entscheidender Weise alles Folgende.

Wie auch in den bereits besprochenen Elegien ein sprechendes Ich als *persona* agierte, als dramatische Maske, deren Sichtweise im und vom Verlauf der Elegie ihrerseits kritisch perspektiviert und damit relativiert wurde, sind auch

[39] Vgl. hierzu die Parallelstelle aus dem Hyperion: „Wohin, mein Schwärmer, erwiedert’ Alabanda troken, und ein Schatte von Spott schien über sein Gesicht zu gleiten.“ (StA 3, 32)

[40] Wilhelm Heinse: *Ardinghello und die glückseligen Inseln.* Leipzig ^{5}1961, 99. Vgl. auch Bernhard Böschenstein: *„Was nennst du Glück, was Unglück... mein Vater!“: Heinse in Hölderlins Dichtung*. In: HJb 26 (1988/89), 1-19.

[41] Vgl. Max L. Baeumer: *Das Dionysische in den Werken Wilhelm Heinses. Studie zum dionysischen Phänomen in der deutschen Literatur.* Bonn 1964.

die beiden in *Brod und Wein* sprechenden Stimmen poetische Kunstfiguren, die ein Spannungsverhältnis, einen *tonus*, aufbauen, der im Weiteren die beiden Stimmen selbst in Bewegung versetzt. Erst der Verlauf der Elegie muß erwiesen, ob und wie die in zwei Stimmen ausgelagerte Frontstellung zwischen einer enthusiastischen und einer besonnenen Dichtungsauffassung vereinbar ist.[42]

Es scheint aus poetologisch internen und externen Motivationen nur folgerichtig, wohin das ‚schwärmerische‘ Ich sich deplazieren möchte:

> Drum an den Isthmos komm! dorthin, wo das offene Meer rauscht
>   Am Parnaß und der Schnee delphische Felsen umglänzt,
> Dort ins Land des Olymps, dort auf der Höhe Cithärons,
>   Unter die Fichten dort, unter die Trauben, von wo
> Thebe drunten und Ismenos rauscht, im Lande des Kadmos,
>   Dorther kommt und zurük deutet der kommende Gott. (Herv. U.D.)

Die Orte, die das Ich nennt, sind hauptsächlich poetisch konnotiert:[43] „Parnaß“ und „Olymp“ waren, so Herder, „die ersten Berge der Musen“.[44] Fichten und Trauben gelten als Attribute des Dionysos,[45] Kithäron heißt das Waldgebirge bei Theben, zu dem die vom dionysischen Rausch Ergriffenen hinaufzogen, um ihre Orgien zu feiern; Apolls berühmtes Orakel von „[D]elphi[]“ spielt in Sophokles *Oedipus*, den Hölderlin selbst übersetzte, eine bedeutende Rolle; Theben („Thebe“ v.43) galt nicht nur als Mutterstadt des Dionysos, sie war auch der Wohnort Pindars, des erhabenen Dichters par excellence.[46]

[42] In der Rezeptionsgeschichte von *Brod und Wein* hat man dem Text – und nicht einem in ihm sprechenden Ich – immer wieder das „Telos der Gegenwart der Götter“ (Schuster: *Poetologie der Distanz*, a.a.O., 356) unterstellt und damit, wie sich zeigen wird, harmonisiert, was die Elegie gerade problematisiert.

[43] Vgl. SW 725ff.

[44] „Die ersten Berge der Musen waren Thessaliens Berge, der Olympus, Helikon, Parnassus, Pindus: hier (sagt der feinste Forscher der griechischen Geschichte), hier war der älteste Sitz ihrer Religion, Weltweisheit, Musik und Dichtkunst. Hier lebten die ersten griechischen Barden; hier bildeten sich die ersten gesitteten Gesellschaften; die Lyra und Kithara ward hier erfunden, und allem, was nachher der Geist der Griechen ausschuf, die erste Gestalt angebildet.“ Johann Gottfried Herder: *Ideen zur Philosophie der Geschichte der Menschheit*, Bd. 1 und 2. Hg. v. Heinz Stolpe, Berlin; Weimar 1965, hier: Bd. 2, 102.

[45] Vgl. Wilhelm Vollmer: *Wörterbuch der Mythologie*. Neu bearbeitet von W. Binder. Stuttgart ^{3}1874 [^{1}1836]. Art. *Bacchus*, 93: “Des Gottes Attribute sind: die Stirnbinde, die Bekränzung des Hauptes mit Epheu und Weinranken, in denen gewöhnlich noch Trauben sind; der Thyrsus, ein gerader Stab mit Weinranken und einem Fichtenzapfen an der Spitze; Trinkgefässe, vom rohesten, ältesten, dem Horne, bis zum vollendetsten Kunstwerk, dem geschnitzten Elfenbein- oder dem getriebenen Goldbecher; ein Korb und eine Wanne, in den Mysterien von tiefer Bedeutung; ferner Fackeln, tragische und comische Masken.“

[46] Zur Bedeutung Pindars für Hölderlin vgl. Albrecht Seifert: *Untersuchungen zu Hölderlins Pindar-Rezeption*. München 1982.

Nun spricht das orphische Ich in *Brod und Wein* nicht mehr nur *über* orphisches Sprechen, es redet sich selbst mehr und mehr in ein orphisches Sprechen hinein, wie die letzten Verse zeigen: In der anaphorischen Wiederholung des „Dort“ vollzieht es sprechend die Bewegung des „kommende[n] Gottes“ (v.54) umkehrend von „Dorthin“ (v.49) zu „Dorther“ (v.54). Die paronomastische Akzentuierung des „*kommenden* Gottes“ (Herv. U.D.) legt dabei einen Beweis für die prophetisch-seherischen Fähigkeiten des Ich ab: Es sieht den Gott, der noch nicht da, sondern erst *im Kommen* begriffen ist. – Das heißt aber implizit: daß dieser Gott auch für das sprechende Ich (noch) abwesend ist; wie sich später zeigen wird, ist das Präsens futurisch zu verstehen und damit nicht etwa unmittelbare Vision, sondern (mythisches) Wissen, welches das Sprechen des Ich bestimmt.

3.4.3 Mythisches Sprechen

Zu Beginn der vierten Strophe zeigt sich das enthusiasmierte Ich schon völlig ergriffen; daß es tatsächlich „verpflanzet“ (v.54a) ist, wird im Übergang zur vierten Strophe deutlich, die mit einem Adressatenwechsel einhergeht: Angeredet ist dort nicht mehr das bisherige Gegenüber, sondern das „[s]eelige Griechenland“ (v.55) selbst:

> Seeliges Griechenland! du Haus der Himmlischen alle,
>   Also ist wahr, was einst wir in der Jugend gehört?
> Festlicher Saal! der Boden ist Meer! und Tische die Berge
>   Wahrlich zu einzigem Brauche vor Alters gebaut!

Allerdings ist der ekstatisch-visionäre Aufschwung, der die umgebende Landschaft einer Metamorphose unterzieht, nur von kurzer Dauer. Schon nach zwei Distichen bleibt zwar der aufgeladene Ton bestehen, doch von visionärer Präsenz kann keine Rede mehr sein:

> Aber die Thronen, wo? die Tempel, und wo die Gefäße,
>   Wo mit Nectar gefüllt, Göttern zu Lust der Gesang?
> Wo, wo leuchten sie denn, die fernhintreffenden Sprüche?
>   Delphi schlummert und wo tönet das große Geschik?
> Wo das schnelle? wo brichts, allgegenwärtigen Glüks voll
>   Donnernd aus heiterer Luft über die Augen herein?

Hier läßt sich bezeichnenderweise nicht mehr genau feststellen, welche der beiden Stimmen spricht: ob es das nüchtern-skeptische Ich ist, das für diesen Umschlag sorgt, oder ob nicht gerade das zuvor sich aufschwingende Ich selbst diesen Fall provoziert hat. Die Fragen drücken zwar Skepsis aus, doch der Sprechgestus mit der anaphorischen „wo“-Kette ist ekstatisch bewegt, das Vokabular („Donnernd“, v.64) ist durchaus kompatibel mit dem *genus sublime*, nicht zuletzt durch die gedehnten Adjektive („fernhintreffenden“, v.61 und „allgegenwärtigen“, v.63). Nimmt man die Satzzeichen – die Ausrufezeichen und im Fall von ‚negativem‘ Enthusiasmus wohl auch die Häufung von Fragezeichen – als Indikator des Enthusiasmus, müßte es in den nächsten drei Distichen mit immerhin drei Ausrufezeichen (v.65 und v.69) wieder ‚aufwärts‘ gehen:

> Vater Aether! so riefs und flog von Zunge zu Zunge
> Tausendfach, es ertrug keiner das Leben allein;
> Ausgetheilet erfreut solch Gut und getauschet, mit Fremden,
> Wirds ein Jubel, es wächst schlafend des Wortes Gewalt
> Vater! heiter! und hallt, so weit es gehet, das uralt
> Zeichen, von Eltern geerbt, treffend und schaffend hinab.

Der Ausruf „Vater Aether!“ scheint, isoliert betrachtet, in der Tat an die evokativen Ausrufe erfüllter Gottespräsenz anzuknüpfen, welche die vierte Strophe eingeleitet hatten, und damit nach den skeptischen Fragen die visionäre Tendenz fortzuführen. Jedoch wird gleich im Anschluß daran durch das Imperfekt („so riefs und flog“, v.65; „es ertrug“, v.66) betont, daß es hier ‚nur‘ um Erzähltes geht: „Vater Aether!“ ist ein Zitat, ein „uralt Zeichen, von den Eltern geerbt“ (v.69f.), welches offensichtlich dem Stoff entnommen ist, den das Ich in Gemeinschaft („wir“, v.56) „einst in der Jugend gehört“ (v.56) hat und der nun seine Erwartungshaltung prägt: „Also ist wahr [...]?“ (ebd.) Damit ist allerdings rückblickend auch der Status des zweiten Distichons der vierten Strophe in Frage gestellt: handelte es sich bei der Vision des „[f]estlichen Saals“ (v.57) tatsächlich um etwas (vom Ich) selbst (visionär) Erlebtes oder nicht ebenfalls nur um ein Zitat aus den Erzählungen der Jugend, das beschwörend aktualisiert werden sollte, ohne *wirklich* aktuell zu sein? Muß man nicht so den plötzlichen Umschlag zwischen Vision und Leere erklären?

Auch wenn im weiteren Gang der nun beginnenden ‚Erzählung‘ das Tempus ins Präsens wechselt, so ist dieser Bezug zum Gehörten doch noch gegeben: Was das sprechende Ich im weiteren Verlauf der Elegie schildert, die Ankunft der Götter, ist als Erzählung ‚aus zweiter Hand‘ markiert, als Explikation dessen, was *einmal* geschah und (seiner Erwartung nach nun wieder geschehen *müßte*): „Denn *so* kehren die Himmlischen ein“ (v.71; Herv. U.D.); es handelt sich um nichts persönlich Erlebtes und um nichts, was sich im Moment des Erzählens ereignet. Das Präsens-Tempus ist das Tempus der Erzählung: zeitlos.

Bezeichnenderweise verwendet die gesamte fünfte und noch die sechste Strophe nur die dritte Person, die nach Benveniste gerade eine Ausklammerung aus einer Ich-du-Beziehung signalisiert: die dritte Person ist „derjenige, der abwesend ist“.[47] Damit ist sie die paradigmatische Erzählform der mythischen Erzäh-

[47] Benveniste: *Probleme der allgemeinen Sprachwissenschaft*, a.a.O., 254. Vgl. auch ebd: „Von der 3. Person [...] wird ein Prädikat wohl ausgesagt, aber außerhalb von ‚ich-du‘; diese Form wird so aus der Beziehung ausgeklammert, durch die ‚ich‘ und ‚du‘ gekenn-

lung: „Die ‚3. Person‘ hat als Kennzeichen und als konstante Funktion die Darstellung“.[48]

Das Überlesen dieses (re)zitierenden Charakters einer mythischen Geschichte, die das sprechende Ich nur erzählt und nicht selbst erlebt oder visioniert, und die daraus resultierende Differenz zwischen dem Präsens der Geschichte und der davon divergierenden ‚Erzählzeit‘ hat in der Rezeptionsgeschichte der Elegie zu gravierenden Mißverständnissen geführt.[49] Gerade in der Möglichkeit dieses Verkennens allerdings, dieser diskreten diegetischen Inszenierung eines Kolorit-Wechsels von *real* und *ideal* zeigt sich Hölderlins ‚Spiel‘ mit dem ‚Wechsel der Töne‘: die Einbettung der Erzählung erfolgt nämlich so gekonnt, daß man sie zuerst kaum als solche wahrnimmt und die Geschichte, wie schon die nur imaginierte Heimkehr des *Wanderers* und den Traum Menons, zunächst tatsächlich als *wirkliches* Erleben des Ich liest. Doch da die fünfte Strophe eines der Zentren, wenn nicht gar *das* Zentrum der ästhetischen Selbstverständigung der Elegie bildet, steht und fällt eine Beurteilung ihrer Poetologie mit der Einbettung dieser Erzählung in den Gesamtzusammenhang der Elegie.

Die Wiedergabe des Mythos von der Einkehr der Götter nimmt fast die ganze fünfte Strophe ein, bis dann das Ich in den letzten beiden Distichen ein Resümee zieht:

> So ist der Mensch; wenn da ist das Gut, und es sorget mit Gaaben 87
> Selber ein Gott für ihn, kennet und sieht er es nicht.

Die gleichsam anthropologische Charakterisierung des Menschen („So ist der Mensch“, v.87)[50], die dieser im Gedicht erzählte Mythos – und das enthusiastische Erzählen des Mythos – leistet, ist gerade in ästhetischer Hinsicht hochinteressant: Denn der künstlerische Ertrag aus der geschilderten Göttereinkehr tendiert gegen Null. Zunächst kommen die Götter

> Unempfunden [...] es streben entgegen
> Ihnen die Kinder, zu hell kommet, zu blendend das Glük,
> Und es scheut sie der Mensch, kaum weiß zu sagen ein Halbgott 75
> Wer mit Nahmen sie sind, die mit den Gaaben ihm nahn.

zeichnet sind. Von nun an wird die Legitimität dieser Form als ‚Person‘ in Frage gestellt.“ Benveniste nennt die 3. Person auch eine „Nicht-Person“ (263).

[48] Ebd., 259.

[49] So z.B. Schmidt: *Hölderlins Elegie „Brod und Wein“*, a.a.O., 99: „Im letzten Distichon der fünften Strophe zeigt die Häufung des Wörtchens „nun“ [...], daß der große Augenblick, dem die Feier des Dichters gilt, die Zeit der Erfüllung, im Gedicht gegenwärtig ist.“ Dagegen Manfred Frank: „Die zweite Strophentrias – die Vision des griechischen Göttertages – [...] ist ‚nur‘ Vision, selbst eine bei Nacht geborene Phantasie, eine verklärende Erinnerung, die in dem Maße, wie sie an Emphase gewinnt, [...] in die behauptende Rede des Indikativs übergeht.“ (Frank: *Der kommende Gott*, a.a.O., 270f.).

[50] Vgl. auch die Wiederholungen von „Mensch“ in v.72 und v.75.

Dann, in einem zweiten Stadium scheint das „Unempfunden[e]“[51] sich in ein Empfinden zu transformieren:

> Aber der Muth von ihnen ist groß, es füllen das Herz ihm
> Ihre Freuden und kaum weiß er zu brauchen das Gut,
> Schafft, verschwendet und fast ward ihm Unheiliges heilig,
> Das er mit seegnender Hand thörig und gütig berührt.

In dieser Phase scheint der schöpferische Moment erreicht zu sein, der gestalterische Wille ist groß („schafft“, v.79) – allein die Erfahrung und damit die Kunstfertigkeit fehlt noch, so daß „schaff[en]“ eher „verschwend[en]“ (v.79) bedeutet: „kaum weiß er zu brauchen das Gut“ (v.78). Die ekstatische Selbstverwechslung mit Gott („mit seegnender Hand thörig“, v.80) grenzt zudem an hybrische Gotteslästerung. Diese – allerdings nicht absichtliche – Anmaßung in Kombination mit einem ästhetisch kläglichen Resultat scheint von den Göttern nur aus Großzügigkeit toleriert zu werden: „Möglichst dulden die Himmlischen diß“ (v.81). In einer dritten Phase

> [...] dann aber in Wahrheit
> Kommen sie selbst und gewohnt werden die Menschen des Glüks
> Und des Tags und zu schaun die Offenbaren, das Anliz
> Derer, welche schon längst Eines und Alles genannt,
> Tief die verschwiegene Brust mit freier Genüge gefüllet,
> Und zuerst und allein alles Verlangen beglükt;

In dieser Phase, die eigentlich als die Hoch-Zeit der Götterpräsenz gelten muß, da die Menschen nun tatsächlich die Fähigkeit besitzen, „in Wahrheit“ (v.81)[52] „zu schaun die Offenbaren“ (v.83), verfällt der Mensch der Erzählung zufolge in Passivität. Da „alles Verlangen beglükt“ (v.86) ist, die „Brust mit freier Genüge gefüllet“ (v.85)[53], bleibt sie „verschwiegen“ (v.85): also kein Gesang entströmt ihr – und das, obwohl die Götter „schon längst Eines und Alles genannt“ (v.84) haben, der Mensch also nur noch nachsingen müßte! Das bereits zitierte Resümee im vorletzten Distichon der fünften Strophe ist deshalb gänzlich ernüchternd: Sobald diese Phase des dauernden „Glüks“ der Götterpräsenz eintritt, führt dies nur dazu, daß der Mensch sich an das Glück „gew[ö]hnt“ (v.82) – es führt aber nicht zu Kunstproduktion. Der Dauerzustand der Mangellosigkeit schläfert die menschlichen Sinne ein: „wenn da ist das Gut [...] kennet und sieht

[51] Schmidt kommentiert zu dem „unempfunden“: „d.h. sie kommen, aber sie werden noch nicht als das empfunden, was sie eigentlich sind.“ (SW 734).

[52] Vg. Schmidt: „Daß sie [die Götter, U. D.] [...] ‚in Wahrheit‘ kommen, als ‚sie selbst‘, weist darauf hin, daß sie nun erst adäquat, ihrem eigentlichen Wesen nach, wahrgenommen werden.“ (Ebd.)

[53] Schmidt kommentiert „Genüge“ als „von dem griechischen Begriff der Autarkie [...] abgeleitet, der ein ideal vollendetes und erfülltes Dasein bezeichnet, wie es den Göttern zukommt.“ (Ebd.)

er es nicht“ (v.88).[54] Der Mensch kann also mit der Präsenz der Götter – zumindest künstlerisch – rein gar nichts anfangen. Das folgende Distichon führt das lakonische Resümee zuende und verortet die mythische Erzählung in der Gegenwart des Gedichts:

> Tragen muß er, zuvor; *nun* aber nennt er sein Liebstes,
> *Nun, nun* müssen dafür Worte, wie Blumen, entstehn. (Herv. U.D.) 90

Das „Tragen muß er, zuvor“ (v.89) charakterisiert den Zustand der Empfindung des Mangels nach dem Abzug der Götter und weist voraus auf den weiteren Fortgang der Elegie, in der von diesem Abzug und seinen Konsequenzen noch ausführlich die Rede sein wird.[55] Das dreifache „nun“ markiert wieder die ‚Erzählzeit‘: „nun“, das heißt *jetzt*, in der götterfernen und darum als mangelhaft empfundenen Gegenwart des sprechenden Ich angekommen, ist der Mensch damit beschäftigt, die Abwesenheit der Götter kulturell zu kompensieren.

Dieser resümierende Kommentar, den das Ich zu dem erzählten Mythos gibt, trägt den Charakter einer Selbstverortung, die Erkenntnis einer zwangsläufig immer *nachträglichen* künstlerischen Bearbeitung des ekstatischen Erlebens – eines Erlebens zudem, das genau besehen kein wirkliches *Erleben* ist, sondern erst in dieser nachträglichen Bearbeitung überhaupt empfunden wird. Der Mythos begründet die Kulturblüte, für die als pars pro toto die „Worte, wie Blumen“ (v.90) genannt werden, gerade im Gestus dieser Nachträglichkeit, mit der sich die sechste Strophe ausführlich auseinandersetzen wird.

3.4.4 Die Nachträglichkeit der Kultur

Das „Und nun“, mit dem die fünfte Strophe einsetzt, kann doppelt gelesen werden: einerseits als Wiederanknüpfung an die mythische Erzählung, wofür der erneut unpersönliche Stil spricht, andererseits aber erinnert das emphatisch wiederaufgenommene „nun“ an die ‚Jetztzeit‘ des Textes, es scheint damit für den Moment eine Parallelität von mythischer und gegenwärtiger Situation vorzuliegen:

> Und nun denkt er zu ehren in Ernst die seeligen Götter, 91
> Wirklich und wahrhaft muß alles verkünden ihr Lob.
> Nichts darf schauen das Licht, was nicht den Hohen gefället,

[54] Zur poetischen Produktivität des Mangels bei Hölderlins vgl. auch Winfried Menninghaus: *Hälfte des Lebens. Versuch über Hölderlins Poetik*. Frankfurt am Main 2005, 63ff.

[55] Zum Wortgebrauch von „Tragen“ im Sinne von ‚trauern‘ weist Gottfried Willems auf einen Brief Hölderlins an Immanuel Nast vom November 1787 hin: „das Murren gegen den Ewigen must Du nur in die erste [sic] Wochen meiner Trauertage rechnen, wo ich noch nicht gewont war zu tragen.“ (StA 6,1, 24) Vgl. Willems: *Der dichterische Enthusiasmus und die Macht der Negativität*, a.a.O., 130.

Vor den Aether gebührt müßigversuchendes nicht.
Drum in der Gegenwart der Himmlischen würdig zu stehen,
Richten in herrlichen Ordnungen Völker sich auf
Untereinander und baun die schönen Tempel und Städte
Vest und edel, sie gehn über Gestaden empor –

Auffällig ist die Ambivalenz der Formulierung „nun denkt er zu ehren“: findet hier eine interne Distanznahme des Sprechers statt, die diskret darauf hinweist, daß der Mensch eben nur *denkt*, die Götter zu ehren? Das von Geboten („muß“[56], „gebührt“) und Verboten („nichts darf“) umstellte „Ernst“haftigkeitsprogramm (v.91) der „würdig[en]“ (v.95) Ehrung der „seeligen Götter“ (v.91) weist in seiner ganzen vertikalen Ausrichtung („Richten [...] sich auf“, v.96) darauf hin, wo sich die Götter inzwischen wieder angesiedelt haben: sie sind die „Hohen“ (v.93) im „Aether“ (v.95).[57]

Die eingeworfenen Fragen – „Aber wo sind sie? wo blühn die Bekannten, die Kronen des Festes?“ (v.99) – bestätigen implizit diese Nicht-Präsenz. Gleichzeitig lassen sich die Fragen allerdings auch nicht nur auf die Götter selbst, sondern auf die ihnen geweihten Kulturprodukte gerichtet verstehen, wenn man das „sie“ (v.99) nicht nur auf die Götter in Person, sondern zugleich auf die ihnen gewidmeten Tempel bezieht, die „wie Blumen“ nicht nur „entstehn“ (v.90), sondern auch vergehn: „Thebe welkt und Athen“ (v.100).[58]

Die Fragen, die in den Versen 102-105 nochmals aufgenommen werden, lassen sich somit selbst als rekursive Erzeugnisse solcher Kulturprodukte verstehen: indem nämlich die Kult(ur)gegenstände auf die Götter verweisen, halten sie zwar die Sehnsucht nach diesen wach und bewußt; zugleich aber ziehen sie als „schöne[] Tempel“ (v.97), „heilige[] Theater“ (v.103) und „geweihete[n] Tanz“ (v.104) selbst mehr und mehr Kultwert auf sich selbst. Denn letztlich wird nicht zuletzt in diesen Fragen vornehmlich eines deutlich: Was das schwärmerische Ich sucht, scheint weniger die Götterpräsenz selbst, als eine durch ihren „Stem-

[56] Vgl. schon das „*müssen* dafür Worte, wie Blumen, entstehn“ in Vers 90 (Herv. U. D.): Die Analogisierung von Worten und Blumen kann sich hier auch nur auf das Verb „entstehn“ beziehen: wenn die Natur einer ‚blinden Notwendigkeit’ folgt, ihrem ‚Naturgesetz‘, dann wäre die Gleichsetzung der Entstehung von Worten und Blumen weniger ein Versöhnungstraum von Natur und Kultur (vgl. Nägele: *Text, Geschichte und Subjektivität*, a.a.O., 100), als ein Hinweis auf den anthropologischen Automatismus von Kulturschöpfung, der fast einen Kultur*zwang* darstellte.

[57] „Entscheidend für die kulturelle Schöpfung bleibt“ somit nicht, wie Jochen Schmidt meint, die „‚Gegenwart der Himmlischen‘“, sondern gerade ihre Abwesenheit. (Vgl. Schmidt: *Hölderlins Elegie „Brod und Wein“*, a.a.O., 103)

[58] Auf seiner ‚imaginären Reise‘ macht dieses Ich damit eine ähnliche Erfahrung wie Hölderlins *Hyperion* bei seinem Besuch der ‚toten‘ Trümmerlandschaft von Athen: „Wie ein uner-meßlicher Schiffbruch, wenn die Orkane verstummt sind und die Schiffer entflohn, und der Leichnam der zerschmetterten Flotte unkenntlich auf der Sandbank liegt, so lag vor uns Athen, und die verwaisten Säulen standen vor uns, wie die nakten Stämme eines Walds, der am Abend noch grünte, und des Nachts darauf im Feuer aufgieng.“ (StA 3, 85).

pel“ (v.106) verliehene Lizenz zu enthusiastisch aufgeladenem „Tanz“ und „Theater“.

Daß die enthusiastische Stimme in *Brod und Wein* nicht spricht, um Götter zu evozieren, sondern gerade umgekehrt, Götter einkehren sollen, um einen bestimmten Sprech-Modus zu evozieren, hat sich schon angesichts der dezidiert *poetischen* Griechenlandtopographie angedeutet. Nach der impliziten Logik von *Brod und Wein* ist daher die mythische Erzählung gedanklich weiter als das sie rezitierende dionysisch-sehnsüchtige Ich, das die Mythe wiedergibt, ohne ihre implizite Aussage zu verstehen. Die vom Mythos verfochtene Theorie grundsätzlicher Kulturdynamik bestimmt Enthusiasmus gerade als eine kulturell konditionierte und künstlerisch erzeugte Sehnsuchtsfigur und nicht als Ausdruck einer *wirklichen* göttlichen Ergriffenheit.

Das letzte Distichon der Strophe, das die Fragen unterbricht, nimmt durch sein Tempus dann explizit den Charakter der Erzählung wieder auf: zusammen mit dem Imperfekt der vierten Strophe bildet es eine Klammer, welche die Erzählung noch einmal vom Rest absetzt:

> Oder er kam auch selbst und nahm des Menschen Gestalt an 107
> Und vollendet’ und schloß tröstend das himmlische Fest.

Das Vergangenheits-Tempus scheint hier noch eine zweite Funktion zu haben, nämlich als Betonung der innerdiegetisch doppelt *nachträglichen* Christusfigur, auf die hier wohl angespielt ist. Die Nachträglichkeit ihrer Erwähnung scheint Zeichen dafür zu sein, daß Christus als Figur selbst ganz im Zeichen der Nachträglichkeit zu verstehen ist, als ein ‚Nachzügler‘, der die Erfahrung wiederholt, daß das göttliche Element selbst überhaupt erst im Zuge dieser Nachträglichkeit als ein Zeichen Gottes erkannt werden kann und der damit vor allem eines bewußt machte: „zu spät“ (v.109).

3.4.5 »wie des Weingotts heilige Priester«

Die Erfahrung eines „zu spät“ hat dann auch das ehemals enthusiasmierte Ich mit dem Einsetzen der siebten Strophen gemacht:

> Aber Freund! wir kommen zu spät. Zwar leben die Götter
> Aber über dem Haupt droben in anderer Welt. 110

Unverkennbar spricht wieder das Ich vom Ende der ersten Strophe, das die Aufmerksamkeit der Nacht, respektive der Götter gerne ganz auf sich selbst gerichtet sähe (vgl. v.16: „wohl wenig bekümmert um uns“; v.111: „und scheinens wenig zu achten ob wir leben“).

Es erkennt die Situation des *zu spät* – es hat aber noch nicht begriffen, daß diese dem Gesang strukturell inhärent sein *muß*. Stattdessen verficht es (noch einmal) eine Konzeption des Dichters, die alle Prädikate des traditionellen *poeta vates*-Konzepts enthält:

Denn nicht immer vermag ein schwaches Gefäß sie zu fassen,
  Nur zu Zeiten erträgt göttliche Fülle der Mensch.
Traum von ihnen ist drauf das Leben. Aber das Irrsal
  Hilft, wie Schlummer und stark machet die Noth und die Nacht,
Biß daß Helden genug in der ehernen Wiege gewachsen,
  Herzen an Kraft, wie sonst, ähnlich den Himmlischen sind.
Donnernd kommen sie drauf. Indessen dünket mir öfters
  Besser zu schlafen, wie so ohne Genossen zu seyn,
So zu harren und was zu thun indeß und zu sagen,
  Weiß ich nicht und wozu Dichter in dürftiger Zeit?

Die hier in der Frage implizierte Auffassung, daß die Dichter von ihrem Wesen her eigentlich in einer ‚undürftigen Zeit' verortet seien, entspricht der Dichtungskonzeption des Platonischen *Phaidros*, der den Dichter direkt *unter Gottes Gewitter* stellt. Das in dieser Strophe eingestandene Mißlingen der ekstatischen Operation führt bei dem Ich freilich zu einer massiven Infragestellung der eigenen ‚Kompetenz', einer solchen ergreifenden Erfahrung überhaupt *persönlich* gewachsen zu sein. Die Selbstcharakterisierung als „schwaches Gefäß" (v.113) mündet in den Wunsch nach Schlaf (v.120), dessen „Traum" (v.115) die Götterpräsenz zumindest simuliert.

Das Sprechen des Ich offenbart indes zweierlei: Erstens zeigt sein Pathos zwischen Heldentum (v.117) und Entsagung („ehernen Wiege", ebd.), daß diese pathetische Rede gerade aus der „dürftige[n] Zeit" (v.122) ihre Intensität generiert: „stark machet die Noth" (v.116). Nicht die „göttliche Fülle" (v.114) produziert „Herzen an Kraft", sondern gerade die „dürftige[] Zeit" (v.122) transformiert Schwäche (v.113) in Stärke (v.116). Zweitens ist auffällig, daß der Wille nach instantaner Inspiration seine Erfüllung in eine zeitlich unbestimmte Zukunft verschiebt: „Biß daß" (v.117). Die Möglichkeit ekstatischen Sprechens scheint in dieser aporetischen Situation festzustecken:[59] „So zu harren und was zu thun indeß und zu sagen,/ Weiß ich nicht" (v.121f.). Die daran angehängte Frage ist also ganz und gar keine „rhetorische"[60], zumindest nicht in dem Sinne, daß das Ich bereits eine Möglichkeit sähe, „in dürftiger Zeit" (v.122) zu dichten.

In dieser Situation nun kommt das bereits zitierte Distichon zum Zuge:

[59] Diese siebte Strophe hat gegenüber den anderen acht Strophen nur acht Distichen, also eines zu wenig, weswegen in der Forschung eine ausführliche Diskussion darüber entbrannt ist, ob es sich um kompositorische Absicht oder ein Versehen handelt. Bedenkenswert ist eine Überlegung Groddecks: „Der formal-kompositorische ‚Mangel' kann daher durchaus auch als ein formsemantisches Indiz gelesen und gedeutet werden, indem die Elegie ‚ideal' 81 Distichen enthält, ‚real' aber nur 80." (Groddeck: *Elegien*, a.a.O., 329)

[60] So Schuster: *Poetologie der Distanz*, a.a.O., 364.

Aber sie sind, sagst du, wie des Weingotts heilige Priester,
Welche von Lande zu Land zogen in heiliger Nacht.

Gemeinhin hat man dieses Distichon als Redebeitrag des(selben) Ichs verstanden, das sich die Worte des Freundes („sagst du“) als „entscheidenden Trost“[61] wiedersagt. Nach den bisherigen Ausführungen wäre dies allerdings ein falscher Trost, denn das Gegenüber hat ja nach der vorgestellten Lesart gewichtige Vorbehalte gegen eine solche Dichtungskonzeption, welche Dichtung nur in ‚undürftiger‘ Zeit am richtigen Ort erscheinen läßt.

Im Kontext der vorgestellten Interpretation läßt sich die Stelle hingegen auch anders lesen, nämlich als Redebeitrag des Freundes, der dem sprechenden Ich dessen eigene Worte zurückgibt: denn dieses Ich ist es ja, das darauf pocht, als Dichter in der Tradition der dionysischen Sänger zu stehen; bezeichnenderweise ist gerade das „du“ dank eines Spondeus betont: „ságst dú“ – ganz so, wie man es auch heute betonen würde, um jemanden an dessen eigene Worte zu erinnern. Um nun zu verstehen, welcher Sinn mit einer solchen zitierenden Wiedergabe verbunden wäre, muß man die nächste Strophe hinzuziehen, die nicht umsonst mit einem „nemlich“ (v.125) einleitet, sich also explizit als Explikation des zuvor Gesagten versteht. Der Sprecher knüpft nochmals an die mythische Erzählung an und setzt diese so ausführlich fort, daß sie fast die gesamte achte Strophe einnimmt. Auffällig ist jedoch nun ihre durchgehende interpretative Fokussierung auf die Gegenwart des Sprechers:

Nemlich, als vor einiger Zeit, uns dünket sie lange,
Aufwärts stiegen sie all, welche das Leben beglükt,
Als der Vater gewandt sein Angesicht von den Menschen,
Und das Trauern mit Recht über der Erde begann,
Als erschienen zu lezt ein stiller Genius, himmlisch
Tröstend, welcher des Tags Ende verkündet' und schwand,
Ließ zum Zeichen, daß einst er da gewesen und wieder
Käme, der himmlische Chor einige Gaaben zurük,
Derer menschlich, wie sonst, wir uns zu freuen vermöchten,
Denn zur Freude, mit Geist, wurde das Größre zu groß
Unter den Menschen und noch, noch fehlen die Starken zu höchsten
Freuden, aber es lebt stille noch einiger Dank.
Brod ist der Erde Frucht, doch ist's vom Lichte geseegnet,
Und vom donnernden Gott kommet die Freude des Weins.
Darum denken wir auch dabei der Himmlischen, die sonst
Da gewesen und die kehren in richtiger Zeit,
Darum singen sie auch mit Ernst die Sänger den Weingott
Und nicht eitel erdacht tönet dem Alten das Lob.

[61] Gaier: *Hölderlin*, a.a.O., 402.

Die Wiederanknüpfung an die mythische Erzählung scheint zunächst ganz darauf ausgerichtet, sich der Erwartungshaltung des Freundes anzunähern. Dessen „zu spät“ (v.109) und die zeitliche Vertagung („zu Zeiten“, v.114) wird wieder aufgenommen („die sonst/ Da gewesen und die kehren in richtiger Zeit“; v.139f.); ebenso findet dessen „stark[e]“ (v.116) Rede von den „Helden an Kraft“ (v.118) ihre scheinbare Bestätigung durch den Mythos: „noch fehlen die Starken zu höchsten/ Freuden“ (v.135f.). Gleichzeitig gibt es jedoch vielfältige Anleihen an den zuvor erzählten Mythos, nicht zuletzt durch die Aktualisierung des ‚Nachzüglers‘ Christus (v.129f.) und durch die anthropologische Akzentuierung: „menschlich, wie sonst“ (v.133), „[u]nter den Menschen“ (v.135). Durch diese Bezugnahme auf den bereits analysierten Mythos bekommt die *Erzählung* dieser mythischen Erzählung als Antwort auf die Poetik des Freundes allerdings einen schillernden Charakter. Denn mit dieser Wiederholung ist zugleich eine Inversion verbunden, die zu einer doppelten Lesbarkeit führt. So erweist der Freund gerade in der von diesem Mythos ausgehenden Rückschau, daß das enthusiastische Engagement des orphischen Ich schon von Beginn an eine – durch den Chiasmus von „Muth“ und „Herz“ als *verquer* gekennzeichnete – Imitation der mythischen Erzählung war, welche dort die Ankunft der Götter einleitet:

> Auch verbergen umsonst das *Herz* im Busen, umsonst nur/ Halten den *Muth* noch wir (v.37f.; Herv. U.D.)
>
> Aber der *Muth* von ihnen ist groß, es füllen das *Herz* ihm/ Ihre Freuden (v.77f.; Herv. U.D.)

In seiner Erläuterung nimmt der Freund eine Umwertung der mythischen Erzählung vor: diese wird nun selbst als eine Fiktion kenntlich, als ein *nicht wirkliches* Ideal, welches mithin nicht einen realen, sondern einen fiktionalen Status hat. Wenn das schwärmerische Ich in der siebten Strophe „Herzen an Kraft“ (v.118) beschwört, und durch den Zusatz „wie sonst“ (ebd.) – also im Sinne von: ‚wie einst‘, im Mythos – einen ausdrücklichen Bezug zu der mythischen Erzählung aufbaut, dann verkennt es dieser neuen Perspektive zufolge, daß dieser Mangel an erwünschter ‚Ähnlichkeit‘ (vgl. v.118: „ähnlich den Himmlischen“), der seines Erachtens nur momentan vorherrscht, nicht eine Frage des falschen oder richtigen Moments ist, sondern eine grundsätzliche Dimension hat. Die sein „wie sonst“ aus Vers 118 in neuer Bedeutung – nun in Vers 133 im Sinne von ‚wie anders‘ – wiederholende Erwiderung des Freundes pointiert dabei gerade die Nicht-Ähnlichkeit von Himmlischen und Menschen: „menschlich, wie sonst“ (v.133) und erinnert daran, daß der Freund schon einmal, in der vierten Strophe, an der Verwechslung von mythischer Erzählung und Wirklichkeit gescheitert war. Gerade unter Berufung auf diese Erfahrung scheint der Freund die Erwartung des enthusiastischen Ich ins Reich der Heldenmythen zu verweisen: „Denn zur Freude, mit Geist, wurde das Größre zu groß“ (v.134): Dies plädiert für nichts weniger als für die Einsicht („mit Geist", v.134), daß „das Größre" (v.134), also die Illusion ‚wahrhaft' dionysischen Sprechens „zu groß" ist.

Auch die scheinbare Zustimmung zu der doppelt ausgerichteten Zeitachse – daß es einmal anders war und einmal wieder anders werden wird – läßt sich als Umkehrung lesen:

> Unter den Menschen und *noch, noch* fehlen die Starken zu höchsten
> Freuden, aber es lebt stille *noch* einiger Dank. (Herv. U.D.)

Einerseits akzentuiert diese Betonung der Dauer, graphisch auf engstem Raum zusammengedrängt, die Qualität des Versprechens, welches diesem Mythos innewohnt. Andererseits lädt die Doppelung des „noch, noch" dazu ein, die beiden unterschiedlichen mit dem „noch" konnotierten Zeitwerte von Zukunft im Hexameter („noch Fehlen die Starken" – die aber zukünftig eintreffen werden) und (andauernder) Vergangenheit im Pentameter (der „Dank" „lebt [...] [immer] noch, v.136) auf die Sequenz „noch, noch fehlen die Starken" (v.135) zu applizieren. Diese würde dann nicht nur behaupten, daß „die Starken zu höchsten/ Freuden" (v.135f.) zwar im Moment noch fehlen, aber gleichsam schon fast vor der Tür stehen – sondern sie wäre zu lesen als: ‚sie fehlen immer *noch*, wie bereits in der Vergangenheit und werden auch in Zukunft *noch* fehlen'.

Dieses Verfahren einer umkehrenden Wiederholung scheint ein Grundprinzip der Elegie zu sein. Der Doppelcharakter, mit dem sich viele Rede*wendungen* aufladen, entspricht der schon zu Beginn eingeführten Verfahrensweise einer Zweistimmigkeit, die sich Dank dieses *Wechsels der Töne* immer in einem anderen Licht zeigt – je nachdem, von welcher Seite man sie anschaut. Das bereits aus *Der Wanderer* bekannte Thema der Verwechslung wird hier als ein Wechselspiel inszeniert, das auch den Leser zu interpretatorischen Perspektivwechseln nötigt.[62]

Auch den Vers „[...] und fast ward ihm Unheiliges heilig" (v.79) könnte man rückwirkend anders lesen: Denn Unheiliges heilig werden zu lassen, konzipiert die Mythe als eine der zentralen Errungenschaften menschlicher Kulturproduktion.[63] Das „fast" markierte damit kein positives Innehalten vor einer Hybris, sondern hieße: Die Menschen waren leider noch nicht so weit, um diese positiv zu wertende ‚schein-heilige' Funktion von Kunst wirklich zu realisieren, sie haben damit knapp das Ziel verfehlt.

[62] Auch Schuster konstatiert ein „Spiel mit der Lesererwartung" (*Poetologie der Distanz*, a.a.O., 369); dies bedeutet nach ihm allerdings „den Übergang von einem monotheistischen zu einem polytheistischen Weltbild". (Ebd.)

[63] Vgl. dazu auch Frank: *Der kommende Gott*, a.a.O., 272: „Daß alles, die ganze Natur, ‚Wahrlich zu einzigem Brauche [...] gebaut' worden sei, läßt sich in diesem Zusammenhang wörtlich verstehen, wenn wir Kultur als Ingebrauchnahme (cultura) einer natürlichen Lebensumwelt verstehen, wodurch das Ungebaute in ein Gebäude, z.B. einen Festsaal [...] umgewandelt wird."

Nicht ganz arglos scheint auch gemeint zu sein, daß der Sprecher einen Großteil der Bezüge offenläßt, so zum Beispiel die der „Gaaben“ (v.132): sind damit wirklich die erst drei Distichen später genannten „Brod“ (v.137) und „Wein“ (v.138) gemeint? Wer sind die „Sänger“ (v.141) im letzten Distichon der Strophe? Sind dies die mythischen Figuren der dionysischen Priester oder die ‚aktuellen‘ Sänger? Und wer ist der Alte, dem „das Lob“ „nicht eitel erdacht“ „tönet“? (v.142)[64] Wäre Dionysos, der einem zunächst einfällt, als mythische Figur nicht alterslos? Und was beinhaltet das doppelte „Darum“, das die letzten beiden Distichen der Strophe eröffnet genau? Antwortet es auf das „Aufwärts stiegen sie all“ (v.125) und der damit verbundenen Situation der Nachträglichkeit? Oder resümiert es nicht nochmal den gesamten, im Verlauf der Elegie erzählten Mythos? Und auf welchen Sachverhalt referiert das „dabei“ (v.139)?

Davon, wie man diese – vom Sprecher vielleicht bewußt offengelassenen – Bezüge rekonstruiert, hängt ab, wie man das immer enigmatischer werdende „nemlich“ (v.125) und das ihm Folgende als Erläuterung zu dem orakelhaften Vergleich „wie des Weingotts heilige Priester“ (v.123) versteht.

3.4.6 Brot und Wein

Wie der kommende Gott am Ende der dritten Strophe in die umgekehrte Richtung deutete, so ist ähnlich in der achten Strophe die Rede von „Himmlischen [...] die kehren“ (v.140): Bezeichnenderweise ist dieses *Kehren* nicht näher charakterisiert (z. B. als *wieder*kehren[65]): Die Himmlischen scheinen sich in diesem Licht weniger selbst zu bewegen, als daß sie eine Kehre auszulösen vermögen: eine Art symbolische Transsubstantiation. Beispielhafte Medien und zugleich Gegenstände einer solchen symbolischen Transsubstantiation sind nun gerade die titelgebenden Produkte „Brod und Wein“:

> Brod ist der Erde Frucht, doch ists vom Lichte geseegnet, 137
> Und vom donnernden Gott kommet die Freude des Weins.

[64] Auch die vom Kontext her unmotivierte Ergänzung „nicht eitel erdacht“ (v.142) ließe sich als versteckter Kommentar des Sprechers lesen, daß der Gesang nicht eitel erdacht *tönt*, obwohl er vielleicht gerade eitel erdacht *ist*. Zur damaligen Bedeutung von eitel vgl. Adelung: „Leer an Gründlichkeit und Wahrheit. Es ist ein eiteles Gedicht, ein leeres Gedicht, eine bloße Erdichtung. Ein eiteles (grundloses,) Geschwätz. Eine eitele (ungegründete,) Hoffnung. Ihre Götzen sind Wind und eitel, Es. 41, 29.“ Adelung: *Grammatisch-kritisches Wörterbuch*, a.a.O., Bd. 1, Art. *Eitel*, 1779.

[65] Wo im Mythos von der *Wieder*kehr der Götter die Rede ist, geschieht dies bezeichnenderweise mehrfach gehemmt: erstens vermittelt durch ein „Zeichen“ (v.130), das diese Rückkehr behauptet, noch dazu im Konjunktiv („käme“, v.132): Die Geltung ist damit relativiert; zudem zäsuriert diese Wiederkehr ein Zeilensprung: „wieder/ Käme.“ (v.131f.)

Brot und Wein dienen in alter und neuer, in mythischer und aktueller Kultur als Medien einer Transsubstantiation, sowohl in den eleusischen Mysterien, als auch in der christlichen Eucharistie-Feier. Die "Gaaben" werden dort „zum Zeichen" (v.131) eines „Heilig Gedächtniß" (v.36). Zugleich aber sind Brot und Wein alltägliche Lebensmittel, Handelsgegenstände auf dem „geschäfftige[n] Markt" (v.6). Mit diesem Doppelcharakter – zum einen *wirkliche* Nahrungsmittel, zum anderen *idealische* Materialien symbolischer Transsubstantiation – sind sie nicht nur Medien, sondern selbst Produkte einer solchen kehrenden Aktivität. Sowohl Brot als auch Wein sind immer schon raffinierte Kulturprodukte, und damit nicht einfach „der Erde Frucht", sondern bereits Resultat einer bestimmten Form der Be- und Verarbeitung dieser Früchte. Bevor sie symbolisch, *heilig* wirksam werden können, müssen sie zunächst einmal „menschlich" (v.133) hergestellt werden. Sollten sie daher mit den zurückgelassenen „Gaaben" gemeint sein, dann könnte dies nur in einem übertragenen Sinn, nicht literal verstanden werden. Voraussetzung ihrer symbolischen ‚Aufladung' ist zunächst einmal eine ‚menschliche' Produktion, die die Früchte der Erde einem Transformationsprozeß unterzieht. Die „Gaaben" der Götter entpuppen sich unter diesem Blickwinkel als – metonymisch verliehene – „Gaabe[]" (v.132) einer solchen, konvertierenden Fähigkeit zur materiellen wie symbolischen Transformation und Umdeutung. Der Mensch wird damit zu einem Wesen, das auf doppeltem Boden, auf zwei Ebenen agiert: *real* und *fiktional*.

Wie sich in der Rückschau herausstellte, war die Transformation der Landschaft im zweiten Distichon der vierten Strophe – „der Boden ist Meer! und Tische die Berge!" (v.57) – nicht durch „[g]öttliches Feuer" (v.40) bestimmt, sondern menschengemacht – gleichwohl dies im Moment des Erlebens, auch im Moment der textuellen Präsentation, *umgekehrt* schien, nämlich gerade als Real-Transsubstantiation. Es ist dieses kunstvoll inszenierte Spiel mit dem perspektivischen Wechsel der transformierenden Umkehrung, das *Brod und Wein* so vollendet inszeniert.

Damit werden *Brod* und *Wein* als Metaphern für das umkehrende Textverfahren sichtbar: Denn wie ihre chiastisch oppositionelle Einführung suggeriert, funktionieren sie nicht einfach additiv, sondern sind funktional komplementär: Das eher nüchterne ‚täglich' Brot ist mit dem „Licht[]" (v.137) assoziiert: es steht damit für ein Moment der Besonnenheit; der Wein „vom donnernden Gott" (v.138) symbolisiert die ekstatischen Momente berauschter Zustände. Das zwischen ihnen schwebende „und", das sie sowohl kombiniert wie auseinander hält, setzt sie aber zugleich auch in ein sukzessives Verhältnis. Nicht die „donnernde[]" „Freude" des Weins steht an erster Stelle, sondern das eher unspektakuläre „Licht[]" des Brotes. Sorgt dieses für den „Ernst", mit dem das letzte Distichon der Strophe die Sänger singen läßt?

> Darum singen sie auch mit Ernst die Sänger den Weingott 141
> Und nicht eitel erdacht tönet dem Alten das Lob.

Auffällig ist die Paronomasie und der transitive Gebrauch des Verbs: Die Sänger *singen* den Weingott. Wohin dies führt, nämlich wiederum in eine Umkehrung der zuvor mythisch behaupteten Nachträglichkeit, hat Schuster angedeutet:

> Die unauflösliche Verbindung zwischen Dionysos und dem Bereich der Poesie wird dadurch unterstrichen, daß die beiden einzigen Passagen, in denen der „Weingott" explizit erwähnt wird, ihn in Zusammenhang mit den Dichtern bringen: In v.123 ist von den Dichtern als „des Weingotts heilige[n] Priester[n]" die Rede, in v.141 „singen [...] die Sänger den Weingott" – Dionysos scheint damit innerhalb der Elegie seine Existenz den Dichtern zu verdanken."[66]

Damit ist die „Vergegenwärtigung des abwesenden Gottes"[67] aber gerade keine solche mehr, sondern eine poietische *Produktion*, eine *Erfindung* des Gottes durch die Sänger: Dionysos hat immer schon Kunstcharakter.[68]

Verfolgt man diese „Spur" (v.147) wieder zurück zu der ihr zugrunde liegenden Antwort („Aber sie sind, sagst du, wie des Weingotts heilige Priester", v.123), dann mündet sie in eine paradoxe Umkehrung: Den Anspruch des orphischen Ich, „wie des Weingotts heilige Priester" zu singen,[69] konfrontiert der Freund mit der umkehrenden Aussage des Mythos: daß auch jene heiligen Priester schon im Bewußtsein einer Nachträglichkeit (und bestimmt in poietischer ‚Vorgängigkeit') sangen; auch ihr enthusiastischer Gesang war also nicht Ausfluß unmittelbarer Gottespräsenz, sondern bereits Produkt einer Art von künstlerischer Simulation. Die hinter der orphisch-dionysischen Inspirationspoetik stehende ‚Idee' erführe damit eine Umkehrung: nicht die Götter inspirieren Dichtung, sondern die durch Dichtung ermöglichte Inspiration ‚erschafft' die Götter. Indem der Sprecher dem Ich dessen eigene Worte zurück gibt, ‚beweist' er („Glaube, wer es geprüft!, v.152) das Funktionieren einer solch *buchstäblichen* (nicht: Wieder-)Auferstehung des Weingottes (samt seiner mythischen

[66] Schuster: *Poetologie der Distanz*, a.a.O., 370, Anm. 274.

[67] So Schuster, ebd., 370.

[68] Vgl. auch Nägele: *Text, Geschichte und Subjektivität*, a.a.O., 114: „Wer ist dieser Weingott? Eine Konfiguration überlieferter Zeichen, die der Text wieder evoziert."

[69] Angespielt wird hier wohl auf Orpheus, den berühmtesten dieser „Priester" und Namensgeber des inspirierten Sprechmodus. Ovid berichtet, Lyaeus [=Beiname des Bacchus] nenne Orpheus „sacrorum vate suorum", „den Verkünders seiner Geheimnisse". (Ovid [P. Ovidius Naso]: *Metamorphosen*. Lat./dt. Übers. u. hg. v. Michael von Albrecht. Stuttgart 1994, 11. Buch, v.67ff.). Zur Verbindung von Dionysos und Orpheus vgl. Benjamin Hederich: *Gründliches mythologisches Lexikon*, Leipzig 1770. Nachdruck: Darmstadt 1996, Art. *Orpheus*, 1806-1820, hier: 1811: "Er [d.i. Orpheus] führete insonderheit den Bacchusdienst in Griechenland ein". Wackwitz weist als einziger auf die Präsenz von Orpheus in *Brod und Wein* hin, allerdings in gänzlich anderem Zusammenhang. Vgl. Wackwitz: *Trauer und Utopie*, a.a.O., 52.

Sänger): denn durch das Sagen des Ich kehrte die Vorstellung eines Weingottes überhaupt erst in der Elegie ein.[70]

3.4.7 »Ja!«

Ja!, sie sagen mit Recht, er söhne den Tag mit der Nacht aus,
  Führe des Himmels Gestirn ewig hinunter, hinauf,
Allzeit froh, wie das Laub der immergrünenden Fichte,
  Das er liebt, und der Kranz, den er von Epheu gewählt,
Weil er bleibet und selbst die Spur der entflohenen Götter
  Götterlosen hinab unter das Finstere bringt.
Was der Alten Gesang von Kindern Gottes geweissagt,
  Siehe! wir sind es, wir; Frucht von Hesperien ists!
Wunderbar und genau ists als an Menschen erfüllet,
  Glaube, wer es geprüft! aber so vieles geschieht,
Keines wirket, denn wir sind herzlos, Schatten, bis unser
  Vater Aether erkannt jeden und allen gehört.

„Ja!" (v.143) – Dies ist nach dem diffizilen Reflexionsprozeß der achten Strophe eine fürwahr enthusiastische Reaktion; das orphisch motivierte Ich meldet sich wieder zu Wort, wie sein Gegenüber spricht es allerdings zunächst nicht (nur) in eigenem Namen, sondern ‚aus zweiter Hand': „sie sagen" (v.144). Die ersten drei Distichen sind in indirekter Rede verfaßt, deren Nomen abhanden kam: „er" (v.144, v.146, 147). Wer ist das? Wenn das Ich die Logik der Kehre verstanden hat, muß man den Anschluß nicht unbedingt am Ende der vorhergehenden Strophe suchen[71], sondern kann ihn auch in umgekehrter Richtung verorten: „der Alten Gesang" (v.149) – wobei dann auch das „sie" des „sie sagen" (v.144) vom Beginn der Strophe als eben diese „Alten" identifiziert wäre.[72] Was damit implizit gesagt ist: daß der Alten Gesang selbst schon eine reflexive Struktur besitzt; in den Worten der Elegie paraphrasiert: ‚Die Alten sagen in ihrem Gesang etwas über diesen Gesang aus, nämlich daß er den Tag mit der Nacht aussöhne'. Diese vom Gesang der Alten attribuierten Leistungen des Gesangs sind Versöhnungen des Unversöhnbaren: Die Verbindung von Wechsel („Führe des Himmels Gestirn ewig hinunter, hinauf," v.144) und Dauer („ewig", „Weil er bleibet", v.147) ist ein Kunststück, das nur auf Kosten der Separierung der Sphären von

[70] Hölderlins eigener unvergleichlicher Umgang mit der Mythologie im Spätwerk scheint von dieser ent-naivisierenden Umdeutung ihren Ausgang zu nehmen. Vgl. dazu den 5. Teil der vorliegenden Arbeit.

[71] Das wäre bei „dem Alten" (v.142), und damit wird dann immer Dionysos identifiziert, obwohl von der Textkonstellation selbst höchst unbestimmt bleibt, wer dieser Alte wirklich ist.

[72] Auch wenn „de[r] Alte[]" (v.142) Dionysos meint, der gerade in diesem letzten Distichon als ‚Kunstcharakter' des Gesangs erscheint, ist die metonymische Verschiebung auf den Gesang selbst auch möglich. Man könnte also auch hier in beide Richtungen lesen.

Fiktion und Realität funktioniert: Der Gesang ist „[a]llzeit froh“ (v.145), “indeß die erkrankte Erde der Gott hält“ (v.147a), wie es in einer späteren Umarbeitung heißt.

Die reflexive Struktur des „Gesang[s]“ der Alten (v.149), die das Ich imitiert, indem es in indirekter Rede, im Zitat des Gesangs, nun revidierte eigene Meinungen („mit Recht“, v.143) über den Gesang vorträgt, deutet die mythische Konsekution um: Nicht die Götter ließen „Zeichen“ zurück (vgl. v.131), sondern der Gesang erst legt die „Spur“ zu den „Götter[n]“ (v.147). Er situiert sich diesen gegenüber damit nicht nachträglich (wenn auch an dieser als Fiktion erkannten Nachträglichkeit im poetischen Modus festgehalten wird), sondern vorgängig. Diese ästhetische Einsicht in die fiktionale Leistung des Gesangs führt in Folge zu einer paradoxen Selbstverortung des Ich im Gesang:

> Was der Alten Gesang von Kindern Gottes geweissagt,
> Siehe! wir sind es, wir; Frucht von Hesperien ists! 150

Durch den Kunstbegriff „Hesperien“, der diesem „[a]lten Gesang“ entsprungen zu sein scheint,[73] deutet sich die Transsubstantiation des Ich selbst an: es springt in den Text – und durch eine solche Deplazierung wird ihm endlich „wunderbar [...] erfüllet“ (v.151), was ihm bislang verwehrt blieb. In einer späteren Variante der Elegie hat Hölderlin dieses deplazierende, ‚kehrende‘ Verfahren des Dionysos hervorgehoben:

> Dorther kommt und da lachet verpflanzet, der Gott.“ 54a

Mit dieser „wunderbar[en]“ (v.151) textuellen Verpflanzung – in der Tat: „so vieles geschieht“ (v.152)! –, welche die Metaphorik von „Worte[n], wie Blumen“ (v.90) wiederaufnimmt, verändert sich nun die gesamte bisherige Beziehungskonstellation. Der Appell „Glaube, wer es geprüft!“ ist hier wohl direkt an den Leser gerichtet, wie denn auch das nun buchstäblich *ekstatische* Ich von einer produktionsästhetisch dominierten Perspektive auf die rezeptionsästhetische Dimension umschaltet:

> Keines wirket, denn wir sind herzlos, Schatten, bis unser 153
> Vater Aether erkannt jeden und allen gehört.

Das Ich spricht nun als „Zeichen“ (v.131) selbst[74] und entfaltet im Raum eines Distichons eine kleine Rezeptionsästhetik: Daß der Text solange „herzlos“, ein

[73] Vgl. D.E. Sattler: *„Orkus und Elysium“*. In: *Le pauvre Holterling* 3 (1978), 13-34, hier: 13.

[74] Vgl. auch den berühmten Anfang von *Mnemosyne* (zweite Fassung): “ein Zeichen sind wir, deutungslos“. (StA 2,1, 195)

„Schatten" ist, „bis" er „erkannt" und „gehört" wird.[75] Das Verständnis des „bis unser/ Vater Aether erkannt jeden und allen gehört" hat der Forschung bislang Schwierigkeiten bereitet. Nägele schlägt folgende Lesart vor:

> ‚bis unser Vater Aether jeden erkannt hat und allen gehört'. Subjekt des Erkennens wären dann nicht wir, sondern der Andere. Noch genauer müßte man sagen, daß die Ambivalenz der Formulierung das Subjekt der Erkenntnis weder hier noch dort fixiert, sondern syntaktisch genau dazwischen.[76]

Dem ist syntaktisch zuzustimmen; im Kontext der bisherigen Interpretation kann man diese „gewissermaßen freischwebende Erkenntnis"[77] jedoch noch etwas genauer fassen: denn *das* „Vater Aether", das hier auffallend am Versanfang plaziert ist, erinnert hierin an seine Position zu Beginn der mythischen Erzählung in der vierten Strophe (v.65). War es dort bereits Zitat, als Gelenkstelle zur Überleitung in die mythische Erzählung, so tritt es auch hier in der neunten Strophe wieder mit Zitatfunktion auf: „unser Vater Aether": das ist hier nicht das mythische Wesen, sondern eine Losung, die als eine Art *Vater Unser* vom Leser ‚geglaubt', nachgesprochen werden will („Glaube!", v.152). In dem „erkannt" scheint dann auch noch viel von dem biblischen Sinn von Erkennen auf: es geht nicht nur um ein geistiges Erfassen, sondern zudem um ein körperliches Ergriffenwerden (zumindest aus der Perspektive des Textes, der hier ja spricht), um eine Vereinnahmung („gehört") durch „[]höre[n]".[78]

Seine neuartige, gänzlich der neunstrophigen Reflexion entspringende, orphische Kraft zeigt dieser Text, bzw. dieses Ich in den letzten drei Distichen; sie besiegeln seine letzte Umkehr mit einer Einkehr:

> Aber indessen kommt als Fakelschwinger des Höchsten
>   Sohn, der Syrier, unter die Schatten herab.
> Seelige Weise sehns; ein Lächeln aus der gefangnen
>   Seele leuchtet, dem Licht thauet ihr Auge noch auf.
> Sanfter träumet und schläft in Armen der Erde der Titan,
>   Selbst der neidische, selbst Cerberus trinket und schläft.

Erst nach der neunstrophigen reflexiven Durchleuchtung der poetischen Bedingungen der (Un-)Möglichkeit dieser Göttereinkehr, so scheint es, kann diese sich „erfülle[n]" (v.151): als poetisches Textprinzip einer dichterischen ‚Ein-

[75] Damit formuliert der Text eine Überzeugung, die noch im 20. Jahrhundert virulent ist: „Daß die Erfahrung von Kunstwerken adäquat nur als lebendige sei, sagt mehr als etwas über die Beziehung von Betrachtendem und Betrachtetem, über psychologische Kathexis als Bedingung ästhetischer Wahrnehmung. Lebendig ist ästhetische Erfahrung vom Objekt her, in dem Augenblick, in dem die Kunstwerke unter ihrem Blick selbst lebendig werden." Theodor W. Adorno: *Ästhetische Theorie*, Frankfurt am Main [13]1993, 262.

[76] Nägele: *Text, Geschichte und Subjektivität*, a.a.O., 116.

[77] Ebd.

[78] Vgl. das schon mit dem Mythos konnotierte „gehört" von Vers 56.

kehr', als Effekt eines orphischen Sprechens, das um seinen eigenen Kunstcharakter weiß;[79] es muß daher nicht auf die Rückkehr der Götter warten, sondern kann diese poetisch herstellen. Freilich bewahrheitet sich bei einer solchen Art von Dichtung das mythische Wissen: Die festliche Einkehr von „allen Himmlischen" (v.155a) mit der theatralischen Geste eines „Fakelschwinger[s]"[80] in den dichterischen Text (v.155) hat „sedative[] Qualitäten"[81] („schläft", v.159f.): „[u]nempfunden kommen sie erst" (v.73).

Als poetische Reflexion über das Verhältnis von Wissen und enthusiastischen Zuständen unter sentimentalischem Vorzeichen zeichnet sich *Brod und Wein* also gerade dadurch aus, die scheinbare Oppositionsstellung von Enthusiasmus und (fiktionalem) Wissen zu einem Bedingungsverhältnis umzudefinieren: Erst die widersprechende Stimme ermöglicht die notwendige Spannung, die zur ekstatischen Exaltation führen kann – und nur in der spannungsvollen Beziehung von Enthusiasmus und Wissen entsteht ein poetischer Reflexionsprozeß, der an seinem Ende zu einem gelingenden künstlerisch-orphischen Sprechen führt. Anders als der platonische Phaidros, konzipiert die Elegie die Beschränkung und künstliche Produziertheit immer schon als ekstatische *conditio sine qua non*[82] – auch wenn es ihrem Mythos zufolge „menschlich" (v.133) ist, einer geschichtsphilosophischen Fiktion anzuhängen, nach der dies einmal anders war. Die

[79] Eine Anspielung auf Orpheus ist mit dem schlafenden Cerberus impliziert. Vgl. Hederich: *Gründliches Mythologisches Lexikon*, a.a.O., Art. *Orpheus*, 1818, zu Orpheusdarstellungen: „Desgleichen sieht man ihn vor dem Eingang der Hölle mit seiner Leyer, die er auf das Knie gestellet hat, nachdem er den vor ihm stehenden Cerberus bereits dadurch besänftiget zu haben scheint."

[80] Vgl. Hölderlins bereits erwähnte Oedipus-Übersetzung: „Auch ihn nenn' ich, benannt nach diesem Lande/ Den berauschten Bacchus, den Evier,/ Mit Mänaden vereinsamt; dieser komme,/ Mit der glänzend scheinenden Fakel brennend [...]." (StA 5, 131, v.215-218).

[81] Schuster: *Poetologie der Distanz*, a.a.O., 375.

[82] Zu diesem Bedingungszusammenhang vgl. auch Hölderlins *Hyperion oder der Eremit in Griechenland* (StA 3, 41): „Was ist's denn, daß der Mensch so viel will? fragt' ich oft; was soll denn die Unendlichkeit in seiner Brust? Unendlichkeit? wo ist sie denn? wer hat sie denn vernommen?/ Mehr will er, als er kann! das möchte wahr sein! O! das hast du oft genug erfahren. Das ist auch nötig, wie es ist. Das gibt das süße, schwärmerische Gefühl der Kraft, daß sie nicht ausströmt, wie sie will, das eben macht die schönen Träume von Unsterblichkeit und all' die holden und die kolossalischen Phantome, die den Menschen tausendfach entzüken, das schafft dem Menschen sein Elysium und seine Götter, daß seines Lebens Linie nicht gerad ausgeht, daß er nicht hinfährt, wie ein Pfeil, und eine fremde Macht dem Fliehenden in den Weg sich wirft./ Des Herzens Wooge schäumte nicht so schön empor, und würde Geist, wenn nicht der alte stumme Fels, das Schicksaal, ihr entgegenstände./ Aber dennoch stirbt der Trieb in unserer Brust, und mit ihm unsre Götter und ihr Himmel. Das Feuer geht empor in freudigen Gestalten, aus der dunkeln Wiege, wo es schlief, und seine Flamme steigt und fällt, und bricht sich und umschlingt sich freudig wieder, bis ihr Stoff verzehrt ist, nun raucht und ringt sie und erlischt; was übrig ist, ist Asche. So geht's mit uns. Das ist der Inbegriff von allem, was in schrökendreizenden Mysterien die Weisen uns erzählen."

sentimentalische ‚Entnaturalisierung' des orphischen Sprechens erweist *Brod und Wein* nicht als religiöse Dichtung,[83] vielmehr hat der im zentralen Mittelteil der Elegie rezitierte Mythos Modellfunktion für deren Poetik: dessen Festhalten an der Fiktion trotz der Einsicht in den eigenen fiktionalen Charakter kennzeichnet auch das zweistimmig orphisch-reflexive Sprechen von *Brod und Wein*.

Damit erweitert die Elegie die Dichtungskonzeption gegenüber dem von ihr zitierten Mythos: Durch die Integration zweier ontischer Modalitäten – *real* und *fiktiv* – in der Fiktionalität des Gesangs, hält sie deren Differenz bewußt und bringt sie zugleich miteinander ins Gespräch. Fiktionalität ist demnach nicht dazu da, zu täuschen; sie produziert vielmehr ein Selbstwissen, das einer täuschenden Verwechslung gerade gegenarbeitet.

[83] Vgl. Martin F.A. Simon: *Friedrich Hölderlin. The Theory and Practice of Religious Poetry. Studies in the Elegies*. Stuttgart 1988, 125f.

3.5 Die Bürde der Idylle und die Wiederkehr des Wirklichen: *Stutgard*

Stutgard entstand vermutlich 1800 oder 1801.[1] Obgleich die Elegie vielfältige Berührungspunkte mit den anderen Elegien aufweist, stellt sie sich in einem gewissen Sinne quer zu dem restlichen Elegienzyklus und perspektiviert ihn noch einmal ganz anders. Die changierende Dynamik zwischen *wirklich* und *ideal* ist auch hier umgesetzt, das für Hölderlins Elegien typische Kipp-Moment wird allerdings erst ganz am Schluß, im vorletzten Distichon, aktiviert, wenn sich das Geschehen, ähnlich wie in *Menons Klagen um Diotima*, als „Traum“ (v.106) entpuppt. Zuvor trägt die Elegie mehr als die anderen Elegien idyllische Züge. Was in *Brod und Wein* im Rahmen einer Aktualisierung der griechischen Welt mißlang, wird nun in der Topographie schwäbischer Landschaft versucht: der Darstellungsmodus *ideal als wirklich*.

In *Stutgard* wird damit ausführlicher als in den anderen Elegien Hölderlins das darstellerische Experiment umgesetzt, das Schiller als den unerreichten Gipfel der sentimentalischen Poesie deklariert hatte: die Vereinigung von Idealität und *wirklicher* Individualität. Das Spezifikum von *Stutgard* gegenüber den anderen Elegien besteht gerade darin, daß hier das Ideal: die Möglichkeit eines „freudigen“, d.h. dionysischen Fests,[2] ‚erreichbar‘, *als wirklich* präsentiert wird

[1] Überliefert sind drei Reinschriften (davon eine jedoch nicht vollständig) und ein Erstdruck mit der Überschrift *Die Herbstfeier*. Gewidmet ist die Elegie dem Schriftstellerkollegen Siegfried Schmid, mit dem Hölderlin 1797 bekannt geworden war. Von der wohl einst umfangreichen Korrespondenz zwischen beiden sind nur noch wenige Briefe *von* Schmid erhalten. Hölderlin rezensierte 1801 Schmids Komödie *Die Heroine*; die Rezension blieb jedoch unveröffentlicht (abgedruckt in StA 4,1, 288-291). *Stutgard* wird im folgenden zitiert nach: StA 2,1, 86-89. Literatur: Bernhard Böschenstein: *Dionysische Wanderung im Zeichen von Freundschaft, Dichterberuf, politischer Utopie*. In: Gerhard Kurz (Hg.): *Interpretationen. Gedichte von Friedrich Hölderlin*, a.a.O., 142-152; Cyrus Hamlin: *Zur Einführung*. In: Friedrich Hölderlin: *Stutgard*. Originalgetreue Wiedergabe der Londoner Handschrift, erläutert von Cyrus Hamlin, unter Mitwirkung von Adolf Beck. Tübingen 1970, 25-42; Heinrich Hirblinger: *Widmungsgedicht und Freundschaftsbund. Hölderlins Lyrik im politischen und sozialen Kontext seiner Zeit*. München 1979; Fritz Martini: *Hölderlin und Stuttgart*. In: Christoph Jamme und Otto Pöggeler (Hg.): *„O Fürstin der Heimath! Glückliches Stutgard“. Politik, Kultur und Gesellschaft im deutschen Südwesten um 1800*. Stuttgart 1988, 204-226; Herfried Münkler: *Siegfried Schmids erzwungene Vernünftigkeit. Eine biographische Alternative zum Wahnsinn Hölderlins*. In: *Le pauvre Holterling* 7 (1984), 41-53; Schuster: *Poetologie der Distanz*, a.a.O., 323-329; Albrecht Seifert: *Untersuchungen zu Hölderlins Pindar-Rezeption*. München 1982, 377-387; Rolf Zuberbühler: *Die Sprache des Herzens. Hölderlins Widmungsdichtung*. Göttingen 1982.

[2] Vgl. SW 718.

– doch sich gerade *aus* diesem *Ideal-als-wirklich*-Idyll so etwas wie dessen Mangel entfaltet. Die Elegie kann deshalb als eine Reflexion Hölderlins auf eine Schillers sentimentalischer Konzeption inhärente Problematik, insbesondere auf die Verortung des Wirklichen in Schillers Bestimmung der sentimentalischen Poesie gelesen werden.

3.5.1 Erfüllte Idylle

Wie in *Menons Klagen um Diotima* bildet auch in *Stutgard* eine explizite Reflexion des Ich auf den traumhaften Charakter seines Sprechens eine Gelenkstelle, welche die ganze dargestellte Wirklichkeit plötzlich zur Disposition stellt. Um die Fallhöhe deutlich zu machen, sei sie etwas ausführlicher zitiert:

> Trefliche bring' ich dir und das Freudenfeuer wird hoch auf
> Schlagen und heiliger soll sprechen das kühnere Wort.
> Siehe! da ist es rein! und des Gottes freundliche Gaaben
> Die wir theilen, sie sind zwischen den Liebenden nur.
> Anderes nicht – o kommt! o macht es wahr! denn allein ja
> Bin ich und niemand nimmt mir von der Stirne den Traum?

Der Kulminationspunkt der Erfüllung – „da ist es rein!" (v.103) – wird umflankt von Modalisierungen: der Verlagerung in die Zukunft („wird", v.101; „soll", v.102), semantischen Einschränkungen der Geltung („zwischen Liebenden nur", v.104), Imperativen („Siehe!", v.103; „o kommt! o macht es wahr!", v.105), die durch den Optativ den Wunsch als Vater des Gedankens markieren – der Fülle von Modalisierungen folgt dann der scheinbar abrupte Abbruch der Schwärmerei in Frageform: „denn allein ja/ Bin ich und niemand nimmt mir von der Stirne den Traum?" (v.105f.)

Die fast wörtliche Wiederholung des Endes der ersten Strophe von *Menons Klagen um Diotima*[3] macht den engen kompositorischen Zusammenhang zwischen den beiden Elegien deutlich, der sich zu *Brod und Wein* hin fortsetzt.[4] Auch in *Stutgard* ist ein dionysisches Ideal wieder zentral. Doch im Gegensatz zu *Brod und Wein*, wo die dionysische Präsenz nur über die mythische Erzählung vermittelt war, ist in *Stutgard* der Tisch von den Göttern tatsächlich gedeckt:

> Aber meinest du nun, es haben die Thore vergebens
> Aufgethan und den Weg freudig die Götter gemacht?
> Und es schenken umsonst zu des Gastmahls Fülle die Guten
> Nebst dem Weine noch auch Beeren und Honig und Obst?

[3] Dort hieß es: „[...] und niemand/ Kann von der Stirne mir nehmen den traurigen Traum?" (StA 2,1, 75, 13f.)

[4] Vgl. Groddeck: *Elegien*, a.a.O., 311.

Schenken das purpurne Licht zu Festgesängen und kühl und
Ruhig zu tieferem Freundesgespräche die Nacht?

Was in *Brod und Wein* ein fernes Ideal war: nämlich gleich „[d]es Weingotts heilige[n] Priester[n]/ [...] von Lande zu Land“[5] zu ziehen, scheint nun tatsächlich eingetreten zu sein:

Aber die Wanderer auch sind wohlgeleitet und haben
Kränze genug und Gesang, haben den heiligen Stab
Vollgeschmükt mit Trauben und Laub bei sich und der Fichte
Schatten; von Dorfe zu Dorf jauchzt es, von Tage zu Tag,
Und wie Wagen, bespannt mit freiem Wilde, so ziehn die
Berge voran und so träget und eilet der Pfad.

Die unverkennbaren Anleihen beim antiken Dionysoskult („Trauben“, „Fichte“, v.15; die „mit freiem Wild“ bespannten „Wagen“, v.17)[6] sind von den (hier noch in der dritten Person präsentierten) Wanderern bewußt gewählte Insignien; zu Beginn der vierten Strophe wird deutlich, daß sie sich (nun zählt sich auch das sprechende Ich zu ihnen) ausdrücklich in der Nachfolge der „Alten, d[er] göttlicherzognen“ (v.57) verstehen:

So der Gewaltgen gedenk und des herzerhebenden Schiksaals,
Thatlos selber, und leicht, aber vom Aether doch auch
Angeschauet und fromm, wie die Alten, die göttlicherzognen
Freudigen Dichter ziehn freudig das Land wir hinauf.

Im Gegensatz zu *Brod und Wein*, wo eine solche Existenz im Zeichen des Dionysos in eine unerreichbare Ferne gerückt schien, oder doch zumindest auf einzelne ekstatische Ausnahmemomente beschränkt war, ist sie in *Stutgard* gelebte Wirklichkeit. Nicht zuletzt die schwäbische Topographie, die Hölderlin – im Gegensatz zu Griechenland – aus eigener Anschauung kannte, sorgt mit der Namensnennung der ‚realen‘ Stadt Stuttgart für einen *effet de réel* wie in den Mittelstrophen des *Wanderers*:[7]

Groß ist das Werden umher. Dort von den äußersten Bergen
Stammen der Jünglinge viel, steigen die Hügel herab.
Quellen rauschen von dort und hundert geschäfftige Bäche,
Kommen bei Tag und Nacht nieder und bauen das Land.
Aber der Meister pflügt die Mitte des Landes, die Furchen
Ziehet der Nekarstrom, ziehet den Seegen herab.
Und es kommen mit ihm Italiens Lüfte, die See schikt
Ihre Wolken, sie schikt prächtige Sonnen mit ihm.

[5] *Brod und Wein*, StA 2,1, 94, 124.
[6] S. dazu auch SW 717.
[7] Vgl. auch S. 71 dieser Arbeit.

Angesichts dieser „Fülle“ (v.68), die sich superlativisch („äußersten“, v.59) und in einer unvorstellbaren Pluralisierung von „hundert [...]Bäche[n]“ (v.61) und zahlenmäßig nicht näher bestimmten „Sonnen“ (v.66) artikuliert, wundert das folgende Eingeständnis nicht: „Darum wächset uns auch fast über das Haupt die gewaltge Fülle“ (v.67f.).

Die schon von den mythischen Erzählungen aus *Brod und Wein* und *Menons Klagen um Diotima* bekannte Situation der Überwältigung angesichts allzu üppiger Gaben macht sich auch in *Stutgard* wieder geltend: „Aber indeß wir schaun und die mächtige Freude durchwandeln,/ Fliehet der Weg und der Tag uns, wie den Trunkenen, hin.“ (v.73f) So bildet sich, paradoxerweise, gerade in dieser erlebten Fülle, der Eindruck eines Mangels, der die Wanderer zu unaufhörlicher Bewegung in einem als indifferent („von Tage zu Tag“, v.16) erlebten Zeit-Raum verleitet. Schon von Beginn an droht die „neigende Zeit“ (v.38) zu „entfliehe[n]“ (v.37) Zunächst hat es zwar den Anschein, als sei Stuttgart das Ziel, nach dem sich die Elegie benannt hat und damit eine Art Telos, welches die Erwartungshaltung des Lesers leitet. Die Stadt wird zunächst auch als Ziel dionysischer Erfüllung präsentiert, „mit heiligem Laub umkränzt“ (v.75), personifiziert mit einem „priesterlich Haupt“ (v.76) und dionysischen Attributen: „Herrlich steht sie und hält den Rebenstab und die Tanne/ Hoch in die seeligen purpurnen Wolken empor.“ (v.77f.) Das von den Göttern geschenkte „purpurne Licht“ (v.23) erfüllt sich hier in den „seeligen purpurnen Wolken“ (v.78) und wird als ein Musentempel entworfen, der „[i]mmer“ „Gesang mit Flöten und Saiten gebilligt“ (v.81) habe. Doch auch nach ihrer Ankunft in Stuttgart, sind die Wanderer nicht am Ziel: „Aber die Nacht kommt! laß uns eilen, zu feiern das Herbstfest“ (v.97). Wohin jetzt noch geeilt werden soll, bleibt ungesagt.

Das semantisch unmotivierte Weitertreiben der Bewegung durch „gewaltge/ Fülle“ (v.67f.) und durch „mächtige Freude“ (v.73) scheint vor allem Folge des strukturellen Problems der Idylle zu sein. Denn was die Elegie hier darstellt, indem sie Sänger auftreten läßt, die sich in einem *verwirklichten* Ideal befinden, ist eine Reflexion auf den inhärenten Zwangscharakter der Idylle: wo sie realisiert ist, droht sie mit Lähmung, sowohl poetisch als auch psychisch:

> Engel des Vaterlands! o ihr, vor denen das Auge, 91
> Sei's auch stark und das Knie bricht dem vereinzelten Mann,
> Daß er halten sich muß an die Freund' und bitten die Theuern,
> Daß sie tragen mit ihm all die beglükende Last,

Diese für Hölderlins Elegien bezeichnende ‚Kapitulation‘ vor dem Ideal kann man als ästhetischen Kommentar verstehen: Es macht poetisch Sinn, ein Ideal dichterisch *als ideal* zu entwerfen, aber nicht, es im Raum des Fiktionalen zu *verwirklichen*. Die Wendung am Schluß ist daher der Elegie als poetischem Text schon strukturell notwendig eingeschrieben: Indem die Idylle sich als Traum-Ideal erklärt, wird beim Leser das ästhetische Bewußtsein aktiviert, daß er eine

„freie[] Kunstnachahmung“[8] vor sich hat. Die Spannung zwischen *real* und *ideal*, welche die Dichtung nach Hölderlins Auffassung zur Aufrechterhaltung ihrer inneren Kraft braucht, wird so wieder hergestellt.

Anders als in *Menons Klagen um Diotima*, wo die von der Traumrede initiierten Wechsel zwischen *wirklich* und *ideal* im Verlauf der Elegie eine ganz grundsätzliche, unvermittelbare Differenz zwischen Sein und Schein offenbarten, scheint in *Stutgard* auf der Ebene des Dargestellten jedoch kein solcher kategorialer Unterschied zu bestehen. Denn nach der Offenlegung des Traumcharakters der vorhergehenden Imagination endet die Elegie mit einem Distichon, das doch eine Erreichbarkeit zumindest der Voraussetzungen der festlichen Gemeinschaft suggeriert:

> Kommt und reicht, ihr Lieben, die Hand! das möge genug seyn, 107
> Aber die größere Lust sparen dem Enkel wir auf.

Die neuerliche Aufforderung „Kommt“ (v.107), die an das „o kommt!“ (v.105) unmittelbar vor der Traumthematisierung anknüpft, verdeutlicht, daß „Traum“ (v.104) in dieser Elegie nicht bedeutet, daß die Vereinigung mit den „Lieben“ (v.107) prinzipiell unmöglich ist. Kommen sollen zudem nicht mehr die unkontrollierbaren Götter – deren Anwesenheit bereits in der dionysisch codierten Landschaft ausgedrückt ist, sondern die Freunde und Dichterkollegen, mit denen zusammen das Herbstfest gefeiert werden sollte. Jedoch vollzieht das Ich hier am Schluß der Elegie einen sonderbaren Perspektivwechsel: Erstrebtes Ziel ist plötzlich *nicht* mehr die dionysische Feier, deren *Verwirklichung* noch unmittelbar zuvor ersehnt war: „o kommt! o macht es wahr!“ (v.105), sondern ein schlichtes ‚Hand reichen‘. Mit der fragenden Bitte, die darauf zielt, den Traum „von der Stirne“ (v.106) genommen zu bekommen, ist scheinbar genau dies erfolgt: Die dionysische Feier hat ihren Traumcharakter insofern verloren, als das Ich nun plötzlich nicht mehr durch die *traumhafte* Sehnsucht nach einer dionysischen Feier bestimmt ist. Der schon in *Brod und Wein* merkliche Charakter eines (zeitlichen) Aufschubs bestimmt zwar auch hier noch den Abschluß der Elegie: „Aber die größere Lust sparen dem Enkel wir auf“ (v.108) – doch der versöhnliche Ton dieser Formel spricht dafür, daß dies aus der Perspektive des Ich nicht wirklich als Opfer empfunden wird. – Was ist hier passiert?

3.5.2 Die Zumutung des Idealischen

Die These, um die es im Folgenden gehen soll, ist, daß sich in diesem Schluß eine ganz anders gelagerte elegische Spannung als die zwischen dionysischem

[8] StA 4,1, 283.

Festideal und mangelhafter Wirklichkeit offenbart.[9] Wie gerade dargestellt wurde, ist ein solches Festideal in *Stutgard* ja *wirklich* realisiert. Der elegische Wechsel zielt hier nicht mehr auf die typisch elegische Entgegensetzung einer mangelhaften Wirklichkeit zu einem idealisierten ‚Anderen', wie es noch in *Brod und Wein*, im *Wanderer* und auch in *Menons Klagen um Diotima* in der Grundstruktur angelegt war. Das elegische Moment von *Stutgard* besteht vielmehr in einer umgekehrten Tendenz: in einer idealischen Trauer um das Wirkliche. *Stutgard* zeigt auf versteckte Art, welchen Preis das den Elegien spezifische Darstellungsmodell der Idealisierung fordert, gerade im Hinblick auf die Möglichkeit einer Darstellung von Wirklichkeit. Indem *Stutgard* mehr als die vorherigen Elegien das Ideal *in* der Wirklichkeit verortet und damit der von Schiller als der größten Herausforderung des modernen Dichters propagierten Verbindung von Individualität und Idealität nahekommt,[10] gelangt die Elegie zu einem versteckt präsenten, individuellen Blick auf Schillers Konzeption.

Dazu sei zunächst noch einmal an Schillers Konzeption der sentimentalischen Elegie erinnert. Denn darin war ein bestimmtes Darstellungsverbot impliziert:[11]

> Der Inhalt der dichterischen Klage kann also niemals ein äußrer, jederzeit nur ein innerer idealischer Gegenstand sein; selbst wenn sie einen Verlust in der Wirklichkeit betrauert, muß sie ihn erst zu einem idealischen umschaffen. In dieser Reduktion des Beschränkten auf ein Unendliches besteht eigentlich die poetische Behandlung. Der äußere Stoff ist daher an sich selbst immer gleichgültig, weil ihn die Dichtkunst niemals so brauchen kann, wie sie ihn findet, sondern nur durch das, was sie selbst daraus macht, ihm die poetische Würde gibt. Der elegische Dichter sucht die Natur aber als eine Idee und in einer Vollkommenheit, in der sie nie existiert hat, wenn er sie gleich als etwas da gewesenes und nun verlorenes beweint.[12]

Schillers Verdikt, eine nicht-modifizierte Darstellung von Wirklichkeit sei der Dichtung unwürdig, findet seine Begründung natürlich in seiner idealistischen Grundkonzeption. Die Überzeugung von der poetischen Unergiebigkeit des wirklichen Stoffes (es sei denn in satirischem Interesse) hat für seine Konzeption der modernen Dichtung weitreichende Folgen. Wo die naive Dichtung ganz der Wirklichkeit zugewandt war und allein darin bestand, diese nachzuahmen, kann es, Schiller zufolge, der sentimentalischen Poesie um Wirklichkeit gar nicht mehr zu tun sein. In der Tat zeichnet es ja sowohl die Idylle als auch die Elegie im engeren Sinne – und damit auch die elegische Darstellungsweise im

[9] So Schuster, dessen Deutung sich indes wohltuend von anderen Interpretationen dadurch abhebt, daß er in der Elegie überhaupt eine Spannung wahrnimmt. Vgl. Schuster: *Poetologie der Distanz*, a.a.O., 329-334.

[10] Vgl. Seite 39 der vorliegenden Arbeit.

[11] Vgl. dazu auch Darsow: *„...aber von Ihnen dependier ich unüberwindlich..."*, a.a.O., 31ff.

[12] Schiller: *Über naive und sentimentalische Dichtung*, a.a.O., 750.

weiteren Sinne – aus, daß der Fokus durchgehend auf das Ideal, auf das Umschaffen der Wirklichkeit *zum* Ideal gerichtet ist. Es

> darf bei der Elegie die Trauer nur aus einer, durch das Ideal erweckten Begeisterung fließen. Dadurch allein erhält die Elegie poetischen Gehalt, und jede andere Quelle derselben ist völlig unter der Würde der Dichtkunst. [...] Die Trauer über verlorne Freuden, über das der Welt verschwundene goldene Alter, über das entflohene Glück der Jugend, der Liebe u. s. w. kann nur alsdann der Stoff zu einer elegischen Dichtung werden, wenn jene Zustände sinnlichen Friedens zugleich als Gegenstände moralischer Harmonie sich vorstellen lassen. Ich kann deswegen die Klaggesänge des *Ovid*, die er aus seinem Verbannungsort am *Euxin* anstimmt, wie rührend sie auch sind, und wie viel Dichterisches auch einzelne Stellen haben, im Ganzen nicht wohl als ein poetisches Werk betrachten. Es ist viel zu wenig Energie, viel zu wenig Geist und Adel in seinem Schmerz. Das Bedürfnis, nicht die Begeisterung stieß jene Klagen aus; es atmet darin, wenn gleich keine gemeine Seele, doch die gemeine Stimmung eines edleren Geistes, den sein Schicksal zu Boden drückte. Zwar wenn wir uns erinnern, daß es Rom, und das Rom des Augustus ist, um das er trauert, so verzeihen wir dem Sohn der Freude seinen Schmerz; aber selbst das herrliche Rom mit allen seinen Glückseligkeiten ist, wenn nicht die Einbildungskraft es erst veredelt, bloß eine endliche Größe, mithin ein unwürdiges Objekt für die Dichtkunst, die erhaben über alles, was die Wirklichkeit aufstellt, nur das Recht hat, um das Unendliche zu trauern.[13]

„Wirklichkeit" ist in der sentimentalischen Dichtung deshalb allein als *Perspektive* erlaubt, von der aus man auf das Ideal blickt, um dieses in seinem ganzen Glanz zu sehen. Sie wird im idealischen Interesse als Abstoßungsphänomen funktionalisiert, steht aber selbst nicht im Fokus der Aufmerksamkeit. Damit hat Schiller einen Grundsatz formuliert, der Hölderlins eigenen poetischen Anlagen entgegenkommt, wie er wiederholt von einer „stolzen Verläugnung alles Accidentellen"[14] spricht.

Im Blick auf Hölderlins Elegien zeigt sich in der Tat, wie wenig ‚Accidentelles' darin zur Sprache kommt. Dies betrifft weniger die Frage, was der Dichter Hölderlin als Mensch persönlich erlebt hat, sondern es geht um die Möglichkeit einer Darstellung von – so Schiller – „Bedürfnis[sen]"[15]. Schillers Verdikt macht keinen Unterschied zwischen wahrem oder erfundenem Schmerz, sondern vielmehr zwischen einer emotionalen Unvermitteltheit und deren moralisch ‚veredelter' Version. Eine Konsequenz dieser Darstellungsvorgaben betrifft dabei gerade auch die Elegie im herkömmlichen Gattungssinne: Denn deren traditionelle Gegenstände waren vor allem Liebe und Tod – zwei Themen, die zu sehr „Bedürfnis"[16] atmen, als daß sie unumwunden Schillers Neudefinition eingegliedert werden könnten. In der Tat zeigte es sich ja an Schillers Konzeption sentimentalischer Dichtung, daß die elegische Empfindungsweise gar nicht mehr

[13] Ebd., 749f.
[14] Brief an Neuffer vom 3. Juli 1799, StA 6,1, 339.
[15] Schiller: *Über naive und sentimentalische Dichtung*, a.a.O., 750.
[16] Ebd.

thematisch bestimmt war, so daß der Ausschluß von ‚Accidentellem' nicht weiter ins Gewicht fiel. Es kann daher als eine kleine Auflehnung gegen Schillers Kriterien gewertet werden, wenn Hölderlin in *Stutgard* einen kleinen elegischen Moment versteckt, der nach Schiller wohl als unwürdig zu qualifizieren wäre:

> Aber des Vaters Grab seh' ich und weine dir schon?
> Wein' und halt' und habe den Freund und höre das Wort, das
> Einst mir in himmlischer Kunst Leiden der Liebe geheilt.

Die fast verschämte Versteckheit und Zurückgenommenheit dieser Passage zeigt sich nicht nur in dem, was ausdrücklich verschwiegen bleibt – nämlich der Inhalt des „Wort[es]" (v.47), für welches das edle Gedicht nach Schillers Vorgaben nicht der angemessene Ort wäre –, sondern vor allem in der Wendung unmittelbar darauf:

> Andres erwacht! ich muß die Landesheroën ihm nennen,
> Barbarossa! dich auch, gütiger Kristoph, und dich,
> Konradin! wie du fielst, so fallen Starke, der Epheu
> Grünt am Fels und die Burg dekt das bacchantische Laub,
> Doch Vergangenes ist, wie Künftiges heilig den Sängern,
> Und in Tagen des Herbsts sühnen die Schatten wir uns.

Der Kontrast zwischen privater und öffentlicher Sphäre könnte kaum deutlicher akzentuiert sein;[17] im Gegensatz zu dem Zeichen von Schwäche am Grab des Vaters markiert dieses „Andre[]" (v.49) heroische „St[ä]rke" (v.51) sogar noch im Sterben und ist „bacchantisch[]" (v.52) konnotiert. Im Gegensatz zum namenlos bleibenden Vater und Freund „muß" (v.49) das plötzlich wie unter Einfluß stehende Ich die Namen der „Landesheroën" (v.49) nennen. In der Engführung auf das Amt „de[r]" in der dritten Person Plural bezeichneten „Sänger[]", denen „Vergangenes [...], wie Künftiges, heilig" (v.53) sei, zeigt sich die Trennung, die das Ich zwischen seiner privaten Existenz und seinem Sängertum ziehen „muß" (v.49). Bereits in der zweiten Strophe dirigiert ein solch explizites „Andres" die Abwendung von persönlichen Interessen und Neigungen hin zu einer idealischen Transzendierung:

> Aber meinest du nun, es haben die Thore vergebens
> Aufgethan und den Weg freudig die Götter gemacht?
> Und es schenken umsonst zu des Gastmahls Fülle die Guten
> Nebst dem Weine noch auch Beeren und Honig und Obst?
> Schenken das purpurne Licht zu Festgesängen und kühl und
> Ruhig zu tieferem Freundesgespräche die Nacht?
> Hält ein Ernsteres dich, so spars dem Winter und willst du

[17] Vgl. dazu Beißner: *Geschichte der deutschen Elegie*, a.a.O., 177: „Solche Sinnsprüche wie der in der Elegie ‚Stutgard' (v.49): ‚Andres erwacht!' sind durchaus vereinzelt; sie tragen hörbar einen anderen Ton in die elegische Melodie hinein, eben einen hymnischen [...]."

Freien, habe Gedult, Freier beglüket der Mai.
Jezt ist Anderes Noth, jezt komm' und feire des Herbstes
Alte Sitte, noch jezt blühet die Edle mit uns.
Eins nur gilt für den Tag, das Vaterland und des Opfers
Festlicher Flamme wirft jeder sein Eigenes zu.
Darum kränzt der gemeinsame Gott umsäuselnd das Haar uns,
Und den eigenen Sinn schmelzet, wie Perlen, der Wein.
Diß bedeutet der Tisch, der geehrte, wenn, wie die Bienen,
Rund um den Eichbaum, wir sizen und singen um ihn,
Diß der Pokale Klang, und darum zwinget die wilden
Seelen der streitenden Männer zusammen der Chor.

Auch hier ist die Diskrepanz von persönlichen Bedürfnissen und dem Streben nach einem Sänger-Ideal thematisiert. Wie die Art der Anrede vermuten läßt – „Aber meinest du nun [...]" (v.19) – scheint das angesprochene „du" nicht gerade begeistert von der Idee, als Wanderer zum dionysischen Fest aufzubrechen. Es „hält" (v.25) und „will[]" (v.25) anderes als das „Andere[]", das „jezt" „Noth" „ist" (v.27). Die kleine verbale Differenz von „Freien" (v.26) und „feire[n]" (v.27) entpuppt sich als gewichtige Umwertung: „des Opfers/ Festlicher Flamme wirft jeder sein Eigenes zu." (v.29f.) Das Vokabular von „Opfer[]" (v.29) und „Noth" (v.27) läßt erahnen, daß das ‚Geschenk' („schenken", v.21 u. 23) der „Götter" (v.20) nicht „umsonst" (v.21) ist, sondern seinen Tribut fordert. Die Auflösung des „Eigene[n]" (v.30, 32) in einem „[G]emeinsame[n]" (v.31), bei dem „Eins nur gilt" (v.29): „das Vaterland" (v.29), wird in den letzten Versen der Strophe in einer nachgerade rauhen Szene imaginativ entworfen. Das Vokabular der zweiten Hälfte der zweiten Strophe – „Flamme" (v.30), „Noth" (v.27), „Opfer[]" (v.29) „wilden" (v.35), „streitenden" (v.36), wie zuletzt noch das „zwinget" (v.35) – ist bestimmt von einer latenten Gewalttätigkeit[18], von welcher der Sprecher einerseits fasziniert und andererseits selbst niedergerungen scheint. Der autoritäre Sprechgestus („Jezt ist [...] Noth", v.27; „so spars", v.25; „habe Gedult", v.26; „Eins nur gilt", v.29) legt die Frage nahe, ob hier in der zweiten Strophe überhaupt ein personales Ich spricht, oder ob es sich nicht vielmehr um eine Selbstansprache handelt, in der die ‚Kommandostimme' eines „Andere[n]" (v.27) imitiert wird.[19]

Durchgehend kommt die Diskrepanz zwischen einer personalen und einer interpersonalen Existenz in der Elegie in der Gespaltenheit von Perspektivierungen zum Ausdruck, genauer: im Wechsel zwischen einer personalen und einer entpersonalisierten Perspektive. Schaut man sich die sprachliche Gestaltung der

[18] Vgl. auch die explizite Identifikation der „Landesheroën" (v.49) als die „Gewaltgen" (v.55).

[19] Motivieren ließe sich diese Erklärung auch durch eine ansonsten seltsame Kommunikationssituation, denn im Übergang zur dritten Strophe erklärt das Ich, es „komm[e...] entgegen sogleich" (v.38): Der Angesprochene wäre in der zweiten Strophe also noch gar nicht anwesend.

Elegie an, fällt auf, wie unterschiedlich die Sprechhaltungen in ihrem Verlauf sind. So ist die erste Strophe durch ein gänzlich unpersönliches Sprechen geprägt:

> Wieder ein Glük ist erlebt. Die gefährliche Dürre geneset,
> Und die Schärfe des Lichts senget die Blüthe nicht mehr.
> Offen steht jezt wieder ein Saal, und gesund ist der Garten,
> Und von Reegen erfrischt rauschet das glänzende Thal,
> Hoch von Gewächsen, es schwellen die Bäch' und alle gebundnen
> Fittige wagen sich wieder ins Reich des Gesangs.
> Voll ist die Luft von Fröhlichen jezt und die Stadt und der Hain ist
> Rings von zufriedenen Kindern des Himmels erfüllt.
> Gerne begegnen sie sich, und irren untereinander,
> Sorgenlos, und es scheint keines zu wenig, zu viel.
> Denn so ordnet das Herz es an, und zu athmen die Anmuth,
> Sie, die geschikliche, schenkt ihnen ein göttlicher Geist.
> Aber die Wanderer auch sind wohlgeleitet und haben
> Kränze genug und Gesang, haben den heiligen Stab
> Vollgeschmükt mit Trauben und Laub bei sich und der Fichte
> Schatten; von Dorfe zu Dorf jauchzt es, von Tage zu Tag,
> Und wie Wagen, bespannt mit freiem Wilde, so ziehn die
> Berge voran und so träget und eilet der Pfad.

Schon der erste „thetische[] Satz“[20] ist sonderbar: Ist Erleben üblicherweise an ein Subjekt gebunden, so fällt dies hier gerade aus: Wer was für ein „Glük“ (v.1) erlebt hat, wird nicht mitgeteilt; „*es* scheint keines zu wenig, zu viel./ Denn so ordnet das Herz *es* an“ (v.10f.; Herv. U. D.), und „*es*“ „jauchzt“ (v.16; Herv. U. D.): Die entpersonalisierten, undefiniert bleibenden „es“ suggerieren eine Objektivität, die doch in seltsamem Widerspruch steht zu der dem „scheint“ (v.10) inhärenten Perspektivität. Wessen „Herz“ (v.11) ordnet hier an? Das der Vögel? Oder das eines externen Betrachters, der eine bestimmte Betrachtungseinstellung anordnet, nämlich die, daß „keines zu viel“ „scheint“ (v.10)? Die bestimmenden Partizipien „erlebt“ (v.1), „erfrischt“ (v.4), „erfüllt“ (v.8) inserieren in die eigentlich organische, von dynamischer Bewegung („begegnen“, „irren“, v.9) gekennzeichnete Vogelwelt den Eindruck einer nur mechanischen Planerfüllung („ordnet es [...] an“, v.11). Auch die Perspektivität, mit der in den letzten Versen „die Wanderer“ (v.13) präsentiert werden, ist von dieser eigentümlichen Darstellungsweise geprägt: die ja eigentlich sich selbst bewegenden Wanderer sind ebenso – partizipial – „wohlgeleitet“ (v.13). Weitere Partizipien wie „vollgeschmückt“ (v.15), „bespannt“ (v.17) (in einer Parallelität zur ersten Strophe von *Brod und Wein*) führen zu einer Wahrnehmung, in welcher das Subjekt der Bewegung, „die Wanderer“ (v.13), passivisch von den „Berge[n]“ (v.18), „wie Wagen“ „voran“ gezogen (v.17f.) werden; dasselbe gilt für den Abschluß der ersten Strophe: „so träget und eilet der Pfad“ (v.18), auch hier scheint der Pfad

[20] Vgl. Groddeck: *Elegien*, a.a.O., 331.

das eigentlich aktivische Subjekt zu sein, der die Wanderer grammatikalisch lahm legt.[21]

Die Parallelität von Vogelwelt und Wanderern, die hier entfaltet wird („die Wanderer *auch*“, v.13; Herv. U. D.), anthropomorphisiert zwar einerseits die Vögel, indem sie sie als „Fröhliche“ (v.7) und „Kinder“ (v.8) bezeichnet und ihnen menschliche Attribute zuspricht („Sorgenlos“, v.10); in Bezug auf die Wanderer jedoch bedeutet dieser Vergleich mit einer Vogelschar, in welcher der einzelne ein nicht-identifiziertes Neutrum bleibt (“keines“, v.10) eine Tendenz zur Ent-Individualisierung: wie die Vögel so scheinen auch sie einem ‚höheren‘ Naturprogramm zu folgen; wie „es“ bei den Vögeln scheint, daß „keines zu wenig, zu viel“ (v.10) sei, so „jauchzt *es*“ (v.16, Herv. U. D.) bei den Wanderern. Die Gleichsetzung von Wanderern und Tierwelt wird in der zweiten Strophe zu dem für Hölderlin höchst unüblichen und eher unheroischen Vergleich der feiernden Sänger mit „Bienen“ (v.33) führen.[22]

Die latente Spannung zwischen einem individuellen Subjekt und der Gruppendynamik der Männer spiegelt sich in der pronominal nur zum Teil erfolgenden Identifizierung des sprechenden Ich mit den Wanderern, bzw. Sängern. Das gemeinschaftliche „wir“, bzw. „uns“, das in seiner Referenz etwas instabil ist[23], wechselt immer wieder in unpersönliche Bezeichnungen wie „die Wanderer“ (v.13); „der streitenden Männer“ (v.36), „den Sängern“ (v.53, v.84), „den Wanderern“ (v.72). Eine ähnliche Unentschiedenheit drückt sich in der Ansprache aus, die zuweilen im Singular, zuweilen im Plural erfolgt.

Ein explizites Ich erscheint erst mit der dritten Strophe, nämlich im Kontext des bereits zitierten elegischen Moments privater Art. Mit ihm scheint eine ganz andere, nämlich sehr persönliche Bedeutung von „Vaterland“ (v.29) auf:

> [...] komm’ *ich* entgegen sogleich,
> Bis an die Grenze des Lands, wo *mir* den lieben Geburtsort
> Und die Insel des Stroms blaues Gewässer umfließt.
> Heilig ist *mir* der Ort, an beiden Ufern, der Fels auch,
> Der mit Garten und Haus grün aus den Wellen sich hebt.
> Dort begegnen wir uns; o gütiges Licht! wo zuerst *mich*

[21] Schmidt belegt, daß „träget“ im Schwäbischen auch so viel wie ‚träge sein‘ bedeutet. (SW 717)

[22] Hölderlin kann den Vergleich mit den Bienen auch aus seiner *Menon*-Lektüre gewonnen haben: „Sokrates: [...] Allein, Menon, wenn ich, um bei dem Bilde von den Schwärmen zu bleiben, nun nach dem Wesen der Biene fragen würde, was sie denn sei, und du mir nun sagen würdest, daß es viele und mancherlei Bienen gebe, – was würdest du mir wohl erwidern auf die weitere Frage: ‚Behauptest du denn, daß der Grund davon, daß es viele, mancherlei und von einander verschiedene Bienen gebe, darin liege, daß sie Bienen sind? Oder beruht nicht ihr Unterschied vielmehr gar nicht hierin, sondern in etwas anderem, z.B. in ihrer Schönheit oder ihrer Größe oder sonst einem Merkmal dieser Art?‘ Sprich, was würdest du auf diese Frage wohl antworten?/ Menon: Das, daß sie sich nicht eine von der anderen unterscheiden, sofern sie Bienen sind.“ (Plato: *Menon*, a.a.O, 415)

[23] In Vers 43, s. dazu unten.

Deiner gefühlteren Stralen *mich* einer betraf.
Dort begann und beginnt das liebe Leben von neuem;
Aber des Vaters Grab seh' *ich* und weine dir schon?
Wein' und halt' und habe den Freund und höre das Wort, das
Einst mir in himmlischer Kunst Leiden der Liebe geheilt.
Andres erwacht! *ich* muß die Landesheroën ihm nennen,
Barbarossa! dich auch, gütiger Kristoph, und dich,
Konradin! wie du fielst, so fallen Starke, der Epheu
Grünt am Fels und die Burg dekt das bacchantische Laub,
Doch Vergangenes ist, wie Künftiges heilig *den Sängern*,
Und in Tagen des Herbsts sühnen die Schatten wir uns. (Herv. U. D.)

Die Relevanz der personalen Sicht drückt sich in der ausdrücklichen Ausrichtung der Topographie auf das sprechende Ich aus: „wo *mir* den lieben Geburtsort/ Und die Insel des Stroms blaues Gewässer umfließt" (v.39f.; Herv. U. D.), vor allem aber in der Personalisierung des „Heilig" in Vers 41: „Heilig ist *mir* der Ort" (Herv. U. D.), die in oppositioneller Korrespondenz steht zu dem letzten Distichon der Strophe, das davon spricht, was „*den Sängern*" heilig ist (v.53, Herv. U. D.).[24] Obwohl dort „Vergangenes" (v.53) thematisiert wird und davon die Rede ist, „in Tagen des Herbsts [...] die Schatten [auszusühnen]" (v.54), wird deutlich, daß die private Trauer um den Tod des Vaters dort keinen Platz hat; denn gedacht wird nur „der Gewaltgen und des herzerhebenden Schiksaals" (v.55). Intensiviert wird die personale Perspektivierung noch einmal in der doppelten Präsenz des „mich" in den Versen 43f.: „wo zuerst *mich*/ Deiner gefühlteren Strahlen *mich* einer betraf." (Herv. U. D.) Die Privatheit dieser Erinnerung wird auch in der ambivalenten Referenz der Du-Ansprache in Vers 44 deutlich: Angesprochen ist nicht der Freund, sondern das heimatliche „Licht" (v.43); der Freund rückt dann kurz darauf tatsächlich in die dritte Person: „habe den Freund" (v.47).

Die latente Tragik der Erinnerung an den toten Vater besteht darin, daß gerade die Parole „Vaterland" (v.29) und die Orientierung an den „Väter[n] droben" (v.89) als die „Größeren" (v.85), „die allzeit/ leben" (v.85f.), die Trauer um den wirklichen Vater, für den „das liebe Leben" gerade nicht „von neuem" „beginnt" (v.45), verunmöglichen. Die Rolle des Vaters übernimmt im folgenden die Stadt Stuttgart, gegenüber der das Ich sich „Sohn" (v.79) nennt.

Abgesehen von einem kurzen Auftauchen in der fünften Strophe, signifikanterweise im Kontext einer Geltungseinschränkung der Rede, „[w]ie ich glaub'" (v.82), wird das sprechende Ich erst in der letzten, sechsten Strophe wieder als explizites auf der Textoberfläche erscheinen. Auffällig ist an der nur sehr transitorischen Heimatepisode die Häufung des Wortes *Liebe*: „den *lieben* Geburtsort" (v.39), „das *liebe* Leben" (v.45), „Leiden der *Liebe*" (v.48), was diese als

[24] Metrisch kann das „mir" sowohl betont als auch unbetont bleiben: „Heílig ist mír der Órt" oder „Heílig íst mir der Órt", was als ein Indiz für die Unentschiedenheit des Ich verstanden werden kann, seine personale Perspektivität ausdrücklich zu machen oder nicht.

affektives Zentrum der Elegie kenntlich macht; sonst werden nurmehr in der vierten Strophe die „Landsleute[]“ als die „Lieben“ (v.79) bezeichnet; Derivate von ‚Liebe‘ begegnen erst wieder ganz am Schluß der Elegie, wo das Ich wieder in eigenem Namen spricht (v.104 und 107).

Implizit artikuliert sich bei all der ostentativen Begeisterung des Sprechers für die Sängerexistenz eine Abwertung derselben: die Rede von „des Lieds kindlich Geschwäz“ (v.82) erinnert wieder an die erste Strophe, in der von den Vögeln als „Kinder[n]“ (v.8) die Rede war. Ganz deutlich zeigt sich eine Abstandnahme am Ende der fünften Strophe: Hier entwirft sich eine Teleologie, an deren Ende „[m]ündig und hell [...]der besonnene Mensch“ steht (v.90): Damit setzt sich dieses neue Ideal mündiger Besonnenheit gerade in Opposition zu dem „kindlich Geschwäz“ (v.82) und bezeichnenderweise tritt dieser „Mensch“ (v.90) auch im (grammatikalischen) Singular und nicht im Plural auf wie noch „die Wanderer“ (v.13) und „d[ie] Sänger[n]“ (v.53) Überhaupt kennzeichnet die sechste Strophe eine Tendenz zur Vereinzelung. Zwar ist immer noch eine Gruppe in den Blick genommen, doch geht nun der Fokus eher vom Einzelnen aus: „dem vereinzelten Mann“ (v.92) ist die „beglükende Last“ (v.94) zu schwer; das Ich spricht den Freund nun zum ersten Mal mit Namen an: „mein Schmidt“ (v.100) und separiert ihn von der Gruppe, indem es ihn einzeln nennt: „den und all die Andern“ (95); und vor allem spricht es zum Teil wieder in der ersten Person.

Was sich in Schillers *Über naive und sentimentalische Dichtung* zeigte, nämlich die schwierige Vereinbarkeit von Individuellem und Idealem, wird hier in der perspektivischen Umsetzung reflektiert, in einem bereits von Schiller für die sentimentalische Dichtung reklamierten „Zwiespalt mit sich selbst“.[25] Die dahinter stehende Unvereinbarkeit von zwei (dichterischen) Existenzformen zeigt sich bereits in der heterogenen Konjunktion von „des Lieds kindlich Geschwäz und der Mühn/ Süße Vergessenheit bei gegenwärtigem Geiste“ (v.82f.): Dinge, die schwerlich auf einen Nenner zu bringen sind. Die Diskrepanz wird in der paradoxen Formulierung „beglükende Last“ (v.94) auf den Punkt gebracht. Von der Anlage der Elegie her ‚befiehlt‘ („was uns der himmlische Tag zu sagen geboten“, v.99) die Wirklichkeit die idyllische Verwirklichung des Ideals förmlich; in dem Ausdruck „Last“ (v.94) läßt sich deshalb auch die als Zumutung empfundene Erwartung ablesen, dichterisch passivisch zu sekundieren. Die im *Wanderer* noch „[z]ärtlich“[26] empfundene und als „[l]ieblich“[27] qualifizierte, weil aus der Entfernung imaginierte Sehnsuchtslandschaft hat in *Stutgard* eine „gewaltge“ (v.67) Dimension entwickelt, die dem Individuum keinerlei Freiraum läßt, „besonnen[]“ (v.90) zu sein.

[25] Schiller: *Über naive und sentimentalische Dichtung*, a.a.O., 738, Anm. 12.
[26] StA 2,1, 81, 38.
[27] StA 2,1, 82, 61.

So entfaltet sich bereits gegen Ende der fünften Strophe mit dem Beharren auf Besonnenheit eine – schon aus *Brod und Wein* bekannte, aber nun ganz anders valutierte – Konzeption, die gerade auf Individualität pocht und die Erfüllung in den Raum des Privaten zieht: „des Gottes freundliche Gaaben [...] sind zwischen den Liebenden nur" (v.104). Wenn das Ich am Schluß im vorletzten Distichon sagt: „Anderes nicht – o kommt! o macht es wahr" (v.105), besitzt sowohl das „Anderes nicht" als auch das „es" einen Unterton latenter Widerständigkeit gegen das Ideal: Denn bislang war das bereits aus den Versen 27 („Jezt ist Anderes Noth") und 49 („Andres erwacht!) bekannte „Andere[]" mit der heroischen Sängerexistenz verknüpft. Wenn das Ich nun gerade „Anderes nicht" (v.105) will, kann man darin auch eine Absage an die superlativische Zumutung idealischer Präsenz lesen. Damit wird auch die Referenz des „es" aus seinem Ausruf „o macht es wahr" doppeldeutig: Das „es" kann sich nämlich nicht nur auf das dionysische Ideal beziehen – das ja sowieso bereits *wahr* ist –, sondern sich auch auf die Vision vom Ende der fünften Strophe beziehen:

> Bis die Jünglinge sich der Väter droben erinnern,
> Mündig und hell vor euch steht der besonnene Mensch –

Auch die „Väter" sind dann von einer Doppeldeutigkeit durchzogen: einerseits sind sie als Referenz auf die „Größeren, [... und] Frohen, die allzeit/ Leben" (v.85f.) zu lesen, also auf die Götter; es können damit aber auch die individuellen, verstorbenen Väter der „Jünglinge" (v.89) gemeint sein, die „droben" im Himmel weilen. Die Intention des ‚Besinnens' kann sich im zweiten Fall dann gerade auf die Erinnerung an die *persönliche* Existenz der „Sterblichen" (v.96) beziehen. Auffällig ist in der Folge in der Tat eine merkliche Akzentuierung der Endlichkeit und Begrenztheit des Lebens: „das Leben ist kurz" (v.98).[28]

Das elegische Moment hat sich gegenüber den bisher besprochenen Elegien verschoben: in *Stutgard* erscheint es nicht mehr als Einsicht in den imaginären Charakter des Ideals, sondern als Einsicht in den Preis der Realisierung dionysischer „Trunken[heit]" (v.74). Von der kompositionellen Chronologie der Elegie her hat sich die Rückkehr an den Geburtsort zwar als transitorisches Moment erwiesen, von ihrer mentalen Anlage aber stellt sich umgekehrt das dionysische Fest bloß als ein Durchgangsmoment hin zu einer ganz ‚anderen', nämlich mehr autonomen, individuelleren (Dichter-)Existenz heraus. Die Elegie verläuft damit gerade nicht „zirkulär"[29]. „[D]enn was in *Stutgard* geschildert wurde, ist eben keine *wirklich* geschehene Handlung, sondern eine Imagination des lyrischen Ich."[30] *Als* Imagination aber *realisiert* die Elegie ein poetisches Besinnen im Spannungsfeld zwischen dionysischem (Gruppen-)Zwang und Individualität.

[28] Vgl. auch v.96: „mein Leben" und „reichen wir beide nicht aus", v.100.
[29] Schuster: *Poetologie der Distanz*, a.a.O., 327.
[30] Ebd., 328.

3.6 Feier des Imaginären und Konfrontation mit dem Realen: *Heimkunft. An die Verwandten*

Heimkunft gilt als Hölderlins letzte Elegie;[1] im Homburger Folioheft steht sie gleichwohl programmatisch in eröffnender Position,[2] gefolgt von *Brod und Wein* und *Stutgard*. Unverblümt wie in keiner der vorhergehenden Elegien spricht sich in ihren ersten beiden Strophen ein dichterisches Selbstbewußtsein aus und artikuliert sich die Lust an sprachlicher *poiesis*:

> Drinn in den Alpen ists noch helle Nacht und die Wolke,
>   Freudiges dichtend, sie dekt drinnen das gähnende Thal.
> Dahin, dorthin toset und stürzt die scherzende Bergluft,
>   Schroff durch Tannen herab glänzet und schwindet ein Stral.
> Langsam eilt und kämpft das freudigschauernde Chaos,
>   Jung an Gestalt, doch stark, feiert es liebenden Streit
> Unter den Felsen, es gährt und wankt in den ewigen Schranken,
>   Denn bacchantischer zieht drinnen der Morgen herauf.
> Denn es wächst unendlicher dort das Jahr und die heilgen
>   Stunden, die Tage, sie sind kühner geordnet, gemischt.
> Dennoch merket die Zeit der Gewittervogel und zwischen
>   Bergen, hoch in der Luft weilt er und rufet den Tag.
> Jezt auch wachet und schaut in der Tiefe drinnen das Dörflein
>   Furchtlos, Hohem vertraut, unter den Gipfeln hinauf.

1 Vgl. StA 2,2, 621. Der erste Entwurf geht wohl auf das Jahr 1801 zurück. 1802 erschien die Elegie, gemeinsam mit *Dichterberuf*, *Stimme des Volks* und *Die Wanderung*, in der Zeitschrift *Flora*. Die Niederschrift im Homburger Folioheft bildet dem Druck gegenüber eine nochmalige Bearbeitungsstufe, welche dann ihrerseits, vielleicht erst 1805, wie *Brod und Wein* dort noch ein zweites Mal überarbeitet wird.

2 Textgrundlage der Interpretation bildet, wie auch schon bei *Brod und Wein* und *Stutgard*, die Reinschrift aus dem Homburger Folioheft (StA 2,1, 96-99), die vermutlich 1802 entstanden ist. Für Varianten aus der späteren Überarbeitung wird der konstituierte Text aus der FHA zugrunde gelegt (FHA 6, 317-319) und unter Angabe der Verszahl durch eine vorangehende hochgestellte 1 markiert. Forschung zu *Heimkunft*: Wolfram Groddeck: *„...und die Wolke,/ Freudiges dichtend“. Der poetologische Metatext in Hölderlins Elegie „Heimkunft/ an/ die Verwandten“*. In: Uwe Beyer (Hg.): *Neue Wege zu Hölderlin*. Würzburg 1994, 153-173; Peter Härtling: *Heimkunft. An die Verwandten*. In: HJb 25 (1986/87), 1-11; Martin Heidegger: *Heimkunft/ An die Verwandten*. In: ders.: *Erläuterungen zu Hölderlins Dichtung*. Frankfurt am Main 1951, 9-30; Jürgen Link: *Hölderlin – Rousseau. Inventive Rückkehr*. Wiesbaden 1999, 234-237; Schuster: *Poetologie der Distanz*, a.a.O., 329-334; speziell zur spätesten Überarbeitung: Wolfram Groddeck: *Die Revision der ‚Heimkunft‘. Hölderlins späte Eingriffe in den Text der ersten Elegie im Homburger Folioheft*. In: HJb 28 (1992/93), 239-263.

Wachstum ahnend, denn schon, wie Blize, fallen die alten
 Wasserquellen, der Grund unter den Stürzenden dampft,
Echo tönet umher, und die unermeßliche Werkstatt
 Reget bei Tag und Nacht, Gaaben versendend, den Arm.

Der partizipiale Einschub „Freudiges dichtend" in Vers 2 bezieht sich syntaktisch auf die Wolke – doch zugleich macht er in seiner tropischen Figuralität einsichtig, daß hier der Wolke etwas angedichtet wird.[3] Die Ausgestelltheit der Oxymora „helle Nacht" (v.1), [l]angsam eilt" (v.5), „liebenden Streit" (v.6), die akzelerierte Dynamik des geschilderten Geschehens durch Verbkombinationen wie „toset und stürzt" (v.3) „glänzet und schwindet" (v.4), „eilt und kämpft" (v.5), „gährt und wankt" (v.7), „wachet und schaut" (v.13), die absoluten Komparative „unendlicher" (v.9), „kühner" (v.10) und nicht zuletzt die Perspektivierung, die fern aller menschenmöglichen Wahrnehmung einen Gesichtspunkt entwirft, der sich im Zentrum des chaotischen Geschehens situiert („Drinn in den Alpen", v.1),[4] machen gleich von Anfang an deutlich, daß hier keine mimetische Landschaftsbeschreibung, sondern ein artistisches „Werkstatt"-Produkt (v.17) vorliegt. Was man dieser ersten Strophe deshalb ablesen kann, ist die Dichtungspoetik ihres Erzeugers, der seine eigene Rolle als Dichter und das Produziertsein seines Produkts zu Beginn der dritten Strophe dann auch explizit zu erkennen gibt:[5] „Vieles sprach ich zu ihm, denn, was auch Dichtende sinnen,/ Oder singen, es gilt meistens den Engeln und ihm" (v.37f.).

Erinnert man sich an die Ich-Figuren in Hölderlins ersten Elegien, so zum Beispiel an den Wanderer im gleichnamigen Gedicht, wird augenfällig, wie sehr sich deren Positionierung gewandelt hat: Waren dort noch Reflexionen über subreptive Akte, also unbewußte Projektionen persönlicher Erwartungshaltungen *auf* die Natur Gegenstand der Dichtung, wird hier im Gegenteil eine Art von durchschauter, bewußt inszenierter, gleichsam selbstbewußt „scherzende[r]" (v.3) Subreption präsentiert – die freilich diesen Namen nicht mehr von der Sache her, sondern nur noch von einer bestimmten Verfahrensanalogie her verdient. Was in den frühen Elegien fatale Verwechslungen waren, ist nun eine souveräne poietische Dichtungspraxis geworden: der Dichter poetisiert die Welt bewußt und stellt sich darin kühn mit Gott auf eine Stufe; das dichtende Ich kommuniziert als ‚alter deus' mit Gott, der seinerseits ein „Schöpferische[r]" (v.31) ist, „gewissermaßen als ein ‚gleichrangiger Gesprächspartner'"[6]: „Vieles sprach ich zu ihm" (v.37). Bei genauerer Betrachtung scheint sich das Verhältnis von Gott und Dichter gar umzukehren: Denn auch die zweite Strophe, die sich Gottes Aktivität widmet, wird als Erfindung des Ich kenntlich: „was auch Dichtende

3 Vgl. Groddeck: *„...und die Wolke,/ Freudiges dichtend"*, a.a.O.

4 In der dritten Strophe wird dann explizit, daß sich das sprechende Ich „indessen", also während seines Sprechens, auf dem „See" (v. 43) befindet.

5 Zu einer ausführlichen rhetorischen Analyse der ersten Strophe vgl. Groddeck: *„... und die Wolke,/ Freudiges dichtend"*, a.a.O., 160-166.

6 Vgl. dazu Schuster: *Poetologie der Distanz*, a.a.O., 330.

sinnen/ Oder singen, es gilt meistens den Engeln und ihm" (v.37f.): Gott erscheint hier der internen Logik des Textes zufolge als eine Erfindung des „Dichtende[n]" (v.37).[7]

Bereits Heidegger hat eine poetologische Relevanz des Gedichts reklamiert;[8] Groddeck schreibt, die Elegie könne „fast Bild für Bild, als Darstellung einer neuen Dichtungsmethode entziffert werden", als „poetisch figurierte[] Meditation über Bedingungen und Ursprünge des dichterischen Sprechens".[9] In der Tat: Hölderlins bereits 1797 verkündete „Revolution der [...] Vorstellungsarten" (StA 6,1, 229, 45f) scheint hier praktisch umgesetzt. Die Originalität der Sprache, der ein ebenso origineller Blick auf die Welt korrespondiert, löst zugleich eine theoretische Reflexion aus Hölderlins Aufsatzfragment *Über die Verfahrungsweise des poëtischen Geistes* ein, das vermutlich ein Jahr vor der Aufnahme der Arbeit an *Heimkunft* entstand.[10] Dort heißt es:

> Indem sich nemlich der Dichter mit dem reinen Tone seiner ursprünglichen Empfindung in seinem ganzen innern und äußern Leben begriffen fühlt, und sich umsieht in seiner Welt, ist ihm diese eben so neu und unbekannt,   die Summe aller seiner Erfahrungen, seines Wissens, seines Anschauens, seines Denkens, Kunst und Natur wie sie in ihm und außer ihm sich darstellt, alles ist wie zum erstenmale, eben deßwegen unbegriffen, unbestimmt, in lauter Stoff und Leben aufgelöst, ihm gegenwärtig, und es ist vorzüglich wichtig, daß er in diesem Augenblike nichts als gegeben annehme, von nichts positivem ausgehe, daß die Natur und Kunst, so wie er sie kennen gelernt hat und sieht, nicht eher spreche, ehe für ihn eine Sprache da ist, d. h. ehe das jezt Unbekannte und Ungenannte in seiner Welt eben dadurch für ihn bekannt und nahmhaft wird, daß es mit seiner Stimmung verglichen und als übereinstimmend *erfunden* worden ist[.] (StA 4,1 263f..; Herv. U. D.; Spatia im Orig.)

[7] Diese bereits aus *Brod und Wein* bekannte Inversion des traditionellen Gottesbildes findet sich auch in Hölderlins Fragment *Über Religion* wieder, wo es maßgeblich um die Frage geht, „warum „sich [die Menschen] [...]ein Bild machen müssen" (StA 4,1, 275, 12f): „Weder aus sich selbst allein, noch einzig aus den Gegenständen, die ihn umgeben, kann der Mensch erfahren, daß mehr als Maschinengang, daß ein Geist, ein Gott, ist in der Welt, aber wohl in einer lebendigeren, über die Nothdurft erhabnen Beziehung [und dies ist es, was das „Bild" bildet; U. D.], in der er stehet mit dem was ihn umgiebt./ *Und jeder hätte demnach seinen eigenen Gott*, in so ferne jeder seine eigene Sphäre hat, in der er wirkt". (StA 4,1, 278, 7ff.; Herv. U. D.) – folgerichtig lautet das Fazit dieser Überlegungen: „So wäre alle Religion ihrem Wesen nach poëtisch." (StA 4,1, 281, 17).

[8] Vgl. Heidegger: *Heimkunft*, a.a.O., 24f.: „Die Elegie ‚Heimkunft' ist nicht ein Gedicht über die Heimkunft, sondern die Elegie ist als die Dichtung, die sie ist, das Heimkommen selbst, das sich noch ereignet, solange ihr Wort als die Glocke in der Sprache der Deutschen läutet. Dichten heißt, in der Freude sein, die das Geheimnis der Nähe zum Freudigsten im Wort behütet."

[9] Groddeck: *Elegien*, a.a.O., 326.

[10] Vgl. auch FHA 14, 179-322; dort figuriert der Text unter dem Titel *Wenn der Dichter einmal des Geistes mächtig...*.

Diese bemerkenswerte Passage von der ‚Erfindung' einer Sprache (und damit einer Welt) durch einen Blick, der „nichts als gegeben annehme, von nichts positivem ausgehe", dem alles „unbegriffen, unbestimmt, in lauter Stoff und Leben aufgelöst" erscheint, spiegelt sich in der ersten Strophe von *Heimkunft* in der ‚aufgelösten' Gestalt des Dargestellten: nichts hat eine feste Kontur, vielmehr ist alles in Bewegung und Verwandlung, wie dies vor allem die bereits zitierten Verben veranschaulichen, die durchweg ein (zudem recht „unbestimmt[es]") Geschehen schildern; der dichterische Akt der Bennenung, des Namhaftmachens, entwirft dieses „Unbekannte und Ungenannte" im Akt des Benennens *als* Unbekanntes und reflektiert damit den dichterischen Moment des Erfindens als eines ‚Bildens des Ungebildeten',[11] das letzeres nicht topisch bindet, sondern in tropischer Freiheit beläßt.

Die ‚faßlichen' Stoffe der Strophe, „Alpen" (v.1), „Tannen" (v.4), „Felsen" (v.7), „der Gewittervogel" (v.11), „Berge[]" (v.12), „das Dörflein" (v.13), und die „Gipfel[]" (v.14), geben zusammen den Hintergrund für das dynamische Geschehen im Vordergrund ab, das von den unfaßlichen Elementen Luft („die Wolke", v.1; „gähnen[]", v.2; „Bergluft", v.3; „Luft", v.12; „dampft", v.16), Licht („glänzet und schwindet ein Stral", v.4; „Blize", v.15) und Wasser („Wasserquellen", v.16) bestimmt wird. Genau besehen sind Teile der Szenerie schon selbst Verbindungen aus diesen Elementen, aus Luft und Wasser: die „Wolke", das „[D]ampf[en]" und damit Effekte jenes „[G]ähre[ns]" (v.7) unaufhörlicher Transformation, das an die Erschaffung der Welt erinnert.[12] Die dynamischen Bewegungen erfolgen in alle Himmelsrichtungen: „Dahin, dorthin" (v.3), „herab" (v.4), „herauf" (v.8) „hinauf" (v.14), „umher" (v.17); die programmatische Offenheit der Szenerie reflektiert sich auch in der Unbestimmtheit der akustischen Details: Der Gewittervogel „rufet den Tag" (v.12), das „Echo tönet umher" (v.17).

Daß es sich jedoch nicht um ein völlig ungeordnetes, sondern um ein komponiertes Chaos handelt, das auf einem potenzierten Ordnungsprinzip basiert, zeigt sich nicht nur in den auf geordneten Oppositionen aufbauenden Oxymora, sondern auch in dem Geschehen, das sich durch dieses Chaos hindurch artikuliert: der Heraufkunft eines neuen Tages. In der ersten Strophe überlagern sich zwei Ordnungen von Zeitlichkeit: In ihrer exakten Mitte steht das Distichon, das auf eine völlige Außerkraftsetzung der Chronologie schließen läßt: „Denn es wächst unendlicher dort das Jahr und die heiligen/ Stunden, die Tage, sie sind kühner geordnet, gemischt." (v.9f.) Schon die Reihenfolge der Präsentation von „Jahr", „Stunden" und „Tage" verdeutlicht das im Anschluß nachgesetzte kombinatorische Prinzip: sie sind „kühner geordnet, gemischt" (v.10). Die paradoxe Gleichzeitigkeit verschiedener Zeitzustände spiegelt sich noch einmal im letzten Vers der ersten Strophe durch die undifferenzierende Geltung von „Tag und

[11] Vgl. hierzu das Kap. *‚Heiße' und ‚kalte' Bilder – Hölderlins ›Gesichtspunct‹-Überlegungen* der vorliegenden Arbeit.

[12] Vgl. zum Beispiel den Beginn von Ovids *Metamorphosen*, a.a.O., 6ff.

Nacht“ (v.18). Zugleich aber werden in dieser Mischung die einzelnen Zeitformen durchaus auseinander gehalten, so daß die Strophe in ihrem Verlauf eine Entwicklung von der „Nacht“ (v.1) zum „Morgen“ (v.8) und „Tag“ (v.12) in stringenter Chronologie durchläuft. Der „Gewittervogel“, das einzige Lebewesen dieser Strophe und als Tierart, wenn man ihn wörtlich nimmt, eine Neuschöpfung,[13] „weilt“ (v.12) souverän gleichsam im Auge des Chaos und „merket die Zeit“ (v.11) und „rufet den Tag“ (v.12).

Die Erklärung für diesen komponierten und daher wohltemperierten Charakter des Chaos liefert die zweite Strophe: denn der „Arm“ (v.18), der in der „unermeßlichen Werkstatt“ (v.17) rege ist, wird dort als Arm „Gott[es]“ (v.4) entworfen. Zu dessen Augenhöhe (ausdrücklich betont durch das Ansichtigwerden seines „Anliz[es]“, v.23) erhebt sich die zweite Strophe, deren Perspektivierung dafür zwei Höhenstufen nach oben steigt („darüber“, v.19; „und noch höher hinauf“, v.21). Damit vollzieht sich zugleich ein Übergang von äußerster Dynamik zu Ruhe: „Ruhig“ (v.19) und „Still[]“ (v.23) sind die tonangebenden Adverbien der zweiten Strophe; deutlich wird hier der Perspektivwechsel, der nun nicht mehr die ungeheure Dynamik schildert, wie sie auf den Menschen wirkt, sondern göttergleich die ‚Produktionsbedingungen‘ aus der Perspektive des erhabenen Gottes, der zugleich als Schöpfer („der Schöpferische“, v.31) und als „erfreut[er]“ Zuschauer seines Spektakels („vom Spiel heiliger Stralen erfreut“, v.22) auftritt. Die Motivation „Freude zu schaffen“ (v.25) ist also zumindest zum Teil auch selbstreferentiell, was durch den Zusatz: „mit uns“ (v.25) – nicht ‚für uns‘ – betont ist: Die Menschen sind Mittel, nicht Zweck.

Eine sich über sieben Distichen erstreckende Satzperiode widmet sich dann der genaueren Aktivität und den Effekten dieses Schaffens:[14]

Stille wohnt er allein und hell erscheinet sein Antliz,
  Der ätherische scheint Leben zu geben geneigt,
Freude zu schaffen, mit uns, wie oft, wenn, kundig des Maases,
  Kundig der Athmenden auch zögernd und schonend der Gott
Wohlgediegenes Glük den Städten und Häußern und milde
  Reegen, zu öffnen das Land, brütende Wolken, und euch,
Trauteste Lüfte dann, euch, sanfte Frühlinge, sendet,
  Und mit langsamer Hand Traurige wieder erfreut,
Wenn er die Zeiten erneut, der Schöpferische, die stillen
  Herzen der alternden Menschen erfrischt und ergreifft,
Und hinab in die Tiefe wirkt, und öffnet und aufhellt,
  Wie ers liebet, und jezt wieder ein Leben beginnt,
Anmuth blühet, wie einst, und gegenwärtiger Geist kömmt,
  Und ein freudiger Muth wieder die Fittige schwellt.

13 Schmidt identifiziert den „Gewittervogel“ als Adler; vgl. SW 750.
14 Vgl. Groddeck: „*... und die Wolke,/ Freudiges dichtend*“, a.a.O., 168.

Aus der göttlichen Perspektive erscheint die Bewegtheit der ersten Strophe durchaus nicht als Exzeß, sondern als „[m]aas[voll]“ (v.25) dosierte „[V]ersend[ung]“ (v.18) von „Gaaben“ (v.18). Gottes konzeptionelle Sorgfalt drückt sich aus in dem zweifachen „kundig“ (v.25, v.26), in Adverbien wie „zögernd und schonend“ (v.26), in der Adverbialkonstruktion „mit langsamer Hand“ (v.30) und Adjektiven wie „wohlgediegen[]“ (v.27), „mild[]“ (v.27), „sanft[]“ (v.29).

Auffällig ist, daß der „ätherische“ (v.24) Gott aus dem gleichen Material beschaffen ist, wie das, was er sendet: dies sind nämlich „[t]rauteste Lüfte“ und „sanfte Frühlinge“ (v.29). Gegenüber dem (scheinbar) objektivierten „Vater Äther“, nach dem in *Brod und Wein* gerufen wurde, ist der Gott aus *Heimkunft* um einiges irisierender, er und sein Wirkungsbereich scheinen nur aus der Kombination von Licht und Luft zu bestehen, welche einer „Ökonomie der Wortwahl“[15] zufolge als Leitmotive die Elegie bis zur fünften Strophe durchziehen: Der Semantik des Scheinens und Erscheinens korrespondiert eine ganze Skala von Licht- und Farbwerten: „helle“ (v.1), „glänzet und schwindet ein Stral“ (v.4), „wie Blize“ (v.15), „glänzen“, „silbernen“ (v.19), „leuchtende“ (v.20), „Lichte“ (v.21), „Stralen“ (v.22), „hell erscheinet“ (v.23), „scheint“ (v.24), „aufhellt“ (v.33), „hellet“ (v.46), „schattigen“ (v.47), „erhellt grünen und schimmern“ (v.50), „glänzende“ (v.51), „scheinet“ (v.53), „scheint [...] scheint“ (v.54); „rothen“ (v.69), „Grün“ (v.70), „Tannenfarb’“ (v.71), „die Sonn’ und das Festlicht“ (v.75), „heller“ (v.75), „Hellern“ (v.89).[16] Ein Akzent dieser Lichtspiele („Spiel heiliger Stralen“, v.22) besteht in ihrer (Simulation von) Bewegung; es häufen sich gerade *dynamisierende* Lichteffekte wie „schwindet ein Stral“, schimmern, glänzen oder aufhellen, erhellen oder Komparative wie „heller“ (v.75).

Die Intention Gottes wird dabei auf die reimende Formel gebracht: „Leben zu geben“ (v.24; vgl. auch v.34 u. 91).[17] Der semantischen Offenheit dieses Konzepts korrespondiert eine zweimalig betonte Geste des Öffnens: „zu öffnen das Land“ (v.28); „öffnet und aufhellt“ (v.33) – wiederaufgenommen in den späteren „*offene* Thale“ (v.49; Herv. U. D.) und „*offenen* See“ (v.66; Herv. U. D.). Eine eigentümliche Bestimmung der göttlichen Aktivität resultiert aus der dreimaligen Betonung eines „wieder“ (v.30, 34, 36); zugleich wird diese Wiederholungsfigur als eine schöpferisch erneuernde, anfangende konzipiert: „erneut“ (v.31), „beginnt“ (v.34). Die intensivierende Pluralität der Verben wird verstärkt durch das viermalige Präfix „er-“: „erfreut“ (v.30), „erneut“ (v.31), „erfrischt

[15] Ebd., 159. Groddeck verficht für *Heimkunft* eine „kompositorische Verwendung des Wortmaterials [...], welche das Gedicht als Ganzes subliminal organisiert.“ (Ebd.)

[16] Groddeck, ebd., 161, weist darauf hin, daß sich „‚hell‘ etymologisch von ‚hall‘ ableitet. „Helle Nacht“ liest er „als Formel für die dionysische Dichtung“.

[17] Neben diesem gibt es mehrere (auch Binnen-)Reime im Gedicht, was wieder die Artistik des Wortkunstwerks akzentuiert. Außer den bereits bei Groddeck genannten (ebd., 162) kann man noch „aufhellt“ (v.33) und „schwellt“ (v.36) nennen.

und ergreifft" (v.32). Die erwünschten Effekte dieses „Leben [...] geben[s]" (v.24) resümiert das letzte Distichon der zweiten Strophe, daß nämlich „Anmuth blühet, wie einst, und gegenwärtiger Geist kömmt,/ Und ein freudiger Muth wieder die Fittige schwellt." Diese Elemente sind einzeln schon aus *Stutgard* („zu athmen die Anmuth", StA 2,1, 86, 11; „bei gegenwärtigem Geiste", StA 2,1, 88, 83) und *Brod und Wein* („Muth", StA 2,1, 91, 38 und 92, 77) bekannt; mit „Anmuth" (v.35) fällt nach dem „Spiel" (v.22) schon das zweite Grundwort aus der Ästhetik Schillers.[18] Wie bereits in *Stutgard*, wo „Anmuth" ein Prädikat der frei umherfliegenden Vögel war, scheint auch hier wieder Schillers spezifische Definition von Anmut als „eine *bewegliche* Schönheit"[19] aktualisiert. Denn in der Tat scheinen ja die beiden ersten Strophen auf nichts anderes abzuzielen als auf eine Poetik der Bewegung. In diesem Sinne kann man auch den „gegenwärtigen Geist" (v.35), von dem im weiteren Fortgang des Gedichts noch wiederholt die Rede sein wird („damit nicht/ Ungebeten uns einst plözlich befiele der Geist", v.39f.; „Arm ist der Geist Deutscher", ^{1}v.102; und pluralisiert als „viel gute Geister", v.89), ästhetisch-programmatisch lesen. „Geist" nennt Kant bekanntlich „das *belebende* Prinzip im Gemüte" (Herv. U. D.):

> Geist, in ästhetischer Bedeutung, heißt das belebende Prinzip im Gemüte. Dasjenige aber, wodurch dieses Prinzip die Seele belebt, der Stoff, den es dazu anwendet, ist das, was die Gemütskräfte zweckmäßig in Schwung versetzt, d. i. in ein solches Spiel, welches sich von selbst erhält und selbst die Kräfte dazu stärkt./ Nun behaupte ich, dieses Prinzip sei nichts anderes, als das Vermögen der Darstellung ästhetischer Ideen; unter einer ästhetischen Idee aber verstehe ich diejenige Vorstellung der Einbildungskraft, die viel zu denken veranlaßt, ohne daß ihr doch irgend ein bestimmter Gedanke, d. i. Begriff adäquat sein kann, die folglich keine Sprache völlig erreicht und verständlich machen kann.[20]

Wie bereits an früherer Stelle dargelegt wurde, hat Hölderlin diesen Geistbegriff in seinen Überlegungen zum Wechsel der Töne übernommen;[21] dort erscheint der poetische „Geist des Gedichts" (StA 4,1, 267) als ein Effekt, der aus einem In-„Beziehung"-Setzen (StA 4,1, 268) zweier Töne resultiert.

Der pneumatische Geist der ersten beiden Strophen bekommt damit eine präzise ästhetische Fassung, nämlich als Zielpunkt einer dichterischen Komposi-

[18] Vgl. Friedrich Schiller: *Über Anmut und Würde*. In: ders.: *Werke und Briefe in zwölf Bänden*. Band 8: *Theoretische Schriften*. Hg. v. Rolf-Peter Janz. Frankfurt am Main 1992, 330-394. Auch der für Schiller so wichtige Begriff des Erscheinens taucht in *Heimkunft* als „erscheinet" (v.23) auf.

[19] Ebd., 331. Herv. im Orig.

[20] Kant: *Kritik der Urteilskraft*, a.a.O., §49, 167, C 192f. In neuester Zeit hat Rainer Nägele auf die Bedeutung hingewiesen, welche die Kantische Philosophie für das Hölderlinsche Denken hat und die These vertreten, „dass Hölderlins poetisches Verfahren dem philosophischen Verfahren Kants entspricht." Rainer Nägele: *Hölderlins Kritik der poetischen Vernunft*. Basel; Weil am Rhein; Wien 2005, 6.

[21] Vgl. S. 48 der vorliegenden Arbeit.

tion, in der Vorstellungen der Einbildungskraft mit „Gedanke[n]", Begriffen und Ideen in eine dynamische, und daher ‚belebende' Beziehung treten. Als ‚sinnendes Singen' (vgl. v.37f.) kennzeichnet die beiden ersten Strophen in der Tat ein solches zweistimmiges Prinzip: Die ungeheure Dynamik der ersten Strophe mit ihren akzentuierten Oxymora und ihrer „gähr[enden]" und wanke[nden]" (v.7) Unabgeschlossenheit ist wohl schwerlich auf einen Begriff zu bringen; zugleich fallen aber durchaus Begriffe und sind Ideen im Spiel, wie die bereits erwähnten Zeiteinteilungen oder in der zweiten Strophe Stichworte wie „Geist" (v.35, 40), „Gott" (v.22) und „Anmuth" (v.35), die zu dem evozierten Geschehen ein Deutungsvokabular offerieren. Das „experimentelle Bewußtsein"[22] der ersten beiden Strophen entwirft damit ein „lebendiges Verhältniß" (StA 6,1, 426, 34) von Anschauung und Begriff; sie bringen beide in eine tentative Ordnung, ohne auf ein vorgegebenes Muster zu rekurrieren. Dies zeigt sich nicht zuletzt an ihrem Umgang mit der Bildwelt des Erhabenen, auf das die erste Strophe von *Heimkunft* in ihrer Alpentopik anspielt.[23]

Mit Blick auf Kant scheint es kein Zufall, daß die dynamische Bild-Beziehung und der sie beseelende ‚Geist' in *Heimkunft* ausgerechnet am Beispiel des Erhabenen virulent werden. Denn die Erfahrung des Erhabenen, im Unterschied zum Schönen, versetzt „die Gemütskräfte zweckmäßig in Schwung",[24] da sich Einbildungskraft und Verstand in ihr gerade nicht in schöner Übereinstimmung befinden, sondern offen dissoziiert sind. Die damit in Gang gesetzte Bewegung beruht auf einer gegenseitigen Stimulierung von Einbildungskraft und Verstand. Will man die Analogie zu Kant ernst nehmen, muß man freilich auch ihre Differenzen markieren: Denn das Erhabene ist bei Kant der (nichtgegenständliche) ‚Gegenstand', an dem die Potenz der Einbildungskraft zuschanden wird[25] und den Vernunftideen weit unterlegen bleibt. Kant untersucht in seiner *Analytik des Erhabenen* das Phänomen des Erhabenen zudem am Beispiel der menschlichen Begegnung mit der Natur, nicht als Effekt dichterischer Rede.

Hölderlins *dichterische* Alpendarstellung vollführt demgegenüber eine wohl von Longin inspirierte Wendung, denn Longin untersucht das Erhabene als

[22] Gerhard Kurz: *Leben in der Literatur. Zu einem Brief Hölderlins an Neuffer vom Sommer 1793.* In: Irmela von der Lühe (Hg.): *Wechsel der Orte. Studien zum Wandel des literarischen Geschichtsbewußtseins.* FS für Anke Bennholdt-Thomsen. Göttingen 1997, 254-264, hier: 254.

[23] Groddeck hat darauf aufmerksam gemacht, daß Hölderlin durchaus einzelne für das Erhabene topische Elemente zitiert. So z.B. den Begriff „Werkstatt". Es müßte freilich genauer untersucht werden, ob auch solche Wortzitate durch ihre Stellung im Text eine „kühner[e]" Modifizierung erfahren, oder einfach einzeln ‚abrufbar' sind. Auch Groddeck erkennt in *Heimkunft* eine Kantisch und Longinisch gemischte „Doppelgestalt des ‚Erhabenen'", allerdings in anderem Sinne als die hier vorliegende Deutung dies tut. Vgl. Groddeck: *„... und die Wolke,/ Freudiges dichtend"*, a.a.O., 177ff.

[24] Kant: *Kritik der Urteilskraft*, a.a.O., §49, 167, C 192f.

[25] Ebd., § 26f., 94ff., C85ff.

einen rhetorisch-dichterischen Effekt, als eine Form der „Bilderzeugung“.[26] So ist auch das Erhabene der Alpen in *Heimkunft* Ergebnis einer dichterischen *Produktion* von Erhabenheit. Während Kant der Erfahrung des Erhabenen „ein Gefühl der Unlust, aus der Unangemessenkeit der Einbildungskraft in der ästhetischen Größenschätzung“[27] attestiert, so schöpft der Auftakt von *Heimkunft* gerade eine Lust aus der Angemessenheit ästhetischer *Bildungs*kraft, die ihrerseits ein gegenseitiges Herausfordern von phantasievollem Vorstellen und reflektiertem ‚Sinnen‘ ist. Der „Widerstreit“ „zwischen Einbildungskraft und Vernunft“, den das Erhabene nach Kant ästhetisch attraktiv macht,[28] ist also bei Hölderlin gleichwohl als poetisches Textprinzip präsent, nur mit gegenüber Kant etwas verschobenen Werten: Ist es dort die *Vernunft*idee, welche die Lust am Erhabenen rettet, so ist es hier gerade das irreduzible *bildliche* Zusammenspiel von Einbildungskraft und Vernunft. In diesem ästhetisch bewußten ‚Spiel‘ dominieren weder anschauliche Elemente noch Vernunftbegriffe; beide stimulieren sich gegenseitig zu einer produktiven Gedanken- und Bilderzeugung.

Das Ziel der Hölderlinschen Bildkomposition ist im Fall von *Heimkunft* ein poetisches, das Motiv des Erhabenen nur Medium, nicht Endzweck der Darstellung; angestrebt wird daher weder eine sinnenraubende Überwältigung noch ein Triumph der Vernunft; vielmehr demonstriert das Bild die mögliche Dynamik des Dichtens und entfaltet im Bild ein dichterisches Selbstverständnis als Installation einer ‚kühneren Ordnung‘ (vgl. v.10). Die dargestellte Poetik einer dynamischen Bewegung und Öffnung durch eine bildliche Zweistimmigkeit von Vorstellung und Reflexion kann daher als Inszenierung der Poetik angesehen werden, die Hölderlin zu dieser Zeit in seinen ästhetischen Schriften entwickelt, namentlich in *Das Werden im Vergehen* und *Über die Verfahrungsweise des poetischen Geistes*. Die dreifache Anapher „Vieles“ (v.37, 39, 41) zu Beginn der dritten Strophe betont die Irreduzibilität dieses Gedichteten auf *einen* Begriff.[29]

3.6.1 Die Konfrontation mit dem Realen

Vieles sprach ich zu ihm, denn, was auch Dichtende sinnen
  Oder singen, es gilt meistens den Engeln und ihm;
Vieles bat ich, zu lieb dem Vaterlande, damit nicht
  Ungebeten uns einst plötzlich befiele der Geist;
Vieles für euch auch, die im Vaterlande besorgt sind,
  Denen der heilige Dank lächelnd die Flüchtlinge bringt,
Landesleute! für euch, indessen wiegte der See mich,

[26] Vgl. Longinus: *Vom Erhabenen*, a.a.O., 43 (Kap. 15, 1).
[27] Kant: *Kritik der Urteilskraft*, a.a.O., 102, C 97.
[28] Ebd., 103, C 99.
[29] Vgl. Groddeck: „*... und die Wolke,/ Freudiges dichtend*“, a.a.O., 166. In *Reflexion* spricht Hölderlin einmal von „vielumfassendem Geiste“ (StA 4,1, 235, 9).

Und der Ruderer saß ruhig und lobte die Fahrt.
Weit in des Sees Ebene wars Ein freudiges Wallen
Unter den Seegeln und jezt blühet und hellet die Stadt
Dort in der Frühe sich auf, wohl her von schattigen Alpen
Kommt geleitet und ruht nun in dem Hafen das Schiff.
Warm ist das Ufer hier und freundlich offene Thale,
Schön von Pfaden erhellt, grünen und schimmern mich an.
Gärten stehen gesellt und die glänzende Knospe beginnt schon,
Und des Vogels Gesang ladet den Wanderer ein.
Alles scheinet vertraut, der vorübereilende Gruß auch
Scheint von Freunden, es scheint jegliche Miene verwandt.

Spätestens mit der Selbsthematisierung eines sprechenden Ich zu Beginn der dritten Strophe decouvriert sich der artistisch-künstliche, ‚ersonnene' Charakter der beiden ersten Strophen auch den Lesern der Zeitschrit *Flora*, welche bis dahin vielleicht doch mit einer mimetischen Voreinstellung als konventionalisierte Erwartungshaltung lasen.

Wie schon im *Wanderer* gibt es auch hier einen auffälligen Tempuswechsel: Gegenüber dem präsentischen Sprechen in den ersten beiden Strophen ist die exakte erste Hälfte der dritten Strophe im Imperfekt gehalten: „sprach ich" (v.37), „bat ich" (v.39), „lobte" (v.44), „wars" (v.45). In der Erinnerung an die Spezifik des Sprechens im *Wanderer* gibt auch hier der Wechsel ins Imperfekt zu denken. Das Ich scheint an dieser Stelle des Textes gleichsam zurückzutreten, seine eigene Aktivität noch einmal nachträglich zu kommentieren, in einer erinnernden Wiederholung. Die beiden ersten Strophen erscheinen so in der Rückschau, wie im *Wanderer*, als aktualisierte Wiedergaben – was auch die Wiederholungsfiguren in der zweiten Strophe plausibilisiert: Das Ich läßt seine Heimkunft in der Erinnerung Revue passieren, wobei es das Geschehen im Erzählen zum großen Teil im Präsens aktualisiert, so daß ein quasi doppelter Text entsteht: das wiedergegebene damalige Sprechen und dessen „erneut[es]" (v.31) (Nach-) Sprechen. Der Gedichttext wäre somit eine Art *nachträgliche* Epistel „[a]n die Verwandten", die in der Rückschau die ‚vorzeitig' situierte Heimkunft des Ich aktualisierend nach-erzählt.

Die in der dritten Strophe erfolgende ausdrückliche Adressierung an die „Landesleute" (v.43) durch ein zweimaliges „für euch" (v.41 u. 43), von denen das zweite von der Syntax zumal als nachgestellte Ergänzung zu dem schon an sich durch ein Ausrufezeichen betonten Ausruf „Landesleute!" (v.43) besonders nachdrücklich wirkt, verleiht in der Rückschau auf die zweite Strophe auch deren zweifachem „euch" (v.28f.) einen neuen Charakter und adressiert es nachträglich um: Schienen die Pronomen beim ersten Lesen Apostrophe der „[t]rautesten Lüfte" und „sanfte[n] Frühlinge" (v.29), bezeichnen sie nun im Rückblick von der dritten Strophe schon die „Landesleute" als die Empfänger der „[S]end[ung]" (v.29): die „Landesleute" werden so nachträglich sichtbar als die eigentlichen Adressaten der zweiten (und wohl auch der ersten) Strophe. Die Kommunikationsstruktur erweist sich als komplex: Das Ich spricht über ein vorzeitiges Sprechen, das zwar an den von ihm imaginierten Gott („zu ihm“, v.37) gerichtet war (und ist), in seiner Finalität jedoch auf die „Landesleute“ fokussiert war und vor allem: „jezt wieder“ (v.34) ist. Das Sprechen zu Gott erweist sich als eine Art mediale Vermittlungsstelle, die letztlich nur dazu dient, die Besonderheit des singend-sinnenden Sprechens zu veranschaulichen. Wie in der Rückschau deutlich wird, sind ja bereits die ersten beiden Strophen von ihrer poetologischen Logik her ‚rückwärts‘ zu lesen: Was als Dichtung zunächst chaotisch erscheint, entpuppt sich aus der Perspektive der zweiten Strophe als Effekt eines gänzlich unchaotischen Schaffens, das von einem „gegenwärtige[n] Geist“ (v.35) „kundig“, „zögernd und schonend“ (v.26) komponiert ist.

Erst in dem fünften, dem Mitteldistichon der dritten Strophe wechselt das Tempus wieder ins Präsens:

> Weit in des Sees Ebene wars Ein freudiges Wallen
>   Unter den Seegeln und jezt blühet und hellet die Stadt

Die „topische Metaphorik der dichterischen Schiffahrt“[30] akzentuiert noch einmal die offene „Weit[e]“ (v.45) als Effekt der dichterischen Aktivität. Der Eindruck bewegten „Wallen[s]“ der „Seegel[]“ und wohl auch der Wellen übersetzt sich klanglich durch die Wiederholung lautlicher Affinitäten: „Sees“ (v.45) in „Seegeln“ (v.46), „Wallen“ (v.45) als „hellet“ (v.46).

Die Bewegung eines Hin- und Her ist auch in dem „[W]ieg[en]“ (v.43) des Sees impliziert, das sich als von dem Leitwort „Wolke“ abgeleitete w-Alliteration in das folgende Distichon klanglich übersetzt:[31] „Weit“ (v.45), „wars“ (v.45), „Wallen“ (v.45) – eine Alliteration, die übrigens im Laufe der Elegie immer wieder aufgenommen wird, so zum Beispiel in der vierten Strophe, intensiviert durch eine Häufung von affinen *v*- und *f*-Lauten:

> *F*reilich *w*ohl! das Geburtsland ists, der Boden der Heimath,
>   *W*as du suchest, es ist nahe, begegnet dir schon.
> Und umsonst nicht steht, *w*ie ein Sohn, am *w*ellenumrauschten
>   Thor’ und siehet und sucht liebende Nahmen *für* dich,
> Mit Gesang ein *w*andernder Mann, glükseeliges Lindau!
>   Eine der gastlichen P*f*orten des Landes ist diß,
> Reizend hinauszugehn in die *v*iel*v*ersprechende *F*erne,
>   Dort, *w*o die *W*under sind, dort, *w*o das göttliche *W*ild
> Hoch in die Ebnen herab der Rhein die *v*er*w*egene Bahn bricht,
>   Und aus *F*elsen her*v*or ziehet das jauchzende Thal,
> Dort hinein, durchs helle Gebirg, nach Komo zu *w*andern,

[30] Groddeck: *„... und die Wolke,/ Freudiges dichtend“*, a.a.O., 170. Vgl. auch Ernst Robert Curtius: *Europäische Literatur und lateinisches Mittelalter*. Bern; München [10]1984, 138ff.

[31] Groddeck liest die Schiffahrt als „poetische ‚Übersetzung‘ der ‚ätherischen‘ Sprache in die Botschaft des ‚Friedens‘ [...]“. Vgl. Groddeck: *„... und die Wolke,/ Freudiges dichtend“*, a.a.O., 170.

Oder hinab, *w*ie der Tag *w*andelt, den o*ff*enen See;
Aber reizender mir bist du, ge*w*eihete P*f*orte!
Heimzugehn, *w*o bekannt blühende *W*ege mir sind,
Dort zu besuchen das Land und die schönen Thale des Nekars,
Und die *W*älder, das Grün heiliger Bäume, *w*o gern
Sich die Eiche gesellt mit stillen Birken und Buchen,
Und in Bergen ein Ort *f*reundlich ge*f*angen mich nimmt. (Herv. U. D.)

Die Verse 61 bis 72 als Imaginationen verschiedener Wege – „hoch", „hinein" oder „hinab" oder, so nun viertens: „heim[]" – rufen in ihrer umrahmenden Betonung des „*Viel*versprechenden" (v.61; Herv. U. D.) und „*viel*seitig[en]" ([1]v.72; Herv. U. D.) die auf keinen Begriff zu bringenden „Wunder" (v.62) der ersten Strophe noch einmal auf. Die vorgestellte Wanderung aktualisiert wiederum das transformative Bewegungsmoment, ausgedrückt in der Konjunktion von „wandern" (v.65) und „wandel[n]" (v.66). Was das Ich zuvor „[er]bat" (v.38), „such[]t" (v.56) es nun in „der Heimath" (v.55). Der Beginn der vierten Strophe macht in seiner zweiten Erwähnung des ‚Suchens' ganz deutlich, was hier gesucht wird. Dies ist nämlich nicht mehr, wie beim *Wanderer*, die Erwartung einer objektiven Übereinstimmung zwischen einer als wirklich dargestellten fiktionalen Welt und einer äußeren Realität; was das Ich nun sucht sind (nur) „liebende Nahmen" (v.58).

Deren *sprachlichen* Charakter betont vor allem die späte Überarbeitung, die gemäß der Poetik der ersten Strophen die benannte Landschaft ‚farbig' ausmalt:

Dort zu besuchen das Land und die *rothen* Ufer des Nekars,
Und die Wälder, das *Grün* luftiger Bäume, wo dann
Tannenfarb' ist gesellt zu Buchen ekig und Birken, (Herv. U. D.)

Auch hier kann man das den Bäumen zugesellte Adjektiv „luftig[]" ([1]v.70) als Hinweis auf das inhärente Fiktionalitätsbewußtsein des Sprechenden werten; in die gleiche Richtung weist das Sprachspiel, das aus dem „scherzende[n]" (v.3) Wörtlichnehmen des „vielseitig" (v.[1]72) ein „ekig" ([1]v.71) konstruiert.

Das dreifach am Versanfang stehende „Dort" (v.62, 65, 69; zusätzlich wiederholt in der Versmitte von v.62), das in den Elegien schon des öfteren in selbstreferentieller Funktion, als auf den Text verweisendes Element, aufgefallen ist,[32] leitet die fünfte Strophe ein. „Dort" ist der Ort, wo das Ich zum ersten Mal auf eine andere Stimme trifft, nämlich auf die „Stimme der Stadt, der Mutter" (v.73):

Dort empfangen sie mich. O Stimme der Stadt, der Mutter!
O du triffest, du regst Langegelerntes mir auf!
Dennoch sind sie es noch! noch blühet die Sonn' und die Freud' euch,

[32] Vgl. den Schluß von *Menons Klagen um Diotima* (StA 2,1, 79, 124) und die dritte Strophe von *Brod und Wein* (StA 2,1, 91, 49ff).

O ihr Liebsten! und fast heller im Auge, wie sonst.
Ja! das Alte noch ists! Es gedeihet und reifet, doch keines
Was da lebet und liebt, lässet die Treue zurük.
Aber das Beste, der Fund, der unter des heiligen Friedens
Bogen lieget, er ist Jungen und Alten gespart.

Die ,Mutterstimme' wird im Gedicht selbst nicht wiedergegeben, sondern ist nur über Assoziationen erschließbar, die das Ich dazu anführt: „Langegelerntes" (v.74), „das Alte" (v.77), oder, wie es in der späteren Fassung heißen wird: „das Ständige" ([1]v.77). Vor dem Hintergrund der positiven Konnotierungen von jeder Form von Bewegung deuten die Substantivierungen auf ein in ihnen verborgenes Unbehagen. Auch inhaltlich vermitteln die Charakterisierungen ein Beharren auf „Alte[m]" (v.77), das durch ein dreifach wiederholtes „noch" (v.75 u. 77) zusätzlich betont ist. Zwar findet sich das Adverb „noch" auch im ersten Vers der Elegie, doch stand es dort nicht für ein Andauern, sondern für eine auf Veränderung zielende Momenthaftigkeit, von der sich der weitere Verlauf der ersten Strophe merklich abstieß.

Deutlichere Worte findet die spätere Überarbeitung, in der die Verse 77-80 folgende Gestalt haben:

Ja! das Alte noch ists! das Ständige. Viel ist, doch nichts, was
Liebt und berühmt ist, läßt beinerne Treue zurük.
Blutlos. Aber der Schaz, der unter des heiligen Friedens
Bogen lieget, er ist Jungen und Alten gespart.

Die etwas seltsame Bestimmung der Treue als „beinerne" (v.78), in der die inhaltliche Starrheit klanglich förmlich verknöchert, intensiviert hier den Eindruck eines Unbehagens. Die der propagierten offenen Weite gegenüberstehende Verengung deutete sich schon in dem „gefangen" (v.72) und „empfangen" (v.73) an[33] und spiegelt sich doppelt in dem eigentümlichen Satz: „Viel ist, doch nichts, was/ Liebt und berühmt ist, läßt beinerne Treue zurück." ([1]v.77f.) Ein Defekt scheint sich hier schon syntaktisch in der scheinbaren Unvollständigkeit des Satzes auszusprechen. „Viel ist", das macht nur Sinn, wenn das „Viel" als Substantivierung und zugleich als Subjekt des Satzes und das „ist" als Vollverb gelesen wird. Die Abgehacktheit dieses „Viel ist" scheint das als Singular präsentierte „Viel" damit gerade im Gegensatz zu dem „Viele[n]" (v.37,39,41) zu setzen, das sich als „vielseitig" ([1]v.72) und „vielversprechend[]" (v.61) qualitativ ausdifferenzierte. In Kontrast zu dem solchermaßen evozierten Eindruck einer irreduziblen Pluralität eines Vielerlei, suggeriert das „Viel" nun hier eine quantitativ mächtige Masse von „[b]lutlos[er]" In-Differenziertheit, wo sich in der Reinschrift noch eine organisch belebte Entwicklung von Gedeihen und

33 Vgl. Groddeck: *„... und die Wolke,/ Freudiges dichtend"*, a.a.O., 171.

Reifen (vgl. v. 77f.) versöhnlich mit der „Treue" verband.[34] Der Eindruck von Unbeweglichkeit erhärtet sich, wenn man den nächsten Abschnitt hinzunimmt: „doch nichts, was/ Liebt und berühmt ist" ([1]v.77f); liest man diese Passage isoliert, wird der ganze Umfang des negativen Befunds sichtbar. Man kann lesen: nichts läßt (nicht einmal) Treue zurück; oder: nur das, was nicht liebt und berühmt ist, läßt Treue – jedoch beinerne – zurück. Oder, wenn man das „beinern[]" tatsächlich als negatives Attribut verstehen will: Von dem „Viel" und „nichts" bleibt nur der Eindruck von etwas Beinernem zurück.[35]

Was hier zu fehlen scheint, was „gespart" (v.80) ist, benennt die Reinschrift noch wolkig als „das Beste, der Fund, der unter des heiligen Friedens/ Bogen lieget" (v.79f.). Der „Frieden" wird meist als Anspielung auf den 1801 geschlossenen Frieden von Lunéville verstanden,[36] was dazu führt, daß man die Stelle politisch-geschichtsphilosophisch versteht; man könnte die Passage aber auch entschiedener selbstreferentiell lesen, was eine Variante in der späten Überarbeitung, welche die *poietisch*-sprachliche Dimension der Elegie noch ausbaut, stützt. Denn dort wird das "Beste, der Fund" (v.79) als „der Schaz, das Deutsche" benannt. (StA 2,2, 624, 30f.; FHA 6, 314) „Bogen" (v.80) kann ja auch ein „Bogen Papier" meinen[37] und damit auf das Gedicht *Heimkunft*, das ja in der Überschrift ausdrücklich „[a]n die Verwandten" adressiert ist,[38] und damit seinen textuellen Charakter thematisch macht, selbst verweisen – der „Frieden" wäre dann ein utopischer Ausblick auf die Zeit, nachdem die *Heimkunft* mit ihrer neuen und „erneuer[nden] (v.31) Poetik als Text von „den Verwandten" zur Kenntnis genommen und verstanden worden wäre. Das Bewußtsein von der utopischen „[H]off[nung]" (v.84), die sich erst in der Zukunft – „morgen und künftig" (v.81) – realisieren *könnte*, äußert sich in der relativierenden Selbstkommentierung „Thörig red ich" (v.81) und dem erläuternden Zusatz: „Es ist die Freude" (v.81). Das bereits im *Wanderer* mit ästhetischer Relevanz ausgestattete Adverb *thörig*[39] hat in *Heimkunft* keine Konnotation von Selbstzensur, sondern dient dem sprechenden Ich als Ausdruck seines Bewußtseins von dem Un-

[34] Dort hieß es: „Es gedeihet und reifet, doch keines/ Was da lebet und liebt, lässet die Treue zurück." ([1]v.77f.) Umso negativer fällt die Streichung von „gedeihet und reifet" in der zweiten Fassung auf.

[35] Eine solche Ambiguität attestiert Groddeck: „... *und die Wolke,/ Freudiges dichtend*", a.a.O., 171, bereits der Reinschrift: „Die Ambivalenz zur ‚Heimath' (v.55) zeigt sich in der syntakti-schen Ambiguitas. „Treue" als Subjekt verstanden bedeutet ‚treue Heimat'; „Treue" kann aber auch Objekt sein, welches von ‚keinem zurückgelassen' wird. Das kann dann heißen: ‚Niemand verläßt die Treue' aber auch ‚Niemand hinterläßt Treue'."

[36] Vgl. Groddeck: „... *und die Wolke,/ Freudiges dichtend*", a.a.O., 169. Zu einer politischen Lesart des Gedichts ebd.

[37] Vgl. Adelung: *Grammatisch-kritisches Wörterbuch*, a.a.O., Bd. 1, Art. *Der Bogen*, 1113.

[38] Vgl. hierzu Groddeck, „... *und die Wolke,/ Freudiges dichtend*", a.a.O., 154f.

[39] Vgl. S. 67ff. der vorliegenden Arbeit.

verständnis, das seinem eigenen Sprechmodus entgegengebracht wird.[40] Die mit dem Adverb zum Ausdruck kommende Haltung ließe sich mit der Vorrede der etwa zur gleichen Zeit entstandenen *Friedensfeier* paraphrasieren: „Sollten [...] einige eine solche Sprache zu wenig konventionell finden, so muß ich ihnen gestehen: ich kann nicht anders."[41]

Die „Freude" (v.81) ist zu verstehen als eine vorweggenommene, utopische, die nicht in der aktuellen, „fast [...] zu klein[en]" (v.100) Wiedersehensfreude besteht, sondern aus der Imagination dessen resultiert, was „künftig" (v.81), „bald" (v.88) sein wird:

> Thörig red ich. Es ist die Freude. Doch morgen und künftig
> Wenn wir gehen und schaun draußen das lebende Feld
> Unter den Blüthen des Baums, in den Feiertagen des Frühlings
> Red' und hoff' ich mit euch vieles, ihr Lieben! davon.
> Vieles hab' ich gehört vom großen Vater und habe
> Lange geschwiegen von ihm, welcher die wandernde Zeit
> Droben in Höhen erfrischt, und waltet über Gebirgen
> Der gewähret uns bald himmlische Gaaben und ruft
> Hellern Gesang und schikt viel gute Geister. O säumt nicht,
> Kommt, Erhaltenden ihr! Engel des Jahres! und ihr,

Das „davon" (v.84) bezieht sich auf den „Fund" (v.79), den „Schaz" ([1]v.79), der das Gedicht selbst bezeichnet: Gerade dieser „Bogen" (v.80) nämlich „berühmt"[42] ([1]v.78) und transformiert mit seinem Rühmen das starre „Ständige" ([1]v.77). Die Hoffnung, die Landsleute solcherart dichterisch ‚in Bewegung' zu setzen, zeigt sich durch die Akzentuierung ebensolcher Bewegung: „Wenn wir *gehen*" (v.82; Herv. U. D.), „welcher die *wandernde* Zeit erfrischt" (v.86; Herv. U. D.), und in der neuerlichen Rede von „Viele[m]": „Red' und hoff' ich mit euch *vieles*, ihr Lieben! davon./ *Vieles* hab' ich gehört" (v.84f.; Herv. U. D.), das sich im letzten Distichon in „*viel* gute Geister" (v.89) vermehrt hat.

Die solcherart erhoffte belebende Wirkung („kommt in die Adern alle des *Lebens*", v.91; Herv. U. D.) bedeutet allerdings einen folgenschweren Perspektivwechsel auf die in den ersten beiden Strophen wiedergegebene dichterische Rede des Ich: Denn deren ästhetische Wirklichkeit erweist sich in der Rückschau – aus der Perspektive einer textinternen Realität – nur als *ideale* Möglich-

40 Im Unterschied zum *Wanderer* ist hier die Tempusgebung präsentisch und hat damit einen affirmativen Charakter; das Adverb wird demnach einsichtig als Übernahme einer Außenperspektivierung der „Liebsten" (v.76).

41 StA 3, 532. Ein näherer Vergleich zwischen den beiden Texten wäre interessant, denn auch in der *Friedensfeier* (StA 3, 531-538) spielt Luft als poetische Metapher eine Rolle („gelüftet", v.3; „leichtathmende Lüfte", v.180).

42 Vgl. Adelungs Wörterbuch zu „berühmt: „welches eigentlich das Participium der vergangenen Zeit des vorigen Verbi [‚berühmen'; U. D.] ist, so fern dasselbe rühmen, sehr rühmen bedeutet haben mag". Adelung: *Grammatisch-kritisches Wörterbuch*, a.a.O., Bd. 1, Art. *Berühmt*, 1888.

keit. Wie die euphorische Emphase, die sich im Strophen-Enjambement von der fünften zur sechsten Strophe und in einer Kette von imperativischen Aus- und Anrufen (v.90-93) ausdrückt, sind die in den ersten beiden Strophen thematisierten, hier wiederholten „Gaaben" (v.18, 88) eben noch nicht „gewähret" (v.88), sondern müssen erst noch „bald" (v.88) eintreffen. So verhält es sich mit der gesamten gerade zitierten Passage: Sie referiert mit der Erwähnung von „Höhen" und „Gebirgen" (v.87) auf das Gesungene und Gesonnene der ersten beiden Strophen. Doch im Gegensatz zu ihrer dortigen Präsentation *als (ver-)wirklich(t)* zeigt sich aus der veränderten Perspektive des Schlusses das (nur) utopisch-mögliche Potential dieses Singens, das hier nun imperativisch („O säumt nicht,/ Kommt [...] kommt!"; v.89-91) heraufbeschworen werden soll. Gleichwohl bleibt die Differenz zu früheren Elegien bestehen: Es geht hier nicht um eine Verwechslung von Dichtung und Wahrheit; das dichtende Ich erwartet keine vorgängige Adäquatheit der Realität, sondern nur einen Resonanzraum für seine Dichtung; die hier in Frage stehende Geltung bezieht sich allein auf das ästhetische Bewußtsein seiner Verwandtschaft. Die Spannung, welche die Elegie in ihrer Schlußpassage artikuliert, betrifft die zwischen dem (eigenen) dichterischen Anspruch und der dichterischen Aufnahme des poetischen Textes *als Text* in der Realität.

Für den Text der *Heimkunft* hat die interne Kontrastierung von Rede und Realität eine Selbstrelativierung zur Folge, die nüchtern das ästhetische Bewußtsein von der nicht einmal fiktionalen Reichweite der ästhetischen Utopie benennt. Die dichterisch entworfene Wirklichkeit entdeckt sich selbst nur als ideale Möglichkeit ihrer eigenen Geltung, die sogar im Textraum unerfüllt bleibt. Daß textintern die Realisierung der poietischen Poetik nicht gelingt, sondern wiederum nur als eine künftige Utopie vorgestellt wird, in der konjunktivischen Hoffung „sei" (v.96), schlägt sich in einem fast übergangslosen Umschlag von Euphorie in Ernüchterung nieder: „Schweigen müssen wir oft" (v.101); „Arm ist der Geist Deutscher" ([1]v.102), was sich als Regression ins wortlose „Saitenspiel" (v.103) fortsetzt, in dem die Zeit als ewiggleiche Indifferenz aufscheint: „ein Saitenspiel leiht *jeder* Stunde die Töne" (v.103; *„allen* Stunden", [1]v.103; Herv. U. D.)[43]

3.6.2 »jezt«

Die letzte Strophe von *Heimkunft* verharrt in der Spannung von dichterischer Ambition und Schickung in eine Realität, in welcher ein solcher Anspruch nicht

[43] Die ambivalente Spannung des Schlußes zeigt sich nicht zuletzt daran, daß das „Saitenspiel" auch als eine Art „antizipatorische[r]" ‚Platzhalter' verstanden werden kann, denn es „erfreuet vieleicht Himmlische, welche sich nahn" (v.103f.); dafür spräche auch die Korrespondenz zum „Spiel" in v.22. Groddeck: *„... und die Wolke,/ Freudiges dichtend"*, a.a.O., 175.

gefragt ist: Resignativ versucht der „Sänger“ (v.108), sich in der Realität nach den Konventionen seiner Umgebung zu richten und ein konventionalisiertes, „[]schikliches“ (v.99) Reden zu erlernen:

> Wenn wir seegnen das Mahl, wen darf ich nennen und wenn wir
> Ruhn vom Leben des Tags, saget, wie bring' ich den Dank?
> Nenn' ich den Hohen dabei? Unschikliches liebet ein Gott nicht,
> Ihn zu fassen, ist fast unsere Freude zu klein.

Dieser Schluß von *Heimkunft* ist gegenüber dem Anfang völlig invers, das dortige Selbstbewußtsein ist Unsicherheit gewichen; zugleich verkapselt sich in einem der Verse jedoch die utopische Hoffnung auf „Eine Stunde“ (v.94):

> Solche Freude, wie jezt, wenn Liebende wieder sich finden,

Wie schon im *Wanderer* und wie bereits der Tempuswechsel andeutete, der sich im vorletzten Distichon von *Heimkunft* mit der Imperfektform „kam“ (v.106) nochmals aktualisiert, ist dieses „jezt“ – zumal als „jezt, wenn“ und mehr noch als „jezt, wenn [...] wieder“ (v.95) – ein doppelt codiertes: Wie sich oben in der Analyse des Imperfekts gezeigt hat, ist *Heimkunft* als Text seiner eigenen Logik zufolge ja eine nachträgliche Aktualisierung einer schon zuvor erfolgten Heimkunft, eine nachträgliche Epistel „[a]n die Verwandten“, die vorführend reflektiert, was in der ersten Heimkunft mißlang. Wenn die Elegie in der zweiten Strophe das Wiederholungsmoment ihrer Poetik akzentuiert: „wieder“ (v.30, 34, 36) – und zwar als ein nicht kontinuierliches, sondern als ein veränderndes Wiederholen: „Traurige wieder erfreut“ (v.30), „jezt wieder ein Leben beginnt“ (v.34) und „ein freudiger Muth wieder die Fittige schwillt“ (v.36) –, dann bedeutet dies für ihr „jezt“ – wie für die von ihr erfundene „scherzende Bergluft“ (v.3) eine zweifache Richtungsdeixis („Dahin, dorthin“; v.3): zum einen adressiert sich das *Jetzt* auf der Ebene der *histoire* „[a]n die Verwandten“, zu denen es heimkehrt und die es als „euch“ anspricht; zugleich aber referiert das „jezt“ auf den Augenblick der Lektüre des lyrischen ‚Briefes‘. Wie das Ich des Textes als *persona* eine Maske ist, die im Prozeß der Lektüre eingenommen oder auch ‚angeschaut‘ werden kann, so aktualisiert auch jedes „jezt“ mit jeder Lektüre seine neue Jetztzeit[44] – und wird damit wiederholbar: „jezt wieder“ (v.75).

[44] Zu weiterführenden Überlegungen über eine „Ekstase des ‚Augenblicks‘“ als „Utopie des Ästhetischen“ vgl. das Kapitel *Utopie des Augenblicks und Fiktionalität. Die Subjektivierung von Zeit in der modernen Literatur*. In: Karl Heinz Bohrer: *Plötzlichkeit. Zum Augenblick des ästhetischen Scheins*. Frankfurt am Main 1981, 180-219 u. 250-260, hier: 186f.; ders.: *Zeit und Imagination. Das absolute Präsens der Literatur*. In: ders.: *Das absolute Präsens. Die Semantik ästhetischer Zeit*. Frankfurt am Main 1994, 143-183; speziell zu Hölderlin ders.: *Hölderlins Plötzlichkeit. Die Problematik epiphanen Sprechens in der modernen Dichtung*. In: Emil Angehrn (Hg.): *Der Sinn der Zeit*. FS für Michael Theunissen. Weilerswist 2002, 266-278.

Was Heidegger von dem Ausdruck „das Freudige“ sagte, nämlich daß es „die ganze Dichtung ‚Heimkunft‘ überleuchtet“,[45] ließe sich in noch intensivierter Form von dem „jezt“ behaupten.[46] Es ist deshalb signifikant, daß die „Verwandten“ im Unterschied zu den Adressaten von Hölderlins übrigen Widmungselegien *Brod und Wein*, *Stutgard* und dem Fragment gebliebenen *Der Gang aufs Land* namenlos bleiben – es gibt nämlich auch die Möglichkeit „künftig[er]“ (v.81) Wahlverwandtschaften.[47] *Heimkunft* trägt eine Art Benjaminsches ‚Jetzt der Erkennbarkeit‘ mit sich, das eine utopische, gleichwohl je nur im Moment eines „jezt“ vollziehbare „Heimkunft“ des Textes zu sich selbst zu initiieren in der Lage ist; die der Komposition inhärente Poetik einer *Möglichkeit*, „jezt wieder ein Leben [zu] beginn[en]“ (v.34), muß in dieser Perspektive als das „Das“ (v.105) verstanden werden, was im vorletzten Distichon „bereitet [...] ist“ (v.105) und „beinahe die Sorge/ Schon befriediget, die unter das Freudige kam.“ (v.105f.)[48] Die Möglichkeit ist *vor*bereitet, und damit sozusagen „[b]ereit, an übrigem Orte.“[49] Zugleich bezeichnet dieses in eine utopische Zeit versetzte „jezt“ aber auch den unsichersten Moment des gesamten Gedichts: Denn wann und ob ein „wenn“ (v.95) das potentiell *mögliche* „jezt“ „morgen oder künftig“ (v.81) *wirklich* werden läßt und damit gleichsam den „Schaz“ (^{1}v.79) hebt, ist ungewiß – und „bereitet“ (v.105) deshalb auch „Sorgen, wie diese“ (v.107).

Diese Spannung von Sorgen bereiten und befriedigen,[50] von „Freude“ (v.95) und „Sorge“ (v.105) ist, wie der Durchgang durch Hölderlins Elegien gezeigt hat, in diesen „kühner geordnet, gemischt“ (v.10) als es auf den ersten Blick den Anschein hat – und *Heimkunft* spannt von allen Elegien Hölderlins vielleicht den weitesten Bogen und verursacht das größte Schwanken: Euphorische, ausgelassene Feier der Fiktionalität in den ersten beiden, v.a. in der ersten Strophe – und Frustration über das fehlende ästhetische Bewußtsein und Interesse einer Umwelt, die „geheimere[n] Sinn“ (^{1}v.102) für solch ein „[t]hörig[es]“ (v.81) Sprechen hätte. Der von dieser Mischung ausgelöste Zustand „zwischen Sein

[45] Heidegger: *Heimkunft*, a.a.O., 15.

[46] Vgl. dazu die Bemerkung Heideggers angesichts des „Jezt aber tagts!“ aus *Wie wenn am Feiertage...*: „‚Jezt‘ – wann ist dieses ‚Jezt‘? Ist das der Zeitpunkt um 1800, da dieses Gedicht entstand? Das ‚Jezt‘ nennt ja doch eindeutig den Zeitpunkt, in dem Hölderlin selbst sagt: ‚Jezt aber tagts!‘ Gewiß nennt das ‚Jezt‘ Hölderlins Zeit und keine andere. Aber Hölderlins Zeit ist ja einzig die durch sein Wort angestimmte Zeit. Hölderlins Zeit ist allerdings im strengen Sinne seine Zeit. Aber diese Zeit ist gerade nicht das zu dieser Zeit nur gleichzeitige und übliche Zeitgenössische.“ Martin Heidegger: *„Wie wenn am Feiertage...“*. In: ders.: *Erläuterungen zu Hölderlins Dichtung*, a.a.O., 47-74, hier: 73.

[47] Es ist für die sich in Hölderlins Turmgesängen untergründig artikulierende Hoffnungslosigkeit symptomatisch, daß diese Gedichte – bis auf eine Ausnahme (*Das fröhliche Leben*, StA 2,1, 274, 2) – kein „jezt“ mehr kennen.

[48] Schmidt (SW 752) und Groddeck (*„... und die Wolke,/ Freudiges dichtend“*, a.a.O., 175) beziehen das „Das“ von Vers 105 auf das Saitenspiel.

[49] *Der Winkel von Hahrdt* (StA 2,1, 116, 9)

[50] Das „befriediget“ weist auf den „Frieden[]“ (v.79) in der fünften Strophe zurück und bildet damit einen Konnex zu dem dort mit Frieden assoziierten „Fund“.

und Nichtsein", indem „überall das Mögliche real, und das Wirkliche ideal" wird, bleibt auch in der Schlußperspektive von *Heimkunft* „ein furchtbarer aber göttlicher Traum" (StA 4,1, 283).

4 ‚Heiße' und ‚kalte' Bilder – Hölderlins *Gesichtspunct*-Überlegungen

Das im Durchgang durch die Elegien entwickelte ästhetische Bewußtsein als Bewußtsein davon, daß das ästhetische „Bild" (StA 4,1, 150) ein „Gebild" (ebd., 265) mit einer eigenen Operationsweise und einer eigenen symbolischen Wirklichkeit darstellt, korrespondiert mit poetologischen Überlegungen Hölder-lins, mit denen er auch einen originären Beitrag zur ästhetischen Diskussion seiner Zeit liefert.

Ein zeitgenössisches Bild(ungs)bewußtsein artikuliert sich um 1800 – wie schon in Schillers *Über naive und sentimentalische Dichtung* zu sehen war –, vor allem in der Auseinandersetzung mit dem zeitgenössischen Antike-Bild. Laut Peter-André Alt kommt Schillers Text dabei sogar eine Vorreiterfunktion zu: „Seit Schillers Abhandlung hat sich das Bewußtsein dafür gebildet, daß die Schönheit der griechisch-römischen Literatur stets auch das Produkt einer kulturellen Aneignung unter den Bedingungen zeitgenössischen Bewußtseins vorstellt."[1] Daß ihr Bild von der Antike von dem „Gesichtspunct"[2] abhängt, den Schiller auf den Namen ‚sentimentalisch' taufte, „haben die Zeitgenossen selbst erkannt und ein solches Antikenbild als den schönen Schein einer ideologischen Versöhnungsutopie durchschaut".[3] Novalis betonte, dass man „sehr irrt, „wenn man glaubt, dass es die Antiken giebt. Erst jetzt fängt die Antike an zu entstehen."[4] *Die Antike* wurde dabei mehr und mehr zu einem Reflexionsfeld, das einer „modernen kulturellen Mentalität" zur „[Selbst-]Analyse" diente:[5] Wenn es aber der moderne „Gesichtspunct" ist, der die Antike *bild*et, dann sagt dieses Bild letztlich mehr über die Moderne selbst als über die Antike aus.

Wie man dem Novalis-Zitat allerdings auch entnehmen kann, hat die Einsicht in den *fiktiven* Charakter des Antikenbildes paradoxerweise eine Substantialisierung zur Folge. Wie schon bei Schiller *das Naive* unter einer sentimentalischen Perspektive den Charakter einer scheinbar objektiven Entität gewann und die sentimentalische Dichtung immer in Versuchung war, ihre ‚Objekte' „[g]egen besseres Wissen"[6] zu naturalisieren, sie zu festen Topoi werden zu lassen, so widerfährt es dem Antikenbild um 1800.

1 Peter-André Alt: *Schiller. Leben – Werk – Zeit.* 2. Bd., München 2000, Bd. 2, 210.
2 StA 4,1, 221.
3 Zelle: *Über naive und sentimentalische Dichtung (1795/96)*, a.a.O, 463.
4 Zitiert nach Zelle: *Die doppelte Ästhetik der Moderne*, a.a.O., 205.
5 Alt: *Schiller*, a.a.O., 210.
6 Vgl. Zelle: *Über naive und sentimentalische Dichtung (1795/96)*, a.a.O., 463: „Gegen besseres Wissen treibt der Wille, der totalen Heterogenität eigener Gegenwart ein

Um 1800 lebt eben – immer noch – der homogene Topos *der Antike* als „edle Einfalt und [...] stille[r] Größe"[7], wie ihn Winckelmann auf den Begriff gebracht hatte.[8] Wie bei Schiller schon zu sehen ist, führt das Bewußtsein von der „Erfindung der Antike"[9] nicht zur Aufhebung von deren Verbindlichkeit, sondern im Gegenteil gerade zur Installierung *der Antike* als unentbehrlichen referentiellen Grundpfeiler, dessen Autorität für den modernen Dichter schier unhintergehbar scheint. Schillers Konzept sentimentalischer Dichtung behauptet zwar, daß es noch andere Wege gibt, „groß, ja, wenn es möglich ist, unnachahmlich zu werden" als „die Nachahmung der Alten"[10]; doch auch in der sentimentalischen Dichtung bleibt die Antike ein wichtiges Ingredienz, denn ihre naive Einfalt soll ja – wenngleich als transformierte – „dem Inhalt nach" wieder hergestellt werden.[11] Noch der sentimentalische Dichter ist letztlich der paradoxen Denkfigur Winckelmanns verhaftet, wenn er im Bewußtsein von der Unerreichbarkeit der Antike ein Phantasma produziert, auf das sich seine gebrochenen Idealisierungen ausrichten.

Diese Aporie scheint es zu sein, die Hölderlin vermutlich 1799 zu seinen fragmentarisch gebliebenen Überlegungen über den *Gesichtspunct aus dem wir das Altertum anzusehen haben* veranlaßt:

> Wir träumen von Bildung, Frömmigkeit p.p. und haben gar keine, sie ist angenommen – wir träumen von Originalität und Selbstständigkeit, wir glauben lauter Neues zu sagen, und alles diß ist doch Reaction, gleichsam eine milde Rache gegen die Knechtschaft, womit wir uns verhalten haben gegen das Altertum. Es scheint wirklich fast keine andere Wahl offen zu seyn, erdrükt zu werden von Angenommenem, und Positivem, oder, mit gewaltsamer Anmaßung, sich gegen alles erlernte, gegebene, positive, als lebendige Kraft entgegenzusezen. (StA 4,1, 221)

utopisches Gegenbild gelungener Totalität entgegenzusetzen, zur Homogenisierung der griechischen Vergangenheit. Die kritische Distanz zur Moderne wird möglich nur aus der Perspektive eines positivierten, jedoch ‚falschen' Antikenbilds."

7 Johann Joachim Winckelmann: *Gedanken über die Nachahmung der griechischen Werke in der Malerei und Bildhauerkunst.* In: *Winckelmanns Werke in einem Band.* Hg. v. Helmut Holtzhauer, Berlin; Weimar [3]1982, 1-36, hier: 17.

8 Das heißt nicht, daß es nicht auch einen Kampf um die Deutungshohheit darüber gegeben hätte, *wie* man sich *die Antike* vorzustellen hat – auch mit politischen Implikationen. Vgl. hierzu Ian Macgregor Morris: *The Age of Leonidas: Hellenism and the Classical Tradition in the Enlightenment* (im Druck; ich danke Ian Macgregor Morris für die Einsicht in das Manuskript); ders.: *Shrines of the Mighty: Rediscovering the Battlefields of the Persian Wars.* In: Emma Bridges, Edith Hall et al. (Ed.): *Cultural Responses to the Persian Wars.* Oxford 2007, 231-264; ders., James R. Moore et al. (Ed.): *Reinventing History. The Enlightenment Origins of Ancient History.* London 2008.

9 Vgl. Alexander Honold: *Nach Olympia. Hölderlin und die Erfindung der Antike.* Berlin 2002.

10 Winckelmann: *Gedanken über die Nachahmung der griechischen Werke*, a.a.O., 2.

11 Schiller: *Über naive und sentimentalische Dichtung*, a.a.O., 777, Anm. 25.

Hölderlins eigener Blick auf die lange *Querelle*-Debatte[12] ist skeptisch: denn wenn auch die *moderni*, die „glauben lauter Neues zu sagen", sich noch als abhängig vom „Altertum" erweisen und ihre Abwehrhaltung als eine bloße „Reaction" auf dieses zu verstehen ist, erweist sich die von Hölderlin skizzierte „Wahl" als keine wirkliche: Es gibt eben „wirklich fast keine andere Wahl" neben den beiden vom Blick auf die Antike dominierten Alternativen, „erdrükt zu werden von Angenommenem, und Positivem oder, mit gewaltsamer Anmaßung, sich gegen alles erlernte, gegebene, positive, als lebendige Kraft entgegenzusezen".[13]

Dieses Dilemma betrifft Hölderlins eigene schriftstellerische Praxis, für welche die (insbesondere griechische) antike Literatur von kapitaler Bedeutung ist, natürlich in entscheidendem Maße; daß Hölderlin hier nicht zuletzt eine eigene Problemlage sondiert, ist ihm selbst wohl bewußt, als er 1799 gegenüber dem Bruder Karl bekennt: „O Griechenland, mit deiner Genialität und deiner Frömmigkeit, wo bist du hingekommen? Auch ich mit allem guten Willen, tappe mit meinem Thun und Denken diesen einzigen Menschen in der Welt nur nach, und bin in dem, was ich treibe und sage, oft nur um so ungeschikter und ungereimter, weil ich, wie die Gänse mit platten Füßen im modernen Wasser stehe, und unmächtig zum griechischen Himmel emporflügle."[14] Die auch hier implizierte widersprüchliche Bewertung der Antike – einerseits idealisierter „Himmel", andererseits Hemmschuh für die Entfaltung eigener „Originalität" – veranlaßt Hölderlin, dem weder die ‚knechtische' Nachahmung noch die „gewaltsame[] Anmaßung" eines völligen Ignorierens der antiken Literatur zusagen mag, nach einem dritten Weg zu suchen, der zwischen „Knechtschaft" und „Anmaßung" vermitteln könnte. Ihren Ausgangspunkt nehmen Hölderlins Überlegungen von der Annahme eines gleichsam „ursprünglich[en]" „Bildungstrieb[es]":[15]

[12] Vgl. dazu Zelle: *Die doppelte Ästhetik der Moderne*, a.a.O., 74ff.

[13] Zum Bedeutung des ‚Positiven' vgl. die Erläuterung von Knaupp, MA III, 393: „Im Zeitalter der Aufklärung unterschied man zwischen ‚Positivem' (d.h. durch Menschen Gesetztem) und ‚Natürlichem', so z.B. zwischen positivem Recht und Naturrecht oder zwischen positiver Religion und natürlicher Religion."

[14] Brief vom 1. Januar 1799, StA 6,1, 307. Das im Brief und im Essay auftauchende Wort „Frömmigkeit" scheint in beiden Kontexten nicht religiös konnotiert zu sein. Vgl. dazu Adelungs Wörterbuch: „Die Frömmigkeit, plur. inus. die Eigenschaft, da eine Person oder Sache fromm ist, ehedem in den meisten Bedeutungen dieses Beywortes. 1) * Für Tapferkeit, in welchem nunmehr veralteten Verstande Frumekait, Frumkeit, Frömkeit, Fromigkeit bey den ältern Schriftstellern mehrmahls vorkommen. 2) * Nutzbarkeit; bey dem Willeram Frumicheit, gleichfalls veraltet. 3) * Redlichkeit, Rechtschaffenheit. So wäge man mich auf rechter Wage, so wird Gott erfahren meine Frömmigkeit, Hiob 31, 6; aber Gott kennet meine Redlichkeit, nach der Michael. Übersetzung. 4) * Unschuld. Bis daß mein Ende kommt, will ich nicht weichen von meiner Frömmigkeit, Kap. 27, 5; ich will meine Unschuld mir nicht absprechen, Michael." Adelung: *Grammatisch-kritisches Wörterbuch*, a.a.O., Bd. 2, Art. *Die Frömmigkeit*, 321f.

[15] Kant benutzt den Begriff im §81 der *Kritik der Urteilskraft* zur Charakterisierung eines lebendigen, nicht „bloß [einer] mechanischen Bildungskraft" subsumierbaren Naturprozesses

> Das schwerste dabei scheint, daß das Altertum ganz unserem ursprünglichen Triebe entgegenzuseyn scheint, der darauf geht, das Ungebildete zu bilden, das Ursprüngliche Natürliche zu vervollkommnen, so daß der zur Kunst geborene Mensch natürlicher weise und überall sich lieber mehr das Rohe, Ungelehrte, Kindliche, holt, als einen gebildeten Stoff, wo ihm, der bilden will, schon vorgearbeitet ist. (StA 4,1, 221)

Man sieht bereits in dieser Passage, daß Hölderlins Begriff von *Bildung* wenig mit unserem heutigen Verständnis zu tun hat, sondern gemäß dem damaligen Sprachgebrauch ganz essentiell an das Verb „bilden“ angebunden ist, eine produktive Tätigkeit meint.[16] Etwas *bilden* will, bzw. kann man aber, so Hölderlin, nur aus Material, das selbst noch nicht gebildet ist. Das „Ungebildete zu bilden“ ist daher überall dort nicht möglich, wo, wie im Fall der Antike, „schon vorgearbeitet“ ist. An diese Prämisse knüpft sich eine erstaunliche Geschichtsphilosophie:

> [W]as allgemeiner Grund vom Untergang aller Völker war, nemlich, daß ihre Originalität, ihre eigene lebendige Natur erlag unter den positiven Formen, unter dem Luxus, den ihre Väter hervorgebracht hatten,[+] das scheint auch unser Schiksaal zu seyn, nur in

unter Hinweis auf die Schrift des Naturforschers Johann Friedrich Blumenbachs *Über den Bildungstrieb* [1791]; vgl. Kant: *Kritik der Urteilskraft*, a.a.O., 292, C 379.
Der Begriff findet sich bereits in Karl Philipp Moritz‘ *Über die bildende Nachahmung des Schönen* und spielt zudem in Schellings *Von der Weltseele* die positive Rolle des Indikators einer Zunahme geistiger Dynamik: „Die unmerkliche Umänderung des philosophischen Geistes, die allmählich zu einer totalen Revolution der philosophischen Denkart sich an-schickte, zeigte sich bereits in einzelnen Produkten (z.B. Blumenbachs Bildungstrieb, des-sen Annahme ein Schritt außerhalb der Grenzen der mechanischen Naturphilosophie und aus der Strukturphysiologie [...] war“. (Friedrich Wilhelm Joseph Schelling: *Von der Weltseele*. In: ders.: *Werke*. Auswahl in drei Bd. Hg. v. Otto Weiß, Leipzig 1907, Bd. 1, 618). Hölderlin konnte mit dem Begriff auch über Schillers ästhetische Schriften bekannt geworden sein. So schreibt Schiller z.B. in *Über Anmut und Würde*: „Daher hat auch die Schönheit des Baues, als bloßes Naturprodukt, ihre bestimmten Perioden der Blüte, der Reife und des Verfalles, die das Spiel zwar beschleunigen, aber niemals verzögern kann; und ihr gewöhnliches Ende ist, daß die Masse allmählich über die Form Meister wird und der lebendige Bildungstrieb in dem aufgespeicherten Stoff sich sein eigenes Grab bereitet.“ (Schiller: *Über Anmut und Würde*. In: ders.: *Werke und Briefe in zwölf Bänden*. Band 8: *Theoretische Schriften*, a.a.O., 330-394, 357. In *Über die ästhetische Erziehung des Menschen in einer Reihe von Briefen* heißt es: „Mitten in dem furchtbaren Reich der Kräfte und mitten in dem heiligen Reich der Gesetze baut der ästhetische Bildungstrieb unvermerkt an einem dritten, fröhlichen Reiche des Spiels und des Scheins, worin er dem Menschen die Fesseln aller Verhältnisse abnimmt und ihn von allem, was Zwang heißt, sowohl im Physischen als im Moralischen entbindet.“ Schiller: *Über die ästhetische Erziehung des Menschen in einer Reihe von Briefen*. In: ders.: *Werke und Briefe in zwölf Bänden*. Band 8: *Theoretische Schriften*, a.a.O., 556-676, hier: 673.

[16] Vgl. Adelung: *Grammatisch-kritisches Wörterbuch*, a.a.O., Bd.1, Art. *Die Bildung*, 1018.

größerem Maße, indem eine fast gränzenlose Vorwelt, die wir entweder durch Unterricht, oder durch Erfahrung innewerden, auf uns wirkt und drükt.++

+ Beispiele lebhaft dargestellt.
++ Ausführung. (StA 4,1, 221)

Auch wenn die in Aussicht gestellten „Beispiele" von Hölderlin an dieser Stelle leider nicht ausgeführt wurden, seine Beschreibung der Gegenwart, die von den vielen „positiven Formen" einer „fast gränzenlose[n] Vorwelt", vom „Luxus [der] Väter" „[er]drükt" zu werden droht, ist plastisch genug. Bemerkenswert ist Hölderlins Abstandnahme vom Perfektibilitätsmodell einer immer anwachsenden Kulturwelt. Wo diese zu ‚luxuriös' wird, gibt es anscheinend keine Alternative zu einem aus der Erstarrung schierer Positivität resultierenden „Untergang". Schellings Feststellung, daß „der allgemeine Bildungstrieb der Natur endlich in toten Produkten erstirbt"[17], überträgt sich hier auf das Leben allgemein: Die Überlieferung – als „Todte[s]" – hat die Kraft zu töten.

Wie schon anhand seiner Schatten-Metaphorik[18] sichtbar wurde, so vollzieht Hölderlin auch hier in den anschließenden Überlegungen eine charakteristische Blickwendung, in der er gerade dem, was „auf [ihn] zerstörend wirk[t], einen Vortheil abzugewinnen such[t]",[19] was ihn zu der bereits in der Einleitung dieser Arbeit anzitierten Passage vom *bewußten* Bildungstrieb führt:

> Von der andern Seite scheint nichts günstiger zu seyn, als gerade diese Umstände in denen wir uns befinden. Es ist nämlich ein Unterschied ob jener Bildungstrieb blind wirkt, oder mit Bewußtseyn, ob er weiß, woraus er hervorgieng und wohin er strebt, denn diß ist der einzige Fehler der Menschen, daß ihr Bildungstrieb sich verirrt, eine unwürdige, überhaupt falsche Richtung nimmt, oder doch seine eigentümliche Stelle verfehlt, oder, wenn er diese gefunden hat, auf halbem Wege, bei den Mitteln die ihn zu seinem Zweke führen sollten, stehen bleibt.+ Daß dieses in hohem Grade weniger geschehe,++ wird dadurch gesichert, daß wir wissen, wovon, und worauf jener Bildungstrieb überhaupt ausgehe, daß wir die wesentlichsten Richtungen kennen, in denen er seinem Ziele entgegengeht, daß uns auch die Umwege oder Abwege die er nehmen kan, nicht unbekannt sind, daß wir alles, was vor und um uns aus jenem Triebe hervorgegangen ist, betrachten als aus dem gemeinschaftlichen ursprünglichen Grunde hervorgegangen, woraus er mit seinen Producten überall hervorgeht, daß wir die wesentlichsten Richtungen, die er vor und um uns nahm, auch seine Verirrungen um uns her erkennen, und nun, aus demselben Grunde, den wir lebendig, und überall gleich, als den Ursprung alles Bildungstriebs annehmen, unsere eigene Richtung uns

[17] Friedrich Wilhelm Joseph von Schelling: *Von der Weltseele*, in: ders.: *Werke*, Bd. 1, a.a.O., 595.
[18] Vgl. S. 53f. der vorliegenden Arbeit.
[19] StA 6,1, 290, 66f.

vorsezen, die bestimt wird, durch die vorhergegangenen reinen und unreinen Richtungen, die wir aus Einsicht nicht wiederhohlen,+++

\+ Beispiele lebhaft
++ vorzüglich ins Auge zu fassen.
+++ Die reinen Richtungen wiederholen wir nicht, weil

(StA 4,1, 221f.; im Orig. gesperrt)

Es ist bezeichnend, daß Hölderlins Überlegungen kein einziges ‚positives' „Product[]" erwähnen und auch – wie Michael Franz bedauert – keinen bestimmten „Gesichtspunct" festlegen;[20] denn von einer Perspektive, welche die Antike in ihrer erstarrten Positivität betrachtet, wendet er den Blick auf den genetischen Bildungsprozeß, der zu diesen Positivitäten geführt hat. In dieser Blickwendung scheint der Nukleus zu liegen, der Hölderlin in den nächsten Jahren zur Revision seines Antiken-Bildes führen wird – oder genauer: zur Revision des Blicks, mit dem er auf die Antiken-Bilder schaut –, und damit einhergehend auch zur Revision seiner Poetik generell.[21] Denn die im Bilden des Ungebildeten inhärente Transformation des Materials impliziert, daß die überkommenen antiken Bilder, die ja ihrerseits kulturelle Erzeugnisse sind, nicht einfach eine Nachahmung der (damaligen) Wirklichkeit darstellen (als eine solche klassifizierte Schiller die für die Antike typische naive Darstellungsweise[22]), so daß das „Product[]" nie einfach eine Reproduktion seines Ausgangspunktes sein wird. Um zu verstehen, was im Akt der Bildung ‚passiert' ist, man kann deshalb von den „Producten" nicht umstandslos auf deren Ursprung schließen, sondern muß rekursiv den „Weg[]" rekonstruieren, den der Bildungstrieb zurückgelegt hat.

Die Metaphorik der Bewegung, die Hölderlin in der Beschreibung des Bildungstriebes benutzt, hat daher unmittelbaren Aussagewert für das Argument, das er in ihr implizit entfaltet. Denn die „positive[n] Formen", die der Nachwelt zum Problem werden, entstehen nur dort, wo der Bildungstrieb „stehen bleibt"; solange er in Bewegung und dadurch „lebendig" bleibt, bildet er keine „positiven Formen" aus, sondern ist „lebendige Natur". Die Vokabel „lebendig" taucht in dem knapp zweiseitigen Text dreimal auf;[23] auf dem „lebendig[en]" „Grunde" (StA 4,1, 222, 15), oder „Urgrunde" (StA 4,2, 222, 19) fußt die ganze Idee des Bildungstriebes. Die Betonung von Lebendigkeit und Bewegung läßt darauf

[20] Vgl. Michael Franz: *Aufsätze zur Poetologie*. In: HHB, 237-246, hier: 239.

[21] Vgl. dazu vor allem die beiden sogenannten Böhlendorff-Briefe vom 4. Dezember 1801 (StA 6,1, 425-428) und vom November 1802 (StA 6,1, 432f.). Besonders im ersten entfaltet Hölderlin seinen Blickwechsel, der die vermeintliche Natürlichkeit der Antike als Kunstleistung versteht und davon ausgehend ein Modell vom „lebendigen Verhältniß und Geschik" (StA 6,1, 426, 34) entwickelt, in dem „der freie Gebrauch des Eigenen" (StA 6,1, 426, 39) wie „das Fremde" (StA 6,1, 426, 36) *gelernt* werden muß. Vgl. hierzu: Peter Szondi: *Überwindung des Klassizismus. Der Brief an Böhlendorff vom 4. Dezember 1801.* In: ders.: *Hölderlin-Studien*, a.a.O., 95-118.

[22] Vgl. z.B. Schiller: *Über naive und sentimentalische Dichtung*, a.a.O., 738.

[23] StA 4,1, 221, 10; StA 4,1, 221, 18; StA 4,1, 222, 15.

schließen, daß Hölderlin die extreme Ansammlung positiver Formen, die zum Untergang von Kultur führt, nicht als Teil oder Ziel des Weges auffaßt, den der Bildungstrieb beschreiten sollte, sondern als „Abweg[]“, als „überhaupt falsche Richtung“. Darum scheint es auch relevant zu sein, ob der Bildungstrieb „mit Bewußtseyn“ agiert: denn dieses Bewußtsein kann verhindern, daß der Bildungstrieb „sich verirrt“ oder gar „auf halbem Wege stehen bleibt“, indem es diesen lenkend begleitet. In einem fünfteiligen „daß“-Satz unterscheidet Hölderlin fünf Punkte, die es für das Bild[ungs]bewußtsein zu beachten gilt:
1) „wovon, und worauf jener Bildungstrieb überhaupt ausgehe“;
2) „die wesentlichsten Richtungen [zu] kennen, in denen er [d.i. der Bildungstrieb] seinem Ziele entgegengeht“;
3) „die Umwege oder Abwege die er nehmen kan“;
4) „alles, was vor und um uns aus jenem Triebe hervorgegangen ist, betrachten als aus dem gemeinschaftlichen ursprünglichen Grunde hervorgegangen“;
5) „die wesentlichsten Richtungen, die er vor und um uns nahm, auch seine Verirrungen um uns her erkennen“.

Das Bewußtsein von diesen fünf Punkten, von denen die letzten beiden spezifisch historischer Natur sind, beeinflußt nach Hölderlin auf entscheidende Art und Weise, *wie* der moderne Dichter „bilde[t]“; denn seine „eigene Richtung“ „bestimmt“ dieser nicht zuletzt „durch die vorhergegangenen reinen und unreinen Richtungen“. Wie man seiner letzten Anmerkung entnehmen kann, bestimmt Hölderlin gerade die „reinen Richtungen“ als diejenigen, die „aus Einsicht nicht wiederhol[t]“ werden sollten, denn es scheinen gerade solche „reinen Richtungen“ zu sein, die zur Ausbildung von Positivitäten führen.

Hochinteressant ist in diesem Zusammenhang, was Hölderlin in einer weiteren stichwortartigen Anmerkung als „unsere besondere Richtung“ skizziert: „Handeln. Reaction gegen positives Beleben des Todten durch reelle Wechselvereinigung desselben“ (StA 4,1, 222; im Orig. gesperrt). Hier scheint formuliert, aus welchen Elementen sich ein dritter Weg formieren könnte; wie aus Hölderlins Hauptausführungen zu entnehmen war, besteht ein grundlegender Zug seiner Bildungs-Konzeption in der Einbeziehung einer historisch-genetischen Perspektive in den Bildungsprozeß selbst; diese Option scheint auch einen spezifischen Umgang mit dem (bereits durch Überlieferung angehäuften) ‚Positiven‘ zu involvieren; das „Todte“ sind die festen Formen der Überlieferung: „alles erlernte[n], gegebene[n] positive[n]“; die Idee einer „Wechselvereinigung“ formuliert einen Mittelweg zwischen der „reinen Richtung[]“ einer knechtisch-epigonalen Imitatio und einer einseitigen Abwehrreaktion „*gegen* alles erlernte“. (Herv. U. D.) Die überlieferten Gebilde der Tradition sollen also weder schlicht ignoriert, noch einfach kopiert, sondern durch eigenes „Handeln“ „[b]eleb[t]“ werden. Was mit „reeller Wechselvereinigung“ gemeint ist, kann nur gemutmaßt werden; in der Formulierung scheint freilich die Vorstellung inbegriffen zu sein, daß der Bildungstrieb des Dichters die positiven, ‚toten' Formen durch ein In-Beziehung-Setzen mit der eigenen „lebendigen Kraft" ‚verlebendigt'.[24] Doch wie lassen sich „Gebild[e]" (StA 4,1, 265) denken, die nicht ihrerseits ‚Positivitäten' ausbilden, sondern immer in Bewegung bleiben?

Die Art des Bildens, die Hölderlin hier ins Auge faßt, läßt sich in Anlehnung an eine Unterscheidung von Claude Lévi-Strauss[25] als eine Art von *heißen* – im Unterschied zu *kalten* – Bildern konzeptualisieren: *Kalte* Bilder sind demnach auf Kontinuität und Stabilität ausgerichtete „positive[] Formen", als deren Prototypen Topoi gelten können: konventionelle Figurationen, die ‚natürlich' scheinen, weil sie ihr historisches Gewordensein ausblenden; *heiße* Bilder sind demgegenüber in Bewegung begriffen. Wie Lévi-Strauss' Gesellschaftstyp interiorisieren sie – als Bild(ungs)bewußtsein – historische Bild-Formen und unterziehen sie ihrer transformativen Kraft. *Heiße* Bilder akzentuieren ‚das Werden im Vergehen',[26] betonen Diskontinuität und lebendige Originalität statt Konventionalität. Sie nehmen daher keinen genau bestimmbaren „Gesichtspunct" ein, weil sie grundsätzlich ‚auf dem Weg' sind, ja gerade *gegen* eine solche positive Finalität arbeiten.[27] Der faktische Temperaturzustand von Bildern hängt natürlich, wie Hölderlins historische Perspektive nahe legt, in nicht geringem Maße vom kulturellen Kontext und seiner Geschichte ab. Auch einmal als *heiß* empfundene Bilder können erkalten. Jedoch scheint es darüber hinaus eine intrinsische Formspezifik zu geben, welche *heiße* Bilder auszeichnet. Denkt man an Schillers und Kants Charakterisierungen von bestimmten Typen ästhetischer Darstellung zurück, ist auffällig, daß beide Autoren solchen Bildtypen Bewegung und Belebung attestieren, in denen die bildinterne Vermittlung von Vorstellung und Bedeutung nicht glatt aufgeht, sondern welche vielmehr ein unaufgelöstes Spannungsfeld zwischen beiden Elementen aufbauen.

[24] Vgl. auch Beißners Einschätzung: „Hier kündigt sich in ungefährem Umriß schon der entscheidende Gedanke an, den Hölderlin in dem Brief an Böhlendorf vom 4. Dezember 1801 [...] zu Ende gedacht hat." (StA 4,1, 405, 12ff.)

[25] Claude Lévi-Strauss: *Das wilde Denken*. Frankfurt am Main 1973, 270: „daß die unglückliche Unterscheidung zwischen den ‚geschichtslosen Völkern' und den anderen vorteilhaft ersetzt werden könnte durch eine Unterscheidung zwischen dem, was wir die ‚kalten' Gesellschaften und die ‚warmen' Gesellschaften genannt haben: die einen versuchen dank den Institutionen, die sie sich geben, auf gleichsam automatische Weise die Wirkungen zu annulieren, die die historischen Fakten auf ihr Gleichgewicht und ihre Kontinuität haben könnten; und die anderen interiorisieren ent-schlossen das historische Werden, um es zum Motor ihrer Entwicklung zu machen."

[26] So titelt ein poetologisches Fragment Hölderlins. Vgl. StA 4,1, 282-287.

[27] Hölderlin hat damit ein Bild-Modell mit modernem Potential konzipiert. In seiner dynamisierenden Aufnahme historischen Wissens erinnert das Konzept *heißer* Bilder an Walter Benjamins Überlegungen zum „dialektischen Bild", oder „Denkbild". Vgl. hierzu Ansgar Hillach: *Dialektisches Bild*. In: Michael Opitz, Erdmut Wizisla (Hg.): *Benjamins Begriffe*. Frankfurt am Main 2000, Bd. 1, 186-229. Auch Adornos *Ästhetische Theorie* versteht das künstlerische „Gebilde" als ein „in sich Bewegte[s]" attestiert ihm einen „immanente[n] Prozeßcharakter". Adorno: *Ästhetische Theorie*, a.a.O., 262.

Typische Topoi sind ja solche Bilder, in denen den Vorstellungen problemlos eine Idee oder ein Begriff beigesellt werden kann, beide Elemente quasi ‚einrasten‘, und die deshalb schnell bewegungslos werden. Schillers Idyllenkonzeption kann hierfür Pate stehen; das Problem fehlender „*Bewegung* [...], ohne welche doch überall keine poetische Wirkung sich denken läßt“,[28] ist genau der Übereinstimmung geschuldet, die zwischen Vorstellung und Idee zustande kam.

Heiße Bilder ließen sich demgegenüber als Bilder verstehen, die das Kantische Potential „ästhetischer Ideen“ ganz ausreizen, bei denen sich also die „Vorstellung“ nicht einfach einer Bedeutung, einem Begriff unterstellen läßt, und die demnach eine Denkbewegung in Gang setzen, ein – wie Schiller formuliert – „unendliche[s] des Gedanken[s]“.[29] Die Produktivität einer solchen Denkbewegung besteht darin, in einem Schillerschen „Schwanken“ „zwischen zwei verschiedenen Zuständen“[30] je neue Perspektiven auf die Vorstellung zu werfen, ihre Wahrnehmung und ihre Lesart zu modifizieren. Damit spielen *heiße* Bilder grundsätzlich mit einem zäsurierenden Spielraum zwischen Vorstellung und Idee.

Eröffneten schon die Elegien durch ihren Moduswechsel von *wirklich* und *ideal* einen solchen dynamisierenden Spielraum, wird Hölderlins Spätwerk die Potenz *heißer* Bildgebungsverfahren noch intensiver entfalten. Der Zyklus der sogenannten *Nachtgesänge* soll dafür im folgenden Beispiel sein.

[28] Schiller: *Über naive und sentimentalische Dichtung*, a.a.O., 776.
[29] Ebd., 773.
[30] Ebd., 740, Anm. 13.

5 Dunkle Bilder: Die »Nachtgesänge«

Schiller sagt auch, man müsse jezt das Publikum recht in Indignation sezen, um darauf zu wirken.
Hölderlin an Neuffer, 19. Januar 1795

5.1 »Nachtgesänge«

Als Experiment, ein solches neues, *heißes* poetisches Bildprogramm dichterisch umzusetzen, lassen sich die sogenannten *Nachtgesänge* verstehen, ein Zyklus von neun „[k]leine[n] Gedichte[n]"[1], die (bereits 1804) im *Taschenbuch auf das Jahr 1805* erschienen. Die Neuheit des Stils, der sich in ihnen artikuliert, schlug sich schon anläßlich ihres damaligen Erscheinens in stark irritierten und ablehnenden Rezensionen nieder. So schrieb ein anonymer Rezensent in der *Neuen Bibliothek der schönen Wissenschaften und der freyen Künste*:

> Für den seltenen Sterblichen, der die neun Gedichte von Hölderlin zu verstehen sich mit Recht rühmen kann, sollte ein stattlicher Preis ausgesetzt werden, und wir würden selbst den Verfasser nicht von der Mitbewerbung ausschließen. Nichts erregt mehr Unwillen, als Nonsens mit Prätension gepaart. (StA 7,4, 22)

Gleichfalls meint der Rezensent Friedrich Laun: „Den dunklen und höchst sonderbaren *Gedichten* von *Hölderlin* wäre ein *Commentarius perpetuus* der Göttinger Schule sehr zu wünschen [...]"[2] und ein Kollege schließt sich an: „neun versificirte Radottagen [d.s. Faseleien; U. D.] von Hölderlin, höchst lächerlich."[3] Ein anderer Rezensent, hinter dem sich vermutlich Hölderlins Freund Karl Philipp Conz verbirgt, bemerkt:

> Die Gedichte von Hölderlin füllen eine eigene Rubrique [...] von den übrigen getrennt. Nicht ohne Grund! denn sie sind Wesen eigener Art und erwecken ganz vermischte Gefühle. Es scheinen abgerissene Laute eines gestörten einst schönen Bundes zwischen Geist und Herz. Daher auch die Sprache schwerfällig, dunkel, oft ganz unverständlich und der Rythmus eben so rauh. (StA 7,4, 23)

[1] Brief an Wilmans vom 8. Dezember 1803 (StA 6,1, 435, 14). Daß es sich um einen Zyklus handelt, zeigt die Durchnumerierung der einzelnen Gedichte im Erstdruck.
[2] StA 7,4, 22; Herv. im Orig.
[3] Ebd.

Man kann den „Schockwert"[4] dieser Gedichte durchaus noch heute nachvollziehen. Insbesondere die sechs Oden, die den ersten Teil des Zyklus bilden, sind in der Tat „dunkel, oft ganz unverständlich". Was Conz als Ausdruck eines „gestörten einst schönen Bundes zwischen Geist und Herz" wahrnimmt, trifft durchaus die durchgehende Tendenz der Gedichte. Denn Hölderlin verfolgt in ihnen ein Programm, das die innere Heterogenität der bildkonstituierenden Elemente gegenüber den Elegien noch einmal stark potenziert und damit auch das sentimentalische Darstellen an neue Grenzen führt. Die *Nachtgesänge* setzen poetisch um, was Hölderlin Ende 1802 im Brief an Böhlendorff angekündigt hatte, nämlich „daß die Sangart überhaupt wird einen anderen Karakter nehmen, und daß wir [...] wieder anfangen [...] eigentlich originell zu singen".[5] Hatten die Elegien das *Darstellen als* in einem Wechselspiel von *wirklich* und *ideal* pluralisiert und damit dynamisiert, so entwirft Hölderlin nun Bilder, die überhaupt der Bildung einer positiven *Darstellung als* widerstehen und stattdessen eine radikal offene Kompositionsweise favorisieren, die in dem Verhältnis zwischen Vorstellung und Bedeutung mehr einen Hiat ausspielt, als daß sie die beiden Bildelemente in Übereinstimmung zu bringen sucht.

Präsentiert ein Bild im Sinne Hölderlins immer eine bestimmte Lesart einer Vorstellung, dann treiben Hölderlins *Nachtgesänge* ihren Bildcharakter bis an eine äußerste Grenze, indem sie die Lesbarkeit ihrer Komposition überhaupt zur Disposition stellen. Es ist nämlich, wie die folgende Analyse zeigen will, äußerst schwierig, sich von dem Dargestellten ‚ein Bild zu machen'. Stattdessen dominiert zumindest in den sechs Oden eine stilistische und semantische „Auflösung"[6] von positiven Gehalten.

Wenn auch die Gedichte nicht von Anfang an als Zyklus geplant waren,[7] so zeigt sich in ihrer Konstellierung im Erstdruck doch eine große Linie: an den beiden äußersten Polen stehen *Chiron* und *Der Winkel von Hahrdt*: Als Auftakt steht das mit dreizehn Strophen längste der Gedichte, das seinen Titel der grie-

[4] Lawrence O. Frye: *Hölderlins „Chiron". Zur Bedeutung des Mythischen in „Nimm nun ein Roß... o Knabe!"*. In: ZfdPh 88 (1969), 597-609, hier: 600.

[5] StA 6,1, 433.

[6] „Auflösung" ist einer der Grundbegriffe in Hölderlins (fragmentarischen) Überlegungen zum *Werden im Vergehen* (StA 4,1, 282-287; in FHA 14, 135-178 als *Das untergehende Vaterland...*). Vgl. hierzu Stefan Metzger: *„Auflösung"*. In: HJb 33 (2002/03), 79-119.

[7] Daß man die neun Gedichte überhaupt als zusammengehörig wahrnimmt, ist eine neuere Tendenz. StA und FHA edieren die Texte getrennt; die Edition von Michael Knaupp hat zum ersten Mal diesen Zyklus-Charakter berücksichtigt. Seitdem entstanden auch erste Versuche, die Gedichte in diesem Kontext zu lesen, so Anke Bennholdt-Thomsen: *Nachtgesänge*. In: HHB, 336-344; dies. und Alfredo Guzzoni: *Die Nachtgesänge*. In: *Analecta Hölderliniana II. Die Aufgabe des Vaterlands*. Würzburg 2004, 11-31; Mark Grunert: *Die Poesie des Übergangs. Hölderlins späte Dichtung im Horizont von Friedrich Schlegels Konzept der Transzendentalpoesie*. Tübingen 1995; Wilfred Kling: *Lese(r)arbeit. Hölderlins „Der Winkel von Hahrdt" und die „Nachtgesänge"*. In: *Le pauvre Holterling* 4/5 (1980), 77-87.

chischen Mythologie entlehnt und den Chiron-Stoff bearbeitet; als Schlußlicht steht das mit neun Versen kürzeste Gedicht, das mit seinem Titel explizit auf einen regional sehr bestimmten, deutschen Ort anspielt. Eine Bewegung von der griechischen Antike in die „vaterländische[]“[8] Gegenwart zeigt sich auch anhand der Form der Gedichte: Nach den sechs Oden stehen drei freirhythmische Gedichte. Angesichts dieser Pole wird bereits ablesbar, was Hölderlin in den *Nachtgesängen* unternimmt: Ein kontrastreiches In-Beziehung-Setzen im Zeichen des Heterogenen. In der Tat war es ja eines der Erkenntnisse von Hölderlins poetologischen Überlegungen, daß nur durch ein solches In-Beziehung-Setzen des scheinbar Geschiedenen, durch eine „Wechselvereinigung“ also, eine belebte, ‚lebendige‘ Dichtung entstehe. Am Anfang steht eine Ent-Idealisierung und Ent-Naivisierung der Antike – am Schluß eine Mythisierung der Gegenwart. Ein Verfremdungseffekt stellt sich auf beiden Seiten ein.

Die Bezeichnung des Zyklus als *Nachtgesänge*, die sich im Erstdruck nicht findet, geht auf einen Brief Hölderlins an den Herausgeber des Taschenbuchs, Friedrich Wilmans, zurück. Die betreffende Briefstelle vom Dezember 1803 hat in der Forschung eine umfangreiche Diskussion über Hölderlins Kontextualisierung der *Nachtgesänge* in seinem Œuvre und deren poetisches Spezifikum ausgelöst. Hölderlin schreibt dort:

> Ich bin eben an der Durchsicht einiger Nachtgesänge für Ihren Allmanach. Ich wollte Ihnen aber sogleich antworten, damit kein Sehnen in unsere Beziehung kommt.
> Es ist eine Freude, sich dem Leser zu opfern, und sich mit ihm in die engen Schranken unserer noch kinderähnlichen Kultur zu begeben.
> Übrigens sind Liebeslieder immer müder Flug, denn so weit sind wir noch immer, troz der Verschiedenheit der Stoffe; ein anders ist das hohe und reine Froloken vaterländischer Gesänge.
> Das Prophetische der Messiade und einiger Oden ist Ausnahme. (StA 6,1, 436)

Reitani hat darauf aufmerksam gemacht, daß Hölderlin die Bezeichnung „Nachtgesänge“ hier als eine Art Gattungsbezeichnung und nicht als Titel verwendet.[9] Fraglich bleibt dann indes immer noch, *wie* und auch wie ernsthaft diese Gattungsbezeichung zu verstehen ist. Wilmans‘ Brief, auf den Hölderlins Schreiben ja antwortet, ist nicht überliefert, so daß es Spekulation bleiben muß, ob Hölderlin die Bezeichnung unabhängig wählt oder vielleicht von Wilmans übernimmt und gar ironisch zitiert.[10] Interpretationsbedürftig bleibt weiterhin die Rede von

[8] Vgl. Brief an Wilmans vom 8. Dezember 1803, StA 6,1, 436.
[9] TL 1471.
[10] Zu dieser Möglichkeit hat Dietrich E. Sattler eine bedenkenswerte Hypothese aufgestellt; er liest die Vokabel „Nachtgesänge“ als einen sarkastischen Seitenhieb auf Goethes Gedicht „Nachtgesang“, das im Jahr zuvor im *Taschenbuch auf das Jahr 1804* publiziert worden war. Vgl. D.E. Sattler: *synthesis. versuch einer dritten vermittlung*. In: Heinz Ludwig Arnold (Hg.): *Friedrich Hölderlin*. Text+Kritik Sonderband München 1996, 159-

dem „Opfer" für den „Leser" und der mit ihm verbundenen „Freude" über einen Zustand in „engen Schranken".[11]

Die Kennzeichnung der Gedichte als *Nacht*gesänge wurde bislang von verschiedenen Seiten beleuchtet; man sah in ihnen die Aufnahme einer prominenten Zeittendenz, die seit Edward Youngs *Night Thoughts* auch in Deutschland die Nacht zum Ort melancholischer Reflexion machte.[12] Wie jedoch bereits der Blick auf *Brod und Wein* gezeigt hat, entgeht die Nacht im Werk Hölderlins einer solchen Vereindeutigung, da sie zugleich mit einer dionysisch-schwärmerischen Dimension konnotiert ist. Gleich zu Beginn der ersten Ode der *Nachtgesänge*, in *Chiron*, wird gerade das „Licht" (v.2), und nicht die Dunkelheit, als „[n]achdenkliches" (v.1) Element charakterisiert. Zwar kann man diese Strophe auch so lesen, daß das fragende Ich die Komplementarität von Tag und Nacht einklagt (v.2: „Zur Seite gehen, zu Zeiten"); doch bleibt die Ambivalenz einer Ausschließlichkeit, die nur im einander ausschließenden Wechsel (vgl. v.33) eine Vereinbarkeit erkennt. Auch wenn die *Nachtgesänge* – wie ein Großteil der Gedichte Hölderlins – reflexive Züge tragen, scheint die Gleichsetzung der Nacht mit Reflexion von geringem Erklärungswert für die Spezifik der Gedichte.

Auch wurde die These vertreten, die Nacht als geschichtsphilosophische Charakterisierung der Moderne (im Unterschied zum antiken Tag) und einer

174, hier: 174, Anm. 14. Es ist denkbar, daß Wilmans in seinem vorhergehenden Schreiben diesen *Nachtgesang* Goethes erwähnt hat, etwa als eine Orientierungshilfe für die Art von Texten, die er sich wünschte. Goethes formal schlichter, etwas einschläfernder Text mit dem Refrain „Schlafe! Was willst du mehr?" (zitiert nach ebd.) mußte Hölderlins hochgespanntem Dichtungsverständis diametral entgegenstehen. Sattler liest Hölderlins briefliche Äußerung von dem „Opfer" an den „Leser" deshalb ironisch und die *Nachtgesänge* als ein Projekt, das die negierende Antwort auf konventionellere Erwartungen der Leserschaft umsetzt.

[11] Jochen Schmidt hat in diesem Satz seine große These von der „antiempedokleischen Wende" in Hölderlins Spätwerk bestätigt gesehen. Vgl. Jochen Schmidt: *Hölderlins später Widerruf in den Oden „Chiron", „Blödigkeit" und „Ganymed"*. Tübingen 1978 (=Studien zur deutschen Literatur Bd. 57). Denkbar wäre auch eine schlichtere Erklärung der Rede von den "engen Schranken" im Kontext des Umfangs der Gedichte. So schreibt Hölderlin in seinem vorhergehenden Brief an Wilmans, er wolle ihm „[k]leine Gedichte in einen Allmanach" übersenden, etwas später spricht er jedoch auch davon, Wilmans „[e]inzelne lyrische größere Gedichte 3 oder 4 Bogen, so daß jedes besonders gedrukt wird" (StA 6,1, 435) zur Veröffentlichung übergeben zu wollen. Möglich, daß Wilmans in seinem Antwortschreiben vor allem die kürzeren Gedichte favorisierte und dies etwa mit einem Hinweis auf den Geschmack und die beschränkte Aufnahmefähigkeit des Publikums rechtfertigte. Erklärbar wäre damit auch, daß Hölderlin darauf wiederum schreibt, er sei „sehr begierig" zu erfahren, wie Wilmans „die Probe einiger größern lyrischen Gedichte aufnehmen werde[]." (StA 6,1, 436)

[12] TL 1471; Holle Ganzer: *Hölderlins Ode „Chiron"*. Berlin 1976, 1; nicht anhand der *Nachtgesänge*, aber anläßlich von *Brod und Wein* auch Gaier: *Hölderlin*, a.a.O., 383.

daraus resultierenden besonderen „kulturgeschichtliche[n] Perspektive“[13] zu verstehen:[14] „Die *Nachtgesänge* passen sich der Nüchternheit im Status quo an“.[15] Wie sich aber bereits an *Brod und Wein* gezeigt hat und wie die *Nachtgesänge* wieder erweisen werden, entgeht das Dämmerlicht der Hölderlinschen Nacht auch in dieser Hin-sicht einer so eindeutigen Bestimmung; die Dunkelheit in *Chiron*, dem am stärk-sten an der griechischen Mythologie orientierten Gedicht, beklagt gerade eine Figur der griechischen Mythologie.

Die bei einem poetischen Text vielleicht naheliegendste Erklärung für die Bezeichnung „Nachtgesänge“ hat man – wenn ich richtig sehe – in der Forschung bislang allerdings noch nicht in Anschlag gebracht, nämlich die Nacht mit poetischen Techniken der *obscuritas* engzuführen und damit als ein stilistisches Register zu verstehen.[16] Denkt man an die von Hölderlin mehrfach verwendete Licht-Metaphorik der *Tönung* einer Darstellung, kann man die Bezeichnung „Nachtgesänge“ nämlich auch als Kommentar zu einer Eigentümlichkeit ihrer Darstellungsweise lesen: statt einer bestimmten, vielleicht auch wechselnden Beleuchtung, ist das Licht in den *Nachtgesängen* durchgehend reduziert: dies würde im Vergleich zur zwielichtigen Dämmerungssituation in *Brod und Wein* eine Radikalisierung der dortigen Lichtregie bedeuten: der Entzug des Lichts steht für durch den Ausfall einer die Lesbarkeit des Bildes lenkenden Tönung. Gegenüber dem elegisch-konsekutiven Wechsel verschiedener Modi wäre in den *Nachtgesängen* ganz auf einen vermittelnden ‚Geist‘ verzichtet.

Die *obscuritas* als literarische Technik folgt damit einer spezifischen rezeptionsästhetischen Motivation:

> Die *obscuritas* als Lizenz traut dem Publikum, das sich dadurch geehrt fühlt, ein gewisses Maß an Mit-Arbeit am Werk des Künstlers zu: der Künstler gibt seinem Werk gewisse Dunkelheiten mit und überläßt dem Publikum die Ausführung des Endstadiums des Werks: die daraufhin zustandekommende Klarheit des Werks ist so Frucht der Arbeit des Publikums.[17]

In der folgenden Lektüre wird sich zeigen, in welch hohem Ausmaß die *Nachtgesänge* von einer solchen *obscuritas* zehren. Die Freude über das „Opfer“

[13] Bennholdt-Thomsen: *Nachtgesänge*, a.a.O., 338.

[14] Vgl. auch HSW 301: „Als *Nachtgesänge* werden jene kleinen Gedichte [...] bezeichnet, weil sie der *Nacht* unserer götterlosen Zeit [...], unserer beschränkten kinderähnlichen Kultur [...] angemessen sind.“

[15] Bennholdt-Thomsen: *Nachtgesänge*, a.a.O., 340.

[16] Die Betonung der Dunkelheit in den zitierten zeitgenössischen Rezensionen geht bereits in diese Richtung (s.o.); vielleicht hat deren negative Beurteilung der *obscuritas* den Ausschlag dafür gegeben, daß dieser Spur bislang nicht nachgegangen wurde.

[17] Heinrich Lausberg: *Elemente der literarischen Rhetorik. Eine Einführung für Studierende der klassischen, romanischen, englischen und deutschen Philologie.* Ismaning [10]1990, 51 (§133).

gegenüber dem Leser, von dem Hölderlin im Brief an Wilmans spricht, ließe sich entsprechend als Aktivierung einer solchen „Lizenz" verstehen. Der dunkle Stil der *Nachtgesänge* wäre nicht Selbstzweck, sondern eine rezeptionsästhetisch motivierte Strategie: Wenn es der Hölderlinsche Begriff des Bildes impliziert, daß es eine Vorstellung in Konjunktion mit einer Lesart (oder mehreren) derselben darstellt, dann zeichnen sich die Bilder der *Nachtgesänge* demgegenüber im Interesse eines lebendigen In-Bewegung-Haltens durch ein bewußtes Offenhalten ihrer Lesart aus. Sie präsentieren keine ‚fertigen' Bilder, die der Leser nur noch passiv rezipieren müßte, sondern ‚opfern' eine solche Bildkonsistenz zugunsten einer Aktivierung der bildenden Leserenergie.[18] Die *heißen* Bilder der *Nachtgesänge* teilen damit Formelemente mit der ästhetischen Organisationsweise, die Umberto Eco das „offene Kunstwerk" genannt hat.[19] Die Gesänge gerieren sich mithilfe bestimmter Darstellungstechniken als hochgradig interpretationsbedürftig; sie formulieren darin einen Appell an den Leser und führen die in *Brod und Wein* und *Heimkehr* versteckte rezeptionsästhetische Perspektive weiter. Sie involvieren ihre Leser in besonderem Maße, indem sie Bilder mit einer dynamischen, in Ecos Metaphorik: beweglichen Struktur darstellen, welche die Frage nach ihrer Lesart offen lassen und damit an den Leser delegieren.

Das „Opfer" Hölderlins bestünde in den *Nachtgesängen* also darin, dem eigenen Bildungstrieb nicht ganz nachzugeben, sondern an einer Stelle einzuhalten, die dem Leser noch etwas zu bilden übrig läßt. Die „engen Schranken unserer noch kinderähnlichen Kultur" wären ein Ausdruck für das noch entwicklungsfähige, ja entwicklungsbedürftige Projekt der *Nachtgesänge*, das es darauf anlegt, daß der Leser seine „Schranken" erkennt und erweitert.[20]

[18] Grunert betont, die *Nachtgesänge* würden einen „Umschlagpunkt markieren, wo die klassische Produktionsästhetik durch eine ‚moderne' Rezeptionsästhetik abgelöst wird" und betont, „die Gedichte Hölderlins [fordern] einen Leser, der deutend in den Text eingreift und ihn damit allererst ‚bedeutsam' werden läßt." Grunert: *Poesie des Übergangs*, a.a.O., 164.

[19] Umberto Eco: *Das offene Kunstwerk*. Frankfurt am Main 1973. Wie Eco betont, ist die Unterscheidung zwischen einer ‚geschlossenen' und ‚offenen' Form keine absolute, sondern eine graduelle. Das Konzept der Offenheit korrespondiert dabei einer inneren Beweglichkeit des Kunstwerks: „Wie in Einsteins Universum impliziert im *Kunstwerk in Bewegung* die Leugnung einer einzigen privilegierten Erfahrung nicht das Chaos der Relationen, sondern die Regel, die deren Sichorganisieren erlaubt. Das *Kunstwerk in Bewegung*, so kann man zusammenfassend sagen, bietet die Möglichkeit für eine Vielzahl persönlicher Eingriffe, ist aber keine amorphe Aufforderung zu einem beliebigen Eingreifen: es ist die weder zwingende noch eindeutige Aufforderung zu einem am Werk selbst orientierten Eingreifen, die Einladung, sich frei in eine Welt einzufügen, die gleichwohl immer noch die vom Künstler gewollte ist." (Ebd., 54f.)

[20] Inwiefern die *Nachtgesänge* allerdings eine „erzieherische Aufgabe" im Sinn haben, die Anke Bennholdt-Thomsen und Alfredo Guzzoni darin sehen, „die Erfahrung des Fremden im Rahmen des Eigenen zu fördern", bleibt offen; denn ein didaktischer Gestus fehlt den Gedichten. Bennholdt-Thomsen und Guzzoni: *Die Nachtgesänge*, a.a.O., 23.

5.1.1 Die Nacht als poetischer Raum

Durch die Fokussierung auf eine geschichtsphilosophische Perspektive, welche die Nacht als die große Nacht der ,dürftigen Zeit' valorisiert, die einer kommenden Erlösung durch die wiederkehrenden Götter harrt, konnte bislang dem Blick entgehen, wie gehäuft ein poetologisches Vokabular die *Nachtgesänge* durchzieht.[21]

Die Nacht als Metapher für eine spezifisch fiktionale Dimension war schon ein Topos der Dichtung des ganz jungen Hölderlin, wie das Gedicht *Die Nacht* vom November 1785 veranschaulicht:

> Seyd gegrüßt, ihr zufluchtsvolle Schatten,
> Ihr Fluren, die ihr einsam um mich ruht;
> Du stiller Mond, du hörst, nicht wie Verläumder lauren,
> Mein Herz, entzükt von deinem Perlenglanz.
>
> Aus der Welt, wo tolle Thoren spotten,
> Um leere Schattenbilder sich bemühn,
> Flieht der zu euch, der nicht das schimmernde Getümmel,
> Der eitlen Welt, nein! nur die Tugend liebt. (StA 1,1, 3)

Die Nacht ermöglicht dem Subjekt dieses Textes, sich imaginativ über die Welt zu erheben: Im „göttlich heilgem Blike", von oben „herab" (v.15) entlarvt es das „schimmernde Getümmel/ Der eitlen Welt" (v.7f.). Freilich läßt sich schon diesem frühen Text die paradoxe Doppelung in der vermeintlichen Differenz von „zufluchtsvolle[n] Schatten" (v.1) und „leere[n] Schattenbilder[n]" (v.6), von „Perlenglanz" (v.4) und „falschem Schein" (v.11) ablesen, welche die Nacht beim jungen Hölderlin bestimmt: Die Paradoxalität der Prämisse, daß man nächtens manches klarer sieht als in der vermeintlichen Tageshelle, zeigt sich durch das Wiederauftreten auf der ,erhabenen' Seite genau derjenigen Elemente, die man scheinbar überwunden hat: Schein („Perlenglanz", v.4) und „Schatten" (v.1).

Was der frühe Hölderlin noch im Rückgriff auf eine religiös inspirierte Werteinteilung von „falsch[]" (v.11) und „wahr[]" (v.18) löst, bleibt in den

[21] Bereits in *Chiron* ist zweimal vom ,Erscheinen' die Rede: „Örtlich, Irrstern des Tages, erscheinest du" (StA 2,1, 57, 45) und prominent im letzten Vers der Ode: „Bis sie erscheinet, Herakles Rückkehr." (ebd., 52); desweiteren in *An die Hoffnung* (StA 2,1, 59, 17): „erscheine dann"; in *Vulkan*: „Schein" (StA 2,1, 60, 6), in *Hälfte des Lebens* (als „Sonnen*schein*", StA 2,1, 117, 10, Herv.U. D.) und in *Lebensalter* (StA 2,1, 115, 14). Auch *Schatten* tauchen wiederholt auf (*An die Hoffnung*, v.6, *Hälfte des Lebens*, v.11). Zum Schatten als ästhetische Metapher vgl. Victor I. Stoichita: *Eine kurze Geschichte des Schattens*. München 1999. Auch „Genien" werden wiederholt aufgerufen (*Vulkan*, StA 2,1, 60, 25; *Blödigkeit*, StA 2,1, 66, 3, *Ganymed*, StA 2,1, 68, 24). Zudem thematisieren alle Gedichte direkt oder indirekt die Thematik des Sehens im engeren und weiteren Sinn des Wortes: als Vision, Imagination und verstehende Interpretation.

Nachtgesängen unaufgelöst. Denn dort, so soll meine Lektüre zeigen, wird dem dunklen Zwielicht gehuldigt, welches die Nacht für die Literatur attraktiv macht. Die Nacht ist zwar „die Fremdlingin unter den Menschen" (*Brod und Wein*, StA 2,1, 90, v.17), doch bestätigt sie damit ihre Wahlverwandtschaft zu „jene[m] anderen Schauplatz, den die Literatur im kulturellen Denkrepertoire einnimmt. Dort fasziniert die Nacht geradezu als Zeitraum, in dem andere Wahrnehmungen und Entdeckungen sich abspielen als in einer vom Licht der Vernunft ausgeleuchteten Welt."[22]

Diese Funktion der Nacht als Meta-Metapher einer poetischen Dimension bedingt die allegorische Tendenz, die man in den *Nachtgesängen* wahrzunehmen meinte.[23] In der Tat wäre über die hinter dem Darstellungshiat der Gedichte verborgenen Intentionen nur zu spekulieren – wenn die Gedichte selbst ihre Intentionalität nicht diskret selbst reflektieren würden. Am offensichtlichsten geschieht dies vielleicht in *Ganymed*, als der letzten Ode des Zyklus, in welcher die belebende Kraft einer „besondere[n] Stimme" (v.17) ausdrücklich wird.

5.1.2 Intensität der ‚persona' – Irritation der Intention

Eine darstellerische Umsetzung der bildinternen Heterogenität liegt bereits in der eigentümlichen Perspektivierung der *Nachtgesänge*; die Forschung hat daher schon sehr früh die Frage nach dem Ich der Gedichte gestellt und die Hypothese in Erwägung gezogen, daß es sich um Rollen-Ichs handelt.[24] Einleuchtend ist dies nicht nur für diejenigen der *Nachtgesänge*, in denen – wie in *Chiron* – ganz offensichtlich eine (mythologische) Kunstfigur spricht. Die „engen Schranken", von denen Hölderlin im Brief an Wilmans spricht, scheinen – zumindest partiell – einer eingeschränkten Perspektivik zu korrespondieren, die zu dem im sonstigen Spätwerk meist kühn ausgeweiteten perspektivischen Gestus in auffälligem Kontrast steht.[25]

[22] Elisabeth Bronfen: *Philosophie der Vernunft, Literatur des Schreckens. Stanley Cavells Lektüren als Cross-Over.* In: Klaus Kastberger und Konrad Paul Liessmann (Hg.): *Die Dichter und das Denken. Wechselspiele zwischen Literatur und Philosophie.* Wien 2004 (=Profile 7/2004, Bd. 11), 68-84, hier: 68.

[23] Vgl. TL 1484, 1490.

[24] So Ludwig von Pigenot am Beispiel von *Lebensalter*: „Es ist denkbar, daß das ‚Ich' in v.10 des Hölderlinschen Gedichtes weniger das subjektive Ich des Dichters als (in der Art Hegels) das Ich des Zeitgeistes bedeutet, der sich Hölderlin [...] sehr offen zur Schau stellen mochte." Ludwig von Pigenot (Hg.): *Friedrich Hölderlin, Die späten Hymnen.* Karlsruhe 1949, 223. Vgl. dazu auch Wolfram Groddeck: *Hölderlin: Neue (und alte) Lesetexte. Oder vom Eigensinn der Überlieferung.* In: *Text. Kritische Beiträge* 1 (1995), 67-76, 75.

[25] Eine solche bewußt gewählte Diversität der Sprecherrollen deutet der zitierte Brief an Wilmans mit der Unterscheidung von „Nachtgesänge[n]", „vaterländische[n] Gesänge[n]", „Liebeslieder[n]", „Messiade[n]" und „Oden" an (StA 6,1, 436).

Noch intensiver, oder besser: offensiver als die Elegien modellieren die *Nachtgesänge* die Subjektivität von Perspektivik und relativieren diese dadurch als partikular.[26] Jedoch funktionalisieren sie eine solche Subjektivität nun im Interesse der *obscuritas*. Denn auch wenn in den Gedichten – abgesehen vom letzten, auf das noch zurückzukommen sein wird – (zumindest streckenweise) eine personal entworfene Stimme spricht;[27] so fällt es durchgehend schwer, sich die *persona* und ineins damit ihr zum Teil äußerst emotional bestimmtes Erleben zu rekonstruieren. Es wird etwas präsentiert: eben das Sprechen eines Ich, und doch kann man sich als Leser nur schwer eine ‚Idee' von diesem Erleben machen. Der Darstellungsgestus der Texte ist ein doppelter: Einerseits lädt die Sprechhaltung der Figuren zur Identifikation ein – andererseits wird gerade dieser Nachvollzug ihrer Erfahrung durch ein dunkles Sprechen partiell verunmöglicht. Gerade das *als unvermittelt* inszenierte Sprechen hat dabei einen Effekt, wie ihn ähnlich Karlheinz Stierle an Gérard de Nervals Gedichten beschreibt:

> Die Sprache gibt hier [...] ihre traditionelle Funktion preis, zwischen Leser und lyrischem Ich zu vermitteln. Sie geht auf in der neuen Funktion des direkten Ausdrucks einer inneren Bewegung von extremer Subjektivität. Mit dem Funktionswechsel der Sprache ist die Destruktion des Informationshorizonts verbunden, der dem Leser bisher erlaubte, sich im Ablauf der Darstellung mühelos zurechtzufinden. Der Leser wird gezwungen, den Standpunkt eines lyrischen Ich einzunehmen, dessen subjektive mythische Erfahrungen mit ihren Paradoxien, Zweideutigkeiten, unausgesprochenen Voraussetzungen, unangekündigten Übergängen, sich seiner Teilnahme entziehen. Indem er so ins mythische Zwischenreich des lyrischen Ich hineingezogen wird, dessen Perspektive sich ihm als eigene aufdrängt, wird der Leser sich erst der Differenz zum lyrischen Ich bewußt, während die Einheit des Blicks im klassischen Gedicht durch die vermittelnde Sprache scheinbar selbstverständlich gegeben war. Lyrische Unvermitteltheit hat als paradoxes Ergebnis die Bewußtwerdung der Distanz zur Folge. Der Leser erfährt sie als Dunkelheit, als nicht zureichende Information [...][28]

Durch ein solches Verfahren stellt sich dem Leser freilich die Frage nach der ästhetischen Intention, die hinter der Präsentation einer solchen fremden Subjektivität steht.[29] „Dies verlangt einen Wechsel des Standorts der Auslegung. Sie

[26] Vgl. dazu auch die ‚Gesichtspunct'-Überlegungen Hölderlins im Fragment *Über Religion* (StA 4, 275-281, bes. 278f.).

[27] Auch wenn sich ein Ich nicht ausdrücklich als Ich thematisiert, spricht nach Benveniste ein Ich, sobald ein Du, bzw. Ihr angesprochen wird, da es sich in diesem Moment um eine Ich-Du-Kommunikation handelt. Vgl. Benveniste: *Probleme der allgemeinen Sprachwissenschaft*, a.a.O., 254. Anders Grunert: *Poesie des Übergangs*, a.a.O., 149.

[28] Karlheinz Stierle: *Möglichkeiten des dunklen Stils in den Anfängen moderner Lyrik in Frankreich*. In: *Immanente Ästhetik - Ästhetische Reflexion. Lyrik als Paradigma der Moderne*. Hg. v. Wolfgang Iser. München 1966 (=Poetik und Hermeneutik, Bd. 2),157-194, hier: 160.

[29] Man hat gemutmaßt, die *Nachtgesänge* würden „nicht nur die primäre, sondern auch Intention überhaupt auslösch[en]" (Kling: *Lese(r)arbeit*, a.a.O., 87); Kling darin folgend auch

muß versuchen, die Perspektive des Autors einzunehmen und im Nachvollzug des Verfahrens das ‚Gedichtete der Gedichte' zu entschlüsseln suchen."[30] Es wird nicht gelingen, die Erfahrungen der präsentierten Figuren emphatisch nachzuvollziehen und die von ihnen provozierte Fremdheitserfahrung dadurch überwinden zu wollen; vielmehr ist gerade die Frage nach der darstellerischen Intention subjektiver Fremdheit zu stellen.

Im Kontext von Hölderlins Bildprogramm läßt sich dies als ein bewußt intendiertes Verfahren verstanden werden: In der Kombination einer streng personalen Kommunikationssituation, die zu einem empathischen Nachvollzug einlädt mit dem distanzierenden texuellen Präsentationsgestus setzt die Darstellung die Leserperspektive selbst ins Schwanken zwischen den beiden virtuellen Ebenen der Figur und der Kompositionsintention des Textes. Wenn der Leser sich auf die Texte einläßt, wird er genötigt, sich auch auf dieses Schwanken einzulassen, das Hölderlins Bildprogramm in den *Nachtgesängen* als solches motiviert.

Grunert: *Poesie des Übergangs*, a.a.O., 134f. Indes wird sich zeigen, daß die Gedichte auf Intention nicht einfach verzichten, sondern daß vielmehr die Frage nach ihr gestellt wird.

[30] Stierle: *Möglichkeiten des dunklen Stils*, a.a.O., 158.

5.2 Der Aufschub des Erscheinens: *Chiron*

5.2.1 ›Mythomorphose‹

Eine auffällige Tendenz der *Nachtgesänge* ist ihr eigenwilliger Umgang mit der griechischen Mythologie. Von sechs Oden tragen drei einen mythologischen Namen: *Chiron*, das den Zyklus eröffnet, *Vulkan* an vierter Stelle und *Ganymed* als letzte der Oden.[1] Keine der drei topisch denotierten Figuren jedoch tritt in den Gedichten als diese Figur auf – vielmehr enttäuschen die Titel die von ihnen geweckte Erwartung: dem Leser begegnet in *Chiron* ein gänzlich unbekanntes Wesen; in *Vulkan* (StA 2,1, 60f.) und *Ganymed* (StA 2,1, 68) fungiert der Titel eher als Suchfunktion in Hinblick auf einen Text, aus dem heraus sich ein mythologischer Bezug nur sehr periphär erschließt. In Berücksichtigung des Epochenkontexts und seiner starken Antike-Orientierung läßt sich Hölderlins transformative ‚Arbeit am Mythos' als eine Art von „Auflösung"[2] der zeitgenössischen Topoi lesen, die versucht, deren konventionalisierte Positivitäten wieder in Bewegung zu versetzen – durch einen neuen „Gesichtspunct" auf das „Altertum".[3]

Dies zeigt sich programmatisch gleich in dem Auftaktgedicht *Chiron*.[4] In ihm erscheint der Kentaur Chiron nicht als der antike Vermittler der schönen Künste, als welchen ihn Hölderlins Zeitgenossen im Zuge der Antikenbegeisterung wiederentdeckten.[5] Hölderlin aktualisiert vielmehr den schmerzvollen Moment,

1 Die Tendenz zur ‚Antikisierung' ist gleichwohl nicht überzubewerten; denn die zweite Ode, *Thränen*, trug zuvor den Titel *Sapphos Schwanengesang* (StA 2,2, 58, 24). Hölderlin hat also in diesem Fall für einen historisch ‚neutralen' Titel optiert.

2 Zur „desorgansirende[n]" (StA 4,1, 155) Kraft der Auflösung vgl. Metzger: *„Auflösung"*, a.a.O., 109f.: „[Auflösung] zielt immer auf ein Aufbrechen des Überkommenen, auf eine gewisse Zerstörung".

3 StA 4,1, 221.

4 Das Gedicht wird zitiert nach: StA 2,1, 56f. Forschung zu *Chiron*: Maria Cornelissen: *Hölderlins Ode „Chiron"*. Tübingen 1958; Lawrence O. Frye: *Hölderlins „Chiron". Zur Bedeutung des Mythischen in „Nimm nun ein Roß... o Knabe!"*. In: ZfdPh 88 (1969), 597-609; Ganzer: *Hölderlins Ode „Chiron"*, a.a.O.; Grunert: *Poesie des Übergangs*, a.a.O., 134-141; Theo Pehl: *Hölderlins „Chiron"*. In: DVjs 15 (1937), 488-509; Emil Staiger: *Hölderlin: Chiron*. In: ders.: *Meisterwerke deutscher Sprache aus dem neunzehnten Jahrhundert*. Zürich; Berlin [2]1948, 40-55; Schmidt: *Hölderlins später Widerruf*, a.a.O., 33-102.

5 So beschrieben in Hederichs *Gründliches mythologisches Lexikon*: „Man sieht ihn noch auf einem sehr schönen alten Gemälde, wie er den jungen Achilles auf der Leyer spielen lehret". Hederich: *Gründliches mythologisches Lexikon*, a.a.O., Art. *Chiron*, 708.

der für Chirons Geschichte einen entscheidenden Wendepunkt markiert und ihn selbst – als unsterblichen Mythos – sterblich werden läßt. Nach einer versehentlichen Verletzung durch Herakles, der Chiron mit einem Pfeil traf, welcher in das Blut der Lernäischen Hydra getaucht war, leidet Chiron an einer unheilbaren Wunde. Erst der Tausch mit Prometheus, den Apollodoros zufolge Herakles vermittelt, wird Chiron von seinen Qualen erlösen.[6] Die Details dieser Episode, die im Leben Chirons ‚Epoche machte‘,[7] werden in der Ode selbst nur auf recht esoterische Weise angedeutet („Das wilde Feld entzaubernd, das traur'ge, zog/ Der Halbgott, Zevs Knecht, ein, der gerade Mann“, v.17f.) und dürften auch zu Hölderlins Zeiten wohl nur einem kundigen Mythologen bekannt gewesen sein, wie Hellingrath bemerkte: „so durfte ein griechischer Dichter die Kenntnis der Sage voraussetzen, Hölderlin nicht die Kenntnis der von ihm neubelebten und weitergesponnenen Mythen“.[8]

Die Ode situiert sich ausschließlich in dem qualvoll ausgedehnten Umschlagsmoment zwischen Verwundung und Erlösung; Chiron erscheint nicht als die „Geburt einer fröhlichen Einbildungskraft“[9], sondern als gequälte Kreatur; sein Sprechen ist „Echo“ seiner „Quaal“ (v.28). Damit überblendet Hölderlin die Chironfigur mit einem großen Schmerzenskünstler der Antike, nämlich mit Philoktet.[10] Wie dieser in der gleichnamigen Sophokleischen Tragödie[11] unter

6 Vgl. dazu den Kommentar von Knaupp, MA III 264f.

7 Vgl. den Kommentar von Beißner, StA 2,2, 511.

8 HSW 301.

9 Schiller: *Über naive und sentimentalische Dichtung*, a.a.O., 726. Schiller erklärt dort die „Götterlehre selbst“ der „alten Griechen“ als „die Geburt einer fröhlichen Einbildungskraft.“

10 Hölderlin mag auf die Idee dieser Überblendung durch eine mythologische Parallele gekommen sein, derzufolge beide von einem Pfeil des Herakles am Fuß verwundet wurden. So schreibt Hederichs *Gründliches Mythologisches Lexikon* zu „Chiron“: „Bey dem allen mußte er seines Theils endlich doch selbst eines gar schmerzlichen Todes sterben. Denn als Herkules dereinst bey ihm einkehrete, so fiel diesem ein Pfeil aus dem Köcher, und dem Chiron in den Fuß, indem sie solche besahen. [...] Weil dieser Pfeil nun in dem Blute der lernäischen Schlange eingetunket war, so empfand er nicht nur den allerentsetzlichsten Schmerz davon, sondern es konnte die Wunde auch auf keine Art wieder geheilet werden.“ Hederich: *Gründliches mythologisches Lexikon*, a.a.O., Art. *Chiron*, 709. Die ähnliche Formulierung „einkehrte“ (ebd.) und „zog [...] ein“ (v.17f.) kann vielleicht als Indiz dafür gelten, daß Hölderlin das Lexikon konsultierte. Zur Geschichte der Verwundung Philoktets vermerkt Hederich: „Bey allem dem aber wollen auch einige, daß Herkules, als er sich seinen Scheiterhaufen auf dem Oeta zu Rechte gemacht, solchen Philoktetes vermocht habe, ihm eidlich zu versprechen, daß er keinem anzeigen wolle, wo die Ueberbleibsel von ihm hingekommen, wofür er ihm denn seinen Köcher, Pfeil und Bogen gegeben. Als darauf der trojanische Krieg angegangen, und das Orakel gesagt, daß man ohne des Herkules Pfeil und Bogen die Stadt Troja nicht erobern würde, so habe man dem Philoktetes scharf zugesetzet, zu sagen, wo Herkules hingekommen, da er sich denn zwar lange gesträubet, ehe er etwas entdecket, endlich aber, damit er doch seinen Eid nicht brechen möchte, wenn er etwas sagte, mit dem Fuße gewiesen, wo solcher Held begraben läge. Allein, als er darauf mit den übrigen Griechen vor Troja gehen wollen, so habe er ungefähr einen von des

gewaltigen unkontrollierbaren Schmerzattacken leidet, die seine Wahrnehmung und in Folge dessen auch seine Artikulation zeitweilig buchstäblich auflösen, leidet auch Hölderlins *Chiron* an schmerzbedingter („Schmerz“, v.34) Wahrnehmungsverzerrung: „mir zürnt, mich/ Hemmt die erstaunende Nacht nun immer.“ (v.3f.)[12] Chirons Existenz ist damit bestimmt durch eine im Unterschied zu *Brod und Wein* nun freilich negative Form einer partiellen Ekstase, eines zeitweiligen Außer-sich-seins.

Trotz dieser mythologischen Überblendung ist es irreführend, von einer „Mythologisierung“[13] zu sprechen. *Chiron* ist (wie auch *Ganymed* und *Vulkan*) kein Unternehmen einer ‚Neuen Mythologie‘,[14] dazu bleibt die mythologische Zitation viel zu bruchstückhaft und artifiziell. Was Hölderlin durch seine gänzlich eigenwillige mythische Zitation erreicht, ließe sich eher auf den Begriff einer Entmythisierung, einer Entnaturalisierung oder Deidealisierung des Mythischen bringen: Sein „freie[r] Gebrauch“ (StA 6,1, 426) der griechischen Mythologie läßt diese als erfundene erscheinen;[15] und ihre in der Perspektive von *Chiron* nur scheinbare Vertrautheit eignet sich in besonderem Maße dazu, Verfremdungseffekte zu provozieren, welche die konventionalisierten zeitgenössischen Bilder der Antike einer De(kon)struktion unterziehen.

Am Eindruck von Fremdheit partizipiert vor allem auch der Stil der Ode, Chirons Sprechen. Denn die Entscheidung, dieses als Artikulation eines „zerreiß[enden]“ (v.51) Schmerzes zu präsentieren, führt zu Irritationen, die den

Herkules Pfeilen sich auf den Fuß fallen lassen, womit er dessen Grab verrathen; und, da solche in das Blut der lernäischen Schlange getunkt gewesen, so sey daher eine Wunde entstanden, die nicht allein nicht zu heilen gewesen, sondern auch einen ganz unerträglichen Gestank von sich gegeben.“ Hederich: *Gründliches mythologisches Lexikon*, a.a.O., Art. *Philoctétes*, 1978.

11 Wie Jochen Schmidt nachgewiesen hat, gibt es in *Chiron* eine wörtliche Übernahme aus Sophokles‘ *Philoktet*, nämlich die Rede vom „Stachel des Gottes“ (v.37). Vgl. SW 808.

12 Die frühere Fassung der Ode, *Der blinde Sänger* (StA 2,1, 54f.), war demgegenüber noch ganz anders konzipiert: Dort litt das Ich unter Blindheit, die Vokabeln „Quaal“ und „Schmerz“ tauchen dort noch nicht auf. Eine bedeutende Rolle spielt Sophokles‘ *Philoktet* auch im vierten Stück von Lessings *Laokoon* als „eines von den Meisterstücken der Bühne“ (Lessing: *Laokoon*, a.a.O., 29). Lessing betont das Motiv der Wunde mit ihrem „Gift“ als „ein göttliches Strafgericht“ (ebd.), was in Hölderlins *Chiron* als „Gift“ (v.22) und „göttliches Unrecht“ (v.38) wieder aufgenommen wird.

13 SW 795f.

14 Zu diesem frühromantischen Projekt vgl. Frank: *Der kommende Gott*, a.a.O.

15 In Richtung einer solchen ‚aufgeklärten‘ Auffassung von Mythologie schreibt Hölderlin schon in seinem Magisterspecimen *Geschichte der schönen Künste unter den Griechen bis zu Ende des Perikleischen Zeitalters*: „Der Grieche dichtete seinen Göttern körperliche Schön-heit *an* [...,] *er gab ihnen* fröliche Laune, gemischt mit männlichem Ernst [...] So wurden seine Heroën Göttersöhne; und so entstanden die Mythen.“ (StA 4,1, 190; Herv. U. D.); und im *Versuch einer Parallele zwischen Salomons Sprüchwörtern und Hesiods Werken und Tagen* heißt es: „Die Phantasie ist bei unkultivirten Völkern immer die erste Seelenkrafft, die sich entwikelt. Daher alle Mythologien, Mythen, und Mysterien [...]“ (StA 4,1, 184).

Empathiewillen des Lesers stark blockieren. Schon Hellingrath betont eine „nur [...] geringe Rücksicht auf Verständlichkeit".[16] Emil Staiger konstatiert lakonisch: „*Chiron* setzt dem Verstehen nicht geringe Schwierigkeiten entgegen".[17]

In dieser Dunkelheit verrät sich jedoch weniger die „furchtbare Vereinsamung des Dichters, de[r] Mangel an lebendiger Beziehung und Rückbeziehung zu einem Kreis von Aufnehmenden, zur Mitwelt"[18], mithin ein Vergessen des Rezipienten, wie Hellingrath meint, als vielmehr eine bestimmte absichtsvolle Provokation des Lesers, die sich in (mindestens) zwei Richtungen poetisch intentional verhält. Indem die griechische Mythologie als eine gänzlich unnaive und unidyllische präsentiert wird, enthüllt die Ode die Artifizialität, die Konstruiertheit des topischen Antikenbildes der Epoche; sie tut dies aber nicht einfach, indem sie ein ‚richtiges' Bild an dessen Stelle setzte; vielmehr verfolgt die Ode mit ihrem dunklen Stil ein Verfahren, das in jedem Moment die symbolische Seinsweise des Dargestellten bewußt hält und ein solches ästhetisches Bewußtsein in das Dargestellte gleichsam inkorporiert: Chiron zeigt sich als Kunstfigur.

Mit der Introduktion des Schmerzthemas greift die Ode zugleich eine Diskussion aus Lessings *Laokoon* auf, die essentiell mit der Frage nach Anschaulichkeit verknüpft ist; wie im folgenden gezeigt werden soll, votiert die Ode durch ihre schmerzbedingte Dunkelheit gegen das klassische Ideal, welches ein unmittelbares oder besser: als unmittelbar *empfundenes* – Vor-Augen-Stellen propagiert.

5.2.2 »ein Schmerz,/ Wenn einer zweigestalt ist«

Ein prominenter Ort der Diskussion um die Darstellbarkeit von körperlichem Schmerz ist Lessings *Laokoon.* Wenngleich Sophokles' *Philoktet* dort als „eines von den Meisterstücken der Bühne"[19] gewürdigt wird, macht Lessing deutlich, daß die Tragödie diese Würdigung nicht dem Moment verdankt, für das sie berühmt (und berüchtigt) ist: Die drastische Schmerzdarstellung des verwundeten Philoktet. Denn Lessing beurteilt den ästhetischen Nutzen eines solchen Sujets für die Künste negativ. Wenn Sophokles' *Philoktet* ästhetisch doch gelingt, dann aufgrund anderer Merkmale, die in diesem Kontext vernachlässigt werden können.

Lessings Einspruch gegen die Darstellung von Schmerz ist zentral motiviert durch seine Einschätzung des Schmerzausdrucks als einem „Null- oder Indiffer-

[16] HSW 301.
[17] Staiger: *Hölderlin: Chiron*, a.a.O., 42.
[18] HSW 301.
[19] Lessing: *Laokoon*, a.a.O., 29.

enzpunkt der Einbildungskraft".[20] Denn die Darstellung von Schmerz durchkreuzt das Grundtheorem des *Laokoon*: die illusionäre Täuschung.[21] Indiz für diesen Ausfall der „Illusion"[22] ist das Fehlen von Mitleid auf Seiten des Rezipienten:

> Zudem ist der körperliche Schmerz überhaupt des Mitleidens nicht fähig, welches andere Übel erwecken. Unsere Einbildung kann zu wenig in ihm unterscheiden, als daß die bloße Erblickung desselben etwas von einem gleichmäßigen Gefühl in uns hervorzubringen vermöchte.[23]

Die fehlende Illusionsfähigkeit des Schmerzes ist schuld an der „Disproportion"[24] von dargestelltem Gegenstand (Schmerzausdruck) und Mitleid, die Lessing bemängelt; der Ausfall der Illusion betrifft selbst eine unmittelbare Präsentation auf der Bühne, wo „der Schauspieler die Vorstellung des körperlichen Schmerzes schwerlich oder gar nicht bis zur Illusion treiben kann".[25] Schmerz-Darstellungen führen auf diese Weise zur „widrigste[n] Dissonanz"[26] auf Seiten des Zuschauers.

Zwar gelten für den „erzählende[n] Dichter"[27] etwas andere Gesetze, denn „[e]inen andern Eindruck macht die Erzählung von jemands Geschrei; einen andern dieses Geschrei selbst";[28] doch während die Epik den Schmerz *erzählt* und damit auf Distanz hält und ihn durch die Art der erzählerischen Darstellung für den Leser handhabbar machen kann, suggeriert ein lyrisches Sprechen in der ersten Person einen der Bühnensituation analogen, unmittelbaren Schmerzausdruck.

Der Grund für das Ausbleiben der Illusion scheint dabei in einer bestimmten, mit der Schmerzartikulation einhergehenden sprachlichen Ausdrucksspezifik zu liegen:

> Schmerzausdruck negiert das feinste Ausdrucksmedium, die Sprache. Das Verhältnis von Sprache und Schmerz ist immer gestört, nicht nur im akuten Moment, den Philoktets anfallartiges Schreien markiert und in dem die Ordnung der Rede dramatisch oder kläglich zerfällt. [...] Dem Schmerzausdruck entspricht keine stabile Vorstellung, [...]

[20] Martin v. Koppenfels: *Schmerz. Lessing, Duras und die Grenzen der Empathie*. In: Robert Stockhammer (Hg.): *Grenzwerte des Ästhetischen*. Frankfurt am Main 2002, 118-145, hier: 125.

[21] „Malerei und Poesie [...] stellen uns abwesende Dinge als gegenwärtig, den Schein als Wirklichkeit vor; beide täuschen, und beider Täuschung gefällt." Lessing: *Laokoon*, a.a.O., 3.

[22] Ebd., 28.

[23] Ebd.

[24] Ebd., 38.

[25] Ebd., 28.

[26] Ebd., 38.

[27] Ebd., 27.

[28] Ebd., 28.

> sondern nur eine entdifferenzierte, gleichsam weiße Intensität. Dem Schmerzzeichen entspricht keine stabile Bedeutung. Die zugeschriebenen Bedeutungen haften nicht, der Schmerz gibt keiner Hermeneutik Raum. [...] Schmerzausdruck ist nicht nur häßlich, er gibt auch nichts zu deuten.[29]

Wenn Hölderlin in seiner Ode *Chiron* einen verwundeten Chiron präsentiert, dann tut er dies nicht, um Lessings Einschätzung einer Instabilität und illusionären Unergiebigkeit der Schmerzvorstellung zu widersprechen. Er interessiert sich vielmehr gerade für diese Auflösungserscheinungen, für das Instabilwerden von Sprache und der Imagination des Lesers, das so weit in die Inkonsistenz getrieben wird, bis der Leser eine ähnliche Blindheitserfahrung der „weiße[n]", oder besser: schwarzen „Intensität"[30] macht.

Die traditionelle Blindheitsmetapher, die in der Vorfassung der Ode, *Der blinde Sänger* (StA 2,1, 54f.), noch Metapher für die Nobilitierung des imaginativen Sehens als eines gegenüber dem sinnlichen Sehen erhabenen, ‚eigentlichen' Sehens war, ist in *Chiron* völlig modifiziert; Chiron ist hier blind vor Schmerz. Die Transformation von sehblind zu schmerzblind hat eine gänzliche Umwertung der Rolle der Imagination zur Folge. Im *Blinden Sänger* ermöglicht sie eine künstlerisch heraufbeschworene göttliche Epiphanie[31], deren Erleben auch den Leser involvieren soll:

> O kommt, daß euer, euer die Freude sei,
> Ihr alle, daß euch seegne der Sehende!
> O nimmt, daß ichs ertrage, mir das
> Leben, das Göttliche mir vom Herzen. (StA 2,1, 55)

Gegenüber einer solchen illusionären Funktion kommt es in *Chiron* im Verlauf der Ode im Gegenteil zu einem Konsistenzverlust der Imagination; zum einen geschieht dies auf der Ebene des Dargestellten, wie bereits Hellingrath bemerkte: „dadurch dass an die Stelle des einfachen einmaligen Erblindens *das endlose auf und ab* gesetzt ist der Qual des Unsterblichen den immerfort das tödliche Gift brennt, könnte man die Wirkung des Gedichts geschwächt finden; mir scheint es das ergreifendere und Hölderlin näher liegende Bild".[32] Ob die Ode „ergreifend[]" wirkt, muß indes bezweifelt werden; denn obgleich Chiron nicht im eigentlichen Sinne schreit, zeigt seine Artikulation eine sich im Laufe der Ode steigernde Tendenz zur Zersetzung der Vorstellungswelt des Gedichts, die es – und das ist die zweite Art von Konsistenzverlust –, ganz nach der Vorhersage Lessings unmöglich macht, das Erleben des Ich identifikatorisch nachzuvollziehen; je mehr sich der Kentaur in eine halluzinatorische Wahrnehmung

29 v. Koppenfels: *Schmerz*, a.a.O., 126.
30 Ebd.
31 Vgl. TL 1691.
32 HSW 303.

hinein begibt, desto mehr bleibt der Leser ausgeschlossen. Wenn das, was Lessing ‚Illusion' nennt, auf einem Zusammenspiel von Zeichen und Vorstellung beruht, bei dem die Zeichen zugunsten einer transparenten Anschaulichkeit vergessen werden sollen, realisiert *Chiron* eine umgekehrt agierende Deillusionierung.

Dabei beginnt die Ode relativ konventionell. Zunächst ‚erzählt' Chiron in einer Art Rekapitulation kontrastierend von dem Unterschied zwischen seiner bisherigen Existenzweise[33] und seinem jetzigen Zustand.[34] Sein Leben war bislang geprägt von der Selbstverständlichkeit des Vorhersehbaren:

> Sonst nemlich folgt' ich Kräutern des Walds und lauscht' 5
> Ein waiches Wild am Hügel; und nie umsonst.
> Nie täuschten, auch nicht einmal deine
> Vögel; denn allzubereit fast kamst du,

Chirons Horizont beschränkte sich, wie er selbst sagt, auf „das Nennbare" (v.16), was man in diesem Kontext wohl als das sinnlich Wahrnehmbare verstehen kann. Stattdessen vegetiert er nun in einer verharrenden Position, die durch einen Ausfall von direkten Sinneseindrücken, von umfassender Indifferenz gekennzeichnet ist:

> Wohl ist das Herz wach, doch mir zürnt, mich 3
> Hemmt die erstaunende Nacht nun immer.
> [...]
> Das Herz ist wieder wach, doch herzlos 11
> Zieht die gewaltige Nacht mich immer.

Als Scheidemoment zwischen beiden Daseinszuständen fungiert das „Gift" (v.22), das Chiron seiner bisherigen Existenzweise (die er in den Strophen zwei bis vier thematisiert) entfremdet. Der Moment der ‚Entzauberung' („entzaubernd", v.17) führt zu einer Revision, in der Chiron sich selbst nicht mehr als den (er)kennt, der er bislang war: „Ich war's wohl" (v.13) und in deren Folge er ein „zweigestalt[es]" (v.35), gespaltenes „uns" (v.22) entwickelt:

> Nun siz' ich still allein, von einer

[33] Es spricht für die Selbstreferentialität der Ode, daß sie Chirons scheinbar ‚natürliche' bisherige Existenzweise mit seinem traditionell topischen Attribut als eines Naturheilkundigen zur Deckung bringt. Hederichs *Gründliches Mythologisches Lexikon* erwähnt das „Kraute Centaurea oder Chironion [...], dessen Kräfte er [d.i. Chiron, U. D.] entdecket hat" Hederich: *Gründliches mythologisches Lexikon*, a.a.O., Art. *Chiron*, 708. Vgl. auch SW 799.

[34] Auch darin ähnelt Chiron dem Sophokleischen Philoktet, der zwischen seinen Schmerzanfällen immer wieder Momente der Besinnung kennt. Die Bedeutung einer solchen darstellerischen „Gradation" betont auch Lessing: *Laokoon*, a.a.O., 58.

> Stunde zur anderen, und Gestalten
>
> Aus frischer Erd' und Wolken der Liebe schafft,
> Weil Gift ist zwischen uns, mein Gedanke nun;

Die Referenzobjekte des „zwischen uns" bleiben zwar ungeklärt und könnten sich im Kontext der Stelle auch auf die Beziehung zwischen dem in Vers 18 als „Halbgott, Zevs Knecht" eingeführten Herakles und Chiron beziehen; da der Schluß der Ode, wo Chiron ja auf Herakles' Rückkehr wartet, gegen diese Deutung einer ‚vergifteten' Beziehung spricht, liegt es näher, das „uns" selbstbezüglich zu lesen, als der, der Chiron einmal war (v.5-10; v.13-16) und der, der er nun ist (v.1-4; v.10-12; v.19ff.) – was sich auch darin spiegelt, daß er von sich selbst in der dritten Person spricht, als „einer" (v.33) und „kein einziger" (v.36).

Mit der siebten Strophe kommt eine andere Dimension ins Spiel, die sich gleich im ersten Takt durch das temporale Adverb „Dann" (v.25) gegenüber den bisherigen „nun" (v.4, 19, 22), „sonst" (v.5) „immer" (v.1,4,12) und „nie" (v.6) abhebt:

> Dann hör' ich oft den Wagen des Donnerers
> Am Mittag, wenn er naht, der bekannteste,
> Wenn ihm das Haus bebt und der Boden
> Reiniget sich, und die Quaal Echo wird.
>
> Den Retter hör' ich dann in der Nacht, ich hör'
> Ihn tödtend, den Befreier, und drunten voll
> Von üpp'gem Kraut, als in Gesichten
> Schau ich die Erd', ein gewaltig Feuer;

Diese imaginäre Sphäre des *Dann*, die sich mit dem Adverb durch die folgenden Strophen zieht (v.29, 33, 39), wird von Chiron explizit als eine vom „Gift" (v.22) hervorgerufene gekennzeichnet:

> Nun siz' ich still allein, von einer
> Stunde zur anderen, und Gestalten
>
> Aus frischer Erd' und Wolken der Liebe schafft,
> Weil Gift ist zwischen uns, mein Gedanke nun;
> Und ferne lausch' ich hin, ob nicht ein
> Freundlicher Retter vieleicht mir komme.

Der sich quasi verselbständigende „Gedanke" schafft „[a]us frischer Erd' und Wolken" (v.21) „Gestalten" (v.20) und kreiert damit in den nächsten beiden Strophen die akustisch initiierte („Dann hör' ich", v.25; „ich hör'", v.29) (Wunsch-)Vision „des Donnerers" (v.25), der den „Retter" (v.29) und „Befreier" (v.30) ankündigt.

Was Chiron hier ,sieht', ist, wie er selbst erkennt, „als in Gesichten" (v.31), kein reales Geschehen.[35] Daß der „Gedanke" (v.22) hier freilich nicht im Sinne einer „*Reflexion*"[36] zu verstehen ist, sondern als eine der „Quaal" (v.28) und dem „Schmerz" (v.34) entspringende (Gegen-)Imagination, erweist sich nicht nur durch den Rekurs auf die ja anfänglich betonte Abwesenheit von Nachdenklichem, sondern auch in dem immer kühner werdenden Stil von Chirons Artikulation, sowohl auf semantischer als auch auf rhetorischer Ebene. Was er sieht, scheint in der archaischen Gewalt – „Schau ich die Erd', ein gewaltig Feuer" (v.32) – Ausdruck, bzw. Projektion seiner gleichsam ,brennenden' „Quaal". Auffällig ist die Wiederholungsstruktur: „hör' ich" (v.20 und v.25), die schon in den ersten Strophen vorhanden war: „wo bist du, Licht?" (v.2 und v.10); „ist das Herz wach", (v.13); „das Herz ist wieder wach" (v.11): hier scheint in der Tat bereits „die Quaal Echo" (v.28) geworden zu sein.

Die neunte und zehnte Strophe lassen sich als Versuch einer Selbstobjektivierung Chirons verstehen:

> Die Tage aber wechseln, wenn einer dann
> Zusiehet denen, lieblich und bös', ein Schmerz,
> Wenn einer zweigestalt ist, und es
> Kennet kein einziger nicht das Beste;
>
> Das aber ist der Stachel des Gottes; nie
> Kann einer lieben göttliches Unrecht sonst.
> Einheimisch aber ist der Gott dann
> Angesichts da, und die Erd' ist anders.

Stilistisch zeichnet sich hier ab, was im weiteren Verlauf der Ode immer mehr Überhand nehmen wird: eine sprachliche Tendenz zur Verdunkelung des referentiellen Bezugs durch elliptische und anakoluthische Syntaxkonstruktionen: Es ist nicht klar, wer „lieblich und bös'" ist: „einer" (v.33), der „[z]usiehet" (v.34)?

[35] Ein Gesicht ist laut Adelung „[d]asjenige, was man siehet, oder vielmehr zu sehen glaubt; in welcher Bedeutung doch nur diejenigen Vorstellungen der Einbildungskraft diesen Nahmen führen, bey welchen alles Bewußtseyn seiner selbst aufhöret, und welche man auch Entzükkungen zu nennen pflegt, um sie von den bloßen Erscheinungen zu unterscheiden, bey welchen noch das Bewußtseyn seiner selbst Statt findet. In dieser Bedeutung ist auch der Oberdeutsche Plural Gesichte am üblichsten [...]" Adelung: *Grammatisch-kritisches Wörterbuch*, a.a.O., Bd. 2, Art. *Gesicht*, 2628.

[36] Schmidt: *Widerruf*, a.a.O., 57; im Orig. kursiv. Etwas anders kategorisiert Schmidt im Kommentar die Stelle als „imaginativ-poetische[s] und im weitesten Sinne auch theoretische[s] Schaffen (Chiron ist in der Tradition sowohl ein Meister der Dichtkunst als auch ein berühmter Weiser)" (SW 804). Gegen diese positive Lesart der Passage müssen schwerwiegende Bedenken geltend gemacht werden; gerade Schmidts ausführlicher Vergleich mit dem *Blinden Sänger* hätte ihm vor Augen führen müssen, wie weit sich *Chiron* von solch einer ,versöhnlichen' Deutung entfernt.

Oder „einer“ der Tage selbst? Dieselbe Frage wäre an das „zweigestalt“ (v.35) zu richten. Möglich ist, daß Chiron hier seine eigene ‚gespaltene‘ Perspektivik reflektiert, als eine Projektion seines Schmerzes auf die „Tage“ (v.33). Auch die Aussage „es/ Kennet kein einziger nicht das Beste“ (v.36) bleibt dunkel; sie suggeriert Ausweg- und Ratlosigkeit, bleibt aber in ihrer Referenz unbestimmt.

In der Überzeugung, unter einem „göttliche[n] Unrecht“ (v.38) zu leiden, deutet Chiron seine Situation als „Stachel Gottes“ (v.37), dessen finaler Sinn momentan noch verborgen ist. Schon die nächsten beiden Verse jedoch sind kryptisch: Wann ist „der Gott“ „[e]inheimisch“ da? Wenn „einer [...] göttliches Unrecht“ „lieben“ „kann“ (v.38), wenn er das Geschehen der Welt nicht als sinnlos betrachtet, sondern als einem göttlichen Plan folgend? Oder bezieht sich das „dann“ in Analogie zu dem „dann“ der vorherigen drei Strophen auf die Schmerzhalluzination, was hieße, daß „der Gott“ (v.39) imaginär vorhanden wäre?

Das Sprechen Chirons scheint immer mehr von seinem Schmerz bestimmt; die Syntax wird dunkel, der Zusammenhang ganzer Strophen übermittelt sich dem Leser nicht.

> Tag! Tag! Nun wieder athmet ihr recht; nun trinkt,
> Ihr meiner Bäche Weiden! ein Augenlicht,
> Und rechte Stapfen gehn, und als ein
> Herrscher, mit Sporen, und bei dir selber
>
> Örtlich, Irrstern des Tages, erscheinest du,
> Du auch, o Erde, friedliche Wieg', und du,
> Haus meiner Väter, die unstädtisch
> Sind, in den Wolken des Wilds, gegangen.

Die Schwierigkeit, hier überhaupt einen Zusammenhang zu konstruieren, ergibt sich durch die extreme Ungeklärtheit der kommunikativen Situation: Zuerst wird ein „ihr“ (v.41, v.42) angesprochen: Bezieht sich das Pronomen auf die „Weiden“ aus Vers 42? Oder sind die Weiden gar, als „Augenlicht“ (v.42), Objekte, welche dann von den als „Ihr“ angesprochenen (zwar nicht genannten, aber implizit durch das „Augenlicht“ thematisierten) Augen als „[L]icht“ (v.42) ‚getrunken‘ werden? Irritierend bleibt der syntaktische Fügungsbruch eines für die *Nachtgesänge* typischen Wechsels von Apostrophe („trinkt,/ Ihr meiner Bäche Weiden [...]“, v.41f.) und einer Darstellung in der dritten Person („Und rechte Stapfen gehn“, v.43), der hier innerhalb einer Satzperiode erfolgt und noch durch einen mehrfachen Adressatenwechsel („Ihr“, v.42, „du“, v.45, „Du auch [...], und du“, v.46) gekennzeichnet ist. Auch der „Irrstern des Tages“ (v.45), bleibt in seiner Charakterisierung rätselhaft: „als ein/ Herrscher, mit Sporen, und bei dir selber/ Örtlich“ (v.43ff) – hier kann ebenso wenig ein sinnvoller Zusammenhang konstruiert werden wie in dem davor stehenden „Und rechte Stapfen gehn“ (v.43). Was ist das „Haus“ (v.47)? Handelt es sich noch um dasselbe, welches in der siebten Strophe „bebt[e]“ (v.27)? Oder ist es als das jetzige

Haus der bereits „gegangen[en]“ (v.48) „Väter“ (v.47) – der Plural impliziert ja die Bedeutung von „Väter[n]“ als Vorfahren – eine ‚stofflose‘ Erinnerung? Auch die unfaßlichen „Wolken“ (v.48) können in diese Richtung weisen.[37]

Die Apostrophe „o Erde, friedliche Wieg'“ (v.46) scheint weniger problematisch, solange man die „Erde“ auf die Gesamtheit der dem Gesichtssinn „erschein[enden]“ (v.45) Elemente bezieht, und nicht auf die in Vers 21 konnotierte Materialität der „Erd'“ (v.21). Doch gerade die folgenden Verse bestärken diesen Rückbezug der zwölften auf die sechste Strophe, denn in ihnen tauchen auch die „Wolken“ (v.48, v.21) wieder auf, und zwar in der Apposition zum „Haus meiner Väter“ (v.47): „die unstädtisch/ Sind, in den Wolken des Wilds, gegangen“ (v.47f.). Diese Rückführung in die sechste Strophe verleiht der ganzen Vision der Strophen 11 und 12 einen introvertierten Charakter. Zwar suggeriert die Zeitangabe des dreifachen „nun“ (v.41, 49) eine Rückführung auf den ersten Teil der Ode und dessen Wirklichkeitscharakter; doch scheint das Ich hier im Gegenteil keinen wirklichen „Tag“ (v.41) zu erblicken, sondern eine Vision wiederzugeben, wie es in dem doppeldeutigen „Erscheinest“ (v.45) impliziert ist: ein Erscheinen *als* Erscheinung, von dem Chiron weiß, daß es nur imaginär erschaffen ist, was auch die Vokabel „*Irr*stern“ (v.45, Herv. U. D.) erklären würde.[38] Die Betonung eines ‚Erscheinens‘ (v.45) und vor allem die diffuse Extravaganz des Geschilderten verleiht den Strophen insgesamt eine Aura von Unwirklichkeit. Während Chiron in diesen ersten zehn Strophen die beiden Sphären von wirklich und fiktional deutlich voneinander unterschied, ist diese Differenzierung in den letzten drei Strophen nicht mehr ohne weiteres möglich.[39]

Ein Respons auf Früheres kann man auch in dem Zusatz „und bei dir selber“ (v.44) erkennen, als Opposition zu dem „Und bei mir“ aus Vers 16. Was meint dieses „bei dir selber“? Bedeutet es so viel wie ‚aus eigener Kraft‘, also doch eine Unabhängigkeit vom Sprecher und damit faktische Objektivität? Oder ist der Einschub als eine Verstärkung der Ortsrelativierung („Örtlich“, v.45) aufzufassen? Oder akzentuiert die Apposition eine Verselbständigung der Imagination gegenüber einem intentionalen Imaginieren? Daß Chiron seine Visionen entgleiten, deutet auch die inhaltliche Gewalt[40] („ein gewaltig Feuer“, v.32) seiner

[37] Wolken gelten schon in Lessings *Laokoon* als Chiffre für Unsichtbarkeit: „Wer sieht aber nicht, daß bei dem Dichter das Einhüllen in Nebel und Nacht weiter nichts, als eine poetische Redensart für unsichtbar machen, sein soll? [...] [D]iese Wolke ist hier eine wahre Hieroglyphe, ein bloßes symbolisches Zeichen, das den befreiten Held nicht unsichtbar macht, sondern den Betrachtern zuruft: ihr müßt ihn euch als unsichtbar vorstellen.“ Lessing: *Laokoon*, a.a.O., 103f.

[38] Dagegen Beißner, StA 2,2, 512: „Die Sonne [...] erscheint [...] wieder an dem gehörigen Ort. Sie ist also jetzt kein *Irrstern* mehr“.

[39] Auch Holle Ganzers Beobachtung, „daß von der achten Strophe des ‚Chiron‘ ab kein Ich mehr Subjekt des Satzes ist“, könnte man damit erklären, daß Chiron ganz in (s)eine imaginative Welt abgetaucht ist. Ganzer: *Hölderlins Ode „Chiron“*, a.a.O., 215.

[40] Vgl. auch bereits das Attribut „gewaltig[]“ für die „Nacht“ in Vers 12.

Vorstellungen an. Im Gegensatz zu den noch harmlos klingenden „Kräutern" in Vers 5 heißt es nun: „voll/ von üpp'gem Kraut" (v.30f.)

Gegen die Lesart eines rein visionären, imaginären Erlebens scheint auch das Adverb „Angesichts" (v.40) zu sprechen, das gemeinhin als Bestätigung des Sehsinns (‚Gesicht') verstanden wird, als Gegenteil des obigen „als in Gesichten" (v.31). Wie ein Blick in Adelungs Wörterbuch indes belehrt, kann *angesichts* nicht nur „im Angesichte" bedeuten, sondern auch „augenblicklich".[41] Das (in seiner Geltung immer noch ungeklärte) Erscheinen wäre in diesem Fall von zwei Seiten begrenzt: räumlich und zeitlich.

Auch die letzte Strophe der Ode ist so nur schwer konsistent zu konstruieren:

> Nimm nun ein Roß, und harnische dich und nimm
> Den leichten Speer, o Knabe! Die Wahrsagung
> Zerreißt nicht, und umsonst nicht wartet,
> Bis sie erscheinet, Herakles Rükkehr.

Nicht nur kommt die Anrede eines „Knabe[n]" (v.50) gänzlich überraschend; wer ist dieser in der letzten Strophe plötzlich unerwartet angesprochene „Knabe" und welche Rolle spielt er? Ist er innerhalb der Gedichtfiktion eine wirkliche Figur[42] oder nicht vielmehr eine Phantasiefigur Chirons, eine der „[a]us frischer Erd'" (v.21) geformten „Gestalten" (v.20)? Auch was mit „Wahrsagung" (v.50) gemeint ist, bleibt im Dunkeln.[43] Die Erwähnung von „Herakles" deutet auf die mythologische Sage zurück, in der Chiron von diesem versehentlich verwundet worden war. Die „Rükkehr" stellt eine Erlösungsphantasie dar, die für den bislang unsterblichen Chiron den Tod bedeutet. Aber wie geht dieses Ende syntaktisch zusammen? Ist „Herakles Rükkehr" das Subjekt des Satzes? Bezieht sich das „sie" (v.52) auf die „Rükkehr" (v.52)? Oder auf die „Wahrsagung" (v.50)? Wer „wartet" (v.51) hier auf was oder wen? Die „Rükkehr" auf die „Wahrsagung"? Oder die „Wahrsagung" auf die „Rükkehr"? Müßten beide nicht identisch sein, anstatt so in Subjekt und Objekt ‚zerrissen' (vgl. v.51)? Oder ist „wartet" eine Form der zweiten Person Plural, die sich auf das – ebenso unbestimmt gebliebene „ihr" in Vers 41 zurück bezieht? Dann wäre das Ende vielleicht folgendermaßen zu rekonstruieren: ‚wartet (ihr) nicht umsonst, bis sich die Wahr-

[41] Adelung: *Grammatisch-kritisches Wörterbuch*, a.a.O., Bd. 1, Art. *Angesichts*, 1306.

[42] Holle Ganzer meint in dem Knaben Achill erkannt zu haben, der in diesem Schluß heroisch seiner eigenen „Wahrsagung" – seinem Tod – entgegenreite. Vgl. Ganzer: *Hölderlins Ode „Chiron"*, a.a.O., 213. Frye meint, hier könne sich der Leser angesprochen fühlen. Vgl. Frye: *Hölderlins „Chiron"*, a.a.O., 600. Für Schmidt (SW 815) kehrt Chiron hier „zu seiner Aufgabe in der Gegenwart zurück. Diese Aufgabe lautet: Erziehung zum praktischen Wirken, zur heroischen Tat".

[43] Die mythologischen Parallelen zwischen der von Hölderlin akzentuierten Chiron-Episode und Philoktet betreffen nicht nur die Wunde, sondern auch eine damit verknüpfte „Wahrsagung" von der Erlösung. Deren Erfüllung bleibt jedoch auch in Sophokles' Stück nur These und wird nicht auf die Bühne gebracht.

sagung in Gestalt der Rückkehr des Herakles erfüllt'. Aber was würde das für einen Sinn ergeben?

Die Ode endet, ohne den Wirklichkeitsgehalt der „Wahrsagung" (v.50) aufzulösen, deren Verwirklichung aufgeschoben ist („wartet", v.51): Ist sie ihrerseits ‚nur ein Mythos'? Wird sie Chiron *wirklich* erlösen? Worauf und warum „wartet" die Erscheinung „nicht" „umsonst" (v.51)?

Auf all diese Fragen bekommt der Leser keine Antwort. Während das sprechende Ich in den letzten drei Strophen ganz in der irrealen Welt aufzugehen, gleichsam mit seinen Visionen zu verschmelzen scheint, scheitert der Leser beim Versuch, Chirons Rede auf einen anschaulichen Gehalt hin zu transzendieren, was essentiell mit der sprachlichen Gestalt zu tun hat, in der diese halluzinatorische Wahrnehmung sich übermittelt sieht. Denn diese befindet sich, wie gezeigt, in einem Prozeß fortschreitender Auflösung.

Das Gedicht realisiert mit diesem Hiat eine spezifische Konsequenz von „Verfahren dunklen Stils", indem es "den Leser in eine Perspektive zwingt, in der er sich als unzureichend informiert und darum ‚festgehalten' erkennen muß."[44] Da es dem Leser nicht gelingt, die Erfahrungswelt des Gedicht-Ichs identifikatorisch nachzuvollziehen, bleibt ihm zunächst nur die Kantische Alternative ‚viel zu denken': Reflexion erscheint „als neue Modalität der lyrischen Erfahrung".[45]

Ein solcher Effekt ist typisch für den Stil der „harten Fügung", wie ihn Norbert von Hellingrath bereits 1910 für Hölderlin beschrieb:

> der glatten fügung kam alles darauf an zu vermeiden dass das wort selbst dem hörer sich aufdränge. der sollte gar nicht bis zum worte gelangen/ nur damit verbundene associationen erfassen die als factoren das eigentlich wesentliche bildhafte oder gefühlartige ergeben. daher mußte das wort möglichst bescheiden zurücktreten/ mit

[44] Stierle: *Möglichkeiten des dunklen Stils*, a.a.O., 157. Vgl. auch ebd. und f.: „Die sich verschließende Dichtung [....] scheint von vornherein und in einem besonderen Maß auf Interpretation angelegt. Aber aus ihrem Gegenstand erwachsen der Interpretation auch besondere Schwierigkeiten. Sie muß der Versuchung widerstehen, durch Allegorisierung und Symbolisierung doch noch die vom Leser erwartete Einheit des Sinns zu erzwingen [...]. Die Poetik ist für das dunkle Gedicht nicht mehr schon vorgegeben, sie muß vielmehr erst erschlossen werden."

[45] Ebd., 157. Wenn Chiron zu Anfang des Gedichts nach dem „Nachdenkliche[n]" (v.1) verlangt, könnte man dies auch als einen metatextuellen Hinweis auf die Rolle des Lesers deuten. Grunert hat daher – nicht ganz zu unrecht – die These vertreten, die *Nachtgesänge* seien ein transzendentalpoetologischer Gedichtzyklus. Vgl. Grunert: *Poesie des Übergangs*, a.a.O. Grunerts Durchführung kann allerdings nur partiell überzeugen; so meint er zu *Chiron* (und zu *Hälfte des Lebens*): „Nirgendwo deutlicher als in ‚Chiron' und ‚Hälfte des Lebens' hat Hölderlin das Leiden des Dichters an seiner Epoche, der geschichtlichen ‚Nacht'-Zeit artikuliert." Grunert zufolge verhandelt *Chiron* „die Frage nach den *Bedingungen der Möglichkeit des Übergangs* aus dem Naturzustand in denjenigen der Entfremdung und zu jenem neuen Zustand, wo Natur und Kunst, göttliche und menschliche Sphäre am Ende versöhnt dastehen." (Ebd., 137; im Orig. kursiv).

> möglichst geringer spannung dem zusammenhang sich einordnen. harte fügung dagegen tut alles das wort selbst zu betonen und dem hörer einzuprägen/ es möglichst der gefühls- und bildhaften associationen entkleidend auf die es dort gerade ankam. hier wird also in der wortwahl/ auch wo man keine besondere dichtersprache hat/ das tägliche und gewohnte vornehmlich aber die hergebrachte verbindung gemieden/ das schwere prangende und die vielsylbige zusammensetzung gesucht/ als welche von selbst ton und sinn auf sich lenken.[46]

Auf die Materialität der Sprache sieht sich auch der Leser *Chirons* verwiesen, wenn er den „Gedanke[n]“ (v.22) der Ode zu rekonstruieren versucht. Damit opponiert das Gedicht gegen das Gebot klassischer Anschaulichkeit, bei der die Sprache gerade im Interesse eines anschaulich gemachten „Gedankens“ (v.22) funktionalisiert ist. Unter dem Lemma „Gedanken“ heißt es in Sulzers *Allgemeiner Theorie der Schönen Künste*:

> Die Gedanken in den Werken der Kunst sind dasjenige, was von einem Werk übrig bleibet, wenn der ästhetische Schmuk davon genommen wird. So sind die Gedanken des Dichters das, was übrig bleibet, wenn der Bau des Verses, der Ton und einige blos zum Schmuk und zur Ausbildung, oder zur Verstärkung dienende Begriffe weggelassen werden.
> Die Gedanken sind demnach die Materie oder der Stoff, der von der Kunst bearbeitet und auf eine ihrem Zwek gemäße Weise vorgetragen wird. Das Aesthetische selbst ist das Zufällige der Gedanken, das Kleid worin sie gezeiget werden, oder die Form in welche sie der Künstler bildet. Derowegen sind sie das erste, worauf in jedem Werk der Kunst zu sehen ist. Sie sind der Geist und die Seele des Werks, und wenn sie schlecht sind, so kann das ganze Werk keinen großen Werth haben; sondern gleicht jenem Pallaste von Eis, der zwar die richtigste Form eines brauchbaren Gebäudes hat, aber seiner Materie halber unnütz ist, und zu dem Gebrauch, den seine Form anzeiget, nicht dienen kann.[47]

Eine Ode wie *Chiron*, deren poetische ‚Verfahrungsweise‘ nun genau dahin zu streben scheint, es zu verunmöglichen, den „Gedanken“ herauszupräparieren, hat nach Sulzers Kriterien keinen „Werth“:

> Nur die Ode hat einen Werth, die, nachdem sie alles Schmuks der Poesie beraubet ist, in dem Gemüth etwas zurüke läßt, das ihm Nahrung und Kräfte giebt. Man kann am besten davon urtheilen, wenn man sie in die gemeine Sprach übersetzet, und ihr so wol die poetischen Farben, als den Klang benihmt. Bleibet alsdenn nichts übrig, das ein Mensch von Verstand und Nachdenken zu seiner Ueberlegung behalten möchte, so ist die Ode beym schönsten Klang und bey dem glänzendsten Colorit [...] ein schönes Kleid, das einem Mann von Stroh angezogen ist. Wie sehr irren sich die, die sich einbilden, man könne mit reicher Phantasie und einem guten Ohr, ein Odendichter seyn.

[46] Norbert von Hellingrath: *Pindarübertragungen von Hölderlin. Prolegomena zu einer Erstausgabe*. Leipzig 1910, 4f.
[47] Sulzer: *Allgemeine Theorie der Schönen Künste*, a.a.O., Art. *Gedanken*, 431.

> Erst alsdenn, wenn man die Gedanken eines Werks in ihrer bloßen Gestalt entdekt hat, läßt sich urtheilen, ob das Kleid, das die Kunst ihnen angezogen hat, anständig und ihnen angemessen sey oder nicht. Ein Gedanke, dessen Rang und Werth aus seiner Einkleidung muß erkennt werden, hat eben so wenig eigenen Werth, als ein Mensch, der seine Verdienste durch äusserlichen Prunk zeigen will.[48]

Was Sulzer empfiehlt, um den „Werth“ einer Ode zu ermitteln, ist im Falle von *Chiron* ein Ding der Unmöglichkeit. In Chirons Worten könnte man sagen, daß zwischen Wort und Gedanke „Gift ist“ (v.22). Durch das Verfahren der ‚harten Fügung‘ insbesondere in der zweiten Hälfte der Ode opponiert der Text gegen ein solch harmonisches Zusammenspiel von Gedanke und Wort – indem er die heterogene Spannung zwischen beiden ausbaut. Daß dies ein artistisch intendiertes Verfahren und kein Unvermögen ist, zeigt die strenge Odenform, innerhalb welcher sich die Auflösung realisiert. Wenn man Chirons Selbstaussage allegorisch für die Ode als ganze versteht,[49] wird die aus der harten Fügung resultierende Spannung als Verfahren sichtbar, das ein „[E]rscheine[n]“ (v.52) aufschiebt. Das am Ende der Ode in Aussicht gestellte Erscheinen des Herakles als Erfüllung der „Wahrsagung“ (v.50) wäre ein Zeichen, in dem Signifikant (Wahr*sagung*) und Signifikat (*Wahr*sagung) zusammenfielen und ein ‚Erscheinen‘ ermöglichten; aber gerade der Aufschub des „Erscheine[ns]“ (v.52) schafft für den „Knabe[n]“ (v.50) den Raum für eigenes „Handeln“ (StA 4,1, 222); ebensolches gilt für den Metatext, den ‚Gedanken‘ der Ode: indem die Ode durch Stiltechniken der *obscuritas* eine Transzendenz auf den Gedanken verhindert, provoziert sie den Leser dazu, seine Erwartungshaltung von der Homogenität von Wort und Gedanke aufzugeben und sich einer neuen „Erfahrung des Fremden“ zu überlassen.[50]

Damit kommt der Leser der Figur auf eine paradoxe Weise nahe; denn er teilt mit Chiron die Erfahrung der Dunkelheit und sieht somit die „eigene Erfahrung in einen fremden analogischen Stoff übertragen“ (StA 4,1, 150). Gerade die Ent-Naivisierung der mythischen Fabel durch die „Wechselvereinigung“ (StA 4,1, 222) mit einem modernen Bewußtsein ermöglicht diese ‚fremde Nähe‘, die nicht nur die tradierten Klischees von der antiken Welt als künstlich erzeugte sichtbar macht; auch die dem Leser eigene, ihm bislang ‚natürlich‘ scheinende ästhetische Erfahrung einer scheinbar voraussetzungslosen Anschaulichkeit in der Verbindung von Wort und Vorstellung wird „entzauber[t]“ (v.17).

Die Ode thematisiert diesen Effekt auf eine diskrete Art und Weise und äußert sich damit zugleich zur poetischen Intention, die sich hinter einer solchen Auflösung von Anschaulichkeit verbirgt. Hölderlins unorthodoxer Umgang mit dem

48 Ebd., 432f.

49 Unter dieser Prämisse wäre es dann zutreffend, daß es sich „um eine bestimmte Form der Dichtung handelt“ (Grunert: *Poesie im Übergang*, a.a.O., 139), von der Chiron in der sechsten Strophe spricht.

50 Vgl. Bennholdt-Thomsen und Guzzoni: *Die Nachtgesänge*, a.a.O., 23.

Metrum des alkäischen Odenverses, das an vielen Stellen den syntaktischen Sinn irritiert, lenkt das Augenmerk nicht nur darauf, wie wenig die Form dieser Ode angetan ist, den Durchblick auf einen Gedanken zu gestatten; die metrischen Gegenakzente lassen sich als Indizien eines selbstreferentiellen symbolischen Bewußtseins verstehen. Besonders eklatant zeigt sich die verfremdend wirkende Artifizialität des Metrums im Auftakt der zwölften Strophe: „Örtlích, Irrstérn“ (v.45). Das sonst fließende Versmaß der alkäischen Ode[51] stockt vor allem auch im dritten Vers der Strophe durch die Heterogenität von natürlicher und metrischer Betonung:

v / v / v / v / v
Haus meiner Väter, die unstädtisch (v.47)

Beißner weist auf eine Parallelstelle zu dem metrischen Gegenakzent „Örtlích, Irrstérn“ (v.45) in *Thränen* hin, in dem der Widerstreit zwischen Verston und Wortton auffälligerweise mit der Thematik der Sichtbarkeit konnotiert ist: „Sichtbár“ (StA 2,1, 58, 13).[52] Relevant ist die Lesart, weil sie metrisch ‚síchtbar‘ in ein lautliches ‚sichtbár‘[53] transformiert, also in ein genaues Oppositum seines primären semantischen Sinnes und damit das reflexive Zentrum des Gedichts „gleich einem sinnigen Mann“ (ebd., v.13) *sichtbar* macht. Damit eröffnet sich eine Parallele zwischen *Chiron* und *Thränen*, in der es zentral um die Frage der Sichtbarkeit geht:[54]

[...] die unstädtisch
Sind, in den Wolken des Wilds, gegangen.
(*Chiron*, v.47f.)

[...] und viel Bäume
Sind, und die Städte daselbst gestanden,
(*Thränen*, StA 2,1, 58, 11f.)

Es artikuliert sich in dieser Gegenüberstellung[55] nicht so sehr der Gegensatz von Natur („unstädtisch“, „Wilds“; auf der anderen Seite eben auch: „Bäume“) und Kultur („Städte“), sondern zunächst eine Opposition von Bewegung („Sind [...]

[51] Vgl. dazu Binder: *Hölderlins Odenstrophe*, a.a.O.

[52] StA 2,2, 512.

[53] Vgl. Adelungs Wörterbuch zu „Bar“: „1. Bar, ein nur noch in der Zusammensetzung übliches Wort, welches verschiedenen Nenn- und Zeitwörtern angehänget wird, und alsdann Bey- und Nebenwörter aus ihnen macht. Es bezeichnet aber, 1. Einen Mangel dessen, mit welchem es verbunden ist, wie -los. Dahin gehören die veralteten mundbar, was keinen Mund oder Vogt hat, leutbar, von Leuten entblößet, volkesbar, ohne Volk, gutesbar, ohne Geld und Gut u.s.f. Diese Ableitungssylbe war bey den Dichtern der mittlern Zeiten sehr gewöhnlich; allein man hat sie mit allem Rechte veralten lassen, weil sie mit den folgenden Bedeutungen eine sehr nachtheilige Zweydeutigkeit machte.“ Adelung: *Grammatisch-kritisches Wörterbuch*, a.a.O., Bd. 1, Art. *Bar (1)*, 723.

[54] Ein Konnex zwischen den beiden Gedichten besteht auch in der wörtlichen Wiederaufnahme von „Augenlicht“ (*Chiron*, v.42; *Thränen,* v.17).

[55] Noch einmal wiederholt sich diese Opposition von Bewegung („seid gegangen“, v.7) und Bewegungslosigkeit („Jetzt aber siz‘ ich“, v.10) in *Lebensalter* (StA 2,1, 115).

gegangen") und Unbeweglichkeit („Sind [...] gestanden"). Berücksichtigt man den Kontext, lassen sich diese zwei Modi von Beweglichkeit und Unbeweglichkeit jeweils als die besonderen Seinsweisen des (‚unsichtbaren') Imaginären und (‚sichtbaren') Wirklichen zuordnen. Während in *Thränen* dem „gestanden" das „Sichtbar" (v.13) zugeordnet wird, so konnotiert das „unstädtisch" in *Chiron* (v.47) – in Opposition zu den „Städte[n]" (v.12) in *Thränen* und vermittelt über die Klangähnlichkeit zu „unstätig"[56] – eine besondere Dynamik, die sich gerade als Gegenmodell zum (Immer-)„[G]leich[en]" (*Thränen*, StA 2,1, 58, 13) erweist. Denn die Vokabel „gleich" suggeriert dort zum einen instantane Verfügbarkeit („Sichtbar, gleich"; v.13), zum anderen aber auch die Indifferenz des Ewiggleichen.

In der Tat war es ja gerade eine absolute Vorhersehbarkeit, welche Chirons bisherige Existenz bestimmte:

[...] und nie umsonst. 6
Nie täuschten, auch nicht einmal deine
Vögel; denn allzubereit fast kamst du,

Das „allzubereit" (v.8) taucht in *Thränen* als „allzudankbar" (StA 2,1, 58, 9) wieder auf und zeigt seine fatale Wirkung in der Mechanik einer Vorhersehbarkeit, die in Chirons neuer Existenz gerade nicht mehr gegeben ist. Zwar sagt er in Bezug auf diese anfänglich, ihn „hemm[e] (v.4) die Nacht „nun immer" (v.4), und seine faktische Existenz hat auch im neuen Zustand eine solche Gleichförmigkeit („von einer/ Stunde zur anderen", v.19f.), doch heben sich seine folgenden Visionen gerade von einem solchen festen Ablaufschema ab. Bezeichnenderweise heißt es, daß „ein/ Freundlicher Retter vielleicht [...] komme" (v.23f.): dieses „vieleicht" ist Indiz für eine Dynamisierung der Vorstellungswelt, die letztlich so weit geht, ganz auf die sichtbare Anschaulichkeit der klassischen Ästhetik zu verzichten, in der alles auf ein Erscheinen ausgerichtet ist.[57] Das im Verlauf der Ode immer unkonventioneller werdende Sprechen macht ein solches Erscheinen immer unverfügbarer; mit der steigenden Konzentration auf die Sprache verflüchtigt sich eine konsistente Vorstellungswelt. Wenn am Ende von *Chiron* das Erscheinen ‚wartet' (vgl. v.51f.), kann man dies metapoetisch verstehen: der partielle Ausfall der Erscheinung ist es gerade, der dem Text Beweglichkeit verleiht. Das „Licht" (v.2) als „Nachdenkliches" (v.1), das der Ode fehlt, ist der Moment, in dem die originäre Bildproduktion der *Nachtgesänge* einsetzt. Der eine heterogene „[Z]weigestalt" (v.35) produzierende „Schmerz"

[56] Vgl. Adelungs Wörterbuch: „Unstätig, -er, -ste, adj. et adv. welches ehedem für unstät sehr gangbar war" (Adelung: *Grammatisch-kritisches Wörterbuch*, a.a.O., Bd. 4, Art. *Unstätig*, 893) und unter dem Eintrag „Unstät" dann: „der Gegensatz von stät, auf eine fehlerhafte Art beweglich, unruhig, keine lange Dauer an einem Orte habend, ingleichen unbeständig, und darin gegründet." (Ebd.)

[57] Noch heute gilt die Kategorie des *Erscheinens* als Basismodul der Ästhetik. Vgl. Seel: *Ästhetik des Erscheinens*, a.a.O.

(v.34) erscheint in dieser Perspektive durchaus als ein „Stachel“ (v.37), den ‚einer lieben kann‘ (v.38).

5.3 Heiße *Thränen*

Das Prinzip einer syntaktischen Auflösung zeigt sich auch in der Ode *Thränen.*[1] Der Gedichttext präsentiert sich buchstäblich in *Thränen* aufgelöst:

Himmlische Liebe! zärtliche! wenn ich dein
Vergäße, wenn ich, o ihr geschiklichen,
Ihr feur'gen, die voll Asche sind und
Wüst und vereinsamet ohnediß schon,

Ihr lieben Inseln, Augen der Wunderwelt!
Ihr nemlich geht nun einzig allein mich an,
Ihr Ufer, wo die abgöttische
Büßet, doch Himmlischen nur, die Liebe.

Die Aposiopese steigert sich durch die Wiederholung des „wenn ich“ im zweiten Vers, wobei nun auch noch das Verb fehlt. Die „[auf]waichen[de]“ (v.17) Qualität der Thränen scheint auch die Adressierung erfaßt zu haben: Sie wechselt unvermittelt von dem Pronomen „dein“ in Vers eins zu dem „ihr“ in Vers zwei und drei, zu welchem das zugehörige Substantiv erst in der nächsten Strophe folgt, welches seinerseits instabil ist und metonymisch von „Inseln“ (v.5) zu „Augen“ (v.5) und „Ufer[n]“ (v.7) fließt. Auch die Formulierung „Augen der Wunderwelt“ (v.5), die man inversiv als ‚Wunderwelt der Augen‘ rekonstruieren könnte, scheint aus ihrer ursprünglichen Ordnung gespült. Im Gegensatz zur Flußtopik und der dortigen Metaphorik eines unaufhaltsamen, integrierenden Strömens, wie sie in *Ganymed* aufgenommen wird, wird die metonymische Tendenz in *Thränen* mit Figuren wie dem Hyperbaton verbunden, welches das Syntagma eher in einzelne *Thränen*-„Inseln“ (v.5) auflöst, so beispielsweise in der Isolierung der „Heiligen“ (v.9) von den „zorn'gen Helden“ (v.11) und den „Bäume[n]“ (v.11) von den „Städte[n]“ (v.12). Dieses ‚Zerfließen‘ von Syntax und Semantik erschwert erheblich das Verständnis des Textes, der sich, wie *Chiron*, als außerordentlich introvertiert gebärdet.

Vor dem Hintergrund von Hölderlins Überlegungen zum „Bildungstrieb“ (StA 4,1, 221)[2] läßt sich die Ode als eines der dort in Aussicht gestellten „lebhaft dargestellt[en]“ „Beispiele“ verstehen für den „allgemeine[n] Grund vom Untergang aller Völker [...], nemlich, daß ihre Originalität, ihre eigene lebendige

[1] Im folgenden zitiert nach StA 2,1, 58.
[2] Vgl. das Kapitel 4 der vorliegenden Arbeit.

Natur erlag unter den positiven Formen, unter dem Luxus, den ihre Väter hervorgebracht hatten“ (StA 4,1, 221). Sie präsentiert insofern ein Gegenbild zu der transformativen Umgestaltungsarbeit des Mythos, wie sie *Chiron* vorgestellt hat und zeigt die fatalen, ja letalen („ich [...] sterbe“, v.19) Konsequenzen der „Knechtschaft [...] gegen das Altertum“ (StA 4,1, 221).

Das Sterben des sprechenden Ich zeigt sich als Resultat seiner allzu anhänglichen „Liebe“ (v.1, 8, 14, 16) zu den „lieben Inseln“ (v.5): „Ihr nemlich geht nun einzig allein mich an“ (v.6). In dieser Ausschließlichkeit einer Liebe zu den „[L]ieben“ (v.5) vergöttert die „[h]immlische Liebe“ (v.1) im vollen Wortsinn ihre angehimmelten Idole: als „Himmlische[]“ (v.8) und „Heilige[]“ (v.9). Diese „abgöttische“ (v.7) Heiligenverehrung der „zorn’ge[n] Helden“ (v.11) wird im Gedicht von dem sprechenden Ich selbst als eine ungebührliche Idealisierung sanktioniert: als „abgöttisch[]“ (v.7), „übervortheilt“ (v.15) und „[a]lbern“ (v.16). Trotz dieser Selbstkritik kann das Ich aber scheinbar nicht anders; die Aposiopese zu Beginn belegt dies: Denn daß die Angabe darüber, was denn passieren würde, „wenn ich dein/ [v]ergäße“ (v.1f.), ausfällt, zeigt die fehlende Vorstellungskraft des Ich von einer möglichen Alternative zu seiner „[h]immlischen Liebe“ (v.1). Der Grund dafür liegt der internen Gedichtlogik zufolge in der verhängnisvollen Vorbildlichkeit der „Väter“ (StA 4,1, 221), denn auch diese verhielten sich schon derart ‚knechtisch‘:

Denn allzudankbar haben die Heiligen
Gedienet dort in Tagen der Schönheit und
Die zorn’gen Helden; und viel Bäume
Sind, und die Städte daselbst gestanden,

Sichtbar, gleich einem sinnigen Mann; izt sind
Die Helden todt, die Inseln der Liebe sind
Entstellt fast. So muß übervortheilt,
Albern doch überall seyn die Liebe.

Das Genitivattribut „der Schönheit“ (v.10) ist sowohl als Charakterisierung der „Tage[]“ (v.10) als auch als Objekt des Dienens zu lesen, was auch diesem Verhalten einen redundanten Charakter verleiht. Das Verb ‚dienen‘ („gedienet“, v.10) und vor allem das Adverb „allzudankbar“ (v.9) geben dem „abgöttische[m]“ (v.7) Gottesdienst einen negativen Anstrich und sorgen implizit für das bereits in *Chiron* erwähnte Umkippen von „Sichtbar“ in „[s]ichtbár“ (v.13). Denn das im „allzudankbar[en]“ (v.9) implizierte übertriebene Beharren im „Büße[n]“ (v.8) und Dienen führt zu einer Einseitigkeit und Maßlosigkeit, deren Resultat die Starrheit der von Hölderlin so plastisch beschriebenen ‚Positivität‘ ist, die bereits in *Brod und Wein* kritisch perspektiviert wurde:

Drum in der Gegenwart der Himmlischen würdig zu stehen,
Richten in herrlichen Ordnungen Völker sich auf
Untereinander und baun die schönen Tempel und Städte

Vest und edel [...] (StA 2,1, 93, 95-98)

Gerade eine solche, signifikanterweise auch dort bereits mit „Schönheit" (v.10) in Verbindung gebrachte „[v]est[e]", allzu bereitwillige („gleich", v.13) Sichtbarkeit, die man vor dem Hintergrund von *Chiron* als ein bestimmtes Modell konventionalisierter Anschaulichkeit lesen kann, neigt zum Umschlag in Entstellung („entstellt", v.15), denn ihr fehlt das „lebendige Verhältniß und Geschik" (StA 6, 426, 34) als eine interne Dynamik des Heterogenen, das für Hölderlins Bildungstrieb-Konzeption so entscheidend ist. Hölderlins Ode stellt diesen Umschlag nicht dar, sondern zeigt nur sein Ergebnis. Von der ehemaligen „feur'gen" (v.3) „Schönheit" (v.10) ist nun nur mehr erkaltete Häßlichkeit übrig: Die Inseln sind „voll Asche [...] und/ Wüst und vereinsamet ohnediß schon" (v.3f.).

Das Resümee lautet: „So muß übervortheilt,/ Albern doch überall seyn die Liebe" (v.15f.). Das Adverb „überall" (v.16) besagt, daß dieses Fazit für beide geschichtlichen Situationen zutrifft: Es gilt für die damalige Liebe der „Heiligen" (v.9), und es gilt für die jetzige, diesen Heiligen geltende, epigonale Liebe des sprechenden Ich. Der letzte Satz ist dabei ambig: Er läßt sich entweder (selbst-)kritisch lesen als Aussage über die Deplaziertheit der Liebe: ‚So, d.h. unter diesen Umständen, muß die Liebe überall übervorteilt und albern sein'; oder aber es handelt sich um eine einschränkende Bejahung der Liebe: ‚Wenn auch übervorteilt und albern, so muß die Liebe doch überall sein.' Die Hebung auf „seyn" gibt der letzteren Lesart einiges Gewicht. Solchermaßen ambivalent scheint auch das Bewußtsein des sprechenden Ich: Einerseits ist es fähig zur Selbstkritik, andererseits beharrt es auf seinem Verhalten, trotz der Einsicht in dessen katastrophale Folgen.[3] Sprechend wird diese zweideutige Haltung in dem Vers „Ihr nemlich geht nun einzig allein mich an" (v.6); denn das Verb kann nicht nur interessierte Anteilnahme bedeuten, sondern auch im Sinne eines feindlichen „Angreifens"[4] verstanden werden.

David Constantine macht zurecht darauf aufmerksam, daß es in *Thränen* keinen konkreten historischen Bezug gibt: „the Greeks are not named and were Hölderlin not known to be the author there would be little reason to think of them".[5] Dennoch scheint seine Schlußfolgerung, daß „the poem can be read simply in terms of love and grief"[6], nicht ganz richtig. Denn auch ohne den spezifischen Griechenland-Bezug ist die historische Dimension einer „Vorwelt" (StA 4,1,

[3] Mit einer analogen Liebesaffirmation endet eine weitere Ode des Zyklus: „doch liebt die Liebe" (*Vulkan*, StA 2,1, 61, 28).

[4] Adelung: *Grammatisch-kritisches Wörterbuch*, a.a.O, Bd. 1, Art. *Angehen*, 299.

[5] David Constantine: *The Meaning of a Hölderlin Poem*, a.a.O., 54.

[6] Ebd.

221) durch die zentrale dritte Strophe im Gedicht präsent.[7] Die historische Unbestimmtheit ist eher Indiz dafür, daß es in *Thränen* um eine modellhafte Situation geht, die nicht auf einen spezifischen Einzelfall beschränkt ist.[8] Dabei scheint es dem Gedicht nicht nur um Gefühle in ihrer Autonomie zu gehen, sondern doch um eine Art von ‚Idee'.[9] Denn sonst wäre *Thränen* wohl eines der „Liebeslieder", denen Hölderlin „immer müde[n] Flug" attestiert (StA 6,1, 436).[10]

Der Ausblick auf eine mögliche Bildung des Bildungstriebes „mit Bewußtseyn" (StA 4,1, 221) bestimmt die letzte Strophe:

> Ihr waichen Thränen, löschet das Augenlicht
> Mir aber nicht ganz aus; ein Gedächtniß doch,
> Damit ich edel sterbe, laßt ihr
> Trügrischen, Diebischen, mir nachleben.

Warum weint das Ich? Vielleicht nicht aus „sentimentale[r] Erinnerung",[11] daß „izt [...]/ Die Helden todt" (v.13f.) sind, sondern aus der Einsicht heraus, gerade in der Verabsolutierung dieser Haltung gefehlt zu haben. Implizit enthält ja die Begründung „damit ich edel sterbe" (v.19) ex negativo den Verdacht, nicht „edel" gelebt zu haben. Ein solches Bewußtsein, so könnte man mutmaßen, verschafft sich das sprechende Ich erst im Akt seines Sprechens. Das „Gedächtniß" (v.18) wäre dann nicht einfach das Nichtvergessen der „Helden" (v.11), sondern die im Durchgang durch das Gedicht entfaltete Reflexion, die einen kritischen Blick auf sie und sich selbst wirft. Schon in seinen ersten Takten ist das Sprechen nicht mehr ganz bei seinem Gegenstand: „Himmlísche Líebe" (v.1) lautet die metrische Gegenbetonung und kennzeichnet diese „ábgöttísche" (v.7) Liebe solchermaßen selbst als „[e]ntstellt fast" (v.15).

Die an die „Thränen" (v.16) gerichtete Bitte, „das Augenlicht/ [...] nicht ganz auszulöschen" (v.17f.) enthält eine für Hölderlin typische Ambiguität. Das „Augenlicht" kann als Sehsinn des sprechenden Ich verstanden werden, die Tränen

[7] Auch in *Lebensalter*, dem vorletzten Gedicht des Zyklus, entfernt sich Hölderlin von einer Identifizierung des „Altertum[s]" (StA 4,1, 221) mit Griechenland. Mit der Apostrophierung von „Städte[n] des Euphrats" und „Gassen von Palmyra" wird dort eine orientalische Antike aufgerufen (*Lebensalter*, StA 2,1, 115, 1f.).

[8] So ließe sich auch die Umbenennung erklären: Der einstige Titel „Sapphos Schwanengesang" (StA 2,1, 515) hätte zu konkrete Assoziationen verursacht.

[9] Dagegen Constantine, *The meaning of a Hölderlin poem*, a.a.O., 54: „‚Thränen' does not depend on its ‚ideas'".

[10] Kling identifiziert Hölderlins Rede von „Liebeslieber[n]" (StA 6,1, 436) im Brief an Wilmans als ein Synonym für die *Nachtgesänge* (vgl. Kling: *Lese(r)arbeit*, a.a.O., 80), was ihn zu der These führt, „[d]aß Hölderlin hier [d.i. in den *Nachtgesängen*, U. D.] [...] Konventionalität versucht." (Ebd., 79f.)

[11] Grunert: *Poesie des Übergangs*, a.a.O., 143.

verschleierten dann den Blick auf das Reale und wären in diesem Sinne „Trügrisch[]" (v.20). „Augenlicht" kann aber auch Objekt sein, als metaphorische Bezeichnung für etwas, was man gerne sieht.[12] Damit wären dann aber gerade nicht die wüsten Ascheinseln gemeint, sondern ihre unsichtbaren Chimären; in diesem Fall hätten die Tränen eine kathartische, löschend-erlösende Wirkung: der Tränenstrom löschte diese Chimären aus und löschte ineins damit das „feur'ge" (v.3) Gefühl des Ich; sie wären insofern, in erlösendem Sinne, „[d]iebisch[]" (v.20).

Beide Lesarten allerdings kommen dahingehend überein, daß sich das Ich nicht ein nachlebendes „Gedächtniß" (v.18) wünscht, um den idealisierten Inseln (und sich selbst) weiterhin die Anbetung zu sichern; vielmehr konzipiert das Ich ein Gedächtnis, welches, wie das Gedicht selbst, eine solche Ablösung beschreibt. Bezeichnenderweise ist die Bitte des Ich nach einem Gedächtnis ausgerechnet an die flüssigen und flüchtigen „waichen Thränen" (v.17) gerichtet. In ihrer „[W]aich[heit]" (v.17) weichen sie sowohl das Bild der „[e]ntstellt[en]" (v.15) Ruinen als auch das der „lieben Inseln" (v.5) auf und setzen diese Bilder in Bewegung.

Die Form des Gedichts perspektiviert somit kritisch, was im Sprechen thematisch wird. Denn im Kontrast zu der Unbeweglichkeit, welche das Ich inhaltlich verhandelt, spricht es ‚in *Thränen*' in einer Form, in der alles in fließende Bewegung gerät. In einer subtilen metrischen Analyse hat Groddeck gezeigt, dass sich das Gedächtnis des Gedichts auf einer Ebene realisiert, die eher der ‚Wortlosigkeit' als der Anschaulichkeit angehört, indem das Metrum durch sapphische Versmaße eine erinnernde Funktion übernimmt.[13] *Thränen* partizipiert somit an der generellen Tendenz der *Nachtgesänge*, auf Anschaulichkeit zu verzichten und stattdessen andere Kompositionstechniken zu erproben. Die stilistische Eigenwilligkeit des Textes erschwert damit gerade Versuche einer epigonalen Wiederholung, wie sie dem Ich zum Verhängnis wurde. In der Emphase auf Lebendigkeit, die durch das Versmaß auf das Leben fällt – „nachlében" (v.20) –, zeigt sich die Form eines „Bildungstriebes", der dem „todt[en]" (v.14) und dem „[S]terbe[n]" (v.19) „als lebendige Kraft" (StA 4,1, 221) opponiert. Er tut dies freilich in einem Modus, der auch die ‚tote' „Vorwelt" (ebd.) in sein historisches Bewußtsein integriert; nicht rein konservatorisch-affirmierend, sondern als „Wechselvereinigung" (StA 4,1, 222), wie sie sich im Sprechen des Ich vollzieht. Daß das „Beleben des Todten" (ebd.) keine reelle, sondern eine symbolische Belebung bedeutet, ist dem Ich bewußt: Es selbst stirbt (vgl. v.19), und nur sein *Thränen*-„Gedächtniß" (v.18) wird ihm „nachleben" (v.20).

[12] So liest Beißner die „Augen der Wunderwelt" in Vers 5, „so daß der Ausdruck *Augen* nicht anders gemeint wäre als die gewöhnlichere Metapher von ‚Augäpfel'". (StA 2,2, 519)

[13] Wolfram Groddeck: *Über das „Wortlose" in Hölderlins Ode ‚Thränen'*. In: DVjs 80 (2006), H. 4, 624-639; zu einem analogen Befund – in Bezug auf *Hälfte des Lebens* – kommt auch Menninghaus: *Hälfte des Lebens*, a.a.O.

5.4 Ruhe vor dem Sturm: *An die Hoffnung* und *Vulkan*

Während *Chiron*, *Blödigkeit* und *Ganymed* – und eingeschränkt auch *Thränen* – das Interesse der Forschung auf sich gezogen haben, fanden *An die Hoffnung* und *Vulkan*, die in der Mitte des Odenteils stehen, bislang kaum Beachtung.[1] Der Eindruck, daß ihnen „am wenigsten ab[zu]gewinnen“[2] sei, resultiert aus ihrem recht konventionellen Stil, der „gegenüber der Komplexität und Bedeutungsvielfalt der anderen Oden deutlich absticht.“[3] Anhand der beiden Oden wäre in der Tat die These zu diskutieren, ob sie nicht – was Kling und Grunert für den gesamten Zyklus reklamieren – eine „bloße Konzession an den herrschenden Publikumsgeschmack“[4] sind, „Trivialliteratur eigenartiger Prägung“.[5]

Schon Kling freilich betont die Relevanz des Kontexts, in dem diese Gedichte stehen. Auch wenn man Klings These nicht teilt, nach der die *Nachtgesänge* die „Krise der Entfremdung und Eigentümlichkeit, des Zufalls und der Intention“[6] darstellten, scheint es eine besondere Kuriosität, daß inmitten von stilistisch kühnen und dunklen Texten zwei Gedichte stehen, die keine solchen Stilmerkmale aufweisen und in denen in der Tat jeweils ein „Ich des Zeitgeistes“ zu sprechen scheint, wie Ludwig von Pigenot in Bezug auf *Lebensalter* vorgeschlagen hat.[7]

Liest man den Zyklus als konsekutive Anordnung, läßt sich *An die Hoffnung* als eine inversive Weiterführung von *Chiron* und *Thränen* verstehen. Der Schluß von *Vulkan*, „doch liebt die Liebe“ (v.28), kann als ein Echo des Liebes-Pathos aus *Thränen* verstanden werden. Hieß es in *Chiron* „Das Herz ist wieder wach“ (StA 2,1, 56, 11), so liest man in *An die Hoffnung*: „und schon [...]/ Schlummert das [...] Herz“ (v.7f.). Eine Referenz auf das sterbende Ich aus *Thränen* stellt die Erwähnung von Trauer („Trauernden“) im zweiten Vers von

1 Wenn ich richtig sehe, ist der bislang erste und letzte Einzelbeitrag zu *An die Hoffnung* ein kurzer Kommentar aus dem Jahre 1886: Robert Wirth: *Beiträge zur Kritik und zur Erklärung Hölderlins. II. An die Hoffnung.* In: *Archiv für Literaturgeschichte* 14 (1886), 303-306; zu *Vulkan* gibt es bislang gar keine Einzelinterpretation. Die Gedichte werden im folgenden zitiert nach: StA 2,1, 59-61 unter Angabe der Verszahl.

2 Grunert: *Poesie des Übergangs*, a.a.O., 144.

3 Ebd. Grunert bezieht diese Aussage allerdings nur auf *An die Hoffnung*.

4 Ebd., 135.

5 Kling: *Lese(r)arbeit*, a.a.O., 80.

6 Ebd.

7 von Pigenot (Hg.): *Friedrich Hölderlin, Die späten Hymnen*, a.a.O., 223. Freilich hat schon Grunert bemerkt, daß „in ‚Vulkan‘ [...] das [...] Ich nur noch indirekt an zwei Stellen hervor[tritt]“. Grunert: *Poesie des Übergangs*, a.a.O., 145.

An die Hoffnung dar. Jedoch ist auch diese Aufnahme oppositionell: Das sprechende Ich in *An die Hoffnung* ist kein „Trauernde[s]"; die „Hoffnung", welche „das Haus der Traurenden nicht verschmäh[]t" (v.2), wäre sonst bei ihm.

Im Gegensatz zu seinen Vorgängern zeichnet sich der Text durch einen radikalen Spannungsabfall aus. Wirkten dort vielfältige Differenzen und eine emotionale Gespanntheit, so fühlt das Ich in *An die Hoffnung* nur Indifferenz; „kalt" (v.5) ist seine gefühlte Temperatur:

> Wo bist du? wenig lebt' ich; doch athmet kalt
> Mein Abend schon. Und stille, den Schatten gleich,
> Bin ich schon hier; und schon gesanglos
> Schlummert das schauderne Herz im Busen.

Hier artikuliert sich ein gegenüber *Chiron* gänzlich anders gelagerter, nämlich todesähnlicher („den Schatten gleich"; v.6) ‚Nullpunkt'. Die Motivik des Schlafens („Schlummert", v.4) zur Charakterisierung eines Zustands spannungsloser Indifferenz begegnete schon in *Brod und Wein*[8] und wird in *Blödigkeit* (StA 2,1, 66, 18 „die Entschlafenden") und *Ganymed* (StA 2,1, 68, 1 „Was schläfst du" und v.10: „schlief") noch einmal aufgenommen werden (und war andererseits im Gegenteil des Wachseins in *Chiron* betont; vgl. StA 2,1, 56, 2 u. 11).

Liest man diese Konstellation poetologisch selbstreferentiell, springt einem die Opposition zwischen einem eher „kalt[en]" (v.5) Stil von Konventionalität wie in *An die Hoffnung* und einem eher „feur'gen" (*Thränen*, StA 2,1, 58, 3) wie im Falle von *Chiron* und *Thränen* ins Auge. Die *Nachtgesänge* bleiben auch hierin Hölderlins Spannungspoetik treu, indem sie ihrer *heißen* Poetik *kalte* Elemente zur „Wechselvereinigung" integrieren. Nicht zuletzt fällt die Technik der *obscuritas* vor dem Hintergrund dieser ‚einfachen' Oden mehr ins Gewicht.

Der zunächst überraschende Schluß von *An die Hoffnung* ist vor diesem Hintergrund nur folgerichtig:

> O du des Aethers Tochter! erscheine dann
> Aus deines Vaters Gärten, und darfst du nicht
> Ein Geist der Erde, kommen, schrök', o
> Schröke mit anderem nur das Herz mir.

Der Umschlag von einer idyllisch konnotierten Sehnsucht nach „Hoffnung" in einen heroischen Wunsch nach „Schr[e]ck[en]" ist zwar eine inhaltliche Inversion – er spiegelt dadurch aber genau, was das Ich vermißt; dies ist nichts inhaltlich bestimmtes, sondern ein lebensintensivierender,[9] tensionaler Zustand, den die Ode in ihrer letzten Strophe durch ihre plötzliche Wendung andeutet.

[8] Vgl. dazu S. 121f. dieser Arbeit

[9] „[W]enig lebt' ich", hieß es ja in Vers 5; vgl. auch das Verb „nachleben" (StA 2,1, 58, 20) als letztes Wort von *Thränen*: auch dort schien ein solches Leben Telos des Textes.

Auch die Folgeode *Vulkan* mündet wie *An die Hoffnung* in solch eine inversive Pointe: „doch liebt die Liebe“ (v.28) heißt es, wobei wie schon in *An die Hoffnung* am Ende eine Valenz ins Spiel kommt, die dem vorhergehenden völlig entgegensteht. Wo in *An die Hoffnung* der Schreck auf die Idylle folgte, so hier nun die „Liebe“ auf das „[S]chröcklich[e]“ (v.12). Daß es auch dem Gedicht *Vulkan* nur auf das daraus resultierende Spannungsfeld ankommt, zeigt die Objektlosigkeit der beiden Verben „zürn[]en“ (v.27) und „lieb[en]“ (v.28). In der Imagination eines schrecklichen Sturmes realisiert die Ode einen Schrecken, wie er am Schluß von *An die Hoffnung* erwünscht wurde:[10]

Wenn jezt der immerzürnende Boreas,
Mein Erbfeind, über Nacht mit dem Frost das Land
Befällt, und spät, zur Schlummerstunde,
Spottend der Menschen, sein schröklich Lied singt,

Und unsrer Städte Mauren und unsern Zaun,
Den fleißig wir gesezt, und den stillen Hain
Zerreißt, und selber im Gesang die
Seele mir störet, der Allverderber,

Und rastlos tobend über den sanften Strom
Sein schwarz Gewölk ausschüttet, daß weit umher
Das Thal gährt, und, wie fallend Laub, vom
Berstenden Hügel herab der Fels fällt.

Gegenüber *An die Hoffnung* geriert sich der Text etwas progressiver; war dort ein idyllischer *locus amoenus* entworfen (StA 2,1, 59, 9ff.), ist es hier ein *locus horribilis*, der freilich ebenso wie die Naturidylle den topischen Attributen der Zeit verhaftet bleibt. So klingt die Folgestrophe ganz nach einer Rephrasierung von Kants Analytik des Erhabenen:

Wohl frömmer ist, denn andre Lebendige,
Der Mensch; doch zürnt es draußen, gehöret der
Auch eigner sich, und sinnt und ruht in
Sicherer Hütte, der Freigeborne.

Es kommt hier nicht zur wirklichen Konfrontation mit der Natur, vielmehr „ruht“ (v.23) der Mensch „in/ Sicherer Hütte“ (v.23f.). Dennoch bewirkt das erhabene Naturspektakel eine gewisse Amplifikation der Lebenskräfte, wie die Komparative „frömmer“ (v.21) und „eigner“ (v.23) belegen.[11]

Eine kleine Abweichung von den Konventionen der Zeit steckt allein im Titel der Ode: „Vulkan“. Man hat diesen Titel auf den Beginn des Gedichts bezogen, auf die Verbindung von „Feuergeist“ (v.1) und „Wolken“ (v.2) und darin eine

[10] Vgl. die Wiederkehr des „schröke“ (StA 2,1, 59, 20) als „schröklich“ (v.12).
[11] Vgl. Grunert: *Poesie des Übergangs*, a.a.O., 145f.

„satirische“[12] Umdeutung und ‚Bezähmung‘ der „elementare[n] Flamme“ zu einem „Herdfeuer“[13] erkennen wollen, „mit welche[m] der Dichter hier die deutsche Innerlichkeit und Gleichgültigkeit gegenüber dem politischen Geschehen vor Augen führt.“[14] Abgesehen davon, daß dieses „Herdfeuer“ im Text nirgendwo auftaucht, scheint der Titel „Vulkan“ eher auf die fünfte Strophe bezogen zu sein, denn dort verwandelt sich der Boreas-Sturm plastisch in einen Vulkanausbruch, wenn er „[s]ein schwarz Gewölk ausschüttet, daß weit umher/ Das Thal gährt, und, wie fallend Laub, vom/ Berstenden Hügel herab der Fels fällt.“ (v.18-20)

Die größere Provokation des Gedichtes liegt wohl in dieser Übertragung des „in der Mythologie[] bekannten Gott[es] des Feuers und der Schmiede“[15] auf ein Naturphänomen; so betont Adelungs Wörterbuch: „Sehr unschicklich ist es, wenn einige einen Feuer speyenden Berg, nach dem Vorgange der Franzosen, einen Vulkan nennen wollen.“[16]

In dieser ‚unschicklichen‘ Ent-Mythologisierung, die zudem durch die freie Adaption des heißen Motivs für einen kalten Sturm in den Augen der Zeit noch weniger schicklich scheinen mochte, versteckt sich Hölderlins Neudefinition ästhetischer ‚Schicklichkeit‘, wie sie in *Blödigkeit* im Zentrum stehen wird.

An die Hoffnung und *Vulkan* ‚beweisen‘ damit innerhalb des Zyklus, daß Hölderlin durchaus die Regeln der Konvention beherrscht – sie jedoch nicht praktizieren *will*. Der Eindruck von Leere, der bei beiden Gedichten dazu führt, dass sie bislang kein intensiveres interpretatorisches Interesse auf sich gezogen haben, spiegelt sich in den Sprecherfiguren, welche beide eine Änderung ihres momentanen *status quo* ersehnen. Wenn Hölderlin in den folgenden beiden Oden wie bereits in den beiden ersten heißen „Feuergeist“ (*Vulkan*, v.1) mobilisiert, kann dies aus der Perspektive der beiden Mitteloden als positiv qualifiziert werden.

[12] Ebd., 147.
[13] Ebd., in Anschluß an SW 823.
[14] Ebd.
[15] Adelung: *Grammatisch-kritisches Wörterbuch*, a.a.O., Bd. 4, Art. *Vulkan*, 1316.
[16] Ebd.

5.5 *Blödigkeit*: Der Genius der Nachtgesänge

Blödigkeit[1] hat im Zyklus der *Nachtgesänge* eine zweifach herausgehobene Stellung: Es steht als fünftes Gedicht exakt in der Mitte des Zyklus und es hebt sich zudem innerhalb der Odengruppe von den anderen Oden durch sein Versmaß ab: Sind diese sonst im alkäischen Versmaß gehalten, steht *Blödigkeit* in asklepiadischen Versen. Für die These von der Dynamisierung der inneren Bildkonstellation stellt das Versmaß eine Herausforderung dar: lassen sich die übrigen Oden dahingehend interpretieren, daß sie zwar eine Erstarrung inhaltlich beklagen mögen, diese jedoch nicht zuletzt dank des „Bewegungscharakter[s]"[2] des alkäischen Metrums – (wieder) ‚in Bewegung setzen' (wollen), so scheint *Blödigkeit* einer solchen Deutung schon metrisch entgegenzustehen.[3] Auch sein Titel, der in der Sprache der Zeit so viel wie „Schüchternheit, unzeitige Scham im gesellschaftlichen Umgange"[4] meint, scheint eher einen im Passiven verhar-

[1] Im folgenden zitiert nach StA 2,1, 66 durch Angabe der Verszahl im laufenden Text. Literatur: Robert André: *Hölderlins Auf-Gabe und die Ode Blödigkeit.* In: Stephan Jaeger und Stefan Willer (Hg.): *Das Denken der Sprache und die Performanz des Literarischen.* Würzburg 2000 (=Stiftung für Romantikforschung Bd X), 55-73; Walter Benjamin: *Zwei Gedichte von Friedrich Hölderlin. „Dichtermut" – „Blödigkeit".* In: ders.: *Gesammelte Schriften* Bd. 2, 1. Hg. v. Rolf Tiedemann und Hermann Schweppenhäuser. Frankfurt am Main 1977, 105-126; Gaier: *Hölderlin*, a.a.O., 364-372; Hans Jürgen Scheuer: *Verlagerung des Mythos in die Struktur. Hölderlins Bearbeitung des Orpheus-Todes in der Odenfolge „Muth des Dichters" – „Dichtermuth" – „Blödigkeit".* In: *Jahrbuch der deutschen Schillergesellschaft* 45 (2001), 250-277; Schmidt: *Widerruf*, a.a.O., 113-145; Georg Stanitzek: *Blödigkeit. Beschreibungen des Individuums im 18. Jahrhundert.* Tübingen 1989, 243-275.

[2] Binder: *Hölderlins Odenstrophe*, a.a.O., 54.

[3] Binder betont den Gegensatz zwischen dem „Bewegungscharakter" der alkäischen und dem „Gefügecharakter" der asklepiadischen Odenstrophe: „Der Gegensatz beider Strophen [...] könnte nicht schärfer sein: dort ein weiches, ‚undulierendes' Auf und Ab, eine Wellenbewegung, hier ein schroffes, ‚skelletierendes' Neben- und Gegeneinander, ein architektonisches Gefüge." (Ebd.)

[4] Vgl. den Eintrag in Adelungs Wörterbuch: „Die Blödigkeit, plur. inus. der Zustand, da eine Sache oder Person blöde ist, in allen Bedeutungen dieses Wortes. 1) Für Schwäche, so wohl der Augen, als auch des Geistes. Die Blödigkeit der Augen, des Verstandes. Opitz gebraucht dieses Wort Ein Mahl in der ungewöhnlichen Bedeutung für Wahnsinn, Thorheit. Wie jener, der sich in einer fröhlichen Blödigkeit einbildete, alle Schiffe, die aus Indien segelten, wären sein. 2) Für Furchtsamkeit, Zaghaftigkeit, bey der Anwesenheit einer Gefahr, in welchem Verstande es aber im Hochdeutschen eben so sehr veraltet ist, als das Beywort. Wohl aber gebraucht man es noch für Schüchternheit, unzeitige Scham im

renden Zustand als eine große Dynamik zu akzentuieren.[5] Freilich widerspricht bereits die erste Strophe einer solchen Vereindeutigung:

Sind denn dir nicht bekannt viele Lebendigen?
  Geht auf Wahrem dein Fuß nicht, wie auf Teppichen?
    Drum, mein Genius! tritt nur
      Baar in's Leben, und sorge nicht!

Hier ist nicht nur der Aufbruchsgestus unüberhörbar, insbesondere in der imperativischen Aufforderung „[b]aar in's Leben" (v.4) zu treten; bei genauerer Betrachtung zeigt sich zudem, wie gerade das asklepiadische Metrum dazu benutzt wird, bereits auf der Ebene der Wörtlichkeit ein planes Textverständnis zu irritieren. Die beiden ersten Verse scheinen auf den ersten Blick rhetorische Fragen zu sein,[6] die zur Überwindung einer unbegründeten Zögerlichkeit aufforderten („Drum [...]!", v.3) – Die Ausgangsbasis des Textes wäre dann, daß dem angesprochenen – noch näher zu bestimmenden – „Genius" (v.3) „viele Lebendigen" „bekannt" (v.1) wären und er „Wahre[s]" (v.2) zur Grundlage hätte.

Berücksichtigt man jedoch die Metrik, relativiert sich diese Lesart, denn dann wird sichtbar, daß der zweite Vers einen Widerstreit von syntaktischem und metrischem Sinn inszeniert[7]: „Géht auf Wáhrem dein Fúß | nícht, wie auf Téppichén?" Suggeriert die Zeichensetzung eine Analogie und damit eine beiderseits positive Wertung von „Wahrem" und „Teppichen" und die syntaktische Einbindung des „nicht" eine als rhetorisch zu verstehende Frage, so unterstellt der metrische Sinn gerade die Entgegensetzung von „Wahrem" und „Teppichen" und stellt die offene Frage nach dem ‚Grund' als Alternative zwischen „Wahrem" und „Teppichen": Die Zäsur zwischen dem betonten „Fuß" und dem betonten „nicht" wäre als Ausdruck der Opposition von „Wahrem" und „Teppichen" zu lesen, entweder im Sinne von ‚Geht auch wirklich auf Wahrem dein Fuß und nicht eher wie auf Teppichen?' oder als ‚Geht auf Wahrem dein Fuß

gesellschaftlichen Umgange. Der Mensch besitzt zu viele Blödigkeit." Adelung: *Grammatisch-kritisches Wörterbuch*, a.a.O., Bd. 1, Art. *Die Blödigkeit*, 1082.

[5] Vgl. dazu Schmidt, der für die *Nachtgesänge* eine „antiempedokleische Wende" geltend macht. Schmidt: *Widerruf*, a.a.O.

[6] So z.B. Stanitzek: *Blödigkeit*, a.a.O., 249f.

[7] So weit ich sehe, fiel diese Nicht-Koinzidenz von Metrum und Syntax bislang einzig Scheuer auf (*Verlagerung des Mythos in die Struktur*, a.a.O., 265). Zwar schreibt bereits Benjamin dem zweiten Vers eine „unerhörte[] Spannkraft" (*Zwei Gedichte*, a.a.O., 114) zu, doch allein für den Bereich des Bildlichen, als „Dissonanz im Bilde des Wahren und des Teppichs" (ebd., 117). Vgl. auch die Beobachtung von Stanitzek: *Blödigkeit*, a.a.O., 250: „Die rhetorische Frage geht, bei aller Bestimmtheit der Sentenz, nicht mehr leicht von den Lippen, wie noch in *Dichtermuth*, sondern enthält ein Moment zögernder Besinnung." Zu einer solchen Zweistimmigkeit von Metrum und Reim, die erst mit Klopstock in die deutsche Lyrik Eingang findet, vgl. das Kapitel *Metrische versus sprachliche Einheiten*. In: Joh. Nikolaus Schneider, *Ins Ohr geschrieben. Lyrik als akustische Kunst zwischen 1750 und 1800*. Göttingen 2004 (=Das achtzehnte Jahrhundert; Supplementa 9), 69-81.

oder etwa auf Teppichen?'. Eine solche oppositionelle Lesart wird durch die Stellung des „nicht" begünstigt, das vom Verb weg in die Mitte zwischen „Wahrem" und „Teppichen" gerückt ist: Es wird von der vorangehenden Zäsur und dem nachfolgenden Komma gleichsam isoliert und somit beiden Partien, dem „Wahrem" und den „Teppichen", zuordbar. Diese zweite Lesart nicht der Kontinuität, sondern der Frontstellung zwischen „Wahrem" und „Teppichen" stellt allerdings die Frage, wie diese Opposition zu valutieren wäre. Ist das „Wahre[]" (v.2) mit den „Lebendigen" (v.1) assoziiert und damit positiv besetzt gegenüber den unlebendigen „Teppichen", die hier als pars pro toto für die Positivität durchgeformter und damit festverknüpfter kultureller Produkte stehen könnten, die zum Lebendigen gerade keine Verbindung mehr haben? Eine zögerliche Scheu des „Genius" wäre deshalb ‚blöde', weil er aus übergroßer „[S]orge" (v.4) auf den „Teppichen" (v.2) verbliebe, anstatt eine Erweiterung der Erfahrung im Bereich des „Wahre[n]" (v.2) zu wagen.

Oder werden nicht gerade umgekehrt die „Teppiche" als ein gegenüber dem „Wahre[n]" ausgezeichnetes Kulturprodukt gerade aufgewertet und ihrerseits dem „Lebendigen" assoziiert, was durch die Parallelstellung beider am Versende angedeutet sein könnte?[8] Dann wäre der Schritt „in's Leben" (v.4) damit verknüpft, den lähmenden Anspruch auf Wahrheit aufzugeben und sich stattdessen dem unregulierten Erleben des „[V]iele[n]" (v.1) zu überlassen.

Oder wird durch die Doppelstellung des „nicht" die vermeintliche Alternative zwischen „Wahrem" und „Teppichen" ganz durchbrochen zugunsten eines *weder noch*, eines dritten Weges, der jedoch nicht auf eine Verbindung beider Elemente abzielt, sondern stattdessen genau darin bestünde, ganz ohne diese beiden, also „*[b]aar* in's Leben" zu treten (v.4; Herv. U. D.)? Angesichts dieser offenen Fragen wird in der Rückschau auf den ersten Vers auch dieser anders lesbar denn als eine nur rhetorisch in Frageform gekleidete Affirmation ‚Dir sind doch viele Lebendigen bekannt' – nämlich auch als: ‚Dir sind doch viele Lebendigen (noch) nicht bekannt?' mit der Intention, darauf hinzuweisen, daß eben „viele Lebendigen" (v.1) bislang unbekannt sind – was gerade ein Grund dafür wäre, „in's Leben" (v.4) zu treten, um diese „Lebendigen" (v.1) kennenzulernen.

Das in der zweiten Strophenhälfte folgende „Drum" (v.3) und seine Aufforderung, „[b]aar in's Leben" (v.4) zu treten, wäre dann dadurch motiviert, daß dem angesprochenen Du eben „viele Lebendigen" (v.1) bislang noch nicht bekannt sind und gerade deshalb der Schritt „in's Leben" (v.4) nötig wird. Ein Indiz dafür, daß der zweite Vers eine solche „Zwietracht"[9] von syntaktischem und metrischem Sinn bewußt inszeniert, und dies nicht einfach als „Nicht-

8 Zu denken wäre hier auch an die traditionelle Symbolik des Teppichs für *textura*, das Textgewebe.

9 Giorgio Agamben verwesentlicht diese Zweistimmigkeit zur ‚Idee der Lyrik' schlechthin. Vgl. Giorgio Agamben: *Idee der Prosa*. München; Wien 1987, 18-21, hier: 20.

Verhältnis von Satz und Metrum“[10] aufgefaßt werden sollte, kann man in der Vokabel „Fuß“ (v.2) sehen, die auf den Versfuß selbstreferentiell anspielt. Eine solche Selbstreferentialität des Textes stellt sich auch in der Ansprache eines – durch das Possessivpronomen „mein“ (v.3) betonten – „Genius“ (v.3) her und wird im weiteren Verlauf des Textes noch wiederholt aktualisiert werden.

Auch die Verteilung von Singular- („Wahrem“) und Pluralform („Teppichen“)[11] kann als ein selbstreferentieller Kommentar auf das Textverfahren interpretiert werden: Wer das Metrum nicht berücksichtigt, liest nur einen singulären Sinn, der zudem für eine *Einheit* von „Wahrem“ und „Teppichen“ plädiert. Wer jedoch die zweite Ebene des Metrums gewärtigt, sieht sich einer Vervielfältigung dieses einen Sinns gegenüber, was schon als ein Schritt hin auf die „viele[n] Lebendigen“ (v.1) gelten kann, welche im ersten Vers aufgerufen waren. Die teppichartige Verwobenheit von Metrum und Semantik knüpft Beziehungen, die gerade nicht in der „Identität“ aufgehen[12], sondern in einer „Zwietracht“[13] siedeln.

Zunächst scheint der Fortgang des Gedichts eher an die erstere – rhetorische – Option anzuknüpfen; daß metrisch allerdings eine zweite Lesart latent präsent ist, ist für die Explikation des Hintergrunds wichtig: Denn die „[S]orge“ (v.4) bezieht sich dann auf die Ungewißheit, wie ein solches „Leben“ (v.4) überhaupt zu erreichen ist; der Schritt „[b]aar in's Leben“ (v.4) ist aus der Perspektive der ersten Strophe ja gerade noch nicht vollzogen – was in der Optik der metrischen Lesart bedeutete, daß das sprechende Ich bislang noch auf den „Teppichen“ (v.2) stünde.

Ob sich das „Drum!“ (v.3) also gerade auf den Umstand des Bekanntseins oder Unbekanntseins der „viele[n] Lebendigen“ (v.1) bezieht und ob der Weg vom Wahren zu den Teppichen führen soll oder umgekehrt oder ganz woanders hin, bleibt in der ersten Strophe offen. Die im Eingang des Gedichts stehenden prüfenden Fragen nach dem situativen Ausgangspunkt des Sprechens und das Vers 3 einleitende „Drum!“, das eine Antwort supponiert, ohne sie dem Leser darzubieten und mit seinem Ausrufezeichen die ungeklärte Offenheit kaschiert, bahnen den Weg in die zweite Strophe:

> Was geschiehet, es sei alles gelegen dir!
> Sei zur Freude gereimt, oder was könnte denn
> Dich belaidigen, Herz, was

[10] Binder: *Hölderlins Odenstrophe*, a.a.O., 69.

[11] Die metrische Betonung der Endsilbe –en in dem Wort „Teppichen“ könnte als nachdrücklicher Hinweis auf die Relevanz der Pluralform verstanden werden.

[12] So die These von Walter Benjamin, der „Identität als Gesetz“ als „einende Beziehung der Ordnungen“ (Benjamin: *Zwei Gedichte*, a.a.O., 117) erkannte. Was Benjamin mit diesem Identitätsgesetz freilich genau meinte, läßt sich seinem 1914/15 entstandenen, recht esoterischen Aufsatz, der wohl gar nie zur Publikation vorgesehen war und erst 1955 veröffentlicht wurde, nicht leicht entnehmen.

[13] Agamben: *Idee der Prosa*, a.a.O., 20.

Da begegnen, wohin du sollst?

Die zweite Strophe mündet – bei aller affirmativischen („!", v.5) Geste ihres Anfangs – in eine Frage. Nicht nur korrespondiert dieser Umkehrung im Verlauf der Strophe eine semantische Offenheit, die in der Tat viele Fragen aufwirft: Die (freilich durch die Frageform bedingte) offene Referenz des dreifachen Indefinitpronomens „Was" (v.5, 6 und 7) addiert sich zu dem ebenso undefinierten „Da" und „wohin" (v.8) – dies referiert zwar auf das „Leben" aus Vers 4, bleibt durch das Fehlen einer näheren Bestimmung jedoch denkbar allgemein – neben dem ebenso gänzlich offenen „alles" (v.1). Die Option („sei", v.5f.) auf eine so allumfassende Offenheit (die in dem „Jeden offen" in Vers 15 ganz explizit werden wird) führt nicht zuletzt zu einem gänzlichen Geltungsverlust des „Wahre[n]" (v.2) als regulativer Leitinstanz: Denn wenn „*alles* gelegen" und „zur Freude gereimt" (v.5f.; Herv. U. D.) sein soll, bedeutet dies letztlich die Bejahung von allem, ohne Relevanz der Unterscheidung von wahr oder falsch.

Das Ausrufezeichen des ersten Verses der zweiten Strophe und das Fragezeichen am Ende ihres letzten Verses bilden eine Achsenspiegelung zur ersten Strophe, wo das Fragezeichen am Ende der ersten und das Ausrufezeichen am Ende des letzten Verses stand; die ersten beiden Strophen beginnen und enden mit dem Fragezeichen. Eine solcherart durch die Satzzeichen verbildlichte Invertierbarkeit (hier: von reflektierenden Fragen in aktivierenden Imperativ und umgekehrt) kann als ein Spezifikum der *Nachtgesänge* gelten: Die perspektivische Verkehrung von Bekanntem in Unbekanntes und umgekehrt ist gerade ein Modell für die in keine stabile Positivität zu bannende Dynamik der heißen Bilder; zugleich ist das Verfahren einer Umkehrung – wie schon in *Brod und Wein* – zentral für eine Poetik, die aus der Umwendbarkeit des poetischen Textes die Potenz zu einem zweistimmigen Gebilde erwirkt.[14]

Die hochgradige Unbestimmtheit der zweiten Strophe kann freilich damit erklärt werden, daß diese perspektivisch eine zukünftige Möglichkeit entwirft und damit eine Sphäre des Unbekannten und daher auch (noch) Unbestimmbaren ins Auge faßt. Mehr noch aber scheint ihre Offenheit konzeptioneller Natur und den „viele[n] Lebendigen" (v.1) geschuldet zu sein, deren nicht auf *einen* Nenner zu bringenden Pluralität sich die nächsten drei Strophen durch emphatische Strophenenjambements assimilieren:

Denn, seit Himmlischen gleich Menschen, ein einsam Wild
Und die Himmlischen selbst führet, der Einkehr zu,
Der Gesang und der Fürsten
Chor, nach Arten, so waren auch

Wir, die Zungen des Volks, gerne bei Lebenden,

[14] Vgl. ebd. f.: „Die *versura* bildet [...] den Kern des Verses [...] Sie ist die zweideutige Bewegung, die gleichzeitig in entgegengesetzte Richtungen weist, rückwärts (Vers) und vorwärts (pro-vorsa, Prosa)."

Wo sich vieles gesellt, freudig und jedem gleich,
Jedem offen, so ist ja
Unser Vater, des Himmels Gott,

Der den denkenden Tag Armen und Reichen gönnt,
Der, zur Wende der Zeit, uns die Entschlafenden
Aufgerichtet an goldnen
Gängelbanden, wie Kinder hält.

Die dritte Strophe setzt ein mit der explikativen Konjunktion „Denn" (v.9) und eröffnet damit eine Erklärung, welche eine analoge Funktion zu dem die achte Strophe einleitenden „[n]emlich" in *Brod und Wein* hat.[15] Die drei Strophen – und noch die letzte des Gedichts – lassen sich somit als ein Klärungsangebot dessen lesen, was in den ersten beiden Strophen unbestimmt blieb. Freilich hat es mit der *claritas* dieser Strophen seine ganz eigene Bewandtnis. Denn in ihnen herrscht eine Stilfigur vor, deren „Zweck" nach Lausberg gerade „das verfremdende [...] Spiel mit der *obscuritas*"[16] ist: die *mixtura verborum.*[17] Dem ihr zugrundeliegenden Prinzip der Inversion hat Hölderlin eine vielzitierte „Reflexion" (StA 4, 233) gewidmet:

> Man hat Inversionen der Worte in der Periode. Größer und wirksamer muß aber dann auch die Inversion der Perioden selbst seyn. Die logische Stellung der Perioden, wo dem Grunde (der Grundperiode) das Werden, dem Werden das Ziel, dem Ziele der Zwek folgt, und die Nebensäze immer nur hinten an gehängt sind an die Hauptsäze worauf sie sich zunächst beziehen, – ist dem Dichter gewiß nur höchst selten brauchbar. (StA 4, 233)

Offensichtlichstes Indiz für eine gestörte Syntaxfolge ist im Fall von *Blödigkeit* die ‚ungereimte' Kombination von „seit" (v.9) und „so" (v.12, 15), die noch zusätzlich durch einen kontraintuitiven Tempuswechsel markiert ist: „seit [...] führet, [...] so waren [..,] so ist" (v.9-15).

Gleich in Vers 9 gibt es zudem wieder einen metrischen Gegenakzent: Wird durch die Kommasetzung in der Passage „seit Himmlischen gleich Menschen" (v.9) eine Gleichheit von Himmlischen und Menschen suggeriert, so setzt die Metrik zwischen „gleich" und „Menschen" eine Zäsur; wie bereits das „nicht" in Vers 2, so werden nun die „Menschen" durch die Einrahmung von Zäsur und Komma förmlich aus der Ordnung herausgesprengt, wie ebenso das „führet" in Vers 10. Diese Sprengung des syntaktischen Zusammenhangs korrespondiert einer allgemeinen Tendenz der asklepiadischen Ode, die durch ihren wiederholten Hebungsprall – im Gegensatz zu dem fließenden „Bewegungscharakter"[18]

[15] Vgl. S. 127 der vorliegenden Arbeit.

[16] Lausberg: *Elemente der literarischen Rhetorik*, a.a.O., 109 (§ 334).

[17] Vgl. ebd.: „Die *mixtura verborum* ist ein durch die (meist wiederholte) Verwendung der Anastrophe [...] und des Hyperbaton [...] bewirktes Chaos [...] der Wortfolge im Satz."

[18] Binder: *Hölderlins Odenstrophe*, a.a.O., 54.

der alkäischen Strophe – zu einer metrischen Zerstückelung der Sukzession tendiert.

Hölderlin jedoch wendet Metrik und Syntax so gegeneinander, daß nicht nur die Odenmaße in die Syntax einschneiden, sondern auch umkehrt

> das Odenmaß mit einer syntaktischen Ordnung überzogen [wird], deren zahlreiche Interpunktionszäsuren scharf und an dafür nicht vorgesehenen Stellen in die metrischen Einheiten einschneiden. Man könnte sagen, daß auf diese Weise das Maß der Versfüße stellenweise zerlegt wird durch Einheiten einer anders und anderes gliedernden Syntax.[19]

Diese ‚harte Fügung' verstärkt noch den Eindruck der Stilfigur der *mixtura verborum*: Was diese Strophen präsentieren, sind zerstückelte Einzelglieder, anhand derer vor allem eines deutlich wird: Zeichen und Bezeichnetes stehen in ganz und gar keinem „bequeme[n] Verhältnis" zueinander.[20] Wie der ‚blöde' Mensch im gesellschaftlichen Umgang, so befindet sich hier der Gedichttext in einem irritierend ‚unschicklichen' Zustand.[21] Wenn in der *Blödigkeit* folgenden Ode *Ganymed* von den „Zerbrochenen" die Rede ist, welche „spielend, dort und da zum/ Schauenden Ufer" (StA 2,1, 68, 14ff.) geworfen werden, kann man dies als ein Echo auf das in *Blödigkeit* herrschende Textverfahren der *mixtura verborum* verstehen, das *Blödigkeit* in besonderer Intensität inszeniert. Ihre einzelnen von Kola und Kommata zerlegten Bruchstücke liegen zerstreut umher und müssen erst einmal „[aus]geleg[t]" (v.5) und zueinander „gereimt" (v.6) werden.[22]
Ein Resultat der durcheinandergeworfenen Zerstücklung ist, wie Scheuer gezeigt hat,[23] die Häufung der figura *απο κοινου* als „Möglichkeit, ein und demselben Satzglied zwei verschiedene syntaktische Funktionen zuzuordnen und damit die Spannung der Ambiguität ins Satzgefüge hinein zu transportieren."[24] Was

19 Scheuer: *Verlagerung des Mythos in die Struktur*, a.a.O., 265.

20 Lessing: *Laokoon*, a.a.O., 114.

21 Eine poetologisch-rhetorische Lesart des Titels schlug bereits Stanitzek vor: „In diesem technischen Sinn bezeichnet die Überschrift den Mangel an Geistesgegenwart, der gegeben ist, wenn der Dichter sich in Reflexionen über seine Aufgabe verstrickt." (Stanitzek: *Blödigkeit*, a.a.O., 272) Scheuer hat in einer bedenkenswerten Lektüre vorgeschlagen, „Blödigkeit als *infirmitas* auf die sprachliche Struktur der Ode, die Verfaßtheit ihres Gesangs" selbst zu beziehen (Scheuer: *Verlagerung des Mythos in die Struktur*, a.a.O., 269), im Sinne eines „kritische[n], strukturbezogene[n] Prinzip[s]: die Inversion syntaktischer Glieder." (Ebd., 266)

22 Eine solche nicht lautbedingte Bedeutung des ‚Reimens' als Verhältnissetzung zweier Elemente benutzt Hölderlin z.B. in einem Brief an seine Mutter, Jan. 1799: „weil sich ein anderes wohl nicht mit meinen Lieblingsbeschäfftigungen reimen ließe." (StA 6,1, 312, 141)

23 Scheuer: *Verlagerung des Mythos in die Struktur*, a.a.O., 271f.

24 Ebd., 272. Zur Relevanz der Figur in Hölderlins *Der Winkel von Hahrdt* vgl. auch Maurer: *Textkritik und vergleichende Literaturwissenschaft*, a.a.O.

transportieren."[24] Was Apposition wozu ist, wie die einzelnen Glieder zusammenhängen, bleibt höchst vieldeutig.

Schmidt plädiert für folgende Auflösung der ersten Strophenverse „in normaler Fügung: ,Denn seit der Gesang die Menschen, die gleich den Himmlischen ein einsam Wild waren, der Einkehr zuführte'".[25] Heidegger konstruiert folgendermaßen: „Seit Menschen sind, die Himmlischen gleichen, ist der Gesang das einsam Wild, das die Himmlischen der Einkehr bei den Menschen zuführt."[26]

Man kann die dritte Strophe aber auch folgendermaßen lesen: ,Denn seit der Gesang Himmlischen gleich [ist], führet [er] Menschen, ein einsam Wild und die Himmlischen und der Fürsten Chor nach Arten selbst [d.h. *als* Gesang] der Einkehr zu.' „[N]ach Arten" kann sich ebenso auf den Gesang beziehen, als Differenz von „Sangart[en]"[27], wie auch auf die Diversität all der „Lebendigen", die vom Gesang, oder besser: *im* Gesang zusammengeführt werden;[28] das „so" (v.12) ist dann als Wiederaufnahme der näheren Bestimmung des Gesangs deutbar. „So", also im Modus dieses Gesangs, ,waren auch wir, die Zungen des Volks gerne bei Lebenden'. Wie aber verhalten sich die „Lebenden" (v.13) zu den „Lebendigen" (v.1)? Wie kommt es zu dem Wechsel ins Imperfekt „waren" (v.12) und wie verhält sich dieses zu dem präsentischen Kontext des restlichen Textes? Zunächst einmal ist festzustellen, daß das „führet" in Vers 10 durch die Verbindung mit dem „seit" (v.9) auch eine Vergangenheitslizenz besitzt: der Gesang „führ[te]" (v.10) ab einem (un)bestimmten Zeitpunkt in der Vergangenheit und führt immer noch – das „waren" (v.12) deutet in Bezugnahme auf diese Kontinuität dagegen an, daß etwas für die Vergangenheit galt, aber nun nicht mehr gilt: Das „Wir" (v.13) *wäre* wohl (wieder) gern „bei Lebenden" (v.13), ist es aber momentan nicht mehr: Der Ort, „[w]o sich vieles gesellt, freudig und jedem gleich,/ Jedem offen" (v.14f.) ist momentan unerreicht, aber wohl nicht grundsätzlich unerreichbar, wie das Imperfekt betont. Berücksichtigt man die demnach im Tempuswechsel implizierte Zäsur zwischen Vergangenheit, Gegenwart und Zukunft stellt sich auch ein Zusammenhang zu den ersten beiden Strophen her, den die folgenden ja auszuführen gedenken. Auch dort wird ja auf eine Innovation gegenüber dem gegenwärtigen Zustand hingearbeitet („tritt nur", v.3).

Wer aber ist „Wir" und in welchem Verhältnis steht seine dichterisch konnotierte („Zungen des Volks", v.13) Identität zu dem „Gesang" in der dritten Stro-

[24] Ebd., 272. Zur Relevanz der Figur in Hölderlins *Der Winkel von Hahrdt* vgl. auch Maurer: *Textkritik und vergleichende Literaturwissenschaft*, a.a.O.

[25] SW 826.

[26] Martin Heidegger: *Zu Hölderlin. Griechenlandreisen* (Gesamtausgabe Abt. 3: *Unveröffentlichte Abhandlungen, Vorträge, Gedachtes*; Bd. 75). Frankfurt am Main 2000, 107.

[27] StA 3, 532.

[28] Schmidts Argumentation zu dieser Stelle, die dahin geht, „nach Arten" müsse eindeutig den „Menschen" und „Himmlischen" zugeordnet werden, überzeugt hier nicht. Daß „der Fürsten Chor" zudem nicht, wie Schmidt meint, neben dem „Gesang" ein zweites Subjekt sein kann, zeigt die Singularform des Verbs („führet", v.10). Vgl. SW 827.

phe?[29] Durch das Fehlen des Kommas nach „Volks“, das Beißner willkürlich setzt, kann die Frage nach der Identität des „wir“ mit den „Zungen des Volks“ nicht abschließend geklärt werden. „Zungen des Volks“ kann nicht nur Attribut sein – die Zäsur nach „Volks“ kann in dieser Hinsicht als Kommaersatz gelten –, sondern auch ein zweites Element einer Aufzählung, wie auch der ganze Kolon „Wir, die Zungen des Volks“ (v.13) noch Fortführung der Aufzählung der dritten Strophe sein könnte.

Das zweifache pronominale „Der“ in den ersten beiden Versauftakten der fünften Strophe bildet einen Parallelismus, von dem jedoch in Frage steht, ob es sich auch um einen semantischen Parallelismus handelt, die beiden „Der“ also beide auf „Unser Vater, des Himmels Gott“ (v.16) referieren – oder ob das zweite „Der“ sich nicht auf den im ersten Relativsatz eingeführten „denkenden Tag“, der „die Entschlafenden/ [...] hält“ (v.18ff.) bezieht. Das an den Versbeginn gestellte „Der“ erinnert jedoch zugleich an einen identischen Versauftakt in Vers 11: „Der“ war dort bestimmter Artikel zum Subjekt „Gesang“. Man kann demnach die zweifache Wiederaufnahme des „Der“ auch als eine pronominal verkürzte Wiederaufnahme von „Der Gesang“ (v.11) verstehen.

Gut auch sind und geschikt einem zu etwas wir, 21
Wenn wir kommen, mit Kunst, und von den Himmlischen
Einen bringen. Doch selber
Bringen schikliche Hände wir.

Noch einmal spielt die letzte Strophe nach allen Regeln der „Kunst“ (v.22) mit den Prinzipien einer offenen Attribuierung. Durch das vom Odenmaß metrisch motivierte Zerfallen in Kola wird eine natürliche Satzstruktur aufgebrochen und das konsekutive Nacheinander durch ein Nebeneinander einer freien Kombinierbarkeit ergänzt. Die jeweilige Anordnung der (Satz-)Teile suggeriert eine Sinnverschiebung, die mehrere mögliche Lesarten zuläßt. Die „Inversion der Periode“ wird hier poetisches Prinzip.

In der Sukzession wird zunächst folgende Lesart suggeriert: Der erste Vers der letzten Strophe sagt etwas aus, das von den folgenden anderthalb Zeilen ausgeführt wird; „von den Himmlischen/ Einen bringen“ (v.22f.) ist dann eine genauere Charakterisierung des „zu etwas“, zu dem die hier Sprechenden („wir“) „geschikt“ (v.21) sind: nämlich dazu, „von den Himmlischen/ Einen“ zu bringen. Dies wiederum läßt sich inversiv lesen als „einen von den Himmlischen“. „[G]eschikt“ als Adjektiv verstanden wird dann in Vers 22 näher

[29] Bedenkenswert scheint mir die These von Bennholdt-Thomsen und Guzzoni: *Die Nachtgesänge*, a.a.O., 20: „Denn während es in *Dichtermuth* um den Gesang geht, der von Anfang an menschlichen Lippen entsprang, ist in der dritten Strophe von *Blödigkeit*, genau besehen, in der Tat nicht mehr vom menschlichen Gesang die Rede, sondern vom Gesang der Musen, in dessen Halle sich die olympischen Götter versammeln.“ Das Dichten der „Zungen des Volks“ visiere diesen himmlischen Gesang „als Modell und Zielvorstellung [...] als seine Quelle und latente Möglichkeit“ an.

bestimmt: „mit Kunst". Es gibt aber auch die Möglichkeit, das „geschikt" (v.21) als ein Partizip Perfekt von ‚schicken' zu verstehen: dann bezeichnet „von den Himmlischen" (v.22) nicht die Position des „zu etwas" (v.21), sondern bildet eine Zusatzinformation zu „geschikt" (v.21): Die Himmlischen sind Absender. Fraglich wird in dieser Lesart freilich die Referenz des „Einen" (v.23): Es läßt sich dann so auflösen, daß die „Himmlischen" hier zeugmatisch stehen und semantisch quasi verdoppelt werden (augenfällig war ihre Verdoppelung in den ersten beiden Versen der dritten Strophe): „wir" „kommen" „von den Himmlischen" und bringen „[e]inen" (v.23) „von den Himmlischen" (v.22). Durch die Stellung des „Einen" am Versanfang (v.23) bleibt jedoch offen, ob es in der Position eines von den Himmlischen abhängigen (eigentlich kleinzuschreibenden) Pronomens steht, als einen *der* Himmlischen, oder als eigenständiges, als Substantiv auftretendes (großzuschreibendes) Pronomen. In letzterem Fall wäre der „Eine" nicht unbedingt ein Himmlischer, sondern könnte sich ebensogut auf „Gesang" (v.11) zurückbeziehen. Das „Einen" als ein empathisch unbestimmt bleibendes Substantivpronomen zu verstehen, paßt insofern zu der Unbestimmtheitsstrategie des die Strophe einleitenden Verses. Die nähere semantische Bestimmung des „Einen" wäre dann dem Leser auferlegt. Im Kontext des Gedichts könnte es auch auf den „denkenden Tag[s]" (v.17) referieren.

Eine solche Verschiebbarkeit der Attribuierungen – der ‚Reime' in Hölderlins Sinn – legt den Text auf ganz verschiedene Sinnrichtungen hin aus. Hat der Leser einmal diesen spielerischen Charakter erkannt und sein Auge „geschärft[]" (StA 2,1, 68, 6), eröffnet der Text eine Vielzahl von Lesarten. Das kunstvolle Textverfahren depotenziert dabei jede Deutung gleich wieder durch das Angebot einer andersartigen Lesart.

Von einem solchen – mit *Ganymed* zu sprechen – ‚Hin- und Herwerfen' der Satzglieder ist in der letzten Strophe besonders das Personalpronomen „wir" betroffen. War sein erstes Auftreten im ersten Vers der vierten Strophe prominent an den Versauftakt gestellt, so ist es nun im ersten Vers der sechsten Strophe auffällig ans Versende gerückt, obwohl es von der Syntax her als Subjekt fungiert. Das mögliche Partizip „geschikt" freilich relativiert die Akteursposition des Subjekts stark: semantisch scheint das „[W]ir" abhängig von seiner Schickung durch eine im Text nicht eindeutig identifizierbare Instanz. Im folgenden Vers steht das „wir" dann wieder vorne im zweiten Takt und im allerletzten Vers der Ode in allerletzter Position. Es scheint sich hier um einen kalkulierten Effekt optischer – „[t]eppich[artiger]" (v.2) Verwobenheit – zu handeln; ähnliches gilt zum Beispiel für die Position des „Denn" in den ersten beiden Strophen:

[...] denn (v.1)

denn (v.6)

Denn (v.9)

Die bereits weiter oben konstatierte Technik einer inversiven Spiegelung läßt sich auch für das „wir" geltend machen. Interessant wird dieses Prinzip der Invertierbarkeit, wenn man sich die letzten drei Verse des Gedichts anschaut:

> Wenn *wir* kommen, mit Kunst, und von den Himmlischen 22
> Einen bringen. Doch selber
> Bringen schikliche Hände *wir*. (Herv. U. D.)

Die hier am „wir" sichtbar werdende Spiegelungsfigur wird noch intensiviert durch die Wiederholung des Verbs „bringen" am Ende der ersten Periode und zum Auftakt des dritten Verses. Etwas skelettiert dargestellt: ‚Wir Einen bringen/ bringen schikliche Hände wir.'

Für den letzten Vers hat dies die Konsequenz, daß die Positionen von Subjekt und Objekt vertauscht sind. Steht das „wir" hier zwar im Nominativ und müßte folglich Subjekt des Satzes sein, so suggeriert die syntaktische Anordnung, „schikliche Hände" als Subjekt zu lesen, welche das „wir" „selber" (v.23) bringen: Das „selber" referiert nicht auf das „wir", wo es zudem nach dem vorangehenden Satz, in dem das „wir [...] bringen" bereits eingeführt wurde, unmotiviert wäre (Es sei denn, man macht den passivischen Charakter des Geschicktseins sehr stark, dann könnte man das „selber" als eine Heraushebung der Eigenmächtigkeit dieses zweiten Bringens lesen), sondern betont die aktivische Position der „Hände": diese bringen „selber" das „wir". Was könnte dies bedeuten? Versteht man das „Wir", die „Zungen des Volks" (v.13), weniger als Dichter in personis – im Namen welcher Dichtergemeinschaft würde Hölderlin hier auch sprechen? –, sondern als Referenz auf die Texte selbst: auf die *Nachtgesänge*, dann setzt dieser Schluß einen rezeptionsästhetischen Akzent. Die Texte stehen „jedem offen" (v.15), sie sind dem Leser („einem", v.21) geschickt – zugleich benötigen sie seine „schickliche[n] Hände", um sich allererst als Texte im vollen Wortsinn, als gelesener Text, zu konstituieren. Das Ende läßt sich in dieser Perspektive als Appell an die „schickliche[n] Hände" der Leser verstehen, die (nicht nur, aber auch) in *Blödigkeit* in besonderem Maße partizipieren müssen: durch das Zurechtlegen seiner zersprengten Teile als einer besonderen Art der Auslegung.

5.5.1 »Blödigkeit« und »Brod und Wein«

Im Zuge dieser rezeptionsästhetischen Relevanz verbindet sich die Ode mit den bereits besprochenen Elegien *Brod und Wein* und *Heimkunft*. Insbesondere zu *Brod und Wein* unterhält *Blödigkeit* eine nicht nur auf den Titel beschränkte lautliche Resonanz.[30]

[30] Die „vielleicht im Zuge der ‚Durchsicht einiger Nachtgesänge' im Winter 1803/04 entstanden[e]" (MA III, 211) Überarbeitung der Reinschrift von *Brod und Wein* im Homburger

Ein syntaktisch und metrisch fast identisches Muster von Pentameter und Asklepiadus prägt in beiden den 21. Vers:[31]

/ v / v v / ‘ / v v / v v /
Weiß von wannen und was einem geschiehet von ihr. (*Brod und Wein*, v.21)

/ v / v v /‘ / v v / v /
Gut auch sind und geschikt einem zu etwas wir. (*Blödigkeit*, v.21)

Die in *Brod und Wein* noch als Nichtwissen thematisch werdende Vagheit hat sich in *Blödigkeit* noch deutlicher zu einer Poetik der Unbestimmtheit verdichtet. Weitere zentrale Elemente aus *Brod und Wein* tauchen in *Blödigkeit* wieder auf: der „Genius,/ himmlisch tröstend" (v.129f.); der „Chor" (v.132); der „Gesang" (v.149); die Rede vom „Herz" (v.77). Auch die Losung „Unser/ Vater Aether" aus *Brod und Wein* (v.153f.) findet in *Blödigkeit* als „Unser Vater" (v.16) ein Echo. Verbunden ist mit ihr dieselbe Ambivalenz der Referenz: Wer führt hier wen? Wer „gönnt" den „denkenden Tag" (v.17)? Die „Himmlischen" (v.9)? „Des Himmels Gott" (v.16)? „Der Gesang" (v.11) selbst?

Damit sieht sich ein Leser von *Blödigkeit* einer ähnlichen Mehrdeutigkeit gegenübergestellt, wie sie schon in *Brod und Wein* tragend war. Gegönnt wurde dort scheinbar „Vergessenheit" (v.33) und „das strömende Wort" (v.34) – wie die Interpretation zeigte, führte gerade dies zum „besonnene[n] Tag" (v.24) zurück, von dem *Blödigkeit* nun ausgeht (v.17). In *Brod und Wein* erwies sich die ‚Einkehr' der Himmlischen rückblickend als Effekt einer textuellen Mediation über „des Wortes Gewalt" (v.68):

Vater Aether! So riefs und flog von Zunge zu Zunge
  Tausendfach, es ertrug keiner das Leben allein;
Ausgetheilet erfreut solch Gut und getauschet, mit Fremden,
  Wirds ein Jubel, es wächst schlafend des Wortes Gewalt

Die selbstreferentielle Wendung in der neunten Strophe von *Brod und Wein* – „Was der Alten Gesang von Kindern Gottes geweissagt,/ Siehe, wir sind es, wir [...]!" (v.149f.) – und die mit ihr einhergehende rezeptionsästhetische Blickwendung – „Keines wirket, denn wir sind herzlos, Schatten, bis unser/ Vater Aether erkannt jeden und allen gehört." (v.154) – wird in *Blödigkeit* wieder aufgenommen. Nicht nur begegnet das „erkannt" in *Blödigkeit* als „bekannt" (v.1), „jeden" als „jedem" (v.14f.) und „allen" als „alles" (v.5) wieder, auch die Perspektivik des „Wir" ähnelt der Schlußpartie von *Brod und Wein*, denn auch im

Folioheft steht signifikanterweise wie *Blödigkeit* mit seinen „vielen Lebendigen" (v.1) unter der Devise des Lebendigen: „Daß Lebendiges wir suchen, so weit es auch ist." (v.42a) Zitate aus *Brod und Wein* in der folgenden Passage aus StA 2,1, 90-95 unter Angabe der Verszahl.

31 Freundlicher Hinweis von Winfried Menninghaus.

„Wir" von *Blödigkeit* spricht der Text aus der Perspektive der Texte: Als „Entschlafende[]" (v.17) verharren sie in einem Zustand „wie Kinder" (v.20); zwar „bei Lebenden" (v.13), aber noch nicht *als* lebendige. Sie appellieren daher an den Leser in sie ‚einzukehren' und ihnen damit Leben einzuhauchen, da sie ohne ihn „herzlos" (*Brod und Wein*, v.153) bleiben. Auch in diesem Schritt „in's Leben" (v.4) realisiert sich in dieser Blickwendung eine Figur der Inversion: Nicht „die Kunst kommt und [tritt] gleichsam in's Leben"[32] *hinaus*, sondern der Leser als der belebende „Genius" (v.3) soll *hinein* ins Leben treten, das der Text darstellt.[33] Den dichterischen Genius-Topos[34] rezeptionsästhetisch zu wenden steht in Einklang mit der allgemeinen Ausrichtung der Neuerungen von *Blödigkeit* gegenüber der früheren Fassung, *Dichtermuth*, welche stärker produktionsästhetisch orientiert war.[35]

Die Formulierung „wie Kinder" (v.20) ließe sich als ästhetisches Bewußtsein der *Nachtgesänge* verstehen, sich dem Zustand einer „noch kinderähnlichen Kultur" (StA 6,1, 436) zu adaptieren, bis sie „eine[r]" (v.21), dem sie „geschikt" (v.21) sind – grundsätzlich kann dies „Jeder" (v.15) sein – „gelegen" (v.5) kommen, und sich durch „schikliche Hände" (v.24) und seine Vorurteilslosigkeit („es sei alles gelegen dir!", v.5) der „Gesang" (v.11) realisiert: „bald sind *wir* aber Gesang" (*Friedensfeier*, StA 3, 536, 93; Herv. U. D.). Bis dahin reden die Texte aus der Perspektive des „Volks" mit „Zungen" (v.13), also „unverständlich", auslegungsbedürftig.[36]

32 André: *Hölderlins Auf-Gabe und die Ode Blödigkeit*, a.a.O., 72.

33 Zur „Erfahrung von Literatur [als] eine[r] authentische[n] Form des Lebens" vgl. Ulrich Gaier: *Leben in der Literatur. Zu einem Brief Hölderlins an Neuffer vom Sommer 1793*. In: *Wechsel der Orte. Studien zum Wandel des literarischen Geschichtsbewußtseins*. Hg. v. Irmela von der Lühe. FS für Anke Bennholdt-Thomsen. Göttingen 1997, 254-264, hier: 262.

34 Vgl. hierzu Wendelin Schmidt-Dengler: *Genius. Zur Wirkungsgeschichte antiker Mythologeme in der Goethezeit*. München 1978. Vgl. auch das Urteil von Stanitzek: *Blödigkeit*, a.a.O., 250: „Das Genius-Mythologem [...] hat sich die Epoche in einer Weise anverwandelt, daß seine ursprünglichen römisch-antiken Attribute nur noch die Rolle vager Anhaltspunkte spielen." Vgl. Adorno: *Parataxis*, a.a.O., 488: „der Genius [ist] die Reflexion" – ihm folgend Stanitzek: *Blödigkeit*, a.a.O., 250f.

35 So bemerkte bereits Gaier: *Hölderlin*, a.a.O., 371: „Die letzte Fassung „ist nicht mehr eine Ode über den Dichter, sondern eine Ode über die Dichtung." Anders hierzu Schmidt, SW 826: „der Dichter spricht sich in seiner ‚Blödigkeit' Mut zu."

36 Vgl. 1. Kor 14, 9-14: „Also auch ihr, wenn ihr mit Zungen redet, so ihr nicht eine deutliche Rede gebet, wie kann man wissen, was geredet ist? Denn ihr werdet in den Wind reden. Es ist mancherlei Art der Stimmen in der Welt, und derselben ist keine undeutlich. So ich nun nicht weiß der Stimme Bedeutung, werde ich unverständlich sein dem, der da redet, und der da redet, wird mir unverständlich sein. [...] Darum, welcher mit Zungen redet, der bete also, daß er's auch auslege. Denn so ich mit Zungen bete, so betet mein Geist; aber mein Sinn bringt niemand Frucht." (Zitiert nach: *Die Bibel oder die ganze heilige Schrift des Alten und Neuen Testaments. Revidierte Fassung der deutschen Übersetzung Martin Luthers*. Stuttgart 1912.)

Die Dunkelheit des Textes erweist sich mithin als eine besondere Spielform der Offenheit („Jedem offen", v.15), welche Voraussetzung für seinen ‚Appellcharakter' ist. Die auf den ersten Blick hermetische Gestalt der Ode fußt weder in einem Verzicht auf Intention, noch in einem resignativen Verharren in „engen Schranken" (StA 4,1, 436), sondern in einem selbstbewußten („Gut [...] sind wir", v.21) und „dezidierten Avantgardismus".[37] Die letzte Strophe ist voll von einem solchen selbstbewußten Selbstlob: „geschikt" (v.21), „mit Kunst" (v.22), „schikliche Hände" (v.24). Gerade diese noch als originäre Eigenleistung („selber", v.23) final betonten „schiklichen [Schreib-]Hände" sind es ja, denen das Gedicht allererst seine Existenz verdankt; folgerichtig ist ihre Schlußemphase von der Geltungseinschränkung durch den – konditionalen? temporalen? – „Wenn"-Satz (v.22) ausgenommen.

5.5.2 Die offene Beziehung des Bildes: Blödigkeit als Schicklichkeit

Die finale Selbstbeschreibung im Vokabular der Schicklichkeit müssen die zeitgenössischen Leser freilich als Ironie oder wenigstens als arge Provokation empfunden haben.[38] Denn im Diskurs der Zeit bezeichnet Schicklichkeit als deutsche Entsprechung des rhetorischen *aptum* gerade ein Oppositum der *obscuritas*, welche den Leser nötigt, jedes Wort zu wenden. Sprachliche Schicklichkeit meint ganz allgemein eine „auf die *opinio* des Publikums ausgerichtete"[39] „situationale und kommunikative Angemessenheit"[40]. Semiotisch präzisiert[41] meint Schicklichkeit ein, wie Lessing es genannt hat, „bequemes Verhältnis"[42] von Darstellung und Dargestelltem[43], also eine Stimmigkeit von Ausdruck und Inhalt.

[37] Metzger: *„Auflösung"*, a.a.O., 113.

[38] In Hölderlins Gedichten der Zeit taucht das Vokabular der Schicklichkeit wiederholt auf; so wie schon gesehen in *Heimkunft*, StA 2,1, 99, 96: „Wie es gehört für sie, schiklich geheiliget sei" und ebd., v.99: „Unschikliches liebet ein Gott nicht"; weiter in dem elegischen Fragment *Der Gang aufs Land*: „Denn nicht Mächtiges ists, zum Leben aber gehört es,/ Was wir wollen, und scheint schiklich und freudig zugleich." (StA 2,1, 84, 19f.) und im *Einzigen* (zweite Fassung): „[...] daß der Menschen Hand/ Anficht das Lebende, mehr auch, als sich schiket/ Für einen Halbgott, Heiliggesetztes übergeht/ Der Entwurf." (StA 2,1, 159, 66-69) und *Der Ister*: „[...] lange haben/ Das Schikliche wir gesucht" (StA 2,1, 190, 9f.).

[39] Lausberg: *Elemente der literarischen Rhetorik*, a.a.O., 153 (§464).

[40] Metzger: *„Auflösung"*, a.a.O., 86.

[41] Vgl. Mülder-Bach: *Im Zeichen Pygmalions*, a.a.O., 123.

[42] Lessing: *Laokoon*, a.a.O., 114.

[43] Vgl. Mülder-Bach, a.a.O., 118-130; Karlheinz Stierle: *Das bequeme Verhältnis. Lessings ‚Laokoon' und die Entdeckung des ästhetischen Mediums*. In: Gunter Gebauer (Hg.): *Das Laokoon-Projekt*, a.a.O., 23-58.

Schicklichkeit ist vonnnöten, um den Leser gleichsam direkt zum Dargestellten zu führen. Wie eng eine solche schickliche Stimmigkeit ausgelegt wurde, liest man in Lessings *Laokoon*:

> Von dem ersten Blicke hangt die größte Wirkung ab, und wenn uns dieser zu mühsamen Nachsinnen und Raten nötiget, so erkaltet unsere Begierde gerühret zu werden; um uns an dem unverständlichen Künstler zu rächen, verhärten wir uns gegen den Ausdruck, und weh ihm, wann er die Schönheit dem Ausdrucke aufgeopfert hat! Wir finden sodann gar nichts, was uns reizen könnte, vor seinem Werke zu verweilen; was wir sehen, gefällt uns nicht, und was wir dabei denken sollen, wissen wir nicht.[44]

Wie die (nicht nur) zeitgenössischen Reaktionen auf die *Nachtgesänge* beweisen, konnte eine anti-klassizistische ‚Unbequemheit' auch noch 1804 zur Abwehrhaltung reizen.

Die in *Blödigkeit* und anderen *Nachtgesängen* zuhauf verwendeten Verfremdungseffekte[45] stehen einem klassischen Darstellungsmodell, welches mit dem ‚bequemen Verhältnis' ein instantanes Verstehen, eine sofortige Affektation propagiert, diametral entgegen. Nach Lessing ist es gerade in den Künsten „unstreitig", daß „die Zeichen ein bequemes Verhältnis zu dem Bezeichneten haben *müssen*",[46] um einen Effekt von Lebendigkeit zu erzielen:

> Der Poet will nicht bloß verständlich werden, seine Vorstellungen sollen nicht bloß klar und deutlich sein; hiermit begnügt sich der Prosaist. Sondern er will die Ideen, die er in uns erwecket, so lebhaft machen, daß wir in der Geschwindigkeit die wahren sinnlichen Eindrücke ihrer Gegenstände zu empfinden glauben, und in diesem Augenblicke der Täuschung uns der Mittel, die er dazu anwendet, seiner Worte, bewußt zu sein aufhören.[47]

Der Erfolg des „lebhaft machen[s]" gründet für Lessing in der spezifischen Relation, in der sich die dargestellten „Gegenstände" und die künstlerischen „Mittel" zueinander „schicken", und besteht gerade in der Kunst, die Kunst zu verbergen: Sich der „Worte [] bewußt zu sein aufhören" ist die Voraussetzung, um „die wahren sinnlichen Eindrücke ihrer Gegenstände zu empfinden". Die „Täuschung" der Kunst gilt dem Vergessen ihrer „willkürliche[n] Zeichen",[48] deren einzige Funktion es ist, auf das Dargestellte hin transparent zu werden.[49] Gerade ein solcher Stil artistisch kalkulierter Natürlichkeit charakterisiert nach Lessing Lebendigkeit. Zwar „*mach[t]*" (Herv. U. D.) die Kunst ihre dargestellten Ideen „lebhaft", doch soll das lebhafte Interesse allein den (illusionär vorge-

[44] Lessing: *Laokoon*, a.a.O., 95f.
[45] Vgl. dazu Bennholdt-Thomsen und Guzzoni: *Die Nachtgesänge*, a.a.O., 31.
[46] Lessing: *Laokoon*, a.a.O., 114; Herv. U. D.
[47] Ebd., 122.
[48] Ebd.
[49] Als negativ bewertet es Lessing deshalb, „in jedem Wort den arbeitenden Dichter [zu hören]." Ebd., 125.

täuschten) „wahren sinnlichen Eindrücke[n]" gelten, also den dargestellten Inhalten. Letztlich inhaltlich orientiert ist darum auch Lessings semiotische Bestimmung der Lebendigkeit der Poesie: Was im Feld der Poesie ein „lebendige[s] Gemälde" ausmacht, ist sein Sujet, nämlich „Handlung".[50] Da im Fall der Literatur nur in der ‚bequemen' Kombination von sukzessiven Zeichen und sukzessiven Handlungen der illusionäre Erfolg, die Transparenz der Zeichen, erreicht werden kann, beschneidet Lessing den Bereich dessen, was Poesie, wenn sie gelingen will, darstellen kann. Wie Inka Mülder-Bach pointiert:

> Nicht durch Anpassung der Sprache an die Natur der Gegenstände stellt sich das „bequeme Verhältnis" her, sondern genau umgekehrt durch Anpassung der Gegenstände an die Gegebenheiten der Sprache, genauer, durch die Auswahl solcher Gegenstände, die sich zu den medialen Gegebenheiten „schicken" [...].[51]

Noch Schiller orientiert sich in *Über naive und sentimentalische Dichtung* an einem solchen Darstellungsideal der Transparenz, wenn er schreibt:

> Aus der naiven Denkart fließt notwendiger weise auch ein naiver Ausdruck sowohl in Worten als Bewegungen, und er ist das wichtigste Bestandstück der Grazie. Mit dieser naiven Anmut drückt das Genie seine erhabensten und tiefsten Gedanken aus; es sind Göttersprüche aus dem Mund eines Kindes. Wenn der Schulverstand, immer vor Irrtum bange, seine Worte wie seine Begriffe an das Kreuz der Grammatik und Logik schlägt, hart und steif ist, um ja nicht unbestimmt zu sein, viele Worte macht, um ja nicht zu viel zu sagen, und dem Gedanken, damit er ja den Unvorsichtigen nicht schneide, lieber die Kraft und die Schärfe nimmt, so gibt das Genie dem seinigen mit einem einzigen glücklichen Pinselstrich einen ewig bestimmten, festen und dennoch ganz freien Umriß. Wenn dort das Zeichen dem Bezeichneten ewig heterogen und fremd bleibt, so springt hier wie durch innere Notwendigkeit die Sprache aus dem Gedanken hervor, und ist so sehr eins mit demselben, daß selbst unter der körperlichen Hülle der Geist wie entblößet erscheint. Eine solche Art des Ausdrucks, wo das Zeichen ganz in dem Bezeichneten verschwindet, und wo die Sprache den Gedanken, den sie ausdrückt, noch gleichsam nackend läßt, da ihn die andre nie darstellen kann, ohne ihn zugleich zu verhüllen, ist es, was man in der Schreibart vorzugsweise genialisch und geistreich nennt.[52]

Die freilich auf das naive Genie eingeschränkte Perspektivierung läßt offen, inwieweit dieses Anti-Heterogenitäts-Ideal („wie entblößet", „gleichsam nakkend") von Zeichen und Bezeichnetem einem „moderne[n] Dichter"[53] überhaupt noch gemäß sein kann. Doch die abwertende Koppelung eines „heterogen[en]" Stils an die Beispielfigur des „Schulverstands" zeigt deutlich, für welchen Stil Schiller hier Partei ergreift. Auch für ihn macht es einen gelungenen Text aus, den Leser ganz auf das Dargestellte zu fokussieren.

[50] Ebd., 134.
[51] Mülder-Bach: *Im Zeichen Pygmalions*, a.a.O., 124.
[52] Schiller: *Über naive und sentimentalische Dichtung*, a.a.O., 720f.
[53] Ebd., 738, Anm. 12.

Ein gänzlich entgegengesetztes Konzept praktiziert Hölderlins Ode. Wie gesehen, ist es bei ihrer Lektüre unmöglich, den „arbeitenden Dichter“[54] zu vergessen; statt sich selbst zum Verschwinden zu bringen, „bringen“ (v.23 u.f.) die Verse sich im Gegenteil durch verschiedene Stilmittel der ‚Unschicklichkeit‘ in ihrer Artifizialität selbst auf die Textbühne. Man hat daher mit Recht den Titel der Ode als Selbstbeschreibung für ihre anti-schickliche Verfaßtheit verstanden.[55] *Blödigkeit* kennt gerade kein ‚bequemes‘ Darstellungsverhältnis.

Wie aber ist dann die Betonung der Schicklichkeit in der letzten Strophe zu dieser Blödigkeit in Beziehung zu setzen? Handelt es sich tatsächlich nur um eine ironische Geste gegen die Erwartungshaltung des Publikums? Zunächst sind die „schiklichen Hände“ (v.24) nicht das einzige Element, das auf die Thematik der Schicklichkeit anspielt. „[G]eschikt“ (v.21) im ersten Vers der letzten Strophe kann ja neben seiner möglichen Bedeutung als Partizip von ‚schicken‘ auch ein Adjektiv sein, das die Fähigkeit „zu etwas“ (v.21) bezeichnet. Nimmt man die völlige Offenheit des „etwas“ ernst, kann die hier in Frage stehende Geschicklichkeit gerade die Fähigkeit des Offenhaltens selbst meinen. Das scheinbar „Unbeholfene des Ausdrucks“[56] löst sich in dieser Perspektive auf, denn sein Sinn besteht nicht darin, „*einen* Sachverhalt [...] auszudrücken“[57], sondern einen „Modus latenter Möglichkeiten“[58] zu etablieren. Eine solche Kunst der offenen Unbestimmtheit, die *Blödigkeit* beherrscht, propagiert und praktiziert auch die zweite Strophe: „es sei *alles* gelegen dir!/ Sei zur Freude gereimt“ (v.5f.; Herv. U. D.) Schon in dieser Strophe versteckt sich die Thematik der Schicklichkeit: Denn „gelegen“ kann laut Adelungs Wörterbuch so viel bedeuten wie „bequem“[59] und „reimen“ so viel wie „sich schicken“.[60] Daß das Gedicht selbst – im konventionellen Sinne – nicht reimt, ist vor diesem Hintergrund keine Ungereimtheit, sondern wirft ein Licht auf das neue ‚Reim‘-Verständnis, das es entwickelt. ‚Zu reimen‘ meint hier eine Beziehungsbildung zwischen Wort und Bedeutung. Während die klassische Schicklichkeit auf Homogenität abzielt, welche

[54] Lessing: *Laokoon*, a.a.O., 125.

[55] Vgl. Scheuer: *Verlagerung des Mythos in die Struktur*, a.a.O., 268: „‚Blödigkeit‘ bezeichnet „die Bedrohung des rhetorischen Ideals glatter, eleganter, unanstößig perfekter Rede“.

[56] Bennholdt-Thomsen und Guzzoni: *Die Nachtgesänge*, a.a.O., 21.

[57] Ebd.; Herv. U. D. Bennholdt-Thomsen und Guzzoni vermuten, daß „das Unbeholfene des Ausdrucks die Unbeholfenheit der an Gängelbanden Geführten [...] bewußt spiegeln soll.“ Ebd.

[58] Metzger: *„Auflösung“*, a.a.O., 113.

[59] Adelung: *Grammatisch-kritisches Wörterbuch*, a.a.O., Bd. 2, Art. *Gelegen*, 528.

[60] Vgl. Adelung: [als ein Neutrum:] „Figürlich, sich schicken, einem andern Dinge gemäß seyn; eine alte Figur, in welcher schon Ottfried *girimen* für sich schicken gebraucht.“ [Im Orig. kursiv] – [als ein Aktivum:] „Figürlich, den Zusammenhang zwischen zwey Dingen ent-decken. Das kann ich nicht zusammen reimen, ich kann nicht einsehen, wie sich beydes zu einander schicke, oder was solches für einen Zusammenhang mit dem andern habe.“ Adelung: *Grammatisch-kritisches Wörterbuch*, a.a.O., Bd. 3, Art. *Reimen*, 1054-1055.

die anfängliche Zweiheit zugunsten einer transparenten Einheit homogenisiert, und damit das Reim-Prinzip, von dem sie ausgeht, zum Verschwinden bringt, zielt Hölderlins Gedicht gerade darauf ab, das in der Reim-Beziehung implizite Spannungsverhältnis aktiv und damit lebendig zu erhalten. *Blödigkeit* propagiert in seiner an Heterogenität orientierten ‚Schickung' eine Erweiterung des Reim-Konzepts selbst, das seine „Freude" (v.6) in einer konstitutiven und in seiner Gereimtheit persistenten Spannungsbeziehung von Vorstellungen und Worten gewinnt, als ein „lebendiges Verhältniß und Geschik" (StA 6,1, 426, 34).

Das Prinzip eines solchen In-Beziehung-Setzens ist dabei denkbar offen. Grundsätzlich kann „alles" (v.5) gereimt werden – und je größer die ‚Unbequemheit' zu den korrespondierenden Inhalten ist, desto „[l]ebendige[r]" (v.1) wirkt das Reimgebilde. „Leben" (v.4) scheint gerade ein Resultat dieser neuen, heterogenen Schicklichkeit zu sein, die darin besteht, einen „Zusammenhang zwischen zwey Dingen [zu] entdecken"[61], eine Beziehung *herzustellen*, die instabil, in Bewegung bleibt. Eine Art Präfixreimkette, die sich durch die ersten beiden Strophen zieht, führt auch klanglich in dieses unkonventionelle ‚Reim'-Konzept ein: „*be*kannt" (v.1), „*ge*schiehet", „*ge*legen" (v.5), „*ge*reimt" (v.6), „*be*laidigen" (v.7) und „*be*gegnen" (v.8) (Herv. U. D.) – Hier ‚reimt' im traditionellen Sinne nichts, es bildet sich aber dennoch eine Beziehung zwischen den Verben. In Hölderlins Spätwerk gibt es zudem eine Vielzahl von Beispielen, in denen Lautanklänge zwischen gänzlich unverbundenen Semantiken Beziehungen herstellen, so z.B. im Folgegedicht *Ganymed*: „schauenden" (StA 2,1, 68, 16) und „schaudernd" (StA 2,1, 68, 19).[62] Daß dieses Reimen zunächst durch bloße Lautanalogien motiviert ist, bewahrt die ‚materiale' Dimension des Textes vor dem Vergessen im Lektüreprozeß. Die unabschließbare Offenheit dieses Reimens beruht semiotisch gesehen eher auf einem ternären Zeichenmodell á la Peirce als auf der klassischen Zweiteilung von Zeichen und Bezeichnetem. Denn die den Reim organisierende Beziehung stiftet sich erst durch einen Interpretanten, der dann seinerseits einen deutenden Interpretanten benötigt, was eine unabschließbare Bewegung in Gang setzt.[63]

Seine grundsätzliche Neudefinition von Schicklichkeit vollzieht *Blödigkeit* freilich nicht selbst, sondern gibt die Realisation des Reimens dem Leser auf. Der Text wirkt eher vorbereitend „desorganisirend[]" (StA 4,1, 155), indem es die alten „Arten" (v.12) aufbricht und so präsentiert, daß sie als eine spezifische

[61] Ebd.

[62] Zu solchen Lautechos, auch anhand der *Nachtgesänge*, vgl. Hans-Jost Frey: *Textrevision bei Hölderlin.* In: ders.: *Der unendliche Text.* Frankfurt am Main 1990, 77-123, der vor allem gezeigt hat, wie sich solche Reimassonanzen durch die verschiedenen Bearbeitungsstufen mutierend fortsetzen. Daß Hölderlins späteste Gedichte plötzlich wieder auf die alte Art „gereimt" (v.6) sind, verheißt – gemessen an der Poetik von *Blödigkeit* – einen Rückfall hinter diesen Innovationsanspruch.

[63] Vgl. Charles S. Peirce: *Phänomen und Logik der Zeichen.* Hg. und übers. v. Helmut Pape. Frankfurt am Main 1983, 64.

Leistung des „Gesang[s]" (v.11) qualifiziert sind: Wie die dritte Strophe darlegt, ist dieser Gesang ein Raum, der „Menschen, Himmlische und Fürsten, gleichsam abstürzend aus ihren alten Ordnungen, zu einander []reiht",[64] oder eben: reimt. Der Gesang ist „Jedem gleich" (v.15), aber er macht nicht jeden gleich, sondern stellt einen Ort da, „wo sich vieles gesellt" (v.14). Als eine solche Versammlung von „viele[n] Lebendigen" (v.1) überläßt er es dem Leser, neue Ordnungsgefüge aufzubauen. Seine Poetik trachtet dabei vor allem nach Herstellung einer ‚Schicklichkeit', die das Geschick des Textes mehr als alles bestimmt: die zwischen Text und Leser.[65] Wie *Heimkunft* harrt *Blödigkeit* dieser „Wende der Zeit" (v.18), in der sich seine Blödigkeit als Schicklichkeit erweist und „[w]ie es gehört für sie, schiklich geheiliget sei." (*Heimkunft*, StA 2,1, 96).

[64] Benjamin: *Zwei Gedichte*, a.a.O., 112.
[65] Eine spezielle hermeneutische Involviertheit des Lesers konstatiert für die *Nachtgesänge* auch Reitani, vgl. TL 1485.

5.6 *Ganymed*: Die Metamorphose der »besondre[n] Stimme«

5.6.1 Bewegtes Spiel

Die auf *Blödigkeit* unmittelbar folgende Ode *Ganymed*[1] steht wohl nicht zufällig gleich im Anschluß an die gerade besprochene asklepiadische Ode. Der „in Unmuth, schief" liegende „Bergsohn" (v.1) zu Beginn von *Ganymed* scheint eine unmittelbare Fortsetzung des unschicklichen Schiefliegens der „[e]ntschlafenden" Sprachglieder von *Blödigkeit* zu sein.[2] Doch was *Blödigkeit* nur als gedankliche Möglichkeit ins Auge faßt – „[b]aar in's Leben [zu treten]" (StA 2,1, 66, 4) und den Text damit in Bewegung zu setzen –, setzt *Ganymed* sächlich performativ um. Im Kontext der Interpretation von *Blödigkeit* wurde bereits aus den beiden zentralen Mittelstrophen des Textes zitiert, in denen die Verlebendigung, die Wiedererweckung anschaulich in Szene gesetzt ist:

> Schon tönet's aber ihm in der Brust. Tief quillt's,
> Wie damals, als hoch oben im Fels er schlief,
> Ihm auf. Im Zorne reinigt aber
> Sich der Gefesselte nun, nun eilt er
>
> Der Linkische; der spottet der Schlaken nun,
> Und nimmt und bricht und wirft die Zerbrochenen
> Zorntrunken, spielend, dort und da zum
> Schauenden Ufer [...]

Die zweimalige Erwähnung von „Zorn[]" (v.11 u. 15) ist dabei nicht negativ konnotiert, sondern ein Ausdruck verspielt-dionysischer („Zorntrunken, spielend", v.15) Bewegung.[3] Noch die Metrik scheint die trunkene Bewegtheit des

[1] Zitiert wird das Gedicht nach StA 2,1, 68. Literatur: Maria Behre: *Hölderlins Stromdichtung. Zum Spannungsfeld von Naturwahrnehmung und Kunstauffassung.* In: Uwe Beyer (Hg.): *Neue Wege zu Hölderlin*, a.a.O., 17-40; Leopold Liegler: *„Der gefesselte Strom" und „Ganymed". Ein Beispiel für die Formprobleme der Hölderlinschen Oden-Bearbeitungen.* In: HJb 1947, 62-77; Lea Ritter-Santini: *Ganymed. Ein Mythos des Aufstiegs in der deutschen Moderne.* München 2002 (=Dichtung und Sprache 15); Alfred Romain: *Ganymed.* In: HJb 1952, 51-84; Jochen Schmidt: *Die Geschichte des Genie-Gedankens in der deutschen Literatur, Philosophie und Politik 1750-1945.* Bd. 1. Darmstadt 1985.

[2] Vgl. Grunert: *Poesie des Übergangs*, a.a.O., 154.

[3] Vgl. den Eintrag zu „Zorn" in Adelungs Wörterbuch: „Uneigentlich gebraucht man dieses Wort zuweilen von der heftigen Bewegung lebloser Dinge. Der Zorn der Winde, der

Geschehens durch Verschiebung des Akzents auf die zweite Silbe spielerisch steigern zu wollen: „Zorntrúnken".[4]

Im Kontext der dargelegten Überlegungen Hölderlins zum Bildungstrieb[5] ist es bezeichnend, daß der hier wiedererwachende „Stromgeist" (v.19) in seiner dynamischen Bewegung selbst Festgefügtes zerlegt: „Und nimmt und bricht und wirft" (v.16): Sein Trieb ist zunächst ein ‚Unbildungstrieb', der darauf zielt, erkaltete („frierst", v.2), geronnene Positivitäten („Schlaken", v.13)[6] wieder in ihren Urstoff zu zerlegen. Zugleich jedoch hat er eine belebende Wirkung auf seine Umgebung, wie die anthropomorphisierende Verwandlung des „kahlen Ufer[s]" (v.2) zum „[s]chauenden Ufer" (v.16) zeigt. Hier scheint eine besonders wirksame Form der Übertragung am Werk;[7] Resultat ist die innerste Wiederbelebung der gesamten Erde: „und schaudernd regt im/ Nabel der Erde der Geist sich wieder." (v.19f.) Das Schau- und Lautspiel des Stromgeistes setzt der Text dabei mit vielfältigen Mitteln um. So ist die polysyndetische Reihung mit dem dreifachen „Und" (v.14) eine lautliche Imitatio der ‚zornigen' Wellenbewegung nach „dort und da" (v.15). (Richtungs-unentschiedene) Bewegung akzentuieren ebenso die wiederholten Parallelfiguren in beiden Strophen: „Schon tönet's [...] Tief quillt's" (v.9); „nun, nun" (v.12), „dort und da" (v.15) und die alliterative Paar-Fügung „Zerbrochenen/ Zorntrunken" (v.14f.). Einen Steigerungseffekt kreiert die Häufung gleichsam gischtsprühender, meist alliterativer sch-Laute, die sich in der vierten Strophe konzentrieren: „Linki*sche*", „*sp*ottet" „*Sch*laken" (v.13), „*sp*ielend" (v.15), „*Sch*auenden" (v.16). (Herv. U.D.)[8] Solche sch-Laute sind im Gedicht von Anfang an präsent[9], wie die Ode überhaupt von

Wellen." Adelung: *Grammatisch-kritisches Wörterbuch*, a.a.O., Bd. 4, Art. *Der Zorn (2)*, 1732. Vgl. auch die Erwähnung der „zorn'gen Helden" in Hölderlins *Thränen*, a.a.O., v.12.

4 Vgl. Romain: *Ganymed*, a.a.O., 71: „Das Agitato der rhythmischen Bewegung, das sich in der Erstfassung alsbald minderte, wird denn hier erst noch gesteigert durch das ‚Zórntrùnken', mit dem die folgende Zeile unter scharfer Akzentuierung der metrischen Senkungssilbe, einem Sich-aufbäumen gleich, einsetzt, um so wirkungsvoller, als damit das schon vorangegangene ‚im Zorne' überhöht wird. Das Dionysische des Vorgangs wird damit eindrücklich gemacht. In der Tat erscheint der Stromheros in seiner Kraftäußerung trunken wie die Centauren, die aus dem Weinstock das ‚Belebende', die betörende wilde Kraft, gezogen haben".

5 Vgl. das Kapitel *‚Heiße' und ‚kalte' Bilder. Hölderlins ›Gesichtspunct‹-Überlegungen* der vorliegenden Arbeit.

6 Zur Bedeutung von „Schlaken" (v.13) vgl. Adelung: „Es kann der Begriff der Gerinnung der herrschende seyn, weil die Schlacken gleich im Erkalten zu einer festen Masse werden." Adelung: *Grammatisch-kritisches Wörterbuch*, a.a.O., Bd. 3, Art. *Die Schlacke (2)*, 1483.

7 Behre meint mit Recht, die Ode mache „das Metonymische des zum Topos herabgesunkenen Phänomens Strom bewußt[...]." Behre: *Hölderlins Stromdichtung*, a.a.O., 23.

8 Auch die Initiale von Ganymed durchläuft alliterativ die ganze Ode: „Gedultiger" (v.2), „Gnade" (v.3), „Geists" (v.8), „gewanderter" (v.8), „Gefesselte" (v.12), „Geist" (v.20), „Genien" (v.24), „Gespräch" (v.24).

9 Vgl. Vers 1: „Was *sch*läfst du Bergsohn, liegest in Unmuth, *sch*ief" (Herv. U. D.)

Anfang an den „Bewegungscharakter"[10] des alkäischen Versmaßes nutzt, um den Schläfer in direkter Rede aufzuwecken:

Was schläfst du, Bergsohn, liegest in Unmuth, schief,
Und frierst am kahlen Ufer, Gedultiger!
Denkst nicht der Gnade du, wenn's an den
Tischen die Himmlischen sonst gedürstet?

Kennst drunten du vom Vater die Boten nicht,
Nicht in der Kluft der Lüfte geschärfter Spiel?
Trift nicht das Wort dich, das voll alten
Geists ein gewanderter Mann dir sendet?

Die ersten beiden Strophen, die den „Bergsohn" mit „du" (v.1, 3, 5; „dich", v.7) ansprechen und von ihrem Sprechgestus her unmißverständlich anspornend gehalten sind, die Fragen und die nachdrückliche Anrede „Gedultiger!"(v.2) sind Herausforderungen, wie sie die zweite Strophe in Gestalt vom ‚treffenden' „Wort" (v.7) explizit macht. Denn, und dies ist entscheidend für die implizite Poetik des Gedichts, das In-Bewegung-Setzen ist ein sprachlicher Effekt. Die direkte Anrede, die dann in der dritten Strophe in eine Darstellung in der dritten Person übergeht, ist die performative Umsetzung dieser inhaltlich thematisierten Anrede: Was das Gedicht hier semantisch aussagt, realisiert es zugleich in seinem Sprechmodus.

Dieses „Wort" ist als Sendung („sendet", v.8) selbst schon in Bewegung, als „Spiel" (v.6)[11] ist es pfeilgleich „geschärft[]" (v.6) und von den als „Boten" (v.5) agierenden „Lüfte[n]" (v.6) transportiert. Verfolgt man seine Bewegung in umgekehrter Richtung zurück, fällt ins Auge, daß bereits sein Sender in Bewegung ist: „ein *gewanderter* Mann" (v.8; Herv. U.D.) heißt es ausdrücklich, was umso schwerer wiegt, als es sich dabei um eines von nur zwei Adjektivattributen des Textes handelt. Auch auf dem Wort „Spiel" (v.6) am Ende des zweiten Verses der zweiten Strophe, welches durch das „spielend" in Vers 15 variiert wiederaufgenommen wird, liegt eine gewisse Emphase. Im Gegensatz zur heutigen Bedeutung des Wortes kennt Adelungs Wörterbuch eine semantische Streuung, die ein Licht darauf fallen läßt, was in diesem „Spiel" alles mit im Spiel ist:

> 1. So fern dasselbe ein unmittelbarer Ausdruck eines gewissen Lautes ist, ist Spiel, (1) * eine Rede, ingleichen eine Geschichte; eine sehr alte Bedeutung, in welcher Spel, Spela nicht nur schon in den ältesten Deutschen Denkmahlen, sondern auch in allen mit der Deutschen verwandten Sprachen angetroffen wird. [...]

[10] Binder: *Hölderlins Odenstrophe*, a.a.O.

[11] Reitani hat darauf aufmerksam gemacht, daß im Erstdruck allerdings „Ziel" steht. Vgl. hierzu: Luigi Reitani: *Spiel oder Ziel? Zur Problematik einer (un?)kritischen Emendation in Hölderlins „Ganymed"*. In: *Text. Kritische Beiträge* 5 (1999), 105-108.

> (2) Der Klang, besonders die hervor gebrachten harmonischen Töne vermittelst eines musikalischen Instrumentes; eine gleichfalls veraltete Bedeutung, in welcher Spil bey dem Ottfried die Musik ist. [...]
> (3) Lärmen, Getöse, eine nur im gemeinen Leben einiger Gegenden übliche Bedeutung. Ein gräßliches Spiel anrichten, Lärmen. [...]
> 2. Von spielen, sich leicht bewegen, ist das Spiel,
> (1) Im weitesten Verstande,
> (a) Eigentlich, freye Bewegung und dann eine jede bestimmte Bewegung überhaupt; [...]
> (b) Ein bewegliches, sich bewegendes Ding; [...]
> Es scheinet, daß nach einer noch weitern Figur Spiel ehedem auch ein lebendiges, d.i. sich selbst bewegendes Geschöpf bedeutet habe. Denn das Federwildbret wird noch jetzt bey den Jägern das Federspiel oder Federgespiel genannt, wohin denn auch Windspiel, d.i. Windhund, gehören würde.
> (2) In engerer und theils figürlicher Bedeutung ist das Spiel eine Bewegung und Beschäftigung, welche aus keiner andern Absicht als zum Zeitvertreibe oder zur Ergetzung des Gemüthes unternommen wird.[12]

Es überlagern sich hier „Rede“, „Laut“ und „Klang“ (der Lüfte), „Bewegung“ und Lebendigkeit und zuguterletzt die Schillersche Bedeutung des Spiels als Modell ästhetischer Zweckfreiheit. Die in „Spiel“ kulminierende Überblendung von Rede („Wort“, v.7) und Bewegung beschreibt genau, was das Gedicht zur Darstellung bringt: Die mobilisierende Kraft einer „[b]esondre[n] Stimme“ (v.16):

> [...] und bei des Fremdlings
>
> Besondrer Stimme stehen die Heerden auf,
> Es regen sich die Wälder, es hört tief Land
> Den Stromgeist fern, und schaudernd regt im
> Nabel der Erde der Geist sich wieder.

Dieses förmliche Überquellen übersetzen formal auch die Enjambements zwischen dritter und vierter, als auch zwischen vierter und fünfter Strophe, sowie die dominierenden Verben der Bewegung („“nimmt“, bricht“, „wirft“, v.14; „stehen [...] auf“, v.17, „regen sich“, v.18; „regt [...] sich“, v.19f.).

Betrachtet man die ersten fünf Strophen im Überblick, zeigt sich, daß *Ganymed* nicht nur ein Konzept der Bewegung verficht, sondern auch selbst ein in Bewegung befindliches „Spiel“ *ist*. Denn sobald man versucht, den Text auf eine bestimmte Vorstellung hin zu verpflichten, zerrinnt einem diese wie Wasser unter den Händen. Genau besehen, läßt der Text nämlich entscheidende Bild-Konstituenten im Dunkeln: In welchem Verhältnis steht der Titel des Gedichts zu dem geschilderten Geschehen? Ist Ganymed identisch mit dem „Stromgeist“ oder fungiert entweder der mythologische Name oder die Bezeichnung der „Stromgeist“ (nur) als Metapher für etwas? Was geschah „damals, als hoch oben

[12] Adelung: *Grammatisch-kritisches Wörterbuch*, a.a.O., Bd. 4, Art. *Das Spiel (2)*, 196f.

im Fels er schlief" (v.10), und wie kam er nach „drunten" (v.5)? Wer ist der „Vater" (v.5)? Handelt es sich um Ganymeds Vater? Oder ist „Vater" ein Synonym für eine göttliche Instanz? Und wer ist der „gewanderte[] Mann"?

Schon die Identifizierung des angesprochenen und dann agierenden Wesens ist schwierig. Zumal beim ersten Lesen bleibt bis zur fünften Strophe ungeklärt, daß es sich bei dem „Bergsohn" (v.1) um einen „Strom[]" (v.19) handelt. Diese Bezeichnung taucht erst in der vorletzten Strophe des Gedichts in der Fügung „Stromgeist" auf und es fragt sich in der Tat, ob es sich dabei tatsächlich um die Identifikation handelt,[13] oder nicht nur um eine weitere der vielen Antonomasien die für das Subjekt gebraucht werden, wie „Bergsohn" (v.1), „Gedultiger" (v.2), „der Gefesselte" (v.12), „Der Linkische" (v.13) und „Fremdling[]" (v.16). Unter Rückgriff auf die Vorstufen des Gedichts mit den Titeln *Der gefesselte Strom* und *Der Eisgang*[14] meint man, diese Ungewißheit vereindeutigen zu können; und in der Tat sprechen in der *Ganymed*-Version auch Indizien wie die zweimalige Erwähnung von „Ufer" (v.2 und 16) und das Verb „quillt[]" (v.9) für eine solche Hypothese. Auch hat Ganymed der Mythologie nach tatsächlich Flüsse als Vorfahren und das Wasserelement somit quasi ‚im Blut'.[15] Doch funktioniert gerade die Einbindung der mythologischen Ganymed-Figur andererseits nur um den Preis einer starken Metamorphose. Von der mythologischen Erzählung des von Zeus in Adlergestalt entführten, hübschen Jünglings, der alsdann Mundschenk der Götter war, ist in der Ode nur andeutungsweise die Rede, und zwar innerhalb der direkten Rede der ersten Strophe: „Denkst nicht der Gnade du, wenn's an den/ Tischen die Himmlischen sonst gedürstet?" (v.3f.). Ganymed erscheint hier nicht als wirklich auftretende Person, sondern nur als (zudem nicht einmal explizit erwähnte) Figur einer ‚Erzählung' aus einer zeitlich unbestimmten Vergangenheit („sonst", v.4).

Schmidt hat daher die bedenkenswerte These vertreten, Ganymed sei nicht etwa der Dargestellte, sondern Ganymed laute vielmehr das „Wort" (v.7), das der „gewanderte[] Mann [...] sendet" (v.8) und das den Strom zu „geniale[r] Aktivität" inspiriert:

> Die Erinnerung an Ganymed vermittelt dem Strome den Geist, indem sie ihn zugleich aus der Selbstentfremdung herausführt: Aus seiner winterlichen Erstarrung und aus dem Leiden an einer winterlich-dürftigen Umwelt [...] wird er durch das ‚Wort' des erinnernden Dichters wachgerufen, der dem unwirtlich-‚kahlen Ufer' der irdisch-unerfüllten Welt das Bild Ganymeds an den Tischen der Himmlischen gegenüberstellt – die Vision einer höchsten, geradezu als ‚Gnade' bezeichneten Erfüllung. Entmythologisiert heißt dies, daß die ideale Utopie in entscheidender Weise die geniale Aktivität stimuliert.[16]

[13] So Grunert: *Poesie des Übergangs*, a.a.O., 153.
[14] Vgl. StA 2,2, 540.
[15] Vgl. Beißners Kommentar, StA 2,2, 546.
[16] SW 833f.

Dies ist eine mögliche Auslegung, die der Text weder dementiert, noch freilich besonders nahelegt; denn wenn das Wort „Ganymed" als inspirative Kraft agiert, spricht es als eines von „alte[m]/ Geist[]" (v.7f.) gerade gegen die Innovation des Originalgenies. Auch kann Schmidts These nicht wirklich erklären, warum gerade die Erinnerung an die mythologische Ganymed-Episode in der Lage ist, genialisches Tun zu inspirieren. Der mythologische Ganymed wurde dank seiner natürlichen Schönheit in den Himmel erhoben, nicht wegen besonderer Verdienste oder gar künstlerischer Leistungen. Mit einem klassischen Schönheitsmodell indes ist Hölderlins *Ganymed* überhaupt nicht in Verbindung zu bringen. Am Schluß der Ode ist der Strom einfach aus dem Blickfeld verschwunden; auch sein geniales Tun wird nicht weiter konkretisiert. Ob es sich daher um ein Erfüllungsgeschehen handelt, bleibt äußerst fragwürdig.

Dennoch hat Schmidts These ein grundlegendes Prinzip des Textes verstanden: das der Übertragung. Denn eine kohärente Lektüre des Gedichts fällt vor allem deshalb schwer, weil im Unklaren bleibt, was nur auf einer übertragenen und was auf der wörtlichen Ebene zu verstehen ist – ja diese Unterscheidung wird vom Text ins Fließen gebracht.[17] Besonders verdichtet sich dieses metonymische Prinzip in dem Wort „Stromgeist" selbst: Ist hier „Strom" eine Metapher für das gleichsam strömende Prinzip der „besondre[n] Stimme" (v.17), für deren strömenden Geist? Zu denken wäre dann natürlich an den Fluß als topische Metapher für das „strömende Wort" (StA 2,1, 91, 34). Oder ist umgekehrt der „Geist" Metapher für den gleichsam belebenden Charakter des Wassers auf den Sprecher? In der Konjunktion „Stromgeist" konzentriert sich somit eine Schwierigkeit des Textes: Die Ode läßt offen, wer – mit Weinrich gesprochen – *Bildempfänger* und was *Bildspender* ist, ja sie scheint gerade eine solche Unterscheidung instabil zu machen.

In Frage steht so auch, ob es in den Strophen vier bis sechs überhaupt noch um den Fluß geht oder ob nicht der belebende „Stromgeist" (v.19) vielmehr eine Metapher für das „Wort" ist, welches in dieser Perspektive nicht nur das Wasser (Strophe 3 und 4), sondern auch andere Elemente beleben würde. Denn die Bezeichnung „Fremdling" in Vers 16 könnte sich auch auf den „gewanderte[n] Mann" (v.8) beziehen, der als „gewanderter" vermutlich aus der Fremde kommt und schon zuvor durch sein Sprechen („Wort", v.7) ausgezeichnet war.[18] Ob es daher nicht (immer noch) gerade seine „[b]esondre Stimme" (v.17) ist, welche die „Heerden" (v.16) und „Wälder" (v.17), ja das ganze „Land" (v.18) und den

[17] Vgl. die Bemerkung Heideggers: „Allein, die Ströme sind in Hölderlins Dichtung keineswegs nur gradweise schwerer zu deutende ‚Sinnbilder'. Wären sie das, dann blieben sie im Wesen immer noch ‚Sinnbilder'. Und gerade dies sind sie nicht. Die ‚Ströme' können daher auch nicht als Symbole höherer Stufe und ‚tieferen', ‚religiösen' Gehaltes gelten. Hölderlins Hymnen-Dichtung, die nach 1799 den Dichter bestimmt, ist überhaupt nicht sinnbildlich." Martin Heidegger: *Hölderlins Hymne „Der Ister"* (Gesamtausgabe 2. Abt.: Vorlesungen 1923-1944, Bd. 53). Frankfurt am Main 1984, 20.

[18] Anders Grunert: *Poesie des Übergangs*, a.a.O., 154.

„Nabel der Erde“ (v.20) „[auf]regt“ (v.19), ist nicht sicher. Insistierend spielen die gehäuften Pronomen mit diesen Vertauschungen. Noch in der letzten Strophe weiß man nicht, von wem genau die Rede ist, wenn es heißt „*Der* ist aber ferne“ [...] Irr gieng *er* nun“ (v.22f.).

Theoretisch könnten auch die Strophen drei bis sechs das – pars pro toto für den Text stehende – „Wort“ (v.7) bezeichnen; als „voll alten/ Geists“ (v.7f.) könnte es durch den Bezug auf ein „damals“ (v.10) gelten. Die ganze Passage hätte dann keine (textintern) mimetische Funktion (als Wiedergabe eines *wirklichen* Geschehens), sondern wäre als diegetisch (als Erzählung) zu werten.

Solche Hypothesen provoziert *Ganymed*, ohne sie einzulösen. Das Gedicht realisiert eine syntagmatisch sich reihende Tropenkette, die an keiner Stelle zu einem identifizierbaren Ende kommt. Dies läuft den Erwartungen, die der Gedichttitel mit der Namensnennung hervorruft, welche ja eine eindeutige Identifizierbarkeit suggeriert, diametral entgegen. So scheint der „Stromgeist“ zunächst ein Charakteristikum der Ode selbst zu sein: „Die ständige Zurücknahme des Nennens hält den Text in Bewegung und führt ihn über jede seiner Gestalten hinaus.“[19]

An der offenen Verunklarung partizipiert auch die Sprechhaltung: Die ersten beiden Strophen sind in direkter Rede gehalten: Doch wer spricht hier? Der „gewanderte[] Mann“ selbst? Warum spräche er dann von sich selbst in der dritten Person (v.8)? Oder ist hier eine dritte Stimme involviert, die in der Ansprache zugleich das Geschehen der Ansprache beschreibt? Wie kommt es zu dem Perspektivwechsel im Übergang zur dritten Strophe? Warum wird hier plötzlich in der dritten Person gesprochen und wer ist nun Adressat dieser ‚Erzählung‘? Sonderbar ist auch die Zäsur zwischen der fünften und sechsten Strophe, da die letzte Strophe in einem gänzlich anderen Duktus erscheint:

> Der Frühling kömmt. Und jedes, in seiner Art, 21
> Blüht. Der ist aber ferne; nicht mehr dabei.
> Irr gieng er nun; denn allzugut sind
> Genien; himmlisch Gespräch ist sein nun.

Der extrem zäsurierte Stil, der in vier Versen vier Punktzeichen und drei Semikola setzt, suggeriert durch seinen stockenden Satzbau bereits, daß der fließende Stromgeist „ferne“ (v.22) ist. Das enigmatische Ende schließt kaum an die vorhergehenden Strophen an und scheint selbst von „[F]ern[]“ (v.22) zu kommen. Was ist zwischen der letzten und vorletzten Strophe passiert?

In einer allegorischen Lesart auf das poetologische Konzept des Bildungstriebes hin kann die letzte Strophe als Beispiel für eine Form gelten, die vom beseelenden „Stromgeist“ gerade gebildet wurde – kurz als Gestaltete „[b]lüht“ (v.22), um dann zu verwelken, während der Bildungstrieb als ein selbst rastloser, unverfügbarer „Stromgeist“ schon wieder auf zu neuen Ufern verschwand.

[19] Frey: *Textrevision bei Hölderlin*, a.a.O., 85.

Frey hat darauf aufmerksam gemacht, daß auch in dem „Gespräch“, das der Stromgeist „nun“ (v.24) führt, noch immer die Bewegung eines Hin und Her impliziert ist, die schon zuvor seinen „Geist“ bestimmte.[20]

Wer hier „irr gieng“ (v.23) – ob der Strom, der Wanderer oder vielleicht gar der Sprecher der vorherigen Strophen – all diese Fragen müssen ungeklärt bleiben, da das Gedicht selbst vom ‚Stromgeist‘ affiziert ist und mittels der Pronomen und Tropen sich selbst so in Bewegung setzt, daß seine Vorstellungswelt im Unbestimmten verbleibt. Wie der Stromgeist – oder ist es der Wanderer? – am Ende „[i]rr gieng“, so versanden auch die möglichen (Verein)deut(ig)ungen des Interpreten.

Der Text inszeniert diese Unverfügbarkeit, die ein Attribut des Stromgeistes ist, indem es diesen selbst unverfügbar macht. Das damit einhergehende Gleiten von Bedeutung spiegelt sich in einigen Lautwanderungen zwischen semantisch unzusammenhängenden Bereichen: „schief“ (v.1) wird zu „schlief“ (v.10), „schauend[]“ (v.16) zu „schaudernd“ (v.19); „Kluft“ (v.6) spielt mit der Luft in „Lüfte“ (v.6).[21] Da es kein semantisch reguliertes Textprinzip gibt, entfalten solche Lauteffekte ein Eigenleben.

Daß der Stromgeist also am Schluß „nicht mehr dabei“ (v.22) ist, scheint weniger eine pessimistische Wendung, noch das Erreichen eines idealen Zieles, als eine Konsequenz seines unaufhaltsamen In-Bewegung-Seins. Gerade diese Unaufhörlichkeit aber qualifiziert ihn in Hölderlins Text: Die Ausblicke der ersten drei Strophen in eine unbestimmte, vielleicht gar mythische Vergangenheit („sonst“, v.4; „Wie damals“, v.10) belegen über alle Klüfte hinaus die unaufhaltsame Kontinuität seines Strömens.

5.6.2 Nebenvorstellungen

Auffallend ist die dreimalige Rekurrenz des Wortes „Geist“: zuerst in der attributiven Fügung „voll alten/ Geists“ (v.7f.), von dem es nicht klar ist, ob er sich auf das „Wort“ selbst oder den „gewanderte[n] Mann“ bezieht, und dann zweimal in der fünften Strophe, zunächst als „Stromgeist“ (v.19), dann als „Geist“ (v.20) „im/ Nabel der Erde“ (v.19f.). Wie bereits in *Heimkunft* scheint die emphatische Analogisierung von Geist und Bewegung auch in *Ganymed* ein

[20] Ebd., 90. Ein solches „hin und her“ ist nach Adelungs Wörterbuch auch in „irre“ enthalten: „Ohne bestimmte Absicht, ohne Kenntniß der Gegend sich hin und her bewegend“. Vgl. Adelung: *Grammatisch-kritisches Wörterbuch*, a.a.O., Bd. 2, Art. *Irre*, 1394.

[21] Diese – s. *Blödigkeit* – sehr unkonventionelle Art des Reimens hat Frey im Übergang zwischen verschiedenen Bearbeitungsstufen der *Nachtgesänge* ausgemacht: „Die lautliche Konstellation wird aus der festen Bindung an eine Bedeutung gelöst und für eine neue verfügbar gemacht, zu der sie sich auf der nächsten Textstufe sogleich wieder verfestigt. Dieser Vorgang ist unabschließbar und kennzeichnet Hölderlins unendlichen Text.“ Frey: *Textrevision bei Hölderlin*, a.a.O., 84.

Echo aus Kants *Kritik der Urteilskraft* zu sein, wo der „Geist" als „belebendes Prinzip im Gemüte"[22] ein „Spiel"[23] unterhält.

Ein solches geistreiches „Spiel" ist nun auch in *Ganymed* inszeniert. Besonders belebend, so Kant, wirken insbesondere „Nebenvorstellungen", also „diejenigen Formen, welche nicht die Darstellung eines gegebenen Begriffes selber ausmachen, sondern nur, als Nebenvorstellungen der Einbildungskraft, die damit verknüpften Folgen und die Verwandtschaft desselben mit anderen ausdrükken."[24] Als eines von zwei Beispielen für Nebenvorstellungen nennt Kant den „Adler Jupiters" – ein „Attribut"[25], das auch in der mythologischen Ganymedepisode eine nicht unwesentliche Rolle spielt. Kant erläutert zu solchen „Attribute[n]":

> Sie stellen nicht, wie die logischen Attribute, das, was in unseren Begriffen von der Erhabenheit und Majestät der Schöpfung liegt, sondern etwas anderes vor, was der Einbildungskraft Anlaß gibt, sich über eine Menge von verwandten Vorstellungen zu verbreiten, die mehr denken lassen, als man in einem durch Worte bestimmten Begriff ausdrücken kann; und geben eine ästhetische Idee, die jener Vernunftidee statt logischer Darstellung dient, eigentlich aber um das Gemüt zu beleben, indem sie ihm die Aussicht in ein unabsehliches Feld verwandter Vorstellungen eröffnet.[26]

Die „Aussicht in ein unabsehliches Feld verwandter Vorstellungen" wird durch die Darstellung „eröffnet", jedoch im Gedichttext nicht anschaulich ausgemalt.[27] Nebenvorstellungen sind damit im Text angelegt, ohne doch als solche direkt präsent zu sein. Sie täuschen im eigentlichen Sinne nichts vor, da sie keine konkrete Vorstellungswelt simulieren – aber doch unendlich viel suggerieren. Diese Kunst ist daher nur schwer beherrschbar und, so Kant, eigentlich Sache des Genies.

Auch Hölderlins *Ganymed*-Ode scheint eine solche „Aussicht in ein unabsehliches Feld verwandter Vorstellungen" durch ihre im Unbestimmten gelassenen Vorstellungen und Allusionen eröffnen zu wollen. Für den Fall von *Blödigkeit* hat Hans Jürgen Scheuer gezeigt, wie das Bildfeld von Orpheus' Tod in der Ode formal-strukturell versteckt ist.[28] Der mythische Sänger scheint nun auch in *Ganymed* wieder latent präsent zu sein und gerade als eine solche Nebenvorstel-

[22] Kant: *Kritik der Urteilskraft*, a.a.O., 167, C192; Herv. im Orig.
[23] Ebd.
[24] Ebd., 169 (C 195).
[25] Ebd.
[26] Ebd.; Herv. im Orig.
[27] Vgl. in diese Richtung bereits Lessing: *Laokoon*, a.a.O., 23: „Dasjenige aber nur allein ist fruchtbar, was der Einbildungskraft freies Spiel läßt."
[28] Scheuer: *Verlagerung des Mythos in die Struktur*, a.a.O.

lung zu fungieren, welche die „Aussicht in ein unabsehliches Feld verwandter Vorstellungen“ eröffnet.[29]

Ein Orpheus-Bezug ist bereits im Titel präsent: Denn in Ovids *Metamorphosen* ist die Ganymedgeschichte der erste Teil des (in den *Metamorphosen* zitierten) Gesang des Orpheus.[30] Orpheus ist auch „ein gewanderter Mann“, wie Hederichs *Gründliches mythologisches Lexikon* belehrt.[31] Und Orpheus ist derjenige, dessen „göttliche[n] Ströme[n] mystisch hallenden Sanges“[32] „Wälder“ und „Heerden“ folgen (5. Strophe), der buchstäblich bewegt: „So brachte er es auch in der Musik so weit, daß er nicht nur die Menschen, sondern auch die wilden Thiere, ja selbst die Bäume und Felsen, nach sich gezogen, wie nicht weniger die Flüsse in ihrem Laufe, und die Winde in ihrem Blasen, aufgehalten.“[33] Als erster, der Lyra-„Spiel“ (v.6) und „Wort“ (v.7) im Gesang vereint, gilt Orpheus als der „Vater“ (v.5)[34] von solch belebendem ästhetischen Geist.[35]

Die Spur zu Ovids *Metamorphosen*, in denen „Ganymed“ genau ein solches gesungenes „Wort“ (v.8) *ist*, scheint mir auch deshalb fruchtbar, weil ebendort das Prinzip der Verwandlung, das Hölderlins Ode in der Art ihrer Zitation umsetzt, schon im Titel prominent ist. Orpheus selbst ist ein Verwandlungskünstler. Der Vergleich „[w]ie damals“ (v.10) zielt denn auch weniger auf eine substan-

[29] Wenn Scheuers These (vgl. Anm. 27) stimmt und Orpheus in *Blödigkeit* als ‚infirmer‘, weil toter, Sänger latent präsent ist, könnte man in seiner – freilich ebenso latenten – ‚Auferstehung‘ in *Ganymed*, das ja in einer Folgeposition zu *Blödigkeit* steht, eine durch die Macht des „Stromgeist[es]“ (v.19) ermöglichte „Beleb[ung] des Todten durch reelle Wechselvereinigung desselben“ (StA 4,1, 222; Herv. im Orig.) sehen.

[30] Vgl. Ovid: *Metamorphosen*, Lat./dt. übers. u. hg. v. Michael von Albrecht. Stuttgart 1994, Buch X, v.155-161.

[31] „Nach dem er zu Hause gelernet hatte, was nützlich war, so gieng er nach Aegypten, und erlernete daselbst, zumal in der Theologie, so viel, daß er hernach seines gleichen unter den Griechen nicht hatte. [...] Von daher brachte er die Fabeln von der Hölle, den Orgien und andern d. g. Geheimissen mit und breitete sie in Griechenland aus.“ Hederich: *Gründliches mythologisches Lexikon*, a.a.O., Art. *Orphevs*, 1810.

[32] Nonnos: *Leben und Taten des Dionysos*. In: ders.: *Werke in zwei Bänden*. Aus dem Griech. übertr. und hg. v. Dietrich Ebener. Berlin; Weimar 1985, Bd. 2, 149.

[33] Hederich: *Gründliches mythologisches Lexikon*, a.a.O., Art. *Orphevs*, 1811. Vgl. auch Horaz: „wo blindlings folgte der Wald dem liederkundigen Orpheus,/ der mit seiner Kunst [...] wilde Ströme hemmte und schnelle Winde“. Horaz: *Werke in einem Band*. Hg. v. Manfred Simon. Berlin; Weimar ^{3}1990, 13f.

[34] Vgl. Hederich: *Gründliches mythologisches Lexikon*, a.a.O., Art. *Orphevs*, 1811: „Er sang dazu, welches vorher noch niemand gethan hatte“. In einer Lesart der ersten Fassung von *Dichtermuth* findet sich interessanterweise die Formulierung „Vater Orpheus“ (StA 2,2, 534, 12). Hölderlin erwähnt Orpheus auch in seiner Magisterarbeit *Geschichte der schönen Künste unter den Griechen. biß zu Ende des Perikleischen Zeitalters*: „Die Griechen vergötterten ihren Orpheus wie ihren Herkules. Sie mahlten die gewaltigen Würkungen seiner Leier aus, die die Thaten ihrer Heroën.“ (StA 4,1, 190)

[35] Vgl. auch Bennholdt-Thomsen: *Nachtgesänge*, a.a.O., 345: „Das Resonanzverhältnis zwischen dem sich wieder bewegenden, belebenden Strom und seinen Ufern läßt das Orpheus-Motiv anklingen“.

tielle Kontinuität, als auf eine Kontinuität der Transformation selbst. Hölderlins Ode praktiziert dies, indem sie ein „Beleben des Todten durch reelle Wechselvereinigung“[36] vollzieht, die von dem überlieferten mythologischen Handbuchwissen kaum mehr etwas übrig läßt.[37]

Diese Transformation des Überlieferten erweist sich dabei als unmittelbare Konsequenz der Tatsache, daß die Ode den orphischen „Geist“ ‚wiederauferstehen‘ läßt: als Metamorphose ihrer „besondre[n] Stimme“ (v.17). Daß sie dies in einem Verfahren tut, das ihre Gehalte nicht in (im traditionellen Sinne) anschaulichen Vorstellungen ausmalt, ist nicht als Mythenkorrektur zu verstehen, sondern kann als besondere Treue dieses Geistes gelten. Denn die Verlagerung auf das Terrain der „Nebenvorstellungen“ vermeidet die Bildung einer festen Identität und erhält der Ode ihren „Stromgeist“ (v.19).

„Ganymed“ als Titel der Ode übertragt dabei die Grundidee: Wie Ganymed als Mundschenk der Götter ‚Medium‘ ist, das den „Stromgeist“ weiterreicht, so versteht sich auch die Ode als ein Text der Übertragung, als Medium oder „Stoff“ mit dem Ziel, die „Gemütskräfte zweckmäßig in Schwung [zu] versetz[en]“.[38] Ihre „reelle Wechselvereinigung“ (StA 4,1, 222) ist keine positivierende Aneignung, sondern nimmt die Tradition *als* einen „Fremdling“ (v.16) auf und macht sie als solche produktiv.

[36] StA 4,1, 222.

[37] Vgl. Bennholdt-Thomsen: *Nachtgesänge*, a.a.O., 346: „Sehr deutlich hat H[ölderlin] bei der Überarbeitung den Strom gleich eingangs mit der hesperischen ‚Farbe des Schiksaals‘ eingefärbt [...], er ist ‚unmutig‘, er liegt ‚schief‘, er ‚friert‘, er ist vergesslich und ‚linkisch‘. Auf diese Weise erscheint Ganymed tatsächlich affiziert durch das Exil, in das H[ölderlin] ihn poetisch versetzt hat. Der zornige Aufbruch aus dem Eis kann daher jetzt als ‚Reinigung‘ eines ‚Gefesselten‘ [...] qualifiziert werden. Wenn der Stromgeist das Modell des hesperischen Dichters impliziert, dann besagt die Reinigung auch die Lösung vom antiken Vorbild – das heißt hier: die Abtrennung von der mythischen Folie Ganymed – und damit die Befreiung ‚vom Dienste des griechischen Buchstabens‘“.

[38] Kant: *Kritik der Urteilskraft*, a.a.O., 167, C 192.

5.7 Idyllisch, elegisch, heroisch: *Hälfte des Lebens*

Hälfte des Lebens[1] situiert sich innerhalb der *Nachtgesänge* an der Grenze zwischen den beiden Formen von Ode und freirhythmischen Gedichten.[2] Erstaunlich ist der neue Ton, den es in den Gedichtzyklus trägt:

> Mit gelben Birnen hänget
> Und voll mit wilden Rosen
> Das Land in den See,
> Ihr holden Schwäne,
> Und trunken von Küssen
> Tunkt ihr das Haupt
> Ins heilignüchterne Wasser.

Diese wohl berühmteste Strophe Hölderlins erstrahlt im Kontext der *Nachtgesänge*, zumal nach den stilistisch außerordentlich kühnen Oden *Blödigkeit* und *Ganymed*, in einem „an Duft und Schmelz gewiss die traumhaftest duftigen Landschaften übertreffend[en]“[3] Glanz. Kunstvoll wird hier eine sinnliche An-

[1] Zitiert nach: StA 2,1, 117. Forschung: Wolfgang Binder: *Hölderlin: ‚Der Winkel von Hardt‘, ‚Lebensalter‘, ‚Hälfte des Lebens‘*. In: ders.: *Hölderlin-Aufsätze*, a.a.O., 350-361; Karl Eibl: *Der Blick hinter den Spiegel. Sinnbild und gedankliche Bewegung in Hölderlins „Hälfte des Lebens“*. In: *Jahrbuch der deutschen Schillergesellschaft* 27 (1983), 222-234; Werner Hamacher: *Parusie, Mauern. Mittelbarkeit und Zeitlichkeit, später Hölderlin*. In: HJb 34 (2004/05), 93-142; Michael Jakob: *Schwanengefahr. Das lyrische Ich im Zeichen des Schwans*. München; Wien 2000; Emmy Kerkhoff: *Friedrich Hölderlins „Hälfte des Lebens“*. In: *Neophilologus* 35 (1951), 94-107; Paul Maloney: *Bild und Sinnbild in Hölderlins „Hälfte des Lebens“*. In: GRM 30 (1980), 41-48; Menninghaus: *Hälfte des Lebens*, a.a.O.; Gerhard Neumann: *Rudolf Borchardt. Der unwürdige Liebhaber*. In: Hans-Henrik Krummacher, Fritz Martini und Walter Müller-Seidel (Hg.): *Zeit der Moderne. Zur deutschen Literatur von der Jahrhundertwende bis zur Gegenwart*. Stuttgart 1984, 89-118; Eric L. Santner: *Paratactic Composition in Hölderlins „Hälfte des Lebens“*. In: *The German Quarterly* 58 (1985), H. 2, 165-172; Jochen Schmidt: *‚Sobria ebrietas‘. Hölderlins Hälfte des Lebens*. In: Wulf Segebrecht (Hg.): Gedichte und Interpretationen 3: Klassik und Romantik. Stuttgart 1984, 257-267; Ludwig Strauss: *Friedrich Hölderlin: „Hälfte des Lebens“*. In: *Trivium* 8 (1950), 100-127 [auch in: Jost Schillemeit (Hg.): *Interpretationen*. Bd. 1: *Deutsche Lyrik von Weckherlin bis Benn*. Frankfurt am Main; Hamburg 1965, 113-134].

[2] Davon, daß es beiden Einflußbereichen ausgesetzt ist, zeugt seine ‚freie‘ Einbindung des sapphischen Adoneus, einem traditionellen Odenvers. Vgl. dazu Menninghaus: *Hälfte des Lebens*, a.a.O.

[3] HSW 298.

schaulichkeit erzeugt, die ihre klassische Abkunft nicht nur in der Einhaltung der „Regel von der Einheit der malerischen Beiwörter“[4] bezeugt. ‚Malerisch‘ ist ein Attribut, das sehr gut den Charakter dieser ‚farbigen‘ („gelb“, v.1)[5] Anschaulichkeit beschreibt; so denkt auch Hellingrath in seinem gerade anzitierten Kommentar an ganz bestimmte Landschaften, nämlich solche,

> welche die grossen Meister in ihren Bildnissen zum Hintergrund gemalt haben (und woran die unsre auch, wenn so zu sagen erlaubt ist, in der Perspective erinnert, da *hängt* v. 1 sicher sowohl das Überhängen der Vegetation über den Uferrand bedeutet, als, wie in jenen Gemälden landkartenhaft gesehen, das ‚Hängen‘ der Fläche des Landes, man denke an eine Halbinsel, in die Fläche des Sees)[...].[6]

Hellingraths Intuition, „hänget“ als ein „landkartenhaft gesehen[es]“ Phänomen zu begreifen, als Erinnerung an die „Bildnisse[]“ der „grossen Meister“,[7] findet im Präsentationsmodus des Textes tatsächlich ein Argument. Das Landschaftsbild eines Sees mit reichbewachsenem Ufer und darauf schwimmenden Schwänen präsentiert sich *wie gemalt*: Die Landschaft scheint in einer Momentaufnahme festgehalten, was ihr etwas Statisches verleiht. Es gibt keine Entwicklung, vielmehr ist alles auf einen Augenblick, den der Reife („gelben Birnen“, „voll mit wilden Rosen“, v.1f.), konzentriert. Selbst die ihr Haupt ins Wasser tunkenden Schwäne scheinen in diesem Moment zu verharren. Die Szene ist im indikativischen Präsens geschildert: einer Zeit des angehaltenen Jetzt.

Mit diesem Präsentationsgestus und dem Sujet eines *locus amoenus* rufen die sieben Verse fast automatisch „den Gedanken an die Idylle wach[...]“[8]. *Idyllisch* auch im engeren Wortsinn ist die Landschaft der ersten Strophe in der Tat. Die zwar falsche, aber erst im 19. Jahrhundert aufgedeckte und damit über Jahrhunderte wirkungsmächtige Herleitung des Gattungsnamens aus dem griechischen *eidyllion* ist noch bei Wolfgang Kayser im *Sprachlichen Kunstwerk* präsent: „Bild oder vielmehr Bildchen heißt auf griechisch eidyllion, und die Idylle ist die dichterisch realisierte Form, die wir erwarten durften.“[9] Die erste Strophe

[4] Lessing: *Laokoon*, a.a.O., 115.

[5] „[G]elb[]“ (v.1) ist einer der seltenen Farbwerte in den Nachtgesängen. Vgl. sonst nur das „grüne[] Thal“ in *An die Hoffnung* (StA 2,1, 59, 9) und das „goldnen“ in *Blödigkeit* (StA 2,1, 66, 19).

[6] HSW 298. D. E. Sattler identifiziert die Landschaft als „bild des Kassler Lac am fuße des bergparks mit der in den see hängenden roseninsel“ (FHA 8, 755).

[7] Eine bildliche Gegenüberstellung mit dem Ölgemäle von Caspar David Friedrich unternimmt Jakob: *Schwanengefahr*, a.a.O., 249f.

[8] Böschenstein-Schäfer: *Idylle*, a.a.O., 5.

[9] Zitiert nach ebd., 2. Vgl. schon Freiherr von Penkler 1767: „Idyll heißt eigentlich ein kleines Bild“. Zitiert nach ebd.

von *Hälfte des Lebens* entspricht in ihrer „Dominanz des Visuellen“[10] dem „Entwurf einer rein statischen Dichtung“[11], wie sie die Idylle propagiert.

Die erste Strophe von *Hälfte des Lebens* zitiert den Idyllentopos ihrer Zeit: „wilde Rosen“ zum Beispiel finden sich als Idylleninventar wiederholt bei Salomon Geßner, dem zu Hölderlins Zeit wohl prominentesten Vertreter der Idyllendichtung.[12] Gegenüber traditionellen Idyllen setzen sich Hölderlins sieben Verse durch zwei idyllenuntypische Merkmale ab: inhaltlich durch das Fehlen von menschlicher Präsenz;[13] formal durch ihren ‚hohen‘ Ton.[14]

Gerade in diesem Ton verrät sich die sentimentalische Perspektive und ihr Effekt affektiver Steigerung, wie er sich nach Schiller durch die Geltungsrelativierung einstellt, die der Idylle in der sentimentalischen Betrachtungsart widerfährt.[15] Auch wenn das Ideal in Hölderlins erster Strophe durch das Indikativ

[10] Böschenstein-Schäfer: Art. *Idyllisch/Idylle*, a.a.O., 121.

[11] Böschenstein-Schäfer: *Idylle*, a.a.O., 9.

[12] Vgl. Salomon Geßner: *Idyllen*. Kritische Ausgabe. Hg. v. E. Theodor Voss. Stuttgart ³1988: „[w]ilde Rosen-Gebüsche“ (ebd., 22) „wilde[n] Rosen“ (ebd., 41). Zum typischen Idyllenrepertoire gehören auch Schatten (ebd., 22) und Wasserquellen.

[13] Die Birnen sind zwar „gelb“ (v.1), d.h. reif, aber „hänge[n]“ (v.1) noch, d.h. sie sind nicht abgeerntet. Die Rosen sind „wild“ (v.2), d.h. nicht kultiviert, das Land ist „voll“ (v.2) von ihnen, was wiederum auf das Fehlen von Menschen hinweist, die sie pflücken. Bezeichnenderweise perspektivieren auch die Vorstufen im Stuttgarter Foliobuch (Originalpaginierung 34/17b) den Kontrast von Natursphäre und Mensch: Die Überschriften *Die Rose*, *Die Schwäne*, *Der Hirsch* und *Im Walde* ordnen sich alle ersterer zu; „der Mensch“ als eigene Gattung wird adversativ eingeführt: „Aber in Hütten wohnet der Mensch“.

[14] Hier zeigt sich dann auch die Differenz der Hölderlinschen Idylle zu den Idyllen Geßners. Denen entnehmen sie zwar einige Elemente, doch ist der Präsentationsgestus ein völlig anderer, wie Michael Jakob am Beispiel des Schwanenmotivs gezeigt hat: „Mit seinen entmythologisierten, auf einen landschaftlichen Eindruck beschränkten, dem Horizont lyrischer Konventionalität und Ornamentik entzogenen Schwänen [...] coupiert [Hölderlin ...] nicht nur die sentimentale Überfrachtung des traditionellen klassizistischen Schwanenbildes, seine dekorative, symbolisch-vordergründige Funktionalisierung, sondern erfindet geradezu ein neuartiges Motiv.“ (Jakob: *Schwanengefahr*, a.a.O., 247). Vgl. auch ebd., 250: „[F]ür die Lyrik vor *Hälfte des Lebens* waren Schwäne letztlich repertorielle, abrufbare Zeichen, entsprach ihre Verwendung, auch dort, wo sie äußerst innovativ ausfiel, rhetorischen Vorgaben. Erst bei [...] Hölderlin werden Schwäne zum alles beherrschenden und nicht mehr einfach symbolisch entzifferbaren Element der Landschaft: [...] als Zeichen, die, weil sie einer festen Bedeutung zuwiderlaufen, in der Text-Landschaft ganz neue, ikonische Signifikanz gewinnen.“

[15] Die zentrale Bedeutung der Idylle für Schillers Schrift zeigt sich darin, daß sie die einzige Dichtungsart ist, welcher in der Endgestalt des Textes eine eigene Kapitelüberschrift gehört. Geßner wird von Schiller als sentimentalischer Dichter verbucht und muß als Anschauungsbeispiel für die Schwierigkeit der Idyllendichtung in einem sentimentalischen Zeitalter herhalten. Denn in der „Übereinstimmung“ von Wirklichkeit und Ideal, welche die Idylle zu realisieren hat, fällt es schwer, beiden Bereichen ihr „*volles Recht*“ zu erweisen, was dazu führt, daß „diese Dichtungen bei allem Aufwand von Genie und Kunst weder für das Herz noch für den Geist völlig befriedigend sind“, indem sie zwei eigentlich unvereinbare Sphären ‚vermischen‘: „Ein *Geßnerischer* Hirte z.B. kann uns nicht als

Präsens *als wirklich* präsentiert wird, verrät sich in diesem tonalen „Pinselstrich" der „Einfluß der Kunst",[16] als ästhetisches Bewußtsein von einer nur eingeschränkten Geltung dieses Absoluten.

Hölderlins erste Strophe kann als eine paradigmatische Umsetzung der Schillerschen Vorgaben für die sentimentalische Idylle gelten: sie realisiert eine „Darstellung des Absoluten"[17] in idyllischer Gestalt. Die zweite Strophe von *Hälfte des Lebens* mit ihrer elegischen Wendung erscheint in dieser Perspektive geradezu als Möglichkeitsbedingung der ersten: denn erst die elegische Spaltung erzeugt die Spannung, welche den idealischen Charakter der Idylle *fühlbar* macht. Dieses Bedingungsverhältnis zeigte sich bereits in Schillers Einbindung des Idyllischen als ‚Hälfte' einer elegisch angelegten Dichtung. Die idyllische „Übereinstimmung" wird dort kontrastiert durch den elegischen „Widerspruch".[18]

Man kann deshalb in der hälftigen Heterogenität des Gedichts geradezu eine Verbildlichung von Hölderlins „‚Theorie' des Schönen" sehen, wie es Winfried Menninghaus getan hat.[19] Wie bereits an dem Idyllenbild der lieblich gesellten Schwäne in *Menons Klagen um Diotoma* zu sehen war, erreicht die Idylle ihre darstellerische Intensität erst dort, wo ein „Schatten zu [d]em Lichte" (StA 6,1, 290) hinzutritt, der das idyllische Licht kontrastiert – und dadurch erst hell erstrahlen läßt.[20] Die zweite Strophe benennt dieses untrennbare Bedingungsverhältnis in ihrer Frage, die „Sonnenschein/ Und Schatten" (v.10f.) *zugleich*

Natur, nicht durch Wahrheit der Nachahmung entzücken, denn dazu ist er ein zu ideales Wesen; eben so wenig kann er uns als ein Ideal durch das unendliche des Gedankens befriedigen, denn dazu ist er ein viel zu dürftiges Geschöpf. Er wird also zwar *bis auf einen gewissen Punkt* allen Klassen von Lesern gefallen, weil er das Naive mit dem Sentimentalen zu vereinigen strebt, und folglich den zwei entgegengesetzten Foderungen, die an ein Gedicht gemacht werden können, in einem gewissen Grade Genüge leistet; weil aber der Dichter, über der Bemühung, beides zu vereinigen, keinem von beiden sein *volles Recht erweist*, weder ganz Natur noch ganz Ideal ist, so kann er eben deswegen vor einem strengen Geschmack nicht ganz bestehen, der in ästhetischen Dingen nichts halbes verzeihen kann. Es ist sonderbar, daß diese Halbheit sich auch bis auf die Sprache des genannten Dichters erstreckt, die zwischen Poesie und Prosa unentschieden schwankt, als fürchtete der Dichter in gebundener Rede sich von der wirklichen Natur zu weit zu entfernen, und in ungebundener den poetischen Schwung zu verlieren." (Schiller: *Über naive und sentimentalische Dichtung*, a.a.O., 773f.) Mit seiner Rede von „Halbheit" macht Schiller hier auf ein Problem aufmerksam, das in der Hälftigkeit von *Hälfte des Lebens* wiederkehrt.

16 Schiller: *Über naive und sentimentalische Dichtung*, a.a.O., 749, Anm. 15.

17 Ebd., 772.

18 Ebd., 768, Anm. 23.

19 Menninghaus: *Hälfte des Lebens*, a.a.O., 62-68.

20 Vgl. hierzu auch den Kommentar von Menninghaus: *Hälfte des Lebens*, a.a.O., 64f.: „Das Begehren des Schönen trägt den ‚Widerstand', diese ‚Fessel' der Endlichkeit [...] letztlich ‚gerne'. Denn das Fehlen des Fehlens, die Mangellosigkeit einer dauerhaften Aneignung des Schönen würde nichts zu ‚wünschen' übriglassen und mit dem ‚Leiden' zugleich auch das ‚Leben' tilgen."

gilt. Wenn man in dem Gedicht „den eigentlich ‚poetischen' Zustand"[21] verkörpert sehen will, dann läge dieser Hölderlin zufolge wohl nicht, wie Jochen Schmidt meint, in der ersten Strophe,[22] sondern vielmehr in der heterogenen Zweistrophigkeit des Gedichts.

5.7.1 Idylle mit Zuschauer

Doch im Kontrast von der zweiten Strophe zur ersten zeigt sich auch, daß in der Idylle ein „Problem verborgen"[23] liegt, das einen gravierenden Mangel der idyllischen Mangellosigkeit offenbaren wird.

> Weh *mir*, wo nehm' *ich*, wenn (Herv. U. D.) 8

Die zweifache Selbstreferenz des Ich gleich im ersten Vers kontrastiert mit seiner Abwesenheit in der ersten Strophe. Dort war es zwar durch die Apostrophe an die Schwäne stimmlich markiert, es blieb aber (idyllenuntypisch) ‚außerhalb' des Bildes und verhielt sich rein anschauend.[24] Dies schien zwangsläufig so zu sein; denn gegenüber den ‚offenen' Bildern der bereits besprochenen Oden ist das Bild der ersten Strophe völlig in sich geschlossen. Die *anschauliche* Idylle wird als ein Bild-Modell sichtbar, das nicht nur eine nicht-idyllische Außenwelt ausschließt, sondern auch seinen Rezipienten – denn in diesem Bild hat sich realisiert, worin nach Roland Barthes „die Definition des Bildes, jedes Bildes" besteht: „das Bild ist das, von dem ich ausgeschlossen bin."[25]

In der Art dieser idyllischen Präsentation artikuliert sich daher – parallel zur Preisung der Idylle im hohen Ton – eine Kritik Hölderlins am Modell der Anschaulichkeit. Dem geschlossenen Bildraum fehlt, was das Bild nach Hölderlin wesentlich bestimmt: „Spannung und Bewegkraft" (StA 4,1, 270). Es ist deshalb bezeichnend, daß der Wechsel vom idyllischen zum elegischem Ton sich nicht innerhalb des idyllischen Bildes vollziehen kann, aus einer internen Bilddynamik heraus, sondern ‚von außen' in Gestalt eines Strophenhiats erfolgen muß.

[21] Schmidt: *‚Sobria ebrietas'*, a.a.O., 262.

[22] Schmidt meint, „das in dem Gedicht *Hälfte des Lebens* zentrale Bild der Schwäne, die trunken von Küssen ihr Haupt ins heilignüchterne Wasser tunken, [sei] als eine Metapher des vollkommenen dichterischen Zustands zu deuten." Ebd.

[23] Maloney: *Bild*, a.a.O., 42; dieser wittert allerdings ein anderes Problem als die hier vorgeschlagene Deutung.

[24] Die Apostrophe an die Schwäne (v.4) scheint dabei allein deiktischen Charakter innerhalb der Bildbeschreibung des Ich zu haben. Die Schwäne antworten in keiner Weise, sie nehmen den Sprecher gar nicht wahr, sondern bleiben ganz in ihre eigene „trunken[e]" (v.5) Existenz versunken, ja tunken ihre Häupter „ins [...] Wasser" (v.7), was den Tatbestand ihrer Interesselosigkeit am Ich noch verschärft.

[25] Roland Barthes: *Fragmente einer Sprache der Liebe*. Frankfurt am Main 1984, 63.

Das Problem des idyllischen Bildes besteht darin, daß es in seiner anschaulichen „Darstellung des Absoluten" zu viel sehen läßt, als daß der Rezipient noch viel hinzudenken könnte; es ist zu sehr selbst fruchttragend, um noch *fruchtbar* im Sinne Lessings sein zu können.[26] Der Rezipient bleibt ein bloßer Zuschauer. Den daraus resultierenden Mangel Bewegung klassifizierte bereits Schiller als das Hauptproblem der Idylle:

> *Ruhe* wäre also der herrschende Eindruck dieser Dichtungsart, aber Ruhe der Vollendung, nicht der Trägheit; eine Ruhe, die aus dem Gleichgewicht nicht aus dem Stillstand der Kräfte, die aus der Fülle nicht aus der Leerheit fließt, und von dem Gefühl eines unendlichen Vermögens begleitet wird. Aber eben darum, weil aller Widerstand hinwegfällt, so wird es hier ungleich schwüriger, als in den zwei vorigen Dichtungsarten, die *Bewegung* hervorzubringen, ohne welche doch überall keine poetische Wirkung sich denken läßt. Die höchste Einheit muß sein, aber sie darf der Mannigfaltigkeit nichts nehmen; das Gemüt muß befriedigt werden, aber ohne daß das Streben darum aufhöre. Die Auflösung dieser Frage ist es eigentlich, was die Theorie der Idylle zu leisten hat."[27]

„Vollendung" und „Fülle" („voll", v.2) suggeriert Hölderlins Landschaft ohne Frage; als einen versteckten Kommentar zu der drohenden „Trägheit" der Idylle kann man indes das „hänget" (v.1) lesen – vor allem wenn man es mit dem „hängen" aus dem die *Nachtgesänge* abschließenden *Winkel von Hahrdt* vergleicht, wo es tatsächlich einen ‚trägen' Ton bekommen hat: „Hinunter sinket der Wald/ Und Knospen ähnlich, hängen/ Einwärts die Blätter [...]" (StA 2,1, 116, 1-3).

Hölderlins elegische Brechung vollzieht die Schillersche Vorgabe: denn dessen sentimentalische Idylle gewann ihre *„energische Ruhe"*[28] durch die Einbindung in eine elegische Unruhe. Hölderlins Ich provoziert diese Unruhe förmlich, denn seine elegische Klage bezieht sich ja nicht auf einen aktuellen, sondern nur imaginierten Zeitpunkt „wenn/ Es Winter ist" (v.7f.).[29] Freilich ist der elegische

[26] Vgl. hierzu Norbert Christian Wolf: *‚Fruchtbarer Augenblick' – ‚prägnanter Moment'. Zur medienspezifischen Funktion einer ästhetischen Kategorie in Aufklärung und Klassik (Lessing, Goethe).* In: Peter-André Alt u.a. (Hg.): *Prägnanter Moment. Studien zur deutschen Literatur der Aufklärung und Klassik.* FS für Hans-Jürgen Schings. Würzburg 2002, 373-404; Mülder-Bach: *Im Zeichen Pygmalions*, a.a.O., 45ff.

[27] Schiller: *Über naive und sentimentalische Dichtung*, a.a.O., 776.

[28] Ebd., 768; im Orig. kursiv.

[29] Diese Dramatisierung eines Winterszenarios entspricht auch nicht den idyllischen Vorgaben, die ihre ‚kleinen Bildchen' zu jeder Jahreszeit verfügbar hat – so bei Geßner: „Izt schließt uns der stürmende Winter ins Zimmer, und Wirbelwinde durchwühlen den silbernen Regen der Floken; Izt soll mir die Einbildungskraft den Schaz von Bildern öfnen, die sie in dem blumichten Lenz und in dem schwülen Sommer und in dem bunten Herbst sich gesammelt; aus ihnen will ich izt die schönsten wählen, und für dich, schöne Daphne! in Gedichte sie ordnen." (Geßner: *Idyllen*, a.a.O., 39)

Wechsel eine Lösung, die zwar das „Gemüt“[30] des Lesers in Bewegung setzt, sie kann aber die interne Bewegungslosigkeit der Idylle selbst nicht auflösen.

5.7.2 Weh-Mut

Es gibt deshalb in *Hälfte des Lebens* noch einen anderen, dritten Ton, der auf seine eigene Art die zwar idealische, doch ähnlich wie in der Elegie *Stutgard* lähmende Anschaulichkeit der Idylle überwindet und als mobiles Element in diese zugleich Eingang findet. Hölderlin hat diesen ‚neuen Wind‘ tatsächlich bereits in der ersten Strophe versteckt; er wird dort nur nicht sichtbar, weil er selbst unsichtbar ist; „trunken von Küssen“ (v.5) heißt es dort von den Schwänen.

Was hat es mit diesen „Küssen“ auf sich? Küssen die Schwäne einander oder, wie Karl Eibl vermutet, „ihr eigenes Spiegelbild“?[31] Ein Blick in Geßners *Idyllen* hilft in dieser Frage weiter: dort nämlich ist die Idyllenwelt beseelt von „Zephyren“[32], den „sanften Winde[n]“,[33] deren Wehen ein Liebkosen ist.[34] Es entspricht vollkommen der Idyllentradition, sich die Schwäne von den Zephyren geküßt zu denken.

Es ist dieser Zephyrwind, der in der ersten Strophe als unsichtbarer anwesend ist – was ja der Seinsweise des Windes entspricht –, welcher in der zweiten Hälfte des Gedichts einen Tonwechsel inspiriert:[35]

> [...] im Winde
> Klirren die Fahnen. 14

[30] Schiller: *Über naive und sentimentalische Dichtung*, a.a.O., 768.

[31] Eibl: *Der Blick hinter den Spiegel*, a.a.O., 228.

[32] Geßner: *Idyllen*, a.a.O., 99.

[33] Ebd., 22.

[34] Vgl. Geßners *Die Zephyre*, wo ein „[z]weyter Zephyr“ sagt: „Hier wart’ ich, hier im Rosenbusch, bis ich sie kommen sehe: Mit dem Geruche der Rosen, und mit kühlen Schwingen flieg’ ich ihr dann entgegen; dann kühl’ ich ihre Wangen, und küsse Thränen von ihren Augen.“ (Geßner: *Idyllen*, a.a.O., 99) Vgl. auch Ludwig Christoph Heinrich Höltys als „Idylle“ bezeichnetes Gedicht „Der Gärtner an den Garten im Winter“: „Dann gaukelt Zephyr in den Blüthen,/ Und küßet sie“. Ludwig Christoph Heinrich Hölty: *Sämtliche Werke*. Kritisch und chronologisch hg. v. Wilhelm Michael. Bd. 1-2, Weimar 1914, hier Bd. 1, 14, v.29f. und ebd., 22, v.1f.: „Die schönste Rose, die der Lenz gebar,/ Und Zephyr küßte“. „Zephyre“ werden auch in der Elegie *Menons Klagen um Diotima* erwähnt, in der zudem das Schwanenbild schon vorkommt. (StA 2,1, 75, 12)

[35] Nach Menninghaus (*Hälfte des Lebens*, a.a.O., 95) „verlangen Hölderlins Texte – folgt man konsequent seiner eigenen Theorie – nach einer besonderen Aufmerksamkeit für Kipp-Phänomene, für diskrete Brechungen ihres eigenen Tons.“

In den Interpretationen des Textes wird diesem wehenden Wind kaum je eine besondere Aufmerksamkeit zugewandt, obwohl sich in Hölderlins Werk eine Vielzahl von Stellen anführen lassen, wo Wind eine Rolle spielt.[36] Am prominentesten ist vielleicht der Beginn von *Andenken*, ein derselben Periode wie *Hälfte des Lebens* entstammendes Gedicht, zu dem es in mehr als einer Hinsicht Resonanzen zu *Hälfte des Lebens* aufweist:

> Der Nordost wehet,
> Der liebste unter den Winden
> Mir, weil er feurigen Geist
> Und gute Fahrt verheißet den Schiffern. (StA 2,1, 188)

In Bezug auf *Hälfte des Lebens* wird auf diesen „Nordost" gemeinhin nicht hingewiesen, da er in *Andenken* positiv („der liebste", v.2) qualifiziert wird, während der Wind in *Hälfte des Lebens* im Kontext der kalten Mauern und dem disharmonischen Klirren negativ konnotiert scheint. Dabei deuten gerade die kalten Mauern und die *kalt* klirrenden Fahnen darauf hin, daß es auch in *Hälfte des Lebens* mit großer Plausibilität der kalte „Nordost" weht. Und wie dieser kalte Wind in *Andenken* als beseelendes Element charakterisiert, ja gar zum „liebste[n]" erklärt wird, weil er genau das Gegenteil von dem verspricht, was er fühlbar macht, seine Kälte „feurigen Geist/ Und gute Fahrt verheißet", so agiert auch der Wind in *Hälfte des Lebens* im Zeichen des Wechsels.

In der Tat importieren die Verse aus *Andenken* in die zweite Strophe von Hölderlins *Hälfte des Leben* einen neuen Ton, und zwar schon von ihren ersten Silben an. Wie es in *Andenken* imperativisch heißt „Geh aber nun" (StA 2,1, 188, 5), so läßt sich auch das „Weh mir" (v.8) nicht nur als eine Klageäußerung verstehen, sondern wird als ein Imperativ an den Wind hörbar.[37] In dieser Perspektive verkehrt sich der Kunstcharakter der Verse von einem elegischen in einen heroischen, aus dem scheinbar resignierten Schluß wird ein triumphierender: „im Winde/ Klirren die Fahnen" (v.13f.). Das dissonante Geräusch wird zur heroischen Bestätigung dafür, daß der Wind der Aufforderung des Ich, zu wehen („Weh mir", v.8), entsprochen hat.

Auch die Motivation dieses nun nicht mehr elegischen, sondern heroischen Weh-Muts läßt sich in der Parallele zu *Andenken* erschließen. Wird dort der Wind mit Seefahrt assoziiert und geliebt, „Weil er feurigen Geist/ Und gute Fahrt verheißet den Schiffern" (StA 2,1, 188, 3-4), so suggerieren auch die letzten Verse von *Hälfte des Lebens* eine diskrete Hafenszenerie: Die „Mauern" lassen sich lesen als Kaimauern und die Fahnen als Windfahnen, welche, so Adelungs Wörterbuch, gerade „[a]uf den Schiffen [...] von den Wimpeln und

[36] Vgl. auch die Interpretation zu Hölderlins Elegie *Der Wanderer*, S. 76.

[37] Metrisch sind die beiden Silben in der Tat nicht genau festgelegt und besitzen eine Deutungsreichweite von jambisch bis spondeisch.

Flaggen unterschieden" sind".[38] Der besondere Typus dieser Fahne als Windfahne erklärt zuletzt auch das Verb „klirren". Denn „zum Unterschiede von andern Arten von Fahnen"[39] nennt sich in diesem „figürlich[en]" Sinne „Fahne" „[d]as bewegliche, an einer Stange befindliche Blech auf den Thürmen und Häusern, den Strich des Windes anzuzeigen."[40] Das Aneinanderschlagen von Blech und (vermutlich) Eisenstange erzeugt das klirrende Geräusch, das durch diese Erklärung zwar nicht den dissonanten Charakter verliert – aber doch die damit verbundene negative Assoziation. Denn wie der Zyklus der *Nachtgesänge* schon wiederholt erwiesen hat, ist Dissonanz bei Hölderlin ein produktives poetisches Prinzip.

Die im Wind klirrenden Fahnen wären nicht länger eine Parallelchiffre zu den kalten und sprachlosen Mauern, die für starre Bewegungslosigkeit stehen, sondern gerade eine Absetzungsfigur gegen diese, wie ja ihre bewegte Dynamik belegt. Der stummen Sprachlosigkeit der Mauern antwortet ein hörbares Geräusch des Klirrens, das zur Ortsveränderung auffordert: Das durch den Wind erzeugte Klirren wäre wie in *Andenken* ein eigentlich paradoxer Transformator von Kälte („kalt", v.13) zu „feurige[m] Geist" (StA 2,1, 188,3), der von „de[m] See" (v.3) auf die See hinauszieht, auf daß dort „[irgend]wo"[41] ein Ort gefunden werde, der „Blumen", „Sonnenschein" und „Schatten der Erde" bietet, wenn es *hier* Winter ist. *Hälfte des Lebens* hätte in dieser Perspektive seinen hälftenden Wendepunkt nicht in der Zäsur zwischen erster und zweiter Strophe, sondern nach dem letzten Vers: Die gesamte Szenerie von erster und zweiter Strophe wird Teil eines abschiednehmenden Rückblicks, dem ein verheißungsvoller Aufbruch, eine „gute Fahrt" (StA 2,1, 188, 4) folgen soll, deren Richtung völlig offen bleibt.[42]

[38] Adelung: *Grammatisch-kritisches Wörterbuch*, a.a.O., Bd. 4, Art. *Die Windfahne*, 1555. Auch die Pluralform der „Fahnen" erklärte sich mit der Vielzahl von Schiffen in einem Hafen.

[39] Ebd.

[40] Adelung: *Grammatisch-kritisches Wörterbuch*, a.a.O., Bd.2, Art. *Die Fahne,* 12.

[41] Die Frage nach dem „wo" hätte in ihrer Verkürzung folgende Logik: ‚Weh mir, *denn* wo nehm' ich'

[42] Vgl. die Schiffahrtsszene in *Heimkunft*, die auch bereits Ort eines dichterischen Sprechens war. Vgl. S. 161 der vorliegenden Arbeit. Ernst Robert Curtius beginnt sein Projekt einer „historische[n] Metaphorik" (*Europäische Literatur und lateinisches Mittelalter.* Bern; München [5]1965 [[1]1948], S. 138-141, hier: 138) mit der poetologischen Signifikanz der Schiffahrtsmetapher als literarische Reflexionsfigur. Von der römischen Antike bis ins Mittelalter verfolgt Curtius den Weg der Metapher als Metapher des Dichtens. Virgil, Horaz, Plinius, Cicero, Quintilian und Dante sind nur die bekanntesten von Curtius zitierten Autoren, welche in immer erneuerter Varietät einen „Gemeinplatz" (ebd. 140) darstellen: Dichten heißt segeln, segeln heißt dichten. Es handelt sich um einen *modus scrivendi*, der Hölderlin unzweifelhaft vertraut gewesen sein muß. Eine signifikante Verbindung von dichterischem Initiationserlebnis und Schiffahrts-Motiv bietet auch *Der Wanderer*: „Wo ich lag, und den Muth erfreut' am Ruhme der Männer/ Ahnender Schiffer; und das konnten die Sagen von euch,/ Daß in die Meer' ich fort, in die Wüsten mußt', ihr Gewalt'gen!"

Offen bleibt nämlich genau besehen auch die Richtung des Windes. Ob es wirklich der kalte Nordost ist, der weht, ist nicht sicher, wenn er als milder Zephyr tatsächlich seine Abkunft aus der ersten Strophe findet. „Die Mauern stehn“ zwar „kalt“ (v.13) – aber vielleicht weht der (neue) Wind dennoch warm? Das Windmotiv etabliert so eine Kontinuität zwischen den beiden so heterogenen Welten der Idylle und der Welt der Mauern und Fahnen und stiftet so eine „Beziehung“ (StA 4,1, 268) zwischen den beiden, wie sie Hölderlin als „Geist eines Gedichts“ (StA 4,1, 267) bestimmt. Nicht die heterogene Kontrastierung hat dabei das letzte Wort, sondern das In-Beziehung-Setzen dieses Heterogenen. Wenn der Wind tatsächlich bereits in der idyllischen Welt der ersten Strophe präsent ist, lockert er deren Bewegungslosigkeit und bringt in die visuelle Domäne zugleich ein Prinzip von Unanschaulichkeit ein. Wieder artikuliert sich hier – parallel zum Ende der zweiten Strophe mit ihren bewegungslosen Mauern und bewegten Fahnen – eine Opposition von Sichtbar- und Bewegungslosigkeit auf der einen und mobiler Bewegtheit eines imaginär agierenden Prinzips auf der anderen Seite.

Ein Prinzip, das im Durchgang durch die *Nachtgesänge* schon wiederholt sichtbar wurde, kommt damit auch in *Hälfte des Lebens* zum Tragen: ein Prinzip der Latenz, das Bildfelder nicht visuell anschaulich macht, sondern im Modus des Entzugs unverfügbar hält. Der Wind ist die beste Metapher für dieses unanschauliche Darstellen, da er unfaßbar, unsichtbar und äußerst mobil ist.[43]

(StA 2,1, 82, 79-81) Wollte man die Suche nach Schiffahrtsindizien in *Hälfte des Lebens* auf die Spitze treiben, so könnte man gar das Navigationsgerät der Seefahrer, die Windrose, finden, indem man die jeweils letzten Worte des zweiten und vorletzten Verses kombiniert.

43 Vgl. hierzu Gaston Bachelard: *L'air et les songes. Essai sur l'imagination du mouvement.* Paris [16]1987.

5.8 Erkaltete Bilder: *Lebensalter* und *Der Winkel von Hahrdt*

Ausgerechnet die freirhythmischen Gedichte am Schluß der *Nachtgesänge* drohen in eine kalte Bildlichkeit umzuschlagen, wie sie sich in der Idylle von *Hälfte des Lebens* bereits angebahnt hat. Hatte dort das Gedicht durch einen zunächst elegischen und dann heroischen Tonwechsel diese Richtung umgelenkt, so wiederholt sich in den beiden Abschlußgedichten *Lebensalter* und *Der Winkel von Hahrdt*[1] der „vorwiegend *deiktische*[] Gestus“[2], der analog zur ersten Strophe von *Hälfte des Lebens* eine Art Bildbetrachtung entwirft. So scheint es kein Zufall zu sein, daß man für *Lebensalter* eine bildliche Vorlage identifizieren konnte, auf der ein „siz[endes]“ (v.10) Ich wie im Gedicht in einer reflexiv-rezeptiven Haltung verharrt.[3]

1 Zitiert nach StA 2,1, 115 u. 116. Soweit in diesem Kapitel aus dem Kontext nicht hervorgeht, aus welchem der beiden besprochenen Gedichte zitiert wird, erfolgt zusätzlich die Nennung des Titels. Forschung: Binder: *Friedrich Hölderlin, „Der Winkel von Hardt“, „Lebensalter“, „Hälfte des Lebens“*, a.a.O.; Frey: *Textrevision bei Hölderlin*, a.a.O.; Groddeck: *Hölderlin: Neue (und alte) Lesetexte*, a.a.O.; ders.: *Betrachtungen über das Gedicht „Lebensalter“*. In: Gerhard Kurz (Hg.): *Interpretationen. Gedichte von Friedrich Hölderlin.* Stuttgart 1996, 153-165; D. E. Sattler: *Jasons Stein.* In: *Le pauvre Holterling* 1 (1976), 5-13; Grunert: *Die Poesie des Übergangs*, a.a.O.; Luciano Zagari: *Al di là della poesia come mito. Tre poesie dai „Canti dalla notte“ di Hölderlin.* In: *Cultura tedesca* 9 (1998), 47-94; Kling: *Lese(r)arbeit*, a.a.O.; Maurer: *Textkritik und vergleichende Literaturwissenschaft*, a.a.O.

2 Grunert: *Die Poesie des Übergangs*, a.a.O., 170; im Orig. kursiv.

3 Vgl. Ludwig von Pigenot (Hg.): *Friedrich Hölderlin: Die späten Hymnen.* Karlsruhe 1949, 223: „Einem Zufall danke ich eine Entdeckung, die nähere Aussage über den Ursprung dieses wohl 1804 entstandenen Gedichtes erlaubt. [...] Der 4. Auflage des Buches ‚Die Ruinen‘ aus dem Französischen des Herrn von Vollney von Georg Forster, Braunschweig, bei Friedrich Vieweg, ist ein Kupfer beigegeben, das die Ruinen von Palmya eindrucksvoll darstellt: im Vordergrund sitzt auf einem Hügel unter einer Palme ein Reisender, der nachdenklich über die Trümmerstätte zu seinen Füßen hinblickt. Die einleitenden Seiten, darin der Eindruck dieser ‚prächtig aufrecht stehenden Säulen‘ geschildert und vom Untergange der einst so reichen Nachbarstädte am Oberen Euphrat gesprochen wird, machen es beinahe zur Gewißheit, daß Hölderlin von diesem Buche zu seinem Gedicht angeregt worden ist.“ Vgl. dazu auch Groddeck: *Hölderlin: Neue (und alte) Lesetexte*, a.a.O., wo der Kupferstich auf Seite 76 abgebildet ist und ders.: *Betrachtungen über das Gedicht „Lebensalter“*, a.a.O., ebenfalls mit der Abbildung.

Lebensalter

Ihr Städte des Euphrats!
Ihr Gassen von Palmyra!
Ihr Säulenwälder in der Eb'ne der Wüste,
Was seid ihr?
Euch hat die Kronen,
Dieweil ihr über die Gränze
Der Othmenden seid gegangen,
Von Himmlischen der Rauchdampf und
Hinweg das Feuer genommen;
Jetz aber siz' ich unter Wolken (deren
Ein jedes eine Ruh' hat eigen) unter
Wohleingerichteten Eichen, auf
der Heide des Rehs, und fremd
Erscheinen und gestorben mir
Der Seeligen Geister.

In *Lebensalter* verflüchtigt sich die Innovation eines Bildbegriffs, der im Verlauf von Hölderlins Bild-Poetik immer weniger auf Anschaulichkeit ausgelegt war. Sogar die „Wolken des Wilds" aus *Chiron* (StA 2,1, 57, 48) und die „[ver]-hülle[nden]" „Wolken" aus *Vulkan* (StA 2,1, 60, 1f.) haben in *Lebensalter* den Charakter sichtbar distinkter Objekte: „Wolken (deren/ Ein jedes eine Ruh' hat eigen)" (v.10f.). Diese Anschaulichkeit ist jedoch der impliziten Poetik des Textes zufolge keine, welche von ihm selbst gebildet wäre – sie wird vielmehr als eine nur wiedergegebene gekennzeichnet.[4]

> *Lebensalter* ist eine Wiederholung von *Hälfte des Lebens*. In beiden Gedichten ist das Natürliche völlig in sich selbst geschlossen. Es reflektiert sich selbst, ohne menschliches Handeln: *Mit gelben Birnen hänget / Und voll mit wilden Rosen das Land in den See* [...] Gleichermaßen ist in *Lebensalter* die *Heide des Rehs*, nur der Natur selbst eigen und vom Dichter unberührbar.[5]

„[D]as Natürliche" bekommt hier mehr und mehr den Charakter dessen, was die Natur in Schillers *Über naive und sentimentalische Dichtung* dem sentimentalischen Blick war: ein Bild. „[U]nberührbar"[6] scheinen diese Landschaften dem sprechenden Ich gerade *nicht* aufgrund ihrer Natürlichkeit, sondern im Gegenteil aufgrund ihres bereits bestehenden Bildcharakters, aufgrund einer Positivität, die nichts mehr zu bilden übrig läßt, weil sie selbst schon „übrig[]" (v.9) ist, wie es

[4] Das heißt natürlich nicht, daß das Gedicht in seiner Form selbst mimetisch oder gar epigonal verfahren würde. Im Gegenteil kann man in diesem deiktisch-gestischen Moment einen Stil erkennen, der erst im 20. Jahrhundert als ‚gestischer' konzeptualisiert wird.

[5] Kling: *Lese(r)arbeit*, a.a.O., 84.

[6] Ebd.

in *Der Winkel von Hahrdt* heißt.[7] Auch dieser letzte *Nachtgesang* ist seinem poetischen Selbstverständnis nach kein *bild*ender, sondern ein rein betrachtender. Der Rückgewinn einer Fremdheit, die Hölderlin dem Mythos erarbeitet hat, projiziert sich hier auf einen ihm aus der Jugend sehr vertrauten Ort.[8] Gleich der antiken Mythologie zeigt sich nun auch ‚das Eigene'[9] in seiner Gebildetheit:

Der Winkel von Hahrdt

Hinunter sinket der Wald,
Und Knospen ähnlich, hängen
Einwärts die Blätter, denen
Blüht unten auf ein Grund,
Nicht gar unmündig[]
Da nemlich ist Ulrich
Gegangen; oft sinnt, über den Fußtritt,
Ein groß Schiksaal
Bereit, an übrigem Orte.

Wie im Eingang von *Hälfte des Lebens* „häng[t]" (v.2)[10] auch hier eine Landschaft, was bereits bei Leon Battista Alberti *erstorbenes* Leben repräsentiert;[11] der Anschein von Leben („Knospen ähnlich") enttarnt sich als Trugbild vertrockneter Blätter, die bald auf den „Grund" herabfallen werden, der ihnen unweigerlich „blüht".

Während der externe Bild-Betrachter in *Hälfte des Lebens* und *Lebensalter* noch den Versuch unternommen hatte, dieses Bild anzusprechen, („Ihr", StA 2,1, 115, v.1-4 u. 6; StA 2,1, 117, v.4 u. 7), bleibt er im *Winkel von Hahrdt*

[7] Vgl. auch Maloneys – in seiner Allgemeinheit freilich zu relativierender – Befund zu dem Gesamtzyklus der *Nachtgesänge*, für diesen seien Bilder in bereits „‚gedeuteter' [...] Gestalt" typisch: „[Es] erscheint die Beschreibung eines Naturphänomens in einer Form, die bereits Deutung und ‚poetische' Einkleidung ist." (Maloney: *Bild*, a.a.O., 41)

[8] Vgl. hierzu den Kommentar von Schmidt: „Im Walde bei Hardt zwischen Nürtingen und Denkendorf befindet sich ein (Schlupf-)Winkel, der sogenannte Ulrichstein [...] Dort versteckte sich nach der Sage Herzog Ulrich im Jahr 1519 auf der Flucht vor seinen Verfolgern. Ein flacher Stein neben den Felsen zeigt eine Vertiefung in der Gestalt eines Fußes. [...] Schon eines von Hölderlins ersten Gedichten [...] war dem Winkel von Hardt gewidmet." (SW 841f.)

[9] Zur poetischen Wechselbeziehung von Eigenem und Fremdem vgl. Hölderlins Brief vom 4. Dezember 1801 an Casimir Ulrich Böhlendorff (StA 6,1, 425ff.).

[10] Vgl. den ersten Vers von *Hälfte des Lebens*: „Mit gelben Birnen *hänget*" (StA 2,1, 117, 1; Herv. U. D.).

[11] Leon Battista Alberti: *Opere volgari*. Vol. III. A cura di Cecil Grayson. Bari 1973, 64: „Lodasi una storia in Roma nella quale Meleagro morto, portato, aggrava quelli che portano il peso, e in sé pare in ogni suo membro ben morto ogni cosa pende, mani, dito e capo; ogni cosa cade languido; ciò che ve si dà ad espriemere uno corpo morto, qual cosa certo è difficilissima, però che in uno corpo chi saprà fingere ciascuno membro ozioso, sarà ottimo artefice."

abwesend-distanziert und spricht nur von „denen“ (v.3). Die Haltung der Stimme, die hier spricht, ist wie in *Lebensalter* rein rezeptiv.

Was auch im *Winkel von Hahrdt* wieder irritiert, ist nicht die Natürlichkeit der Natur,[12] sondern ganz im Gegenteil der introvertierte Bildcharakter des Angeschauten, der sich noch in der metrischen Gestalt der beiden Texte widerspiegelt.[13] Auch in *Der Winkel von Hahrdt* besitzt die Natur einen in sich geschlossenen Zug: sie definiert selbst ihre eigene „[Ä]hnlich[keit]“ (v.2). Wie dieses Bild zu lesen ist, scheint das Gedicht selbst nicht zu wissen.[14]

Obgleich es sich in *Lebensalter* um eine zerstörte, zerbrochene Ruinenlandschaft handelt – deren Ruinösität die zerstreute Syntax imitiert –, und in *Der Winkel von Hahrdt* um eine Landschaft, die ganz ähnlich „übrig[]“ (v.9) ist, also beide Male Material vorliegt, das es erlauben könnte, „das Ungebildete zu bilden, das Ursprüngliche Natürliche zu vervollkommnen“ (StA 4,1, 221), strahlt die Art der Darstellung eine äußerste Abgeschlossenheit aus, für welche die Klammerkonstruktion in *Lebensalter* eine Art *mise en abyme* darstellt.

Zwar handelt *Lebensalter* noch einmal vom „Erscheinen“ (v.14), doch hat dieses nun eine völlig andere Valenz als in den früheren Gedichten:

> [...] und fremd
> Erscheinen und gestorben mir
> Der Seeligen Geister.

[12] Dagegen Grunert: *Die Poesie des Übergangs*, a.a.O., 170, der zu *Der Winkel von Hahrdt* kommentiert: "Daß nicht etwa der Dichter, sondern das ‚Schiksaal‘ hier ‚sinnt‘, macht deutlich, daß alle geistigen Prozesse [...] in die Natur selbst verlegt werden, deren Zwiesprache (hier: zwischen Blättern und Abgrund) im Gedicht nur noch ein sprachliches [...] Echo findet. Der ‚Sinn‘, der sich so herstellt, gehört nicht mehr dem Gedicht, sondern der Natur selbst an, d.h. der Dichter will nicht ‚mehr‘ sagen, als die Natur von sich aus zu verstehen gibt.“ – Hier müßte man freilich fragen, ob es denn überhaupt etwas gibt, was „die Natur von sich aus zu verstehen gibt“. Der Umstand, daß die Natur solches suggeriert, ohne diese Suggestion von Sinn einzulösen, muß jedoch gerade als ein Indiz ihrer nichtnatürlichen Gemachtheit verstanden werden. Denn was hier den Verfremdungseindruck hervorruft, ist nicht „die Natur von sich aus“, wie Grunert meint, sondern ihr irritierender Kunstcharakter.

[13] Vgl. Groddeck: *Betrachtungen über das Gedicht „Lebensalter“*, a.a.O., 157: „Dem architektonischen Kalkül des Textes entspricht seine rhythmische Gestalt. Der letzte Vers ist mit dem ersten, der vorletzte Vers ist mit dem in der Mitte metrisch identisch, ferner wiederholt der neunte Vers das Versmaß des sechsten“; Boris Previšić: *Hölderlins Rhythmus*. Frankfurt am Main; Basel 2008, 122 zu *Der Winkel von Hahrdt*: „Wie Narziß spiegelt sich der Titel im letzten Vers wieder [...] So spiegeln sich auch Vers 1 und 3 [...] Die ‚Einfalt‘ des Gedichts liegt in der Einfaltung desselben“. (Paginierung nach Manuskript; ich danke Boris Previšić für die Einsicht in dasselbe.)

[14] Vgl. Frey: *Textrevision bei Hölderlin*, a.a.O., 114-123, 121f.: „Die Art, wie das Gedicht von der Spur spricht, ist auf das Gedicht als Spur anwendbar. Jeder Versuch, festlegen zu wollen, was die Figur Ulrichs bedeutet, verpaßt das Gedicht, das gerade keinen zwingenden Hinweis darauf gibt. [...] Die Spur [...] scheint unantastbar.“

Es läßt sich hier bezeichnenderweise nicht entscheiden, ob überhaupt ein Erscheinen im ästhetischen Sinne gemeint ist, oder ob ‚erscheinen' nicht vielmehr so viel wie ‚einem vorkommen' bedeutet, was gerade gegen ein ästhetisches Erscheinen sprechen würde.[15] Auch die „Geister" (v.15) besitzen diesen Doppelcharakter, sie sind zugleich Ausdruck von Beseelung wie von Entseelung und intensivieren den Eindruck vom „[F]remd[en]" und „[G]estorben[en]". Die Betonung, die durch das Possessivpronomen „mir" (v.14) auf einem subjektiven Moment liegt, versucht, dem Eindruck einer geschlossenen Szenerie noch eine Perspektivierbarkeit einzuspeisen; eine solche fehlt in *Der Winkel von Hahrdt.* War die Dunkelheit der *Nachtgesänge* in Odenform eine dichterisch produzierte, scheint sich dies nun umzukehren. Wenn man in Bezug auf die beiden letzten Gedichte von Dunkelheit sprechen kann, dann nicht mehr primär in Hinblick auf ihre eigene Stimme, sondern mehr noch auf ihr dargestelltes Sujet. Die Fremdheit ist in ihnen nicht Resultat einer dichterischen Verfremdung, sondern entspringt unmittelbar den Gegenständen.

In Kontrast zur internen Bild-Dynamik von *Chiron*, *Blödigkeit*, *Ganymed* und auch von *Hälfte des Lebens* springt das Ausmaß von „Suspendierung"[16] ins Auge, das nun zu einer Stillstellung des Bildungsprozesses führt.[17] Während die sechs vorangehenden Oden gleich offenen Kunstwerken im Sinne Umberto Ecos die bildende Mitarbeit des Lesers einfordern und ihrer immanenten Poetik zufolge noch in Bewegung sind, inszenieren die drei letzten freirythmischen Texte Bilder des Stillstands.

Zumal die Anspielung auf Volneys Text *Die Ruinen oder Betrachtungen über die Revolutionen der Reiche*,[18] dessen Titel bereits „Ruinen" und „Revolutionen" einander nahe bringt, hätte eine Anschlußmöglichkeit für Hölderlins ‚revolutionäres' Bildungsmodell abgeben können. Daß Hölderlin hierauf verzichtet, muß vor dem Hintergrund der transformativen Poetik der bislang analysierten *Nachtgesänge* zu denken geben: es gibt keinerlei Spuren eines solchen transformierenden Impulses.

Vor dem Hintergrund von Hölderlins Poetik *heißer* Bilder und ihrer ‚Erwärmungsarbeit' fällt jedoch auf, daß sowohl *Lebensalter* als auch *Der Winkel von Hahrdt* eine geschichtliche Dimension anspielen. In *Lebensalter* waren die Ruinen nicht schon immer kalt, sie sind vielmehr *erkaltete* Reste einstigen „Feuer[s]" (v.10). In *Der Winkel von Hahrdt* ist die Landschaft Zeuge eines historischen Geschehens, „[d]a nemlich ist Ulrich/ Gegangen" (v.6f.), das einst ‚Epoche machte'. In beiden Szenerien ist von diesen geschichtlichen Prozessen etwas „übrig[]" (v.9): „Säulenwälder" (v.3) in *Lebensalter* und ein „Fußtritt" (v.7) in *Der Winkel von Hahrdt* : Spuren, die beide – analog zu Volney – auf

[15] Vgl. Groddeck: *Betrachtungen über das Gedicht „Lebensalter"*, a.a.O., 164.
[16] Frey: *Textrevision bei Hölderlin*, a.a.O., 121.
[17] Vgl. auch ebd., 120: „Das Sinnen über die Spur ist ein sich wiederholendes. Es geschieht immer wieder als das, was nicht zum Ziel führt."
[18] Vgl. hierzu Groddeck: *Betrachtungen über das Gedicht „Lebensalter"*, a.a.O.

eine präsentische Jetztzeit hin („Jezt aber"; StA 2,1, 115, 10) perspektiviert sind und ihrem Betrachter dazu Anlaß geben könnten, sich der Starre derselben durch den Kontrast zur bewegten Vergangenheit bewußt zu werden.

So gibt es zwar keinerlei Anzeichen für eine Poetik der Bewegung – doch eine Form von Bildkritik scheint doch der Form der Darstellung inhärent zu sein. Die beiden letzten *Nachtgesänge* präsentieren nämlich ihre Bilder *als* erstorbene, als Gebilde, die einmal von Lebendigkeit („Othmenden", *Lebensalter*, v.7) ‚gekrönt' (*Lebensalter*, v.5) waren und im historischen Prozeß erkaltet sind. Damit weisen sie auf eine dynamische Vergangenheit, in der implizit inbegriffen ist, daß der momentane Zustand von kalter Bewegungslosigkeit kein endgültiges „Schiksaal" (*Der Winkel von Hahrdt*, v.8) sein muß. Es ließe sich daher auch argumentieren, daß Hölderlin am Schluß der *Nachtgesänge* gerade in der Präsentation solcher *erkalteter* Bilder die rezeptionsästhetische Offenheit des Zyklus noch steigert, indem er dem Leser zutraut, nun gänzlich ungelenkt sinnbildend aktiv zu werden. Unterstellt man die rezeptionsästhetische Wendung der *Nachtgesänge* auch noch diesen letzten beiden Texten, dann werden sie als Provokation lesbar, die den Leser aus den „engen Schranken [der] kinderähnlichen Kultur" (StA 6,1, 436) im Wortsinn der ‚Pro-vokation' ‚hervor-rufen' will. So zeigen sich in *Lebensalter* und *Der Winkel von Hahrdt* auch noch Spuren der *heißen* Poetik der Oden, vor allem durch die aufgelöste, inkohärente Syntax und offene Attribuierungen: Durch den berühmten fehlenden Punkt nach dem fünften Vers von *Der Winkel von Hahrdt*, den Beißner willkürlich setzte, bleibt offen, ob sich das „unmündig" auf den vorhergehenden „Grund" oder den nachfolgenden „Ulrich" bezieht. Im folgenden Vers „Da nemlich ist Ulrich" kann das „Da" als Ortsdeixis oder kausal gelesen werden und nimmt damit die Ambivalenz von „Grund" (als Boden oder Begründung) des vierten Verses wieder auf.

Ähnlich bewahrt auch die zersprengte syntakische Ordnung in *Lebensalter* ein leises Echo der stilistischen *obscuritas* von *Blödigkeit*. „Das Gedicht versetzt den Leser in die Rolle des vor Ruinen rätselnden Betrachters, der sich ‚Jetzt' als das im Gedicht gesetzte Ich wieder erkennen kann."[19] Was der Leser nach dem Durchgang durch die *Nachtgesänge* mit den kryptischen Texten macht – ob er vor ihnen als hermetisch geschlossenen ‚verhahrdt' oder ihre „Bereit[schaft] an übrigem Orte" als Aufforderung versteht, auf eigene Faust (sinn-)bildend aktiv zu werden – diese Alternative lassen die beiden Texte offen.

[19] Ebd., 164.

6 Schluß und Ausblick: Die kalten Bilder der ›Turmgesänge‹

Im Durchgang durch Hölderlins „Revolution der [...] Vorstellungsarten“ (StA 6,1, 229, 45f.) hat sich gezeigt, daß deren poetisches Grundprinzip in einer Dynamisierung der ‚inneren Form‘ besteht. Durch die produktive Übernahme von Schillers Konzeption sentimentalischer Dichtung entwickeln Hölderlins Elegien den Stil einer perspektivischen Darstellungsweise, die eine Dynamik textinterner *Gesichtspunct*-Wechsel praktiziert und dadurch die Darstellung *in Bewegung* versetzt.

Wiederholt erwiesen die Elegien dabei Bedeutung als einen Akt sprachlich-kompositorischer Bildung. Wenn ein Bild – als sprachlich geschaffenes ‚Gebilde‘ – in Hölderlins Verständnis immer einen ‚Gesichtspunct‘ mit sich führt, so besteht die „poëtische Individualität“ (StA 4,1, 352, 15) der Elegien darin, im Zuge des Wechsels der Töne Perspektivität *als Perspektivität* und ihre Relevanz für die Bedeutungsgenerierung zur Darstellung zu bringen. In produktionsästhetischer Hinsicht verfolgt das Hölderlinsche Kompositionsverfahren dabei ein doppeltes Prinzip von Relativität und Relationalität:

Relativ sind die Gedichte (ihrem Selbstverständnis nach), da ihre Perspektiven nie einen absoluten Standpunkt darstellen, sondern immer (nur) einen partikularen. Durch das Prinzip des Tonwechsels führen die Gedichte Revisionen von Perspektiven vor und erweisen damit den im Ton jeweilig implizierten Akt der Bedeutungsbildung als veränderbar. Die interne Agilität der Hölderlinschen Elegien beruht auf diesem tentativen Charakter ihrer Sinngenerierung.

Relational sind die Texte durch das Prinzip einer Kopräsenz modulierender ‚Stimmen‘, welche im Text miteinander ins Gespräch geraten und sich gegenseitig kommentieren. Den daraus resultierenden *tonus*, den inneren Spannungszustand der Gedichte, definiert Hölderlin als „das Lebendige der Poësie“ (StA 6,1, 289, 31). Erst die Wahrnehmung dieser pluralen Perspektivität macht Hölderlins Poetik als eine *offene* erkennbar. Ein programmatischer Charakter ist den Gedichten nicht auf der Ebene ihres Sujets eigen, sondern nur im formalen Prinzip ihrer kompositorischen Mehrstimmigkeit. Wie in ihrer Lektüre sichtbar wurde, lassen sich die Elegien deshalb nicht nur als sentimentalische Dichtungen lesen, sie liefern zugleich deren *Kritik* im Kantischen Sinne: Sie führen eine transzendentale Perspektive mit sich, welche die Bedingungen und Konsequenzen einer solchen Poetik beleuchtet.

In rezeptionsästhetischer Hinsicht hat Hölderlins Textverfahren zur Folge, daß auch der Leser immer wieder zu einer Revision seiner hermeneutischen Arbeit genötigt wird, er im Prozeß der Lektüre seine Bedeutungszuschreibung an den Text in Frage stellt und problematisiert.

Hölderlins poetologische Überlegungen akzentuieren die produktions- wie rezeptionsästhetische Relevanz einer Poetik des „Gesichtspunct[es]" (StA 4,1, 221) auch in bildungsgeschichtlicher Hinsicht. Der in ihnen zum Tragen kommende Geschichtsphilosophie zufolge droht es im historischem Verlauf zu einem Stillstand der Form zu kommen, bei dem positiver „Luxus" die Gegenwart „erdrükt" (ebd.) Hölderlin experimentiert daher in seinem Spätwerk mit Formen, die einen solchen Stillstand der Form zu vermeiden suchen, wie am Beispiel des Zyklus der *Nachtgesänge* deutlich wurde. Deren vielfältigen Verfremdungseffekte versetzen überlieferte und zum Klischee erstarrte Topoi wieder in Bewegung und machen sie frei für neue Bildungen, ohne ihrerseits in eine feste Form zu münden. Ihre bereits von den Zeitgenossen empfundene Zumutung besteht darin, daß sie eine Orientierung an Anschaulichkeit, wie sie die Elegien noch auszeichnete, aufgeben. Ihre Poetik appelliert an einen *aktiven* Leser, sich an der Bildungsarbeit der Texte deutend zu beteiligen.

Dieses – im Anschluß an Lévi-Strauss als *heiß* charakterisierte – *transformative* Bildprogramm droht in den letzten beiden *Nachtgesängen* in eine Ästhetik kalter Bilder umzuschlagen, wie sie in der Folge für Hölderlins späteste Gedichte typisch wird. Während die Oden der *Nachtgesänge* das historische Arsenal *erkalteter*, also in Konventionalität erstarrter Bilder umzubilden und damit zu beleben versuchen, zeichnet die letzten Gedichte eine „matte[]"[1] Spannungslosigkeit aus. Ein Wechsel der Töne findet in ihnen nicht mehr statt. Die plurale Perspektivik verengt sich zur Eindimensionalität der Artikulationsinstanz, die in den „allerspätesten"[2] Texten, den sogenannten Scardanelli-Gedichten, in eine „absolute Ichlosigkeit"[3] mündet, die Perspektivität, als relative, gänzlich ausschaltet. Das vermutlich letzte Gedicht Hölderlins kann dies veranschaulichen:

Die Aussicht

Wenn in die Ferne geht der Menschen wohnend Leben,
Wo in die Ferne sich erglänzt die Zeit der Reben,
Ist auch dabei des Sommers leer Gefilde,
Der Wald erscheint mit seinem dunklen Bilde;

Daß die Natur ergänzt das Bild der Zeiten,
Daß die verweilt, sie schnell vorübergleiten,
Ist aus Vollkommenheit, des Himmels Höhe glänzet
Den Menschen dann, wie Bäume Blüth' umkränzet.

[1] Eduard Mörike, zitiert nach StA 7,3, 170.
[2] Oelmann: *Fenstergedichte*, a.a.O., 202.
[3] Bart Philipsen: *Die List der Einfalt. Nachlese zu Hölderlins spätesten Dichtungen.* München 1995, 65.

Mit Unterthänigkeit
d. 24 Mai Scardanelli.
1748. (StA 2,1, 312)

Wie im Fall der letzten beiden *Nachtgesänge* geht es auch in diesem Gedicht nicht um eine Schilderung einfacher Naturwahrnehmungen, sondern um die Wiedergabe bereits gebildeter Bilder, wie die Verse 4 und 5 explizit herausstellen: „Der Wald erscheint mit seinem dunklen *Bilde*“ und „die Natur ergänzt das *Bild* der Zeiten“ (Herv. U. D.).

Die idyllischen Anklänge[4] in diesen spätesten Texten Hölderlins lassen sich gerade im Licht der (vorherigen) späten Poetik Hölderlins und ihrer Absage an eine idyllische Dichtung als eine Form der *Bildkritik* verstehen, welche das Geschilderte, jenseits aller vordergründigen Affirmation, als eine tote Bildform qualifiziert. Dem entspricht, daß die Welt der Gedichte eigentümlich „vollkommen“ (v.7) und zugleich „leer[]“ (v.3) erscheint.

Die Welt der Scardanelli-Gedichte ist „vollkommen“ (v.7), weil ihrem Betrachter (und dem Leser) nichts zu *bilden* übrig bleibt. Er verbleibt außerhalb dieser Bilder, sie sind unantastbar. Gegenüber den ‚offenen Kunstwerken‘ von Hölderlins Spätwerk sind die Turmgesänge geschlossene Bildformen: „In solchen Bildern ist des Menschen Tag vollendet.“ (StA 2,1, 284, 12)

Der Eindruck von Leere, den die Texte artikulieren (vgl. v.3), ergibt sich aus diesem personalen Rückzug, der zur Folge hat, daß alles, was erscheint, nur in der Allgemeinheit oft attributloser Gattungsbezeichnungen auftritt: ‚Der Mensch‘, ‚die Natur‘, ‚das Leben‘, ‚der Himmel‘, ‚die Bäume‘ usw. Das Vokabular ist begrenzt, auch eine anschauungsfähige Gegenständlichkeit bleibt abstrakt, es wiederholen sich immer dieselben Stereotypen. Das Verharren in starren Formen spiegelt sich nicht zuletzt in der formalen Gestalt der Gedichte, welche zuvor ad acta gelegte ‚schickliche‘ Formen des Reims reaktivieren.

Der „Verlust des Zwiegesprächs“[5] ist eine Konsequenz dieser besonderen Gestaltung, die in vielem dem ähnelt, was Benveniste als Eigenschaft des Nominalsatzes beschrieben hat:

> Im Nominalsatz kann das behauptende Element, da es nominal ist, nicht von den Bestimmungen, die die Verbform trägt, betroffen werden: Modalitäten der Zeit, der Person usw. Die Behauptung hat das besondere Kennzeichen, zeitenlos, unpersönlich,

4 Bart Philipsen spricht vom „quasi-idyllischen Landschaftmotiv“. Bart Philipsen: *„Worinn Inneres bestehet“. Landschaft in den spätesten Gedichten.* In: HJb 33 (2002/2003), 122-129, hier: 123.

5 Roman Jakobson und Grete Lübbe-Grothues: *Ein Blick auf „Die Aussicht“ von Hölderlin.* Mit einem Kommentar von Gabriele Bassermann-Jordan und Stephan Packard. In: ders.: *Poesie der Grammatik und Grammatik der Poesie. Sämtliche Gedichtanalysen.* Hg. v. Hendrik Birus und Sebastian Donat, Bd. 2: *Analysen zur Lyrik vom 18. bis 20. Jahrhundert.* Berlin u.a. 2007, 139-248, hier: 192.

> nicht modal zu sein, kurz, sich auf ein Wort zu beziehen, das allein auf seinen semantischen Inhalt beschränkt ist.[6]

„Die[] nominale Behauptung“, so führt Benveniste weiter aus, kann daher „nicht an der wesentlichen Eigenschaft einer verbalen Behauptung teilhaben [...], die darin besteht, die Zeit des Ereignisses mit der Zeit des Diskurses über das Ereignis in Beziehung zu setzen“. Der Nominalsatz behauptet die Geltung einer Aussage „außerhalb jeder zeitlichen und sonstigen Bestimmung und außerhalb jeder Beziehung zum Sprecher.“[7]

Es scheint aus dieser Perspektive nur konsequent, wenn Hölderlin seine allerspätesten Gedichte in einer Geste der „Unterthänigkeit“ nicht mehr mit seinem eigenen Namen unterzeichnet und durch eine falsche Datierung aus seiner Jetztzeit herauslöst. „Die Alleinherrschaft des Präsens“,[8] von der Bernhard Böschenstein in Bezug auf Hölderlins späteste Texte gesprochen hat, ist eine Konsequenz dieses nominalen Darstellungsstils, ebenso wie das Verschwinden eines Ichs in der Anonymität einer Sprechinstanz, wie sie die gnomischen Einschübe des Spätwerks schon ankündigen.

Der vordergründig affirmative Gestus dieser Texte ergibt sich also *nicht* aus einer perspektivisch relativierten Zustimmung zu dem Geschilderten, sondern aus dem Fehlen einer tonalen Relativierungsmöglichkeit überhaupt. In den Scardanelli-Gedichten stehen Diskurs und Ereignis in keiner „Beziehung“[9] mehr, sondern verbleiben in einer gegenseitigen „Ferne“ (v.1 und 2).

Dem Befund einer Unverrückbarkeit der Welt scheint zunächst zu widersprechen, daß viele dieser entzeitlichten Texte Momente von Temporalisierung aufweisen, wie sie das Gedicht *Der Zeitgeist* paradigmatisch zu artikulieren scheint:

> Der Zeitgeist
>
> Die Menschen finden sich in dieser Welt zum Leben,
> Wie Jahre sind, wie Zeiten höher streben,
> So wie der Wechsel ist, ist übrig vieles Wahre,
> Daß Dauer kommt in die verschied'nen Jahre;
> Vollkommenheit vereint sich so in diesem Leben,
> Daß sich bequemt der Menschen edles Streben.
>
> Mit Unterthänigkeit
> 24. Mai 1748. Scardanelli (StA 2,1, 310)

[6] Benveniste: *Probleme der allgemeinen Sprachwissenschaft*, a.a.O., 178.
[7] Ebd.
[8] Bernhard Böschenstein: *Hölderlins späteste Gedichte*. In: HJb 14 (1965/66), 35-56, hier: 47.
[9] Benveniste: *Probleme der allgemeinen Sprachwissenschaft*, a.a.O., 178.

Daß Hölderlin viele seiner späten Gedichte den Jahreszeiten widmet und damit einen temporalen „Wechsel“[10] akzentuiert, erweist sich jedoch als nur scheinbar. Denn in der Art ihrer Darstellung erweisen die Jahreszeitengedichte die Dynamis eines natürlichen Werdens und Vergehens als rein mechanischen Ablauf, der die Idee eines „Wechsel[s]“ pervertiert, indem er gerade „Dauer [...] in die verschied'nen Jahre“ bringt. Der Regelkreislauf der Natur spult sich in gänzlich vorhersehbaren, unabänderlichen und daher immer gleichen Bahnen ab – von einer „Revolution der Vorstellungsarten“ kann in dieser Hinsicht keine Rede sein.[11]

Wenn der Sprecher insistierend auf den „Bildcharakter des Erscheinenden“[12] hinweist, läßt sich dies vor dem Hintergrund von Hölderlins später Poetik als Ausdruck der Kapitulation gegenüber der *absolut* geltenden Positivität der Bilder werten.

Man muß nicht unbedingt Heideggers These von der *Zeit des Weltbildes*[13] zitieren, um den latent zwanghaften Ton wahrzunehmen, der damit einhergeht. Die abgekühlte, versteckt resignative Haltung, die aus diesen Texten spricht, ist die Konsequenz aus der Einsicht, nur noch bereits *gebildete*, und damit *tote Bilder* abzu*bilden*, sie erheben nicht mehr den Anspruch einer eigenen Bildung.

Will man trotz des großen Bruchs zwischen den späten und den spätesten Gedichten Hölderlins für die Texte aus seiner Zeit im Tübinger Turm noch eine ästhetische Intention gelten lassen, die an sein Spätwerk anschließbar ist, dann bestünde sie darin, durch die Art ihrer Präsentation auf ihre *kalte* Qualität auf-

[10] Vgl. auch *Der Winter*, StA 2,1, 305, 5: „Der Wechsel und die Pracht ist minder umgebreitet,/ Dort, wo ein Strom hinab mit Eile gleitet“.

[11] Vgl. schon Beißner, der beobachtet, daß Hölderlin „eigentlich nie einen einmaligen Vorgang in seiner Besonderheit zeichnet [...]. Das wird bezeugt durch die eigentümliche Vorliebe für die verallgemeinernde Konjunktion *wenn*“, mit der mehr als ein Drittel der spätesten Gedichte anfängt. Zitiert nach: Jakobson und Lübbe-Grothues: *Ein Blick auf „Die Aussicht“ von Hölderlin*, a.a.O., 215.

[12] Böschenstein: *Hölderlins späteste Gedichte*, a.a.O., 46. Siehe dazu auch Grete Lübbe-Grothues: *Die Scardanelli-Gedichte Hölderlins*. In: Christoph Jamme und Anja Lemke (Hg.): *„Es bleibet aber eine Spur/ Doch eines Wortes“. Zur späten Hymnik und Tragödientheorie Friedrich Hölderlins*. München 2004, 295-310, hier: 300: „Die Häufigkeit von ‚erscheinen‘ und die vielfache Zwischenschaltung von ‚Bild‘ [...] lockern den Bezug auf Gegenstände, entrücken von aktueller Wirklichkeit [...]. Zusammenfassend zeigt das Bild nur mehr sich selbst in Glanz und Helle [...]. Das ist die Sprache eines Geistes, dem alles, was ist, zu Bild und Erscheinung des Absoluten geworden ist“; vgl. auch Christian Oestersandfort: *Immanente Poetik und poetische Diätetik in Hölderlins Turmdichtung*. Tübingen 2006, 31ff.

[13] Martin Heidegger: *Die Zeit des Weltbildes*. In: ders.: *Holzwege*. Frankfurt am Main 1950, 69-104, hier 87: „Der Grundvorgang der Neuzeit ist die Eroberung der Welt als Bild. Das Wort Bild bedeutet jetzt: das Gebild des vorstellenden Herstellens. In diesem kämpft der Mensch um die Stellung, in der er dasjenige sein kann, das allem Seienden das Maß gibt und die Richtschnur zieht.“

merksam zu machen. Durch das Ausschalten jeder aktiven Bildungsmöglichkeit an und mit ihrem Material wird dessen erstarrter Bild-Charakter deutlich.

Die Rückkehr zum Reim lässt sich freilich auch als ein Versuch verstehen, an einer wie auch immer reduzierten Komposition gleichwohl festzuhalten. Die Artikulation dieser ästhetischen Kapitulation in einem gleichwohl artistischen Kunstgebilde[14] bewahrt auch diesen letzten Gedichten eine Spannung, wie sie (in anderer Gestalt) im Ausgangspunkt von Hölderlins Bildexperimenten zündend war. Hölderlins letzte Gedichte gleichen Sternen, die scheinen; als Corona tragen sie das Wissen, daß sie bereits erloschen sind.

[14] Vgl. hierzu v.a. Wilfried Thürmer: *Zur Verfahrensweise in der spätesten Lyrik Hölderlins.* Marburg 1970; Roman Jakobson und Grete Lübbe-Grothues: *Ein Blick auf „Die Aussicht“ von Hölderlin*, a.a.O.

7 Literaturverzeichnis

I. Quellen

1. Hölderlin

StA	Friedrich Hölderlin: *Sämtliche Werke. Große Stuttgarter Ausgabe*. Hg. v. Friedrich Beißner. Stuttgart 1948-1985.
FHA	Friedrich Hölderlin: *Sämtliche Werke. Frankfurter Ausgabe in 20 Bd.* Historisch-kritische Ausgabe. Hg. v. D.E. Sattler. Frankfurt 1975ff.
MA	Friedrich Hölderlin: *Sämtliche Werke und Briefe*. 3 Bd. Hg. v. Michael Knaupp. München; Wien 1992.
SW	*Friedrich Hölderlin: Sämtliche Werke und Briefe in drei Bänden*. Hg. v. Jochen Schmidt. Bd. 1: *Die Gedichte*. Frankfurt am Main 1992.
HSW	*Hölderlins Sämtliche Werke*. Historisch-kritische Ausgabe. Begonnen durch Norbert v. Hellingrath, fortgeführt durch Friedrich Seebass u. Ludwig von Pigenot. Vierter Band: *Gedichte 1800-1806*. Berlin ^{3}1943.
TL	*Tutte le liriche* (dt./ital.). Übers. und hg. v. Luigi Reitani. Milano 2001.

2. Sonstige Quellen

Adelung, Johann Christoph: *Grammatisch-kritisches Wörterbuch der Hochdeutschen Mundart*. 4 Bd. Leipzig Bd. 1: 1793; Bd. 2: 1796; Bd. 3: 1798; Bd. 4: 1801.

Alberti, Leon Battista: *Opere volgari*. Vol. III. A cura di Cecil Grayson. Bari 1973.

Die Bibel oder die ganze heilige Schrift des Alten und Neuen Testaments. Revidierte Fassung der deutschen Übersetzung Martin Luthers. Stuttgart 1912.

Geßner, Salomon: *Idyllen. Kritische Ausgabe*. Hg. v. E. Theodor Voss. Stuttgart ^{3}1988.

Hederich, Benjamin: *Gründliches mythologisches Lexikon*. Leipzig 1770. Nachdruck: Darmstadt 1996.

Heinse, Wilhelm: *Ardinghello und die glückseligen Inseln*. Leipzig ^{5}1961.

Herder, Johann Gottfried: *Ideen zur Philosophie der Geschichte der Menschheit*. Bd. 1 und 2. Hg. v. Heinz Stolpe. Berlin und Weimar 1965.

Hölty, Ludwig Christoph Heinrich: *Sämtliche Werke*. 2 Bd. Hg. v. Wilhelm Michael, Weimar 1914.

Horaz: *Werke in einem Band*. Hg. v. Manfred Simon. Aus dem Lat. v. Manfred Simon und Wolfgang Ritschel. Berlin; Weimar ^{3}1990.

Kant, Immanuel: *Kritik der Urteilskraft*. Hg. v. Karl Vorländer. In: ders.: *Die drei Kritiken*. 3 Bd. Hamburg 1993 (=Philosophische Bibliothek Bd. 39a).

Lessing, Gotthold Ephraim: *Laokoon oder Über die Grenzen der Malerei und Poesie*. Stuttgart 1987.

Longinus: *Vom Erhabenen*. Griech./dt. Übers. und hg. v. Otto Schönberger. Stuttgart 1988.

Nietzsche, Friedrich: *Ueber Wahrheit und Lüge im aussermoralischen Sinne*. In: ders.: *Sämtliche Werke. Kritische Studienausgabe in 15 Einzelbänden*. Hg. v. Giorgio Colli u. Mazzino Montinari, Bd. 1, München [2]1988, 873-890.

Nonnos: *Leben und Taten des Dionysos*. In: ders.: *Werke in zwei Bänden*. Aus dem Griech. übertr. U. hg. v. Dietrich Ebener. Berlin; Weimar 1985.

Ovid [P. Ovidius Naso]: *Metamorphosen*. Lat./dt. Übers. u. hg. v. Michael von Albrecht. Stuttgart 1994.

Pindar: *Dichtungen*. Übertr. u. erl. V. Franz Dornseiff. Hg. v. Wilhelm Haupt. Leipzig [2]1965.

Platon: *Phaidros*. In: ders.: *Sämtliche Werke*. Bd. 2. Hg. v. Erich Loewenthal. Berlin 1940.

Schelling, Friedrich Wilhelm Joseph: *Von der Weltseele*. In: ders.: *Werke. Auswahl in drei Bänden*. Hg. v. Otto Weiß. Leipzig 1907.

Ders.: *Construktion der einzelnen Dichtarten*. In: ders.: *Sämmtliche Werke*. Erste Abtheilung, Bd. 5: *Philosophie der Kunst*. Stuttgart; Augsburg 1859.

Schiller, Friedrich: *Werke und Briefe in zwölf Bänden*.
Bd. 1: *Gedichte*. Hg. v. Georg Kurscheidt. Frankfurt am Main 1992.
Bd. 8: *Theoretische Schriften*. Hg. v. Rolf-Peter Janz unter Mitarbeit v. Hans Brittnacher, Gerd Kleiner u. Fabian Störmer. Frankfurt am Main 1992.
Bd. 12: *Briefe 1795-1805*. Hg. v. Norbert Oellers. Frankfurt am Main 2002.

Schlegel, August Wilhelm: *Vorlesungen über schöne Litteratur und Kunst*. Hg. v. Jakob Minor. Heilbronn 1884 (=*Deutsche Litteraturdenkmale des 18. und 19. Jahrhunderts*, Bd. 17).

Schlegel, Johann Adolf: *Von der Eintheilung der Poesie*. In: Charles Batteux: *Einschränkung der schönen Künste auf einen einzigen Grundsatz*. Aus dem Franz. über. u. mit einem Anhange einiger eignen Abhandlungen versehen. Leipzig [2]1759 [[1]1751], 389-430.

Sulzer, Johann Georg: *Allgemeine Theorie der Schönen Künste*. 2 Bd. Leipzig Bd. 1: 1771; Bd. 2: 1774.

Vollmer, Wilhelm: *Wörterbuch der Mythologie*. Neu bearbeitet v. W. Binder. Stuttgart [3]1874 [[1]1836].

Winckelmann, Johann Joachim: *Gedanken über die Nachahmung der griechischen Werke in der Malerei und Bildhauerkunst*. In: *Winckelmanns Werke in einem Band*. Hg. v. Helmut Holtzhauer, Berlin; Weimar [3]1982, 1-36.

II. Forschungsliteratur

1. Siglen

HHB Kreuzer, Johann (Hg.): *Hölderlin-Handbuch. Leben – Werk – Wirkung*. Stuttgart 2002.

2. Sonstige

Adorno, Theodor W.: *Ästhetische Theorie*, Frankfurt am Main [13]1993.

Ders.: *Parataxis*. In: ders.: *Noten zur Literatur*. Hg. v. Rolf Tiedemann. Frankfurt am Main [7]1998, 447-491.

Agamben, Giorgio: *Idee der Prosa*. München 1987.

Almhofer, Werner: *„Wildniß" und Vergnügen. Hölderlins mythologische Bildersprache in den späten Korrekturen von ‚Brod und Wein'*. In: HJb 26 (1988/89), 162-174.

Alt, Peter-André: *Schiller. Leben – Werk – Zeit.* 2 Bd. München 2000.
André, Robert: *Hölderlins Auf-Gabe und die Ode Blödigkeit.* In: Stephan Jaeger u. Stefan Willer (Hg.): *Das Denken der Sprache und die Performanz des Literarischen.* Würzburg 2000 (=Stiftung für Romantikforschung Bd. X), 55-73.
Arnheim, Rudolf: *Anschauliches Denken. Zur Einheit von Bild und Begriff.* Köln 1972.
Bachelard, Gaston: *L'air et les songes. Essai sur l'imagination du mouvement.* Paris [16]1987.
Baeumer, Max L.: *Das Dionysische in den Werken Wilhelm Heinses. Studie zum dionysischen Phänomen in der deutschen Literatur.* Bonn 1964.
Ders.: *Dionysos und das Dionysische bei Hölderlin.* In: HJb 18 (1973/74), 97-118.
Bahti, Timothy Howe: *The appearance of ›dialectic‹ in Hölderlins 'Brod und Wein'.* In: ders.: *Dialectic and negativity: readings in the rhetoric of romanticism.* Michigan 1984, 184-263.
Baker, John Jay: *The Problem of Poetic Naming in Hölderlins Elegy 'Brod und Wein'.* In: *Modern Language Notes* 101 (1986), 465-92.
Barner, Wilfried: *Anachronistische Klassizität. Zu Schillers Abhandlung „Über naive und sentimentalische Dichtung".* In: Wilhelm Vosskamp (Hg.): *Klassik im Vergleich. Normativität und Historizität europäischer Klassiken.* Stuttgart; Weimar 1993, 62-80.
Barthes, Roland: *L'effet de réel.* In: ders.: *Le bruissement de la langue. Essais critiques IV.* Paris 1984, 179-184.
Ders.: *Fragmente einer Sprache der Liebe.* Frankfurt am Main 1984.
Baxmann, Inge, Michael Franz u. Wolfgang Schäffner (Hg.): *Das Laokoon-Paradigma. Zeichenregime im 18. Jahrhundert.* Berlin 2000.
Behler, Ernst: *Die Geschichte des Bewusstseins. Zur Vorgeschichte eines Hegelschen Themas.* In: *Hegel-Studien* 7 (1972), 169-216.
Behre, Maria: *„Des dunkeln Lichtes voll". Hölderlins Mythokonzept Dionysos.* München 1987.
Dies.: *Hölderlins Stromdichtung. Zum Spannungsfeld von Naturwahrnehmung und Kunstauffassung.* In: Uwe Beyer (Hg.): *Neue Wege zu Hölderlin.* Würzburg 1994 (=Schriften der Hölderlin-Gesellschaft Bd. 18), 17-40.
Dies.: *Mitte des Dichtens. Hölderlins Gedicht „Hälfte des Lebens" als Ort intellektueller und historischer Probleme der Epochenschwelle 1800.* In: Thomas Althaus u. Stefan Matuschek (Hg.): *Interpretationen zur neueren deutschen Literaturgeschichte.* Münster; Hamburg 1994 (=Münsteraner Einführungen; Germanistik 3), 101-128.
Dies.: *Der Wanderer.* In: Gerhard Kurz (Hg.): *Interpretationen. Gedichte von Friedrich Hölderlin.* Stuttgart 1996, 109-123.
Beißner, Friedrich: *Geschichte der deutschen Elegie.* Berlin [2]1961.
Ders.: *Hölderlin. Reden und Aufsätze.* Weimar 1961.
Ders.: Satzton und Verston. In: *Der Deutschunterricht* 16 (1964), Heft 5, 33-49.
Belting, Hans u. Dietmar Kamper (Hg.): *Der zweite Blick. Bildgeschichte und Bildreflexion.* München 2000
Ders.: *Das echte Bild. Bildfragen als Glaubensfragen.* München 2005.
Benjamin, Walter: *Zwei Gedichte von Friedrich Hölderlin. „Dichtermut" – „Blödigkeit".* In: ders.: *Gesammelte Schriften.* Bd. 2,1. Hg. v. Rolf Tiedemann u. Hermann Schweppenhäuser. Frankfurt am Main 1977, 105-126.
Bennholdt-Thomsen, Anke: *Stern und Blume. Untersuchungen zur Sprachauffassung Hölderlins.* Bonn 1967.
Dies.: *Nachtgesänge.* In: HHB, 336-346.
Dies. u. Alfredo Guzzoni: *Analecta Hölderliniana II. Die Aufgabe des Vaterlands.* Würzburg 2004.
Benveniste, Emile: *Probleme der allgemeinen Sprachwissenschaft.* München 1974.
Binder, Wolfgang: *Dichtung und Zeit in Hölderlins Werk.* Tübingen 1955.
Ders.: *Hölderlin-Aufsätze.* Frankfurt am Main 1970.

Ders.: *Friedrich Hölderlin, „Der Winkel von Hardt", „Lebensalter", „Hälfte des Lebens"*. In: *Schweizer Monatshefte* 45 (1965/66), 583-591.

Ders.: *Hölderlins Odenstrophe*. In: ders.: *Hölderlin-Aufsätze*. Frankfurt am Main 1970, 47-75.

Blanchot, Maurice: *Les deux versions de l'imaginaire*. In: ders.: *L'espace littéraire*. Saint-Amand (Cher) 2002, 341-355.

Böckmann, Paul: *Hölderlin und seine Götter*. München 1935.

Ders.: *Friedrich Hölderlin. Brod und Wein. An Heinze*. In: Benno von Wiese (Hg.): *Die deutsche Lyrik. Form und Geschichte. Interpretationen 1*. Düsseldorf 1956, 394-413.

Ders.: *Das Bild der Nacht in Hölderlins „Brod und Wein"*. In: ders.: *Formensprache. Studien zur Literarästhetik und Dichtungsinterpretation*. Hamburg 1966, 330-340 u. 536-538.

Boehm, Gottfried (Hg.): *Was ist ein Bild*? München 1994.

Ders.: *Jenseits der Sprache? Anmerkungen zur Logik der Bilder*. In: Christa Maar u. Hubert Burda (Hg.): *Iconic turn. Die neue Macht der Bilder*. Köln 2004, 28-43.

Böhme, Gernot: *Theorie des Bildes*. München 1999.

Böhn, Andreas: *Vollendende Mimesis. Wirklichkeitsdarstellung und Selbstbezüglichkeit in Theorie und literarischer Praxis*. Berlin 1992.

Bohrer, Karl Heinz: *Plötzlichkeit. Zum Augenblick des ästhetischen Scheins*. Frankfurt am Main 1981.

Ders.: *Das absolute Präsens. Die Semantik ästhetischer Zeit*. Frankfurt am Main 1994.

Ders.: *Hölderlins Plötzlichkeit. Die Problematik epiphanen Sprechens in der modernen Dichtung*. In: Emil Angehrn (Hg.): *Der Sinn der Zeit*. FS für Michael Theunissen. Weilerswist 2002, 266-278.

Borchmeyer, Dieter: *Über eine ästhetische Aporie in Schillers Theorie der modernen Dichtung. Zu seinen ‚sentimentalischen Forderungen' an Goethes „Wilhelm Meister" und „Faust"*. In: *Jahrbuch der deutschen Schillergesellschaft* 22 (1978), 303-354.

Borgards, Roland: *Sprache als Bild. Handkes Poetologie und das 18. Jahrhundert*. München 2003.

Böschenstein, Bernhard: *Hölderlins späteste Gedichte*. In: HJb 14 (1965/66), 35-56.

Ders.: *„Was nennst du Glück, was Unglück... mein Vater!": Heinse in Hölderlins Dichtung*. In: HJb 26 (1988/89), 1-19.

Ders.: *‚Frucht des Gewitters'. Hölderlins Gott Dionysos als Gott der Revolution*. Frankfurt am Main 1989.

Ders.: *Brod und Wein: von der ‚klassischen' Reinschrift zur späten Überarbeitung*. In: Valérie Lawitschka (Hg.): *Hölderlin: Christentum und Antike*. Turm-Vorträge 1989/90/91. Tübingen 1991, 173-200.

Ders.: *Dionysische Wanderung im Zeichen von Freundschaft, Dichterberuf, politischer Utopie*. In: Gerhard Kurz (Hg.): *Interpretationen. Gedichte von Friedrich Hölderlin*. Stuttgart 1996, 142-152.

Böschenstein-Schäfer, Renate: *Idylle*. Stuttgart ^{2}1977.

Dies.: *Art. Idyllisch/Idylle*. In: Karlheinz Barck, Martin Fontius u.a. (Hg): *Ästhetische Grundbegriffe. Historisches Wörterbuch in sieben Bänden*. Bd. 3: *Harmonie – Material*. Stuttgart; Weimar 2001, 119-138.

Bronfen, Elisabeth: *Philosophie der Vernunft, Literatur des Schreckens*. Stanley Cavells Lektüren als Cross-Over. In: Klaus Kastberger u. Konrad Paul Liessmann (Hg): *Die Dichter und das Denken. Wechselspiele zwischen Literatur und Philosophie*. Wien 2004 (=Profile 7/2004, Bd. 11), 68-84.

Constantine, David: *The Meaning of a Hölderlin Poem*. In: *Oxford German Studies* 9 (1978), 45-67.

Cornelissen, Maria: *Hölderlins Ode „Chiron"*. Tübingen 1958.

Corssen, Meta: *Der Wechsel der Töne in Hölderlins Lyrik*. In: HJb 5 (1951), 19-49.

Cullhed, Anna: *The language of Passion. The Order of Poetics and the Construction of a Lyric Genre 1746-1806*. Frankfurt am Main u.a. 2002 (=European university studies; Ser. 18, Comparative Literature; Vol. 104).

Curtius, Ernst Robert: *Europäische Literatur und lateinisches Mittelalter*. Bern; München [10]1984.

Darsow, Götz-Lothar: *„...aber von Ihnen dependier' ich unüberwindlich..." Friedrich Hölderlins ferne Leidenschaft*. Stuttgart 1995.

Doering, Sabine: Aber was ist diß? Formen und Funktionen der Frage in Hölderlins dichterischem Werk. Göttingen 1992 (=Palestra Bd. 294).

Dwyer, Daniel J.: *Subreption in the Critique of Judgment: Kant's Critique of Naive Objectivism in Aesthetics*. In: Volker Gerhardt, Rolf-Peter Horstmann u. Ralph Schumacher (Hg.): *Kant und die Berliner Aufklärung. Akten des IX. Internationalen Kant-Kongresses*. Bd III: *Sektionen VI-X*. Berlin; New York 2001, 504-511.

Eco, Umberto: *Das offene Kunstwerk*. Frankfurt am Main 1973.

Eibl, Karl: *Der Blick hinter den Spiegel. Sinnbild und gedankliche Bewegung in Hölderlins „Hälfte des Lebens"*. In: *Jahrbuch der deutschen Schillergesellschaft* 27 (1983), 222-234.

Faßler, Manfred: *Bildlichkeit*. Wien; Köln; Weimar 2002.

Fischer, Bernhard: *Goethes Klassizismus und Schillers Poetologie der Moderne: „Über naive und sentimentalische Dichtung"*. In: *Zeitschrift für deutsche Philologie* 113 (1994), H.2, 225-245.

Frank, Manfred: *Der kommende Gott. Vorlesungen über die Neue Mythologie*. Frankfurt am Main 1982.

Franz, Michael: *Hölderlins Platonismus. Das Weltbild der „exzentrischen Bahn" in den „Hyperion"-Vorreden*. In: *Allgemeine Zeitschrift für Philosophie* 22 (1997), H.2, 167-187.

Ders.: *„Platons frommer Garten". Hölderlins Platonlektüre von Tübingen bis Jena*. In: HJb 28 (1992/93), 111-127 .

Ders.: *Theoretische Schriften*. In: HHB, 224-246.

Foucault, Michel: *Die Ordnung der Dinge. Eine Archäologie der Humanwissenschaften*. Frankfurt am Main 1971.

Frye, Lawrence O.: *Hölderlins „Chiron". Zur Bedeutung des Mythischen in „Nimm nun ein Roß... o Knabe!"*. In: *Zeitschrift für deutsche Philologie* 88 (1969), 597-609.

Gadamer, Hans-Georg: *Kultur und Medien*. In: Axel Honneth u.a. (Hg.): *Zwischenbetrachtungen. Im Prozeß der Aufklärung. Jürgen Habermas zum 60. Geburtstag*. Frankfurt am Main 1989, 713-732.

Gaier, Ulrich: *Der gesetzliche Kalkül. Hölderlins Dichtungslehre*. Tübingen 1962 (=Hermaea Germanistische Forschungen N. F. Bd. 14)

Ders.: *Neubegründung der Lyrik auf Heinses Musiktheorie*. In: HJb 31 (1998/99), 129-138.

Ders.: *Vom Mythos zum Simulakrum. Goethes "Prometheus"-Ode*. In: *Lenz-Jahrbuch. Sturm-und-Drang-Studien* 1 (1991), 147-167.

Ders.: *Hölderlin. Eine Einführung*. Tübingen; Basel 1993.

Ders.: *Denken als Bildprozeß. Vorstellungsart und Denkbild um 1800*. In: Helmut J. Schneider, Ralf Simon u. Thomas Wirtz (Hg.): *Bildersturm und Bilderflut. Zur schwierigen Anschaulichkeit der Moderne*. Bielefeld 2001, 19-51.

Ders.: *Leben in der Literatur. Zu einem Brief Hölderlins an Neuffer vom Sommer 1793*. In: Irmela von der Lühe (Hg.): *Wechsel der Orte. Studien zum Wandel des literarischen Geschichtsbewußtseins*. FS für Anke Bennholdt-Thomsen. Göttingen 1997, 254-264.

Ganzer, Holle: *Hölderlins Ode „Chiron"*. Berlin 1976.

Gebauer, Gunter (Hg.): *Das Laokoon-Projekt. Pläne einer semiotischen Ästhetik*. Stuttgart 1984.

Genette, Gérard: *Die Erzählung*. München 1994.

Groddeck, Wolfram: *Die Nacht. Überlegungen zur Lektüre der späten Gestalt von „Brod und Wein"*. In: HJb 21 (1978/79), 206-224.

Ders.: *Die Revision der ‚Heimkunft'. Hölderlins späte Eingriffe in den Text der ersten Elegie im Homburger Folioheft*. In: HJb28 (1992/93), 239-263.

Ders.: *„...und die Wolke,/ Freudiges dichtend". Der poetologische Metatext in Hölderlins Elegie „Heimkunft/ an/ die Verwandten"*. In: Uwe Beyer (Hg.): *Neue Wege zu Hölderlin*. Würzburg 1994, 153-173.

Ders.: *Hölderlin: Neue (und alte) Lesetexte. Oder vom Eigensinn der Überlieferung*. In: *Text. Kritische Beiträge* 1 (1995), 67-76.

Ders.: *Betrachtungen über das Gedicht ‚Lebensalter'*. In: Gerhard Kurz (Hg.): *Interpretationen. Gedichte von Friedrich Hölderlin*. Stuttgart 1996, 153-165.

Ders.: *Über das „Wortlose" in Hölderlins Ode ‚Thränen'*. In: DVjs 80 (2006), H.4, 624-639.

Grunert, Mark: *Die Poesie des Übergangs. Hölderlins späte Dichtung im Horizont von Friedrich Schlegels Konzept der Transzendentalpoesie*. Tübingen 1995.

Hamacher, Werner: *Parusie, Mauern. Mittelbarkeit und Zeitlichkeit, später Hölderlin*. In: HJb 34 (2004/05), 93–142.

Hamburger, Michael: *Wahrheit und Poesie. Spannungen in der modernen Lyrik von Baudelaire bis zur Gegenwart*. Frankfurt am Main; Berlin; Wien 1985.

Hamlin, Cyrus: *Zur Einführung*. In: Friedrich Hölderlin*: Stutgard. Originalgetreue Wiedergabe der Londoner Handschrift*. (*Festgabe der Stadt Stuttgart zur Feier des 200. Geburtstages von Friedrich Hölderlin am 20.3.1970*). Erl. v. Cyrus Hamlin, unter Mitwirkung v. Adolf Beck, Tübingen 1970, 25-42. (=Schriften der Hölderlin-Gesellschaft; 8)

Ders.: *The Philosophy of Poetic Form. Hölderlin's Theory of Poetry and the Classical German Elegy*. In: Aris Fioretos (Ed.): *The Solid Letter. Readings of Friedrich Hölderlin*. Stanford 1999, 291-320.

Hart Nibbrig, Christiaan L.: *Was heißt »Darstellen«?* Frankfurt am Main 1994.

Härtling, Peter: *Heimkunft. An die Verwandten*. In: HJb 25 (1986/87), 1-11.

Heidegger, Martin: *Erläuterungen zu Hölderlins Dichtung*. Frankfurt am Main ²1951.

Ders.: *Hölderlins Hymne »Der Ister«* (Gesamtausgabe 2. Abt.: Vorlesungen 1923-1944, Bd. 53). Frankfurt am Main 1984.

Ders.: *Zu Hölderlin. Griechenlandreisen* (Gesamtausgabe 3. Abt.: *Unveröffentlichte Abhandlungen, Vorträge – Gedachtes* Bd. 75*)*. Frankfurt am Main 2000.

Ders.: *Die Zeit des Weltbildes*. In: ders.: *Holzwege*. Frankfurt am Main 1950, 69-104.

Helfer, Martha B.: *The retreat of representation. The concept of Darstellung in german critical discourse*. Albany 1996.

Hellingrath, Norbert von: *Pindarübertragungen von Hölderlin. Prolegomena zu einer Erstausgabe*. Leipzig 1910.

Hirblinger, Heinrich: *Widmungsgedicht und Freundschaftsbund. Hölderlins Lyrik im politischen und sozialen Kontext seiner Zeit*. Diss. München 1979.

Hof, Walter: *Hölderlins Stil als Ausdruck seiner geistigen Welt*. Meisenheim 1954.

Hofmann, Gert: *Dionysos Archemythos. Hölderlins transzendentale Poiesis*. Tübingen; Basel 1996.

Honold, Alexander: *Nach Olympia. Hölderlin und die Erfindung der Antike*. Berlin 2002.

Hornbacher, Annette: *Die Blume des Mundes. Zu Hölderlins poetologisch-poetischem Sprachdenken*. Würzburg 1995.

Hühn, Peter u. Jörg Schönert: *Zur narratologischen Analyse von Lyrik*. In: *Poetica* 34 (2002), 287-305.

Jähnig, Dieter: *Vorstudien zur Erläuterung von Hölderlins Homburger Aufsätzen*. Tübingen 1955.

Jakob, Michael: *Schwanengefahr. Das lyrische Ich im Zeichen des Schwans*. München; Wien 2000.

Jakobson, Roman u. Grete Lübbe-Grothues: *Ein Blick auf „Die Aussicht" von Hölderlin.* In: ders.: *Poesie der Grammatik und Grammatik der Poesie.* Sämtliche Gedichtanalysen. Hg. v. Hendrik Birus u. Sebastian Donat. Bd. 2: *Analysen zur Lyrik vom 18. bis 20. Jahrhundert.* Berlin 2006, 139-248.

Janz, Marlies: *Hölderlins Flamme – Zur Bildwerdung der Frau im „Hyperion".* In: HJb 22 (1980/81), 122-142.

Jauß, Hans Robert: *Ästhetische Erfahrung und literarische Hermeneutik.* Frankfurt am Main 1982.

Kalinowski, Isabelle: *Voyageurs dans un paysage. Deux versions du poème »Der Wanderer« de Hölderlin (1797 et 1800).* In: *Revue germanique internationale* 7 (1997), 231-46.

Kempter, Lothar: *Hölderlin und die Mythologie.* Horgen-Zürich 1929 (=Wege zur Dichtung. Zürcher Schriften zur Literaturwissenschaft Bd. VI).

Kerkhoff, Emmy: *Friedrich Hölderlins „Hälfte des Lebens".* In: *Neophilologus* 35 (1951), 94-107.

Kirchner, Werner: *Hölderlin. Aufsätze zu seiner Homburger Zeit.* Göttingen 1967.

Kling, Wilfred L.: *Lese(r)arbeit. Hölderlins „Der Winkel von Hahrdt" und die „Nachtgesänge".* In: *Le pauvre Holterling* 4/5 (1980), 77-87.

Klinkert, Thomas: *Literarische Selbstreflexion im Medium der Liebe. Untersuchungen zur Liebessemantik bei Rousseau und in der europäischen Romantik.* Freiburg 2002.

Kleinschmidt, Erich: *Die Entdeckung der Intensität. Geschichte einer Denkfigur im 18. Jahrhundert.* Göttingen 2004.

Koebner, Thomas (Hg.): *Laokoon und kein Ende. Der Wettstreit der Künste.* München 1989.

Konrad, Michel: *Hölderlins Philosophie im Grundriß.* Bonn 1967.

Koppenfels, Martin von: *Schmerz. Lessing, Duras und die Grenzen der Empathie.* In: Robert Stockhammer (Hg.): *Grenzwerte des Ästhetischen.* Frankfurt am Main 2002, 118-145.

Krämer, Sybille u. Horst Bredekamp (Hg): *Bild – Schrift – Zahl.* München 2003.

Kreutzer, Hans Joachim: *Kolonie und Vaterland in Hölderlins später Lyrik.* In: HJb 22 (1980/81), 18-46.

Kurz, Gerhard: *Mittelbarkeit und Vereinigung. Zum Verhältnis von Poesie, Reflexion und Revolution bei Hölderlin.* Stuttgart 1975.

Ders.: *Leben in der Literatur. Zu einem Brief Hölderlins an Neuffer vom Sommer 1793.* In: Irmela von der Lühe (Hg.): *Wechsel der Orte. Studien zum Wandel des literarischen Geschichtsbewußtseins.* FS für Anke Bennholdt-Thomsen. Göttingen 1997, 254-264.

Ders.: *Der Bildermann. Bild und Gottesbild bei Hölderlin.* In: Richard Hoppe-Sailer, Claus Volkenandt u. Gundolf Winter (Hg.): *Logik der Bilder. Präsenz – Repräsentation – Erkenntnis.* Berlin 2005, 163-181.

Kuzniar, Alice A.: *The Revisions: „Patmos" and „Brod und Wein".* In: dies.: *Delayed Endings. Nonclosure in Novalis und Hölderlin.* Athens 1987, 170-186.

Lacoue-Labarthe, Philippe: *Hölderlin and the Greeks.* In: ders.: *Typography. Mimesis, Philosophy, Politics.* Stanford 1998, 236-247.

Lampenscherf, Stephan: *„Heiliger Plato, vergieb..." Hölderlins „Hyperion" oder Die neue Platonische Mythologie.* In: HJb 28 (1992/93), 128-151.

Lausberg, Heinrich: *Elemente der literarischen Rhetorik. Eine Einführung für Studierende der klassischen, romanischen, englischen und deutschen Philologie.* Ismaning ^{10}1990.

Lehmann, Emil: *Hölderlins Lyrik.* Stuttgart 1922.

Lévi-Strauss, Claude: *Das wilde Denken.* Frankfurt am Main 1973.

Liegler, Leopold: *„Der gefesselte Strom" und „Ganymed". Ein Beispiel für die Formprobleme der Hölderlinschen Oden-Bearbeitungen.* In: HJb 1947, 62-77.

Link, Jürgen: *Hölderlin – Rousseau. Inventive Rückkehr.* Wiesbaden 1999.

Lübbe-Grothues, Grete: *Die Scardanelli-Gedichte Hölderlins.* In: Christoph Jamme u. Anja Lemke (Hg.): *„Es bleibet aber eine Spur/ Doch eines Wortes". Zur späten Hymnik und Tragödientheorie Friedrich Hölderlins.* München 2004, 295-310.

Maar, Christa u. Hubert Burda (Hg.): *Iconic turn. Die neue Macht der Bilder.* Köln 2004.

Macgregor Morris, Ian: *The Age of Leonidas: Hellenism and the Classical Tradition in the Enlightenment.* Diss Manchester 2001.

Ders.: *Shrines of the Mighty: Rediscovering the Battlefields of the Persian Wars.* In: Emma Bridges, Edith Hall and P.J. Rhodes (Ed.): *Cultural Responses to the Persian Wars.* Oxford 2007, 231-264

Ders., James R. Moore and Andrew Bayliss (Ed.): *Reinventing History. The Enlightenment Origins of Ancient History.* London 2008.

Maloney, Paul: *Bild und Sinnbild in Hölderlins „Hälfte des Lebens".* In: GRM 30 (1980), 41-48.

Martini, Fritz: *Hölderlin und Stuttgart.* In: Christoph Jamme u. Otto Pöggeler (Hg.): *„O Fürstin der Heimath! Glückliches Stutgard": Politik, Kultur und Gesellschaft im deutschen Südwesten um 1800.* Stuttgart 1988, 204-226.

Martus, Steffen: *Zwischen Dichtung und Wahrheit. Zur Werkfunktion von Lyrik im 19. Jahrhundert.* In: ders., Stefan Scherer u. Claudia Stockinger (Hg.): *Lyrik im 19. Jahrhundert. Gattungspoetik als Reflexionsmedium der Kultur.* Bern 2005 (=Publikationen zur Zeitschrift für Germanistik N. F. Bd. 11), 61-92.

Maurer, Karl: *Textkritik und vergleichende Literaturwissenschaft. Zu einer Konstruktion απο κοινου in Hölderlins „Nachtgesängen".* In: *Poetica* 31 (1999), H.1/2, 201-235.

Menninghaus, Winfried: *Unendliche Verdopplung. Die frühromantische Grundlegung der Kunsttheorie im Begriff absoluter Selbstreflexion.* Frankfurt am Main 1987.

Ders.: *Zwischen Überwältigung und Widerstand. Macht und Gewalt in Longins und Kants Theorien des Erhabenen.* In: Poetica 23 (1991), 1-19.

Ders.: *„Darstellung". Friedrich Gottlieb Klopstocks Eröffnung eines neuen Paradigmas.* In: Hart Nibbrig, Christiaan L. (Hg.): *Was heißt „Darstellen"?* Frankfurt am Main 1994, 205-226.

Ders.: *Hälfte des Lebens. Versuch über Hölderlins Poetik.* Frankfurt am Main 2005.

Metzger, Stefan: *„Auflösung".* In: HJb 33 (2002/03), 79-119.

Mitchell, W. J. T.: *Was ist ein Bild?* In: Volker Bohn (Hg.): *Bildlichkeit. Internationale Beiträge zur Poetik.* Frankfurt am Main 1990, 17-68 .

Mommsen, Momme: *Dionysos in der Dichtung Hölderlins. Mit besonderer Berücksichtigung der ‚Friedensfeier'.* In: GRM, N. F. XIII (1963), 345-379.

Ders.: *Traditionsbezüge als Geheimschicht in Hölderlins Lyrik.* In: *Neophilologus* 51 (1966), 32-42.

Mülder-Bach, Inka: *Im Zeichen Pygmalions. Das Modell der Statue und die Entdeckung der „Darstellung" im 18. Jahrhundert.* München 1998

Müller, Andreas: *Die beiden Fassungen von Hölderlins Elegie „Der Wanderer".* In: HJb 3 (1948/49), 103-131.

Müller, Joachim, *Hölderlins Liebeselegie. Eine Interpretation.* In: ders.: *Wirklichkeit und Klassik. Beiträge zur deutschen Literaturgeschichte von Lessing bis Heine.* Berlin 1955, 366-97.

Müller-Rastatt, Carl: *Friedlich Hölderlin. Sein Leben und sein Dichten. Mit einem Anhange ungedruckter Gedichte Hölderlins.* Bremen 1894.

Münkler, Herfried: *Siegfried Schmids erzwungene Vernünftigkeit.* In: *Le pauvre Holterling* 7 (1984), 41-53.

Naumann, Barbara u. Edgar Pankow (Hg.): *Bilder-Denken. Bildlichkeit und Argumentation.* München 2003.

Nägele, Rainer: *Literatur und Utopie. Versuche zu Hölderlin.* Heidelberg 1978.

Ders.: *Text, Geschichte und Subjektivität in Hölderlins Dichtung: „Uneßbarer Schrift gleich“*. Stuttgart 1985.

Ders.: *Hölderlins Kritik der poetischen Vernunft*. Basel; Weil am Rhein; Wien 2005.

Neumann, Gerhard: *Rudolf Borchardt. Der unwürdige Liebhaber*. In: Hans-Henrik Krummacher, Fritz Martini u. Walter Müller-Seidel (Hg.): *Zeit der Moderne. Zur deutschen Literatur von der Jahrhundertwende bis zur Gegenwart*. Stuttgart 1984, 89-118.

Niggl, Günter: *Gattungstradition gegen Originalität in Hölderlins lyrischem Spätwerk*. In: Walter Haug u. Wilfried Barner (Hg.): *Ethische contra ästhetische Legitimation von Literatur. Traditionalismus und Modernismus. Kontroversen um den Avantgardismus*. Tübingen 1986 (=Akten des 7. Internationalen Germanisten-Kongresses Göttingen 1985: *Kontroversen, alte und neue*. Hg. v. Albrecht Schöne. Bd. 8), 216-227.

Oelmann, Ute: *Fenstergedichte*. In: Gerhard Kurz (Hg.): *Interpretationen. Gedichte von Friedrich Hölderlin*. Stuttgart 1996, 201-212.

Oestersandfort, Christian: *Immanente Poetik und poetische Diätetik in Hölderlins Turmdichtung*. Tübingen 2006.

Pehl, Theo: *Hölderlins „Chiron“*. In: DVjs 15 (1937), 488-509.

Petersen, Jürgen H.: *Absolute Lyrik. Die Entwicklung poetischer Sprachautonomie im deutschen Gedicht vom 18. Jahrhundert bis zur Gegenwart*. Berlin 2006.

Petzold, Emil: *Hölderlins „Brod und Wein“. Ein exegetischer Versuch* [1896], Neudruck: durchgesehen v. Friedrich Beißner. Darmstadt 1967.

Pfotenhauer, Helmut: *Die nicht mehr abbildenden Bilder*. In: *Poetica* 28 (1996), 345-355.

Ders.: *Sprachbilder. Untersuchungen zur Literatur seit dem achtzehnten Jahrhundert*. Würzburg 2000.

Philipsen, Bart: *„Worinn Inneres bestehet“. Landschaft in den spätesten Gedichten*. In: HJb 33 (2002/03), 122-129.

Ders.: *Die List der Einfalt. Nachlese zu Hölderlins spätesten Dichtungen*. München 1995.

Pigenot, Ludwig von (Hg.): *Friedrich Hölderlin, Die späten Hymnen*. Karlsruhe 1949.

Pott, Hans-Georg: *Art. Sentimentalisch*. In: Jan-Dirk Müller (Hg.): *Reallexikon der deutschen Literaturwissenschaft*. Bd. III (P-Z). Berlin; New York 2003, 427-429.

Preisendanz, Wolfgang: *Zur Poetik der deutschen Romantik I: Die Abkehr vom Grundsatz der Naturnachahmung*. In: Hans Steffen (Hg.): *Die deutsche Romantik. Poetik, Formen und Motive*. Göttingen 1965, 54-74.

Previšić, Boris: Hölderlins Rhythmus. Frankfurt am Main; Basel 2008.

Recki, Birgit u. Lambert Wiesing (Hg.): *Bild und Reflexion. Paradigmen und Perspektiven gegenwärtiger Ästhetik*. München 1997.

Reitani, Luigi: *Spiel oder Ziel? Zur Problematik einer (un?)kritischen Emendation in Hölderlins „Ganymed“*. In: *Text. Kritische Beiträge* 5 (1999), 105-108.

Riedel, Wolfgang: *Der Spaziergang. Ästhetik der Landschaft und Geschichtsphilosophie der Natur bei Friedrich Schiller*. Würzburg 1989.

Ritter, Joachim (Hg.): *Historisches Wörterbuch der Philosophie*. 12 Bd. Darmstadt 1971-2004.

Ritter-Santini, Lea: *Ganymed. Ein Mythos des Aufstiegs in der deutschen Moderne*. München 2002 (=Dichtung und Sprache 15).

Romain, Alfred: *Ganymed*. In: HJb 1952, 51-84.

Ruprecht, Erich: *Wanderung und Heimkunft. Hölderlins Elegie „Der Wanderer“*. Stuttgart 1947.

Ryan, Lawrence J.: *Hölderlins Lehre vom Wechsel der Töne*. Stuttgart 1960.

Santner, Eric L.: *Paratactic Composition in Hölderlins „Hälfte des Lebens“*. In: *The German Quarterly* 58 (1985), H. 2, 165-172.

Sartre, Jean Paul: *L'imaginaire. Psychologie phénoménologique de l'imagination*. Paris ^{11}1948.

Sattler, D.E.: *„Orkus und Elysium“*. In: *Le pauvre Holterling* 3 (1978), 13-34.

Ders.: *synthesis. versuch einer dritten vermittlung*. In: Heinz Ludwig Arnold (Hg.): *Friedrich Hölderlin*. Text + Kritik Sonderband. München 1996, 159-174.

Sayce, Oliver: *Das Problem der Vieldeutigkeit in Schillers ästhetischer Terminologie*. In: *Jahrbuch der deutschen Schillergesellschaft* 6 (1962), 149-177.

Schäfer, Gerd u. Christoph Wulf (Hg.): *Bild – Bilder – Bildung*. Weinheim 1999 (=Pädagogische Anthropologie Bd. 10).

Scheuer, Hans Jürgen: *Verlagerung des Mythos in die Struktur. Hölderlins Bearbeitung des Orpheus-Todes in der Odenfolge „Muth des Dichters“ – „Dichtermuth – „Blödigkeit“*. In: *Jahrbuch der deutschen Schillergesellschaft* 45 (2001), 250-277.

Schlaffer, Heinz: *Poesie und Wissen. Die Entstehung des ästhetischen Bewußtseins und der philologischen Erkenntnis*. Frankfurt am Main 1990.

Ders.: *Die Aneignung von Gedichten. Grammatisches, rhetorisches und pragmatisches Ich in der Lyrik*. In: *Poetica* 27 (1995), 38-57.

Schmid, Holger: *Wechsel der Töne*. In: HHB, 118-127.

Schmidt, Jochen: *Hölderlins Elegie „Brod und Wein“. Die Entwicklung des hymnischen Stils in der elegischen Dichtung*. Berlin 1968.

Ders.: *Hölderlins später Widerruf in den Oden „Chiron“, „Blödigkeit“ und „Ganymed“*. Tübingen 1978.

Ders.: *‚Sobria ebrietas‘. Hölderlins „Hälfte des Lebens“*. In: Wulf Segebrecht (Hg.): Gedichte und Interpretationen 3: Klassik und Romantik. Stuttgart 1984, 257-267.

Ders.: *Die Geschichte des Genie-Gedankens in der deutschen Literatur, Philosophie und Politik 1750-1945*. Bd. 1. Darmstadt 1985.

Schmidt-Dengler, Wendelin: *Genius. Zur Wirkungsgeschichte antiker Mythologeme in der Goethezeit*. München 1978.

Schneider, Joh. Nikolaus: *Ins Ohr geschrieben. Lyrik als akustische Kunst zwischen 1750 und 1800*. Göttingen 2004 (=Das achtzehnte Jahrhundert; Supplementa 9).

Schönert, Jörg: *Empirischer Autor, Impliziter Autor und Lyrisches Ich (mit einem Nachtrag)* http://www.icn.unihamburg.de/images/stories/NarrPort/Texte/schoenert_lyrich_narrport.pdf.

Scholz, Oliver R.: *Bild, Darstellung, Zeichen. Philosophische Theorien bildhafter Darstellung*. Freiburg; München 1991.

Schuster, Jörg: *Poetologie der Distanz. Die ‚klassische‘ deutsche Elegie 1750-1800*. Freiburg im Breisgau 2002.

Schütze, Oliver: *Natur und Geschichte im Blick des Wanderers. Zur lyrischen Situation bei Bobrowski und Hölderlin*. Würzburg 1990 (=Epistemata; Reihe Literaturwissenschaft Bd. 47).

Schwarz, Herta: *Vom Strom der Sprache. Schreibart und Tonart in Hölderlins Donau-Hymnen*. Stuttgart; Weimar 1994.

Seel, Martin: *Ästhetik des Erscheinens*. München; Wien 2000.

Seifert, Albrecht: *Untersuchungen zu Hölderlins Pindar-Rezeption*. München 1982.

Simon, Martin F.A.: *Friedrich Hölderlin. The Theory and Practice of Religious Poetry. Studies in the Elegies*. Stuttgart 1988.

Söring, Jürgen: *„Sie haben mein Auge mir genommen“. Vom Beweggrund des Dichtens in Hölderlins lyrischem Schaffen*. In: *Bad-Homburger Hölderlin-Vorträge 1990*. Bad Homburg von der Höhe 1991, 33-50.

Staiger, Emil: *Hölderlin: Chiron*. In: ders.: *Meisterwerke deutscher Sprache aus dem neunzehnten Jahrhundert*. Zürich; Berlin ²1948, 40-55.

Stanitzek, Georg: *Blödigkeit. Beschreibungen des Individuums im 18. Jahrhundert*. Tübingen 1989, 243-275.

Steinbrenner, Jakob u. Ulrich Winko (Hg.): *Bilder in der Philosophie und in anderen Künsten und Wissenschaften*. Paderborn; München; Wien 1997.

Stierle, Karlheinz: *Möglichkeiten des dunklen Stils in den Anfängen moderner Lyrik in Frankreich*. In: Wolfgang Iser (Hg.): *Immanente Ästhetik – Ästhetische Reflexion. Lyrik als Paradigma der Moderne*. München 1966 (=Poetik und Hermeneutik Bd. 2), 157-194.

Ders.: *Das bequeme Verhältnis. Lessings ‚Laokoon' und die Entdeckung des ästhetischen Mediums*. In: Gunter Gebauer (Hg.): *Das Laokoon-Projekt. Pläne einer semiotischen Ästhetik*. Stuttgart 1984, 23-58.

Stoichita, Victor I.: *Eine kurze Geschichte des Schattens*. München 1999.

Strauss, Ludwig: *Zur Struktur des deutschen Distichons*. In: *Trivium* 6 (1948), 52-83.

Ders.: *Friedrich Hölderlin: »Hälfte des Lebens«*. In: *Trivium* 8 (1950), 100-127.

Szondi, Peter: *Hölderlin-Studien. Mit einem Traktat über philologische Erkenntnis*. Frankfurt am Main 1967.

Ders.: *Das Naive ist das Sentimentalische. Zur Begriffsdialektik in Schillers Abhandlung*. In: ders.: *Schriften Bd. 2*. Frankfurt am Main 1978, 59-105.

Ders.: *Gattungspoetik und Geschichtsphilosophie*. In: ders.: *Hölderlin-Studien. Mit einem Traktat über philologische Erkenntnis*. Frankfurt am Main 1967, 162-169.

Thürmer, Wilfried: *Zur Verfahrensweise in der spätesten Lyrik Hölderlins*. Marburg 1970.

Todorov, Tzvetan: *Ästhetik und Semiotik im 18. Jahrhundert. G. E. Lessing: Laokoon*. In: Gunter Gebauer (Hg.): *Das Laokoon-Projekt. Pläne einer semiotischen Ästhetik*. Stuttgart 1984, 9-22.

Viëtor, Karl, *Hölderlins Liebeselegie*. In: Jochen Schmidt (Hg.): *Über Hölderlin*. Frankfurt am Main 1970, 127-158.

Vietta, Silvio: *Ästhetik der Moderne. Literatur und Bild*. München 2001.

Vöhler, Martin: *Hölderlins Longin–Rezeption*. In: HJb 28 (1992/93), 152–72.

Ders.: *„Danken möch' ich, aber wofür?" Zur Tradition und Komposition von Hölderlins Hymnik*. München 1997.

Wackwitz, Stephan: *Trauer und Utopie. Studien zu Hölderlins Elegienwerk*. Stuttgart 1982.

Ders.: *Friedrich Hölderlin*. Stuttgart 1985.

Ders.: *Zum Begriff des Ideals bei Friedrich Hölderlin*. In: Helmut Bachmaier u. Thomas Rentsch (Hg.): *Poetische Autonomie? Zur Wechselwirkung von Dichtung und Philosophie in der Epoche Goethes und Hölderlins*. Stuttgart 1987, 101-134.

Weissenberger, Klaus: *Formen der Elegie von Goethe bis Celan*. Bern; München 1969.

Wellbery, David E.: *Lessing's Laocoon. Semiotics and aesthetics in the age of reason*. Cambridge; New York 1984.

Wiesing, Lambert: *Denken mit Bildern. Das visuelle Gedankenexperiment*. In: Barbara Naumann u. Edgar Pankow (Hg.): *Bilder-Denken. Bildlichkeit und Argumentation*. München 2003, 235-243.

Ders.: *Artifizielle Präsenz. Studien zur Philosophie des Bildes*. Frankfurt am Main 2005.

Willems, Gottfried: *Anschaulichkeit. Zu Theorie und Geschichte der Wort-Bild-Beziehungen und des literarischen Darstellungsstils*. Tübingen 1989 (=Studien zur deutschen Literatur Bd. 103).

Ders.: *Der dichterische Enthusiasmus und die Macht der Negativität. Über Hölderlins Elegie „Brod und Wein"*. In: *Jahrbuch der deutschen Schillergesellschaft* 32 (1988), 116-147.

Wirth, Robert: *Beiträge zur Kritik und zur Erklärung Hölderlins. II. An die Hoffnung*. In: *Archiv für Literaturgeschichte* 14 (1886), 303-306.

Wolf, Norbert Christian: *‚Fruchtbarer Augenblick' – ‚prägnanter Moment'. Zur medienspezifischen Funktion einer ästhetischen Kategorie in Aufklärung und Klassik (Lessing, Goethe)*. In: Peter-André Alt u.a. (Hg.): *Prägnanter Moment. Studien zur deutschen Literatur der Aufklärung und Klassik. FS für Hans-Jürgen Schings*. Würzburg 2002, 373-404.

Zagari, Luciano: *Al di là della poesia come mito. Tre poesie dai »Canti dalla notte« di Hölderlin*. In: *Cultura tedesca* 9 (1998), 47-98.
Zelle, Carsten: *Die doppelte Ästhetik der Moderne. Revisionen des Schönen von Boileau bis Nietzsche*. Stuttgart; Weimar 1995.
Ders.: *Über naive und sentimentalische Dichtung (1795/96)*. In: Matthias Luserke-Jaqui (Hg.): *Schiller-Handbuch. Leben – Werk – Wirkung*. Stuttgart 2005, 451-479.
Zimmermann, Ruben (Hg.): *Bildersprache verstehen. Zur Hermeneutik der Metapher und anderer bildlicher Sprachformen*. München 2000.
Ziolkowski, Theodore: *The Classical German Elegy 1795-1950*. Princeton 1980, 110-25.
Zuberbühler, Rolf: *Die Sprache des Herzens. Hölderlins Widmungsdichtung*. Göttingen 1982.

Dank

Das Zustandekommen dieses Buches verdankt sich vielen Umständen und Personen.

Mein Dank geht zunächst an meine beiden Betreuer Winfried Menninghaus und Sebastian Neumeister für vielfältige Anregungen, konstruktive Kritik und die Gelegenheit, Teile der Arbeit in ihren Colloquien zu diskutieren.

Die Studienstiftung des Deutschen Volkes hat die Entstehung der Arbeit mit einem Promotionsstipendium in großzügiger Weise gefördert. Auch dafür meinen herzlichen Dank.

Für ihre kritische Lektüre früherer Exposés und Kapitel danke ich Anke Bennholdt-Thomsen, Klaus L. Berghahn, Wolfram Groddeck, Christoph König und Monika Zeiner, für hilfreiche Kommentare zur ganzen Arbeit Armen Avanessian.

Kirsten Scheffler hat das Buch mit kontinuierlichem Interesse sowie mit Rat und Tat begleitet und in der Endphase unermüdlich Korrektur gelesen. Ihr danke ich besonders.

Für Hilfe beim Erstellen des Manuskripts bin ich außerdem Birgit Bauer, Dietmar Kammerer, Ian Macgregor Morris, Alina Neumeyer, Annika Reich, Jantje Röller, Ulrike Schaal und Gernot Waldner zu Dank verpflichtet; Daniela Burger half mir mit ihrer Computer-Kompetenz, wann immer es nötig war.

Für ihre Unterstützung danke ich zudem Laura Bieger, Simon Strasser, Martin Vöhler, Norbert Christian Wolf und allen meinen hier namentlich unerwähnt bleibenden Freunden.

Mehr als ich in Worte fassen kann, hat die Arbeit einer Person zu verdanken, die sich wahrscheinlich mehr als ich über ihr Erscheinen freut: meiner Mutter Hildegard Degner. Ohne sie gäbe es dieses Buch nicht. Ihr ist es gewidmet.